学术著作

中国抗战大后方研究论著目录索引

(1979—2011)

主　编 ● 周　勇　潘　洵
副主编 ● 耿　密　洪富忠

重庆出版集团 重庆出版社

图书在版编目(CIP)数据

中国抗战大后方研究论著目录索引:1979~2011/周勇,潘洵主编.—重庆:重庆出版社,2016.6
ISBN 978-7-229-10962-2

Ⅰ.①中… Ⅱ.①周…②潘… Ⅲ.①抗日战争—史料—中国—1979~2011—目录索引 Ⅳ.①Z88②K265.06

中国版本图书馆CIP数据核字(2016)第006753号

中国抗战大后方研究论著目录索引(1979—2011)
ZHONGGUO KANGZHAN DAHOUFANG YANJIU LUNZHU MULU SUOYIN
(1979-2011)
主编 周勇 潘洵 副主编 耿密 洪富忠

责任编辑：林 郁
责任校对：李小君
装帧设计：重庆出版集团艺术设计有限公司 吴庆渝 陈 永

重庆出版集团 出版
重庆出版社

重庆市南岸区南滨路162号1幢 邮政编码：400061 http://www.cqph.com
重庆出版集团艺术设计有限公司制版
自贡兴华印务有限公司印刷
重庆出版集团图书发行有限公司发行
E-MAIL:fxchu@cqph.com 邮购电话：023-61520646
全国新华书店经销

开本：740mm×1030mm 1/16 印张：37.5 字数：551千
2016年6月第1版 2016年6月第1次印刷
ISBN 978-7-229-10962-2
定价：65.00元

如有印装质量问题,请向本集团图书发行有限公司调换：023-61520678

版权所有 侵权必究

《中国抗战大后方历史文化丛书》

编纂委员会

总 主 编：章开沅
副总主编：周　勇

编　　委：（以姓氏笔画为序）
山田辰雄　日本庆应义塾大学教授
马 振 犊　中国第二历史档案馆副馆长、研究馆员
王 川 平　重庆中国三峡博物馆名誉馆长、研究员
王 建 朗　中国社科院近代史研究所副所长、研究员
方 德 万　英国剑桥大学东亚研究中心主任、教授
巴 斯 蒂　法国国家科学研究中心教授
西村成雄　日本放送大学教授
朱 汉 国　北京师范大学历史学院教授
任　　竞　重庆图书馆馆长、研究馆员
任 贵 祥　中共中央党史研究室研究员、《中共党史研究》主编
齐 世 荣　首都师范大学历史学院教授
刘 庭 华　中国人民解放军军事科学院研究员
汤 重 南　中国社科院世界历史研究所研究员
步　　平　中国社科院近代史研究所所长、研究员
何　　理　中国抗日战争史学会会长、国防大学教授
麦 金 农　美国亚利桑那州立大学教授
玛玛耶娃　俄罗斯科学院东方研究所教授

陆大钺	重庆市档案馆原馆长、中国档案学会常务理事
李红岩	中国社会科学杂志社研究员、《历史研究》副主编
李忠杰	中共中央党史研究室副主任、研究员
李学通	中国社会科学院近代史研究所研究员、《近代史资料》主编
杨天石	中国社科院学部委员、近代史研究所研究员
杨天宏	四川大学历史文化学院教授
杨奎松	华东师范大学历史系教授
杨瑞广	中共中央文献研究室研究员
吴景平	复旦大学历史系教授
汪朝光	中国社科院近代史研究所副所长、研究员
张国祚	国家社科基金规划办公室原主任、教授
张宪文	南京大学中华民国史研究中心主任、教授
张海鹏	中国史学会会长，中国社科院学部委员、近代史研究所研究员
陈晋	中共中央文献研究室副主任、研究员
陈廷湘	四川大学历史文化学院教授
陈兴芜	重庆出版集团总编辑、编审
陈谦平	南京大学中华民国史研究中心副主任、教授
陈鹏仁	中国台湾中正文教基金会董事长、中国文化大学教授
邵铭煌	中国国民党文化传播委员会党史馆主任
罗小卫	重庆出版集团董事长、编审
周永林	重庆市政协原副秘书长、重庆市地方史研究会名誉会长
金冲及	中共中央文献研究室原常务副主任、研究员
荣维木	《抗日战争研究》主编、中国社科院近代史研究所研究员
徐勇	北京大学历史系教授
徐秀丽	《近代史研究》主编、中国社科院近代史研究所研究员
郭德宏	中国现代史学会会长、中共中央党校教授
章百家	中共中央党史研究室副主任、研究员
彭南生	华中师范大学历史文化学院教授
傅高义	美国哈佛大学费正清东亚研究中心前主任、教授

温贤美　四川省社科院研究员
谢本书　云南民族大学人文学院教授
简笙簧　台湾国史馆纂修
廖心文　中共中央文献研究室研究员
熊宗仁　贵州省社科院研究员
潘　洵　西南大学历史文化学院教授
魏宏运　南开大学历史学院教授

编辑部成员(按姓氏笔画为序)

朱高建　刘志平　吴　畏　别必亮　何　林　黄晓东　曾海龙　曾维伦

总　序

章开沅

　　我对四川、对重庆常怀感恩之心，那里是我的第二故乡。因为从1937年冬到1946年夏前后将近9年的时间里，我在重庆江津国立九中学习5年，在铜梁201师603团当兵一年半，其间曾在川江木船上打工，最远到过今天四川的泸州，而起程与陆上栖息地则是重庆的朝天门码头。

　　回想在那国破家亡之际，是当地老百姓满腔热情接纳了我们这批流离失所的小难民，他们把最尊贵的宗祠建筑提供给我们作为校舍，他们从来没有与沦陷区学生争夺升学机会，并且把最优秀的教学骨干稳定在国立中学。这是多么宽阔的胸怀，多么真挚的爱心！2006年暮春，我在57年后重访江津德感坝国立九中旧址，附近居民闻风聚集，纷纷前来看望我这个"安徽学生"（当年民间昵称），执手畅叙半个世纪以前往事情缘。我也是在川江的水，巴蜀的粮和四川、重庆老百姓大爱的哺育下长大的啊！这是我终生难忘的回忆。

　　当然，这八九年更为重要的回忆是抗战，抗战是这个历史时期出现频率最高的词语。抗战涵盖一切，渗透到社会生活的各个层面。记得在重庆大轰炸最频繁的那些岁月，连许多餐馆都不失"川味幽默"，推出一道"炸弹汤"，即榨菜鸡蛋汤。……历史是记忆组成的，个人的记忆会聚成为群体的记忆，群体的记忆会聚成为民族的乃至人类的记忆。记忆不仅由文字语言承载，也保存于各种有形的与无形的、物质的与非物质的文化遗产之中。历史学者应该是文化遗产的守望者，但这绝非是历史学者单独承担的责任，而应是全社会的共同责任。因此，我对《中国抗战大后方历史文化丛书》编纂出版寄予厚望。

抗日战争是整个中华民族（包括海外侨胞与华人）反抗日本侵略的正义战争。自从19世纪30年代以来，中国历次反侵略战争都是政府主导的片面战争，由于反动统治者的软弱媚外，不敢也不能充分发动广大人民群众，所以每次都惨遭失败的结局。只有1937年到1945年的抗日战争，由于在抗日民族统一战线的旗帜下，长期内战的国共两大政党终于经由反复协商达成第二次合作，这才能够实现史无前例的全民抗战，既有正面战场的坚守严拒，又有敌后抗日根据地的英勇杀敌，经过长达8年艰苦卓绝的壮烈抗争，终于赢得近代中国第一次胜利的民族解放战争。我完全同意《中国抗战大后方历史文化丛书》的评价："抗日战争的胜利成为了中华民族由衰败走向振兴的重大转折点，为国家的独立、民族的解放奠定了基础。"

中国的抗战，不仅是反抗日本侵华战争，而且还是世界反法西斯战争的重要组成部分。

日本明治维新以后，在"脱亚入欧"方针的误导下，逐步走上军国主义侵略道路，而首当其冲的便是中国。经过甲午战争，日本首先占领中国的台湾省，随后又于1931年根据其既定国策，侵占中国东北三省，野心勃勃地以"满蒙"为政治军事基地妄图灭亡中国，独霸亚洲，并且与德、意法西斯共同征服世界。日本是法西斯国家中最早在亚洲发起大规模侵略战争的国家，而中国则是最早投入反法西斯战争的先驱。及至1935年日本军国主义者通过政变使日本正式成为法西斯国家，两年以后更疯狂发动全面侵华战争。由于日本已经与德、意法西斯建立"柏林—罗马—东京"轴心，所以中国的全面抗战实际上揭开了世界反法西斯战争（第二次世界大战）的序幕，并且曾经是亚洲主战场的唯一主力军。正如1938年7月中共中央《致西班牙人民电》所说："我们与你们都是站在全世界反法西斯的最前线上。"即使在"二战"全面爆发以后，反法西斯战争延展形成东西两大战场，中国依然是亚洲的主要战场，依然是长期有效抗击日本侵略的主力军之一，并且为世界反法西斯战争的胜利做出了极其重要的贡献。2002年夏天，我在巴黎凯旋门正好碰见"二战"老兵举行盛大游行庆祝法国光复。经过接待人员介绍，他们知道我也曾在1944年志愿从军，便热情邀请我与他们合影，因为大家都曾是反法西斯的战士。我虽感光荣，但却受之有愧，因为作为现役军人，未能决胜于疆场，日本就宣布投降了。但是法国老兵非常尊重中国，这是由于他们曾经投降并且亡国，而中国则始终坚持英勇抗战，并主要依靠自己的力量赢得最后胜利。尽管都是"二战"的主要战胜国，毕竟分量与地位有所区别，我们千万不可低估自己的抗战。

重庆在抗战期间是中国的战时首都，也是中共中央南方局与第二次国共合作的所在地，"二战"全面爆发以后更成为世界反法西斯战争远东指挥中心，因而具有多方面的重要贡献与历史地位。然而由于大家都能理解的原因，对于抗战期间重庆与大后方的历史研究长期存在许多不足之处，至少是难以客观公正地反映当时完整的社会历史原貌。现在经由重庆学术界倡议，全国各地学者密切合作，同时还有日本、美国、英国、法国、俄罗斯等外国学者的关怀与支持，共同编辑出版《中国抗战大后方历史文化丛书》，这堪称学术研究与图书出版的盛事壮举。我为此感到极大欣慰，并且期望有更多中外学者投入此项大型文化工程，以求无愧于当年的历史辉煌，也无愧于后世对于我们这代人的期盼。

在民族自卫战争期间，作为现役军人而未能亲赴战场，是我的终生遗憾，因此一直不好意思说曾经是抗战老兵。然而，我毕竟是这段历史的参与者、亲历者、见证者，仍愿追随众多中外才俊之士，为《中国抗战大后方历史文化丛书》的编纂略尽绵薄并乐观其成。如果说当年守土有责未能如愿，而晚年却能躬逢抗战修史大成，岂非塞翁失马，未必非福？

2010年已经是抗战胜利65周年，我仍然难忘1945年8月15日山城狂欢之夜，数十万人涌上街头，那鞭炮焰火，那欢声笑语，还有许多人心头默诵的杜老夫子那首著名的诗："剑外忽传收蓟北，初闻涕泪满衣裳！却看妻子愁何在？漫卷诗书喜欲狂。白日放歌须纵酒，青春作伴好还乡。即从巴峡穿巫峡，便下襄阳向洛阳。"

即以此为序。

庚寅盛暑于实斋

（章开沅，著名历史学家、教育家，现任华中师范大学东西方文化交流研究中心主任）

前　言

抗日战争是近百年来中国抗争史上最艰难也是最辉煌的一页，抗日战争的胜利是中华民族由衰败走向振兴的伟大转折点。抗日战争史也是中国近代史学界关注的焦点之一。70多年来，有关抗日战争研究的学术史论著可谓汗牛充栋，而关于抗日战争史的研究论著目录索引也可谓硕果累累。

战略后方是赖以执行自己的战略任务，达到保存和发展自己，消灭和驱逐敌人之目的的战略基地，对战争的胜利具有决定性意义。以重庆为中心的中国西部地区，是中国抗日战争的大后方。抗战大后方史是中国抗日战争史的一个极其重要的组成部分。在相当长的一个时期内，抗战大后方史研究，与抗日根据地、沦陷区研究相比差距甚大，学术界基本上没有将抗战大后方作为一个特定的领域加以研究。近十年来，这种情况开始有所改变，抗战大后方逐渐成为中国抗日战争史研究的新领域和新方向。

若要进一步加强和深化对抗战大后方历史文化的研究，就必须加强对抗战大后方历史文化研究成果的学术史梳理，这不仅有助于全面系统地总结几十年来中国抗战大后方史的研究状况，而且可以为中国抗战大后方史的进一步深化研究提供重要的工具和指南。

学术界没有专门的抗战大后方史研究论著目录和研究综述，有关成果包含在已经出版的相关论著目录中，主要有：周元正编的《抗日战争史参考资料目录：1937—1945》（四川大学出版社1985年），李光一主编的《中国现代史论文书目索引》（河南大学出版社1986年），荣天琳主编的《中国现代史论文著作目录索引（1949—1981）》和《中国现代史论文著作目录索引（1982—1987）》

（北京大学出版社1986年和1990年），杨诗浩、韩荣芳编的《国外出版中国近现代史书目(1949—1978)》（上海人民出版社1980年），徐舸主编的《中国近现代史论著目录总汇(1980—1990)》（南京大学出版社1992年），邹大海主编的《中国近现代科学技术史论著目录（上中下）》（山东教育出版社2006年），张海鹏主编的《中国近代史论著目录(1979—2000)》（上海人民出版社2005年），张玉法编著的《中国现代史史料指引》（台湾新文丰出版公司印行2000年）、《中央研究院近代史所同仁著作目录》等。此外，中国社会科学院历史研究所编的《八十年来史学书目》（前身《七十六年史学书目》，中国社会科学出版社1980年），中国社会科学院历史所和北京大学历史系编的《中国史学论文索引（一、二、三编）》（中华书局1980年），张海惠、王玉芝编的《建国以来中国史学论文集篇目索引初编(1949—1984)》（中华书局1992年），周迅编的《1522种学术论文集史学论文分类索引(1911—1986)》（书目文献出版社1990年）等综合性中文论著目录也有相关内容。《全国报刊索引》，人大报刊复印资料《中国现代史》索引、《近代史研究》索引和《抗日战争研究》索引也收录了大量的抗战大后方史研究论著目录。但由于没有专题收录，目前有关抗战大后方研究的索引既不全面，也不系统，极不利于研究工作的深入。

《中国抗战大后方研究论著目录索引(1979—2011)》以国内主要学术期刊、专著为主体，并收录部分港台地区论著，按照主题和时间先后顺序编排。这是对30多年来有关中国抗战大后方史研究论著的第一次全面清理。这项工作由中国抗战大后方研究协同创新中心、西南大学中国抗战大后方研究中心、重庆市中国抗战大后方历史文化研究会、重庆市地方史研究会共同承担，历时五年，共收录论著目录万余条。相信这项工作对推动中国抗战大后方历史文化研究的深入发展，进而推动中国抗日战争史、中国现代史的研究，都将发挥重要作用。

目 录

总序 ·· 章开沅 1
前言 ·· 1

一、论文、资料索引

1979年 ·· 3
1980年 ·· 3
1981年 ·· 6
1982年 ··· 11
1983年 ··· 15
1984年 ··· 25
1985年 ··· 27
1986年 ··· 37
1987年 ··· 49
1988年 ··· 62
1989年 ··· 72
1990年 ··· 78
1991年 ··· 84
1992年 ··· 90
1993年 ··· 97
1994年 ·· 103
1995年 ·· 109

1996年 …………………………………………138

1997年 …………………………………………153

1998年 …………………………………………170

1999年 …………………………………………188

2000年 …………………………………………206

2001年 …………………………………………225

2002年 …………………………………………243

2003年 …………………………………………254

2004年 …………………………………………268

2005年 …………………………………………283

2006年 …………………………………………324

2007年 …………………………………………354

2008年 …………………………………………383

2009年 …………………………………………406

2010年 …………………………………………428

2011年 …………………………………………449

二、著作、文献索引

1979年 …………………………………………467

1980年 …………………………………………467

1981年 …………………………………………467

1982年 …………………………………………467

1983年 …………………………………………468

1984年 …………………………………………468

1985年 …………………………………………469

1986年 …………………………………………473

1987年 …………………………………………475

1988年 …………………………………………………………………… 478
1989年 …………………………………………………………………… 480
1990年 …………………………………………………………………… 482
1991年 …………………………………………………………………… 483
1992年 …………………………………………………………………… 485
1993年 …………………………………………………………………… 487
1994年 …………………………………………………………………… 488
1995年 …………………………………………………………………… 490
1996年 …………………………………………………………………… 496
1997年 …………………………………………………………………… 498
1998年 …………………………………………………………………… 500
1999年 …………………………………………………………………… 502
2000年 …………………………………………………………………… 504
2001年 …………………………………………………………………… 505
2002年 …………………………………………………………………… 506
2003年 …………………………………………………………………… 507
2004年 …………………………………………………………………… 508
2005年 …………………………………………………………………… 509
2006年 …………………………………………………………………… 515
2007年 …………………………………………………………………… 517
2008年 …………………………………………………………………… 519
2009年 …………………………………………………………………… 520
2010年 …………………………………………………………………… 522
2011年 …………………………………………………………………… 523

三、硕士、博士学位论文索引

1984年 …………………………………………………………………… 529

1986年 …………………………………………………………………………529
1987年 …………………………………………………………………………529
1988年 …………………………………………………………………………529
1989年 …………………………………………………………………………530
1991年 …………………………………………………………………………530
1992年 …………………………………………………………………………530
1993年 …………………………………………………………………………531
1994年 …………………………………………………………………………531
1995年 …………………………………………………………………………531
1996年 …………………………………………………………………………532
1997年 …………………………………………………………………………532
1998年 …………………………………………………………………………533
1999年 …………………………………………………………………………533
2000年 …………………………………………………………………………534
2001年 …………………………………………………………………………535
2002年 …………………………………………………………………………535
2003年 …………………………………………………………………………537
2004年 …………………………………………………………………………539
2005年 …………………………………………………………………………541
2006年 …………………………………………………………………………544
2007年 …………………………………………………………………………548
2008年 …………………………………………………………………………554
2009年 …………………………………………………………………………561
2010年 …………………………………………………………………………566
2011年 …………………………………………………………………………573

后　　记 ……………………………………………………………………………583

一、论文、资料索引

1979年

"精忠今已照人间"——追忆田汉老师在抗日战争期间的戏曲活动,龚啸岚,戏剧艺术论丛,1979年第1期。

"诗人节"的由来,常久,新文学史料,1979年第3期。

从创办"育才"看陶行知教育思想——纪念育才学校建校四十周年,吕长春,文汇报,1979年7月22日。

范长江同志和"青记"、"国新社":回忆长江在抗战中的几个片断,高天,新闻研究资料(第1辑),1979年。

嘉陵江边的一所进步学校——纪念陶行知先生创办育才学校四十周年,光明日报,1979年9月4日。

敬爱的良师　英勇的战士,李艺群,昆明师院学报,1979年第4期。

抗日战争时期的漫画宣传队(革命美术活动回忆录),宣文杰,美术,1979年第6期。

抗战时期的一支"笔游击队"——作家战地访问团散记,芳茵,边疆文艺,1979年第11期。

昆明的文艺青年与民主运动,闻一多,昆明师院学报,1979年第4期。

新华日报出版大量革命书刊,廖隆富,新闻战线,1979年第4期。

忆一多兄,闻家驷,读书,1979年第4期。

周恩来同志与抗战时期国统区进步话剧运动,焦尚志,南开大学学报(哲社版),1979年第3期。

1980年

《新华日报》及其贵阳分销处,董有刚,贵州日报,1980年12月13日。

《在延安文艺座谈会上的讲话》在国民党统治区的传播,蔡清实,中国现当代文学研究丛刊,1980年第1期。

巴黎的抗战文学讨论会记略,罗荪,光明日报,1980年9月14日。

报纸必须满足群众多方面的需要——重庆新华日报的"社会服务"档,杨润时,新闻研究资料(第5辑),1980年。

陈独秀在抗战时期的政治言论,张永通,党史研究资料,1980年第16期。

从国民党档案看对新华日报的迫害,陈业勋,新闻研究资料(第4辑),1980年。

第三厅——国统区抗日民族统一战线的一个战斗堡垒(一),阳翰笙,新文学史料,1980年第4期。

访桂林忆《救亡日报》,加因,桂林日报,1980年10月14日。

高唱战歌赴疆坊,臧克家,新文学史料,1980年第4期。

革命生活片断回忆——在国民党空军中的活动及其工作(1939.12—1950.12),郭佩珊,云南现代史研究资料,1980年第3期。

古籍散聚的一段轶事——抗战期间"文献保存同志会"抢救善本古籍的始末,德晶,四川图书馆学报,1980年第2期。

关于《抗战文艺》,罗荪,新文学史料,1980年第2期。

关于第一次反共高潮的一些史实,丁雍年,党史研究资料,1980年第12期。

桂林救亡日报之忆,华嘉,新闻研究资料(第3辑),1980年。

桂林文化城记事(1938.10—1944.11),万一知,广西师范学院学报(哲社版),1980年第2期。

国民参政会是怎样的组织,共开过几届几次会议,其历史作用是什么,李起民,历史教学,1980年第12期。

记抗日战争中的报纸义卖,张西洛等,经济研究资料,1980年第5期。

抗日战争时期"上海业余剧人协会"在四川的活动,肖宗英,戏剧与电影,1980年第3期。

抗日战争时期国民党统治区的情况,董必武,近代史研究,1980年第3期。

抗日战争时期国民党在四川的黑暗统治,马功成,历史知识,1980年第2期。

抗战时期重庆的话剧活动,赵铭彝,红岩,1980年第4期。

抗战时期的"桂林文化城",林焕平,文艺丛刊,1980年第2期。

抗战时期桂林的歌咏活动,魏华龄,桂林日报,1980年7月16日。

论郭沫若抗战时期的历史剧——为纪念郭老逝世二周年而作,吴乾浩,戏剧学习,1980年第3期。

论抗战诗人——高兰的朗诵诗,陆文采,辽宁师范学院学报(哲社版),1980年第5期。

漫话《抗战八年木刻选集》,吴泰昌,读书,1980年第4期。

美国与中国的抗日战争,向立岭,上海师范学院学报(社科版),1980年第3期。

评陈独秀在抗日战争时期的政治思想,杨荣华,安徽师范大学学报(社科版),1980年第4期。

全面正确评价陶行知先生的教育思想,汤养本等,教育研究,1980年第1期。

时代的号手——在巴黎召开的抗战时期中国文学国际讨论会上的发言,高行健,探索,1980年第1期。

同外国专家一起讨论中国文学——参加巴黎"中国抗战时期文学讨论会"散记,马烽,汾水,1980年第9期。

伟大的人民教育家陶行知,张文郁,上海师范学院学报(社科版),1980年第1期。

西安城内的"小延安"——西安"八办"生产自救纪略,刘国生,革命文物,1980年第2期。

西北财经办事处,张杨,西北大学学报(哲社版),1980年第4期。

一次难忘的演出——忆重庆戏剧界为救亡日报的募捐演出,钱辛波,新闻研究资料(第3辑),1980年。

忆抗日救亡歌咏运动,刘良模,人民音乐,1980年第6期。

真理的声音封锁不住——关于《新华日报》桂林营业处的点滴回忆,卢杰,广西日报,1980年12月24日。

中国抗战时期文学国际讨论会在巴黎举行,人民日报,1980年6月19日。

中国抗战文学国际座谈会在巴黎,柳门,读书,1980年第10期。

周恩来同志在重庆南开中学,肖国良等,重庆师范学院学报(哲社版),1980年第2期。

周总理在重庆和我们的几次见面,陈铭德,新闻与传播研究,1980年第1期。

1981年

"布将帅"运动纪略,吴荣臻,贵州民族研究,1981年第3期。

"桂林文化城"期刊简介(下),李建平,广西大学学报(哲社版),1981年第2期。

"桂林文化城"思忆,华嘉,学术论坛,1981年第5期。

"迈进毋畏路途艰"——回忆我父亲欧阳予倩在广西,欧阳敬如,学术论坛,1981年第3期。

《广西日报》杂忆,楼栖,学术论坛,1981年第2期。

《救亡日报》在桂林复刊二、三事,彭启一,桂林日报,1981年2月17—19日。

《生活周报》、生活书店与中华职业教育社,范尧锋,新文学史料,1981年第1期。

1939年国民革命军第18集团军驻重庆、陕(西安)办事处致北平图书馆赠书函件,图书馆学通讯,1981年第3期。

1944—1946年成都的学生运动,王宇光等,青运史研究,1981年第9期。

八年抗战中的叶圣陶——《叶圣陶评传》中的一章,陈辽,中国现代文学研究丛刊(第1辑),1981年。

成都"市中"事件始末记(1944年),周倜,青运史研究资料,1981年第3期。

党的领导是胜利的保证——忆战斗在国民党统治区抗敌演剧队,阳翰笙,戏剧论丛,1981年第3期。

第二次国共合作在西北的形成,孙铭九,史料选编,1981年第1期。

第三厅——国统区抗日民族统一战线的一个战斗堡垒(二)(三)(四)(五),阳翰笙,新文学史料,1981年第1—4期。

董必武同志在国统区斗争的十年,张永远,齐鲁学刊,1981年第1期。

对1937—1941年云南地下党情况的补充,吴宗遥,云南现代史研究资料,1981年第4期。

访问陈子彤同志记录(41—46年南方局工作史料),蔡尔雄,重庆现代革命史资料,1981年第6期。

粉墨重施,旧景重现——回忆抗战时期在桂林演出《新会缘桥》,陈绮霞,长沙日报,1981年5月15日。

共产党人必须密切联系群众:回忆抗战时期在新疆做群众工作的若干经历,张东月,新疆中共党史研究资料,1981年第5期。

关于《华威先生》所引起的论争,苏光文,重庆师范学院学报(哲社版),1981年第3期。

关于桂林文化城的一段回忆,刘季平,学术论坛,1981年第2期。

关于抗战时期云南妇女运动的回忆,李文宜、陆裕民,云南现代史研究资料(第8辑),1981年。

关于南方局军事组和南岳游击干部训练的部分情况,薛子正等,重庆现代革命史资料,1981年第4期。

桂林文化城的政治基础及其盛况,周钢鸣,学术论坛,1981年第2期。

桂林在抗战时期中的特殊地位,程思远,学术论坛,1981年第1期。

国统区抗日进步演剧活动的空前大检阅——一九四四年西南剧展,吴立德,中国现代文学研究丛刊(第1辑),1981年。

回忆从大革命时期到抗战时期的新蜀报,周钦岳,新闻研究资料(第6辑),1981年。

回忆第一批"泰国华侨回国服务团",吴家远,广东侨报,1981年10月30日。

回忆桂林文化城的几个片断,陈迩冬,学术论坛,1981年第1期。

回忆陶行知先生,仲兰邨,重庆师范学院学报(哲社版),1981年第4期。

回忆新华日报——记重庆老新闻工作者座谈会,新华日报史研究组,新闻研究资料(第6辑),1981年。

记八路军贵阳办事处,陶信椿,贵州文史丛刊,1981年第1期。

记者生涯的回忆——记《救亡日报》在桂林,夏衍,羊城晚报,1981年7月6—12日。

简论抗战时期的广西日报,谢落生,新闻研究资料(第9辑),1981年。

金堤同志谈南方局青年组的一个联络点,胡康民,重庆现代革命史资料,1981年第4期。

坎坷万里行——从乌鲁木齐到延安,方志纯,文物天地,1981年第3期。

抗日战争初期重庆沙磁区地下党的建党斗争,黄大明,重庆现代革命史资料,1981年第5期。

抗日战争前后成都的《大声周刊》,成都科大党史组,四川大学学报(哲社版),1981年第2期。

抗日战争时期的南方局招待所,杨继干,贵州文史丛刊,1981年第2期。

抗日战争时期国统区文艺大事记,重庆师范学院中文系国统区抗战文艺研究室,重庆师范学院学报(哲社版),1981年第2—4期。

抗日战争时期和解放战争初期我党设在重庆的代表机关的组成及其辖属情况,重庆红岩革命纪念馆资料组,重庆现代革命史资料,1981年第1期。

抗日战争时期昆明的文艺运动,熊朝隽,昆明师院学报(哲社版),1981年第1期。

抗日战争时期柳州工商业经济概况,刘振先,柳州史料,1981年第7期。

抗战初期遵义的革命活动,杨天源、劲高,贵州文史丛刊,1981年第2期。

抗战时期的少年儿童团体——新安旅行团(连载),魏华龄,桂林日报,1981年5月20—21、26日,6月4、11、17、23日,7月8、16、23日,8月4、11日。

抗战时期李约瑟在中国的科学活动,许立言,自然杂志,1981年第9期。

抗战时期在桂林的周钢鸣同志,陈宪章,桂林日报,1981年7月9日。

抗战需要文艺　文艺必须抗战——关于抗战时期文艺界跟梁实秋的"与抗战无关"论的论争,朱学兰,重庆师范学院学报(哲社版),1981年第4期。

老舍先生创作生活二十年纪念缘起,郭沫若、沈雁冰等,重庆师范学院学报(哲社版),1981年第3期。

李维同志回忆——四十年代向南方局汇报工作的情况,兰宇,重庆现代革命史资料,1981年第10—11期。

李约瑟博士与《中国科学技术史》,李国豪等,自然杂志,1981年第9期。

李约瑟与中国的情报事业,许立言,情报科学,1981年第1期。

廖似光同志谈南方局的一些情况,张鲁,重庆现代革命史资料,1981年第1期。

廖志高同志回忆南方局领导地下党斗争的一些情况,王明湘等,重庆现代革命史资料,1981年第1期。

刘浩同志谈南方局指示在云南开展统战工作的情况,兰宇,重庆现代革命史资料,1981年第10—11期。

茅盾在抗战时期——纪念他诞生八十五周年,苏光文,西南师范学院学报(社科版),1981年第3期。

没有共产党就没有中华民族的解放——回顾抗日时期理论战线方面反对国民党顽固派的斗争,潘国华等,文汇报,1981年6月22日。

南方局指示在川鄂边展开武装斗争以及我三次回重庆汇报工作的情况,秦录廷,重庆现代革命史资料,1981年第10—11期。

评"战国派"的文艺观,戴少瑶,重庆师范学院学报(哲社版),1981年第2期。

评陈铨剧作的"浪漫精神",刘安章,重庆师范学院学报(哲社版),1981年第3期。

七贤庄的灯光(西安八路军办事处),林阿绵等,河南青年,1981年第7期。

人民教育家陶行知先生传略,张文郁,华东师范大学学报(哲社版),1981年第5期。

三厅六处一科及以后的情况,石凌鹤,新文学史料,1981年第2期。

试论贺绿汀在救亡和抗战时期音乐民族化的理论和实践,董团,中央音乐学院学报,1981年第4期。

四十年前的《阿Q正传》在昆明,夏明曦,春城戏剧,1981年第4期。

陶行知教育活动片断,中国第二历史档案馆,历史档案,1981年第2期。

王炳南同志谈南方局,王明湘等,重庆现代革命史资料,1981年第1期。

王炽森同志谈为新华日报办"纸厂"的情况,牟之光,重庆现代革命史资料,1981年第6期。

往事琐记("救国会"等的活动资料),胡子婴,重庆现代革命史资料,1981年第10—11期。

我所知道的南方局和四川省委的一些情况,袁绍俊、王明湘,重庆现代革命史资料,1981年第4期。

西南剧展会初探(1944年春天),万一知,广西师范学院学报(哲社版),1981年第2期。

夏静同志谈八路军办事处在红岩村,俞史,重庆现代革命史资料,1981年第4期。

夏衍抗战剧浅析,钟德慧,四川大学学报(哲社版),1981年第2期。

新华日报的历史地位及其特点,熊复,新闻研究资料(第9辑),1981年。

新民主主义革命时期的中国民主同盟,吕伟俊、李运武,齐鲁学刊,1981年第3期。

一个版画家的战斗历程——记我爸爸黄新波在桂林的片断,黄元,学术论坛,1981年第6期。

应当重视和加强国统区抗战文学的研究,朱学兰,重庆师范学院学报(哲社版),1981年第2期。

育才学校的实践——纪念陶行知先生诞辰九十周年,张达扬,重庆师范学院学报(哲社版),1981年第4期。

在《新华日报》昆明营业分处工作的日子里,段一芳,云南现代史研究资料,1981年第4期。

在桂林的八年,千家驹,学术论坛,1981年第1期。

在云南民盟内的工作回忆(1943—1946年),李文宜,云南现代史研究资料,1981年第8期。

张文澄同志谈南方局领导四川地下党的某些侧面,刘立群,重庆现代革命史资料,1981年第6期。

张颖同志谈南方局文化组及其统战工作,牟之先,重庆现代革命史资料,1981年第6期。

张友渔同志谈重庆分局(四川省委)撤离重庆时的部署,林梅侠,重庆现代革命史资料,1981年第4期。

赵一民同志谈在南方局领导下几个民主党派的活动概况,兰宇,重庆现代革命史资料,1981年第10—11期。

致力于国共合作的爱国将领——回忆大哥张治中,张文心,新华日报,1981年10月12日。

追忆伟大的人民教育家陶行知先生,张劲夫,江淮论坛,1981年第2期。

1982年

"挺身艰难际　张目视寇仇"——试谈杜甫及其诗歌在抗日战争中的影响,李谊,抗战文艺研究,1982年第4期。

《郭沫若在重庆》序言,阳翰笙,抗战文艺研究,1982年第5期。

《江汉渔歌》与田汉同志,施剑青,抗战文艺研究,1982年第1期。

《讲话》与国统区抗战文艺,苏光文,抗战文艺研究,1982年第2期。

《抗战八年木刻选集》的诞生,叶至善,新文学史料,1982年第3期。

《七月》抗战诗歌漫评,李保均,重庆师范学院学报(哲社版),1982年第2期。

《新华日报》副刊的沿革,关世申,抗战文艺研究,1982年第1期。

《新华日报》有关"文协"文章的目录索引,黎明,抗战文艺研究,1982年第4期。

《新华日报》在文艺战线的斗争,徐光霄,抗战文艺研究,1982年第1期。

艾芜谈抗战时期的文艺活动,黎明,抗战文艺研究,1982年第1期。

艾芜在民族存亡的紧要关头,谭兴国,抗战文艺研究,1982年第3期。

曹禺抗战期间在重庆的三次讲演,解仲文,抗战文艺研究,1982年第2期。

陈翔鹤与文协成都分会,洪钟,抗战文艺研究,1982年第2期。

重庆《新华日报》的简报资料工作,陈驰,资料工作通讯,1982年第1期。

典型·质朴·锋芒内敛——谈艾芜抗战时期的几篇讽刺小说,雷锐,广西师范学院学报(哲社版),1982年第3期。

读曾昭抡一九四零年昆明日记,王治浩,中国科技史杂志,1982年第2期。

对"抗战文艺研究"的建议和希望,沙汀,社会科学研究,1982年第1期。

丰子恺的抗日歌词,潘颂德,抗战文艺研究,1982年第3期。

关于"自贡市抗敌歌咏团"的点滴回忆,李石锋,抗战文艺研究,1982年第2期。

关于《黑字二十八》和《编剧术》——记曹禺抗战初期的一些创作活动,华忱之,社会科学研究,1982年第1期。

关于《老舍之歌》及其他——抗战时期老舍活动补正,立山,重庆师范学院学报(哲社版),1982年第3期。

关于《微波》文艺月刊,蓝海,抗战文艺研究,1982年第3期。

关于沈衡老的一首诗,尹凌,抗战文艺研究,1982年第1期。

关于四川省立剧校巡回演剧队的回忆,周彦,抗战文艺研究,1982年第2期。

桂林文化城的壮丽画卷——读长篇小说《在密密的书林里》,杨益群,广西师范学院学报(哲社版),1982年第2期。

郭老给我的信,袁祥明,抗战文艺研究,1982年第2期。

过时的美学残渣——评《寄语中国艺术人》,冯宪光,抗战文艺研究,1982年第1期。

何其芳散论,章子仲,抗战文艺研究,1982年第2期。

回忆《上海屋檐下》在成都,任耕,抗战文艺研究,1982年第2期。

记《胜利号》在成都的演出,周彦,抗战文艺研究,1982年第3期。

抗日战争期间郭沫若活动记略(1937.7—1945.8),曾健戎,抗战文艺研究,1982年第1、3期。

抗日战争时期关于现实主义问题的探讨,邵逸翱,重庆师范学院学报(哲社版),1982年第3期。

抗日战争时期老舍活动纪略(上)(下),刘安章,重庆师范学院学报(哲社版),1982年第3—4期。

抗战初期重庆剧运简忆,李华飞,社会科学研究,1982年第1期。

抗战流亡杂诗二首,詹焜耀,抗战文艺研究,1982年第1期。

抗战诗抄,谷莺,抗战文艺研究,1982年第1—4期。

抗战时期大理中学的回忆片断,李仲烈,云南现代史研究资料,1982年第12期。

抗战时期东北作家在桂林,杨益群,学术论坛,1982年第6期。

抗战时期桂林文化城的形成,魏华龄,学术论坛,1982年第2期。

抗战时期昆明学生运动散记,史靖,红旗飘飘(选编本)(第4集),1982年。

抗战时期乐山救亡团体简述,张少裁,乐山市志资料,1982年第2期。

抗战与文艺,茅盾、赵西,甘肃社会科学,1982年第2期。

老舍的抗战剧作值得重视,李平章,重庆师范学院学报(哲社版),1982年第3期。

老舍究竟何时定居北碚,李黄华,重庆师范学院学报(哲社版),1982年第3期。

李敷仁与抗战教育,郑涵惠,人文杂志,1982年第6期。

鲁迅·抗战·抗战文艺,苏光文,重庆师范学院学报(哲社版),1982年第4期。

论艾青抗战前期的诗歌,翟大炳,宁夏大学学报(社科版),1982年第1期。

论冯玉祥的抗战诗歌,李保均,四川大学学报(哲社版),1982年第1期。

论郭沫若抗战时期的杂文,华忱之,四川大学学报(哲社版),1982年第4期。

茅盾抗战时期在兰州的文艺报告,唐祈,甘肃社会科学,1982年第2期。

民族形式讨论纪略(国统区文艺研究),中文系国统区抗战文艺研究室,重庆师范学院学报(哲社版),1982年第2期。

难忘与茅盾同志交往的日子,萧蔓若,抗战文艺研究,1982年第1期。

浅谈抗战胜利后解放区的叙事长诗——纪念《在延安文艺座谈会上的讲话》四十周年,陈国威,宁夏大学学报(社科版),1982年第2期。

亲切关怀,精心培养——忆南方局对女干部的教育培养,陈舜瑶,妇女生活,1982年第9期。

诗歌是战斗的武器,王亚平,抗战文艺研究,1982年第2期。

试论中国民主政团同盟的成立与意义,邱钱牧、林建柏,北京师范学院学报(社科版),1982年第2期。

试述"文协"的成立,文天行,抗战文艺研究,1982年第4期。

是悲剧,也是正气歌——读郭沫若抗战时期历史剧的一点体会,伍志刚,吉安师专学报(社科版),1982年第2期。

谈《腐蚀》与《雾重庆》,廖全京,抗战文艺研究,1982年第2期。

谈《屈原》中《桔颂》一诗的妙用,王大敏,抗战文艺研究,1982年第4期。

谈方敬抗战时期的诗,文天行,抗战文艺研究,1982年第1期。

谈抗战时期徐悲鸿的绘画兼及美学观,刘长久,抗战文艺研究,1982年第3期。

谈抗战中对旧形式的利用,曾祖云,抗战文艺研究,1982年第2期。

田汉抗战剧论及剧作浅谈,杨益群,抗战文艺研究,1982年第4期。

西北战地服务团第一年纪实,陈明,新文学史料,1982年第2期。

西南戏剧展览会记实,万一知,抗战文艺研究,1982年第2期。

也谈"民族形式"问题讨论,冯宪光,抗战文艺研究,1982年第4期。

一代文章千古事——老舍在北碚从事抗战文学创作简记,李萱华,抗战文艺研究,1982年第3期。

以群在重庆,方敬,抗战文艺研究,1982年第3期。

忆电影事业家夏云瑚同志,吴茵,抗战文艺研究,1982年第1期。

忆和茅盾同志相处的日子——抗战期间从桂林到重庆,戈宝权,新文学史料,1982年第1期。

忆雾重庆话剧舞台的两台《阿Q正传》,殷野,人民戏剧,1982年第3期。

忆作家刘盛亚,施幼贻,抗战文艺研究,1982年第4期。

易俗社与西北战地服务团,丁玲,当代戏剧,1982年第10期。

于伶在抗战时期的话剧创作,蒋益,绍兴师专学报,1982年第2期。

于细微处见美德——回忆周恩来同志在重庆八路军办事处,赵平,党的生活丛刊,1982年第3期。

在昆明的访问和讲演,方蒙,新闻与传播研究,1982年第5期。

指引抗战文艺发展的重要讲话——谈新发现的周恩来同志在"文协"成立会上的演说,蔡清富,北京师范大学学报(哲社版),1982年第2期。

中国抗战歌曲在美国,刘良模,人民音乐,1982年第9期。

中国抗战文学国际座谈会论文汇编,柳门,读书,1982年第11期。

中华全国文艺界抗敌协会大事记,文雨,抗战文艺研究,1982年第1—3期。

重视抗战文学的研究,罗荪,抗战文艺研究,1982年第4期。

周恩来同志为在国统区传播《讲话》所做的巨大贡献,王大明,抗战文艺研究,1982年第2期。

周恩来同志与"重庆文艺座谈会",王大明,文谭,1982年第5期。

1983年

"甘南民变"始末初探(一九四三年初),孟庆华,山东师大学报(社科版),1983年第1期。

"剧协"何时成立,邵煜,抗战文艺研究,1983年第4期。

"文协"成都分会和它的会刊,王开明,抗战文艺研究,1983年第1期。

"文协"概述,文天行,抗战文艺研究,1983年第1期。

"文协"桂林分会记事,魏华龄,抗战文艺研究,1983年第1—2期。

"文协"昆明分会始末,吴从发,抗战文艺研究,1983年第3期。

"西南剧展"中的旧剧,丘振声,学术论坛,1983年第4期。

《抗敌》杂志介绍(1939年2月—1940年12月),唐锡强,安徽革命史研究资料,1983年第1期。

《抗战文艺》全目,羲娥,抗战文艺研究,1983年第2期。

《文化动员》的灾难——我在内江从事抗战文艺活动的一段回忆,林梦幻,抗战文艺研究,1983年第4期。

1940年成都等地抢米事件,成都市档案馆等,四川档案史料,1983年第4期。

1942年彭山县洪山寺居民阻修机场事件,四川档案史料,1983年第4期。

爱国女青年的志向——回忆"四川妇女战地服务团",罗为群,妇运史研究资料,1983年第4期。

曹禺抗战时期的戏剧创造和演出,袁祥明,抗战文艺研究,1983年第2期。

沉雄的号音,质朴的嘲讽与严肃的爱——论艾芜抗战时期在桂林的几部作品的特点,雷锐,抗战文艺研究,1983年第6期。

陈嘉庚组织南洋华侨回国慰问团函,中国第二历史档案馆,历史档案,1983年第4期。

成都《新新新闻》等印刷工人罢工案,四川档案史料,1983年第4期。

重庆新华日报初期片断,鄞中铁,新闻研究资料(第21辑),1983年。

重庆新民报的延安通讯,陈理源,新闻研究资料(第21辑),1983年。

摧残抗战剧运的娱乐捐,周彦,抗战文艺研究,1983年第5期。

党领导下的大后方抗战文艺运动——在四川省抗战文艺学术研讨会上的发言,艾芜,抗战文艺研究,1983年第2期。

第二次国共合作和新时期的统一战线,刘静贤,辽宁师范学院学报,1983年第6期。

读周钦岳同志文章的意见,韦孚等,新闻研究资料(第18辑),1983年。

对抗战文艺研究中几个问题的看法,葛一虹,抗战文艺研究,1983年第4期。

对南方局统战工作的回忆与体会,许涤新,四川党史研究资料,1983年第1期。

访西南联大旧址,诸有琼,北京晚报,1983年3月10日。

冯玉祥老舍和成都文协——关于1942年成都文协"九九茶会",王大明,四川日报,1983年1月15日。

冯玉祥在独山,何世君等,贵州文史丛刊,1983年第1期。

冯玉祥在抗战时期的文化、文学活动述略,崔石岗,重庆师范学院学报

(哲社版),1983年第2期。

革命队伍的一座熔炉——抗战时期的桂林新知书店,沈毅然,广西日报,1983年2月14日。

革命文化运动的堡垒,张友渔,新闻研究资料(第19辑),1983年。

关于《抗日战争时期老舍活动纪略》的通信,丁耀良,中国现当代文学研究,1983年第3期。

关于《屈原》在重庆的演出,俞仲文,抗战文艺研究,1983年第4期。

关于抗战前后成都青年运动和党的重建的一些情况,韩天石,四川党史研究资料,1983年第3期。

关于抗战文艺,阳翰笙,抗战文艺研究,1983年第4期。

关于中国社会主义青年团重庆地方团建立的三篇文献,重庆党史研究资料,1983年第6期。

桂林"七·九"事件简介,屈祯言,广西日报,1983年7月6日。

桂林文化城的概况、历史地位及成因,杨益群,学术论坛,1983年第3期。

郭老战斗生活的一个缩影——抗战时期郭沫若在桂林的活动及其意义,李建平,抗战文艺研究,1983年第1期。

国民党四川省党部组织沿革,四川档案史料,1983年第2期。

国民党消极抗日积极反共四案,四川档案史料,1983年第1期。

国民党政府的易货偿债政策和资源委员会的矿产管制,吴太昌,近代史研究,1983年第3期。

国民党政府时期的石油进口初探,孔庆泰,历史档案,1983年第1期。

国统区抗战文学"右倾"论再认识——关于一个文学结论的思考,苏光文,抗战文艺研究,1983年第3期。

和新华日报同志一起战斗的日子,姚江屏,新闻研究资料(第20辑),1983年。

洪深先生二三事,鲁思,新文学史料,1983年第1期。

华侨抗日英雄,俞炳辉,星火燎原,1983年第4期。

回顾《广西妇女》,黄慧珠,学术论坛,1983年第2期。

回忆"演剧五队"的舞蹈(1941),丁波,舞蹈研究,1983年第2期。

回忆第一届诗人节,高兰,新文学史料,1983年第3期。

回忆抗战初期的"四川省妇女抗敌后援会",甘露,重庆党史研究资料,1983年第3期。

回忆我在广西日报,张洁,新闻研究资料(第21辑),1983年。

火红的岁月——纪念《新华日报》《群众》杂志创刊四十五周年,石西民,人民日报,1983年3月9日。

记李广田和他主编的《锻冶厂》,孙跃冬,抗战文艺研究,1983年第2期。

纪念新华日报和群众周刊四十五周年,新闻研究资料(第19辑),1983年。

简介几种抗战文艺报刊,羲娥,抗战文艺研究,1983年第6期。

简评《新垒》副刊,黄弓机,抗战文艺研究,1983年第2期。

江山胜处筑歌台——田汉在广西的戏剧活动,黎之彦,影剧艺术,1983年第6期。

较早的抗战文艺刊物"哨岗",高兰,抗战文艺研究,1983年第2期。

剧人办报在蓉城——忆《南京夜报》及《成都晚报》,张艾丁,抗战文艺研究,1983年第6期。

开办广安纸厂,保证《新华日报》用纸,苏芸,四川党史研究资料,1983年第11期。

抗敌演剧队史略(上)(下),曹树钧,抗战文艺研究,1983年第3—4期。

抗日烽火中的独特战歌——纪念田汉、星海、张曙同志,张九,湖南日报,1983年12月16日。

抗日民族统一战线时期的《新华日报》概况——在西南四省区党史资料征集会议南方小组会议上的发言,徐迈进,重庆党史研究资料,1983年第8期。

抗日民族统一战线中的独立自主原则,唐曼珍,电大文科园地,1983年第4期。

抗日战争初期的"重庆妇女救国会"和"重庆妇女慰劳会",陈红藻(陈奇雪),重庆党史研究资料,1983年第3期。

抗日战争和解放战争时期主要革命报刊简介,何守义,重庆师范学院学报(哲社版),1983年第3期。

抗日战争时期大后方话剧活动大事记,陈美英等,抗战文艺研究,1983年第5—6期。

抗日战争时期党在新疆的革命斗争,人民日报,1983年9月27日。

抗日战争时期的"战区内迁妇女辅导院",黄静汶,重庆党史研究资料,1983年第3期。

抗日战争时期的国共两党关系,何理,近代史研究,1983年第3期。

抗日战争时期的农业互助合作运动,马福英,河北师范学院学报(哲社版),1983年第2期。

抗日战争时期郭沫若的诗歌,〔苏〕С.Д马尔科娃著,文天行译,郭沫若研究学会会刊,1983年第2期。

抗日战争时期资源委员会经营的动力事业(提要),程麟荪,经济学术资料,1983年第3期。

抗战初期成都公演《保卫卢沟桥》述略,斯召木,文谭,1983年第9期。

抗战初期的成都文化界救亡协会,洪沛然,四川党史研究资料,1983年第3期。

抗战初期国统区文艺大众化问题讨论浅见,文天行,学术论坛,1983年第1期。

抗战期间中共中央南方局争取地方实力派概况,彭承福,重庆师范学院学报(哲社版),1983年第4期。

抗战胜利前后党组织在《柳州日报》的斗争,罗培元,广西党史研究通讯,1983年第4期。

抗战胜利前后田汉与昆明的文化、戏剧活动纪实,吴从发,重庆师范学院学报(哲社版),1983年第4期。

抗战时期重庆雾季公演剧目一觅(一九四一年十月——一九四五年),石曼,抗战文艺研究,1983年第5期。

抗战时期滇缅公路运输史上的几个问题——与朱振明同志商榷,郑乐英,经济问题探索,1983年第1期。

抗战时期广西剧运断忆(一)(二),李超,影剧艺术,1983年第5—6期。

抗战时期国统区文学运动概述,文天行,抗战文艺研究,1983年第4期。

抗战时期文学发展的几个特点,徐迺翔,抗战文艺研究,1983年第4期。

抗战时期一幅大型宣传画,丁观加,文物天地,1983年第2期。

抗战时期中共南方局领导的运动概况,廖似光,重庆党史研究资料,1983年第3期。

抗战文艺的国际交往与党对抗战文艺的领导,戈宝权,抗战文艺研究,1983年第4期。

抗战文艺的一场重要斗争——关于对国民党"文艺政策"的抨击,苏光文,抗战文艺研究,1983年第1期。

抗战文艺的一个重要方面,谷莺,抗战文艺研究,1983年第6期。

抗战文艺与抗战戏剧,陈白尘,抗战文艺研究,1983年第4期。

老舍的一篇佚文(谈战时文化工作诸问题),张志强、宋珠,抗战文艺研究,1983年第2期。

乐山普益经纬公司工人罢工案,四川档案史料,1983年第4期。

龙云和蒋介石的合与分之我见,赵振銮,云南省历史研究所研究集刊,1983年第2期。

论抗日战争时期的"工合"运动,侯德础,四川师范学院学报(社科版),1983年第4期。

论中国工业合作社运动,丁利刚,社会科学,1983年第1期。

旅黔日记,傅振伦,贵州文史丛刊,1983年第1期。

茅盾与突兀文艺诗——抗争文艺运动的一个侧面,穆仁,抗战文艺研究,1983年第5期。

茅盾在桂林的生活与创作,万一知,广西师范学院学报(哲社版),1983年第3期。

缅甸华侨战时工作队,人众,华声报,1983年7月10日。

缅怀洪深同志,赵清阁,新文学史料,1983年第1期。

民国二十七年四川公民联合反对苛政案,四川档案史料,1983年第2期。

民国时期四川省政府组织改革,四川档案史料,1983年第1期。

民族大义的考验——王统照先生在抗日战争中,王立鹏,抗战文艺研究,1983年第6期。

民族的爱之弦在颤动——读阳翰笙剧作《槿花之歌》笔记,廖全京,抗战文艺研究,1983年第6期。

南方局对女干部教育、培养的一点感受,陈舜瑶,四川党史研究资料,1983年第1期。

南方局统战工作的回忆与体会——在西南四省区党史资料征集会议上的发言,许涤新,重庆党史研究资料,1983年第8期。

南侨回国服务团始末,许志光,华声报,1983年1月16日。

蓉渝往返日记,叶圣陶,红岩,1983年第3—4期。

商务日报的回忆,熊明宣,新闻研究资料(第21辑),1983年。

商务印书馆重建党组织以后(1937—1945),张心宜等,上海工运史研究资料,1983年第1期。

什邡县商民抗税罢市斗争(民国二十九年九月),四川档案史料,1983年第2期。

沈兹九与《妇女生活》,黄景钧,新观察,1983年第18期。

试论"桂林文化城"在国统区文艺运动中的地位和作用,李建平,抗战文艺研究,1983年第5期。

试论第二次国共合作的历史经验,季鸿生、姚惠明,上海师范学院学报(哲社版),1983年第4期。

试论西南剧展在抗战戏剧史中的地位,邓小飞等,抗战文艺研究,1983年第2期。

四川抗日战争时期人们伤亡及财产损失情况,四川档案史料,1983年第3期。

四川抗日战争时期日寇空袭损害统计(1938—1944),四川档案史料,1983年第3期。

四川省农业改进所施政报告(一九三九年十二月),四川档案史料,1983

年第1期。

四十年代育才学校的进步舞蹈活动,张世龄,舞蹈艺术(第5辑),1983年。

宋庆龄在中国抗日战争中的主要历史功绩,柳明,暨南学报(社科版),1983年第2期。

谈贵阳交通站和南方局的密集交通与特别会计工作——原俊超同志在西南四省区党史资料征集工作会议南方局小组重庆会议上的发言,重庆党史研究资料,1983年第9期。

谈南方局的调查研究与机要电台工作——童小鹏同志在西南四省区党史资料征集工作会议南方局小组重庆会议上的发言,重庆党史研究资料,1983年第9期。

田汉同志与《抗日日报》,华忱之,新文学史料,1983年第4期。

田汉同志在抗战初期,李超,人民日报,1983年12月15日。

田汉与平剧宣传队,顾乐其,广西日报,1983年12月13日。

拓荒者的足迹——抗战时期新疆的革命文化运动,岩石等,新疆日报,1983年9月24日。

为保障民权而战的勇士——宋庆龄,吴德华等,益阳师专学报,1983年第4期。

为了救国不畏艰险——记抗战期间战斗在滇缅公路上的南洋华侨机工,吴行赐,广东侨报,1983年6月3日。

为作全民战 动员到局部——田汉同志在长沙从事抗战剧运纪略,魏杰,抗战文艺研究,1983年第5期。

围绕在化龙桥周围——漫忆抗战时期重庆新闻工作,冯克熙,新闻研究资料(第20辑),1983年。

我对抗战文艺的基本估计——在四川省抗战文学艺术讨论会上的发言,华忱之,抗战文艺研究,1983年第3期。

我对南方局广西统战部工作的回忆,刘隆华,重庆党史研究资料,1983年第9期。

我和川中晨报,傅旦歌,新闻与传播研究,1983年第4期。

我也谈抗战文艺,马识途,抗战文艺研究,1983年第1期。

我在北碚工作近五年(一九四一年五月至一九四五年八月),李维,四川党史研究资料,1983年第9期。

雾城诗话(1938年),臧云远,艺苑,1983年第4期。

西北工合运动述略,李宗植,西北大学学报,1983年第3期。

夏衍战斗在桂林的日子里(完),戈今,桂林日报,1983年1月11—14日。

新华女报人——记原《新华日报》部分女战士,杨挺,妇女生活(四川),1983年第2期。

新华日报"方面军"——在打退第二次反共高潮中的作用,韩辛茹,新闻研究资料(第21辑),1983年。

新华日报回忆片断,吴克坚,四川党史研究资料,1983年第1期。

新华日报在湖北武汉地区的遭遇,万林,新闻研究资料(第22辑),1983年。

行遍天涯人未老——访吴祖光同志,陆文璧,抗战文艺研究,1983年第6期。

熊佛西与四川省立剧校,施幼贻,抗战文艺研究,1983年第5期。

徐光霄在新华日报副刊上的论战,王美芝,新闻研究资料(第21辑),1983年。

血泪奇花——孩子剧团史史述(未完),茅盾,抗战文艺研究,1983年第7期。

也谈中华全国戏剧界抗敌协会成立的时间,张向华,抗战文艺研究,1983年第4期。

一个战斗在白区的出版社——记读书生活出版社(初稿),范用,新闻研究资料(第20辑),1983年。

一九三八年南宁市的学生运动与反托斗争,罗云,广西党史研究通讯,1983年第3期。

忆"育才"舞蹈活动的几个片断,程代辉,舞蹈艺术(第5辑),1983年。

忆《新华日报》昆明营业分处,彭少彭,云南现代史研究资料(第13辑),1983年。

忆董必武、周恩来同志对民盟成员的关怀,冯素陶,文史通讯,1983年第3期。

忆在国统区过"三八",黄慧珠,妇女生活(四川),1983年第3期。

云南近代教育事业发展概论,马小军,昆明师院学报(哲社版),1983年第2期。

在成都"春荒暴动"的掩盖下,刘崇朴,四川档案史料,1983年第4期。

在第三厅和文化工作委员会,阳翰笙,抗战文艺研究,1983年第5期。

在艰苦战斗中建立的团结——纪念生活·读书·新知三联书店致力革命出版事业五十年,徐伯昕,图书馆学通讯,1983年第1期。

在西南四省区党史资料征集工作会议上的讲话,孔原,重庆党史研究资料,1983年第8期。

早期木刻运动在四川(1936—1940)上,鄞中铁,版画艺术,1983年第11期。

皂帽藜床避地辰——论柳亚子抗战时期客桂诗词,谭行,广西民族学院学报(哲社版),1983年第4期。

战时儿童的保育工作,陆志轩,重庆党史研究资料,1983年第3期。

战争年代的战友报,贾德昌,新闻研究资料(第21辑),1983年。

郑振铎抗战时期大事年表,陈福康撰,抗战文艺研究,1983年第6期。

值得纪念的抗争文学运动,罗荪,抗战文艺研究,1983年第4期。

中共南方局对胡世合事件的领导,黄淑君,西南师范学院学报(社科版),1983年第4期。

中国民权保障同盟,周江,人民日报,1983年1月14日。

中国现代史学会第三次学术与教学讨论会在厦门举行,傅振刚,历史教学(天津),1983年第2期。

中国现代戏剧史上的光辉一页——抗战时期的"西南剧展",吴立德、邓小飞,广西民族学院学报(哲社版),1983年第3—4期。

中华全国文艺界抗敌协会总务部报告(廿七年三月廿七日至廿八年三月廿七日),抗战文艺研究,1983年第2期。

中央妇委关于目前妇女运动的方针和任务的指示信(1939年3月3日),

妇运史研究资料,1983年第2期。

周恩来到了重庆,徐盈,新民晚报,1983年10月27日。

周恩来同志给郭沫若同志的四封信(一九四二年三月——一九四六年十二月),中央文献研究室,红旗,1983年第5期。

周恩来同志与国统区抗战文艺,安子昂,重庆师范学院学报(哲社版),1983年第1期。

周恩来文艺活动大事记(抗日战争时期),苏国荣等,艺谭,1983年第1期。

壮哉！桂林八百壮士,李时新,桂林日报,1983年2月22日。

自贡市抗敌歌咏话剧团的活动,黄友凡,四川党史研究资料,1983年第3期。

纵笔为戈,抗战救国——老舍在北碚(二),李萱华,写作学习,1983年第1期。

1984年

成都抗战初期的文艺运动,刘传辉,抗战文艺研究,1984年第3期。

从《多鼠斋杂谈》看抗战后期的老舍,李荣峰,重庆师范学院学报(哲社版),1984年第3期。

关于西南联大"高声唱歌咏队"的回忆,黎章民,云南师范大学学报(哲社版),1984年第4期。

广西学生抗日救亡运动发展的一些情况,杨富凡,广西党史研究通讯,1984年第5期。

国民参政会浅析,陈明钦,西南师范大学学报(社科版),1984年第1期。

湖南文化界抗敌后援会,张淑清,湖南党史通讯,1984年第11期。

华侨对祖国抗日战争的支援,陈民,人民日报,1984年9月7日。

回忆抗战时期的云南妇女运动,李文宜,妇运史研究资料,1984年第2期。

抗日时期的青年救国团,徐永昭等,历史教学,1984年第6期。

抗日战争初期重新建立四川秘密党的主要情况,廖志高,重庆党史研究资料,1984年第1期。

抗日战争期间的贵州工业,李德芳,贵州财经学院学报,1984年第3期。

抗日战争时期的南方局直接领导下重建、发展、巩固川东地下党的主要情况,廖志高,重庆党史研究资料,1984年第4期。

抗日战争时期的陕西金融业,屈秉基,陕西财政学院学报,1984年第2期。

抗日战争时期万县中心县委的组建及其活动,杜之祥,重庆党史研究资料,1984年第10期。

抗战初期我在重庆地方党工作的情况,杨修范,重庆党史研究资料,1984年第4期。

抗战后期的《商务日报》,徐谈庐,重庆党史研究资料,1984年第11—12期。

抗战时期"文化人"的掠影——叶圣陶的《蓉桂之旅》,商金林,北京大学学报(哲社版),1984年第3期。

抗战时期甘肃工业发展述要,王致中,社会科学(甘肃),1984年第6期。

抗战时期广西剧运断忆(三),李超,影剧艺术,1984年第1期。

抗战时期国民党政府禁演、准演话剧剧目一览(1942—1943),张克明,抗战文艺研究,1984年第4期。

抗战时期文艺界的国际交流,黄俊英,重庆师范学院学报(哲社版),1984年第4期。

抗战时期张大千对敦煌艺术的贡献,李永翘,抗战文艺研究,1984年第2期。

抗战文学简论,苏光文,西南师范大学学报(社科版),1984年第3期。

论民主革命时期的中国民主同盟,王荣刚,社会科学,1984年第4期。

旅美华侨的抗日救亡运动,沈立新,华侨历史学会通讯,1984年第2期。

美国华侨对祖国抗战的贡献,黄慰慈等,福建论坛(文史哲),1984年第6期。

民国时期成渝铁路修建史料,四川档案史料,1984年第4期。

民主革命时期民盟与中国共产党的密切合作,王荣刚,近代史研究,1984年第6期。

难忘的岁月——记昆明抗日战争胜利前后的新音乐和新舞蹈活动,胡均,舞蹈研究,1984年第4期。

前中央研究院的组织机构和重要制度,孔庆泰,历史档案,1984年第3期。

萨空了同志谈抗日战争时期在新闻界的革命活动,刘立群等,重庆党史研究资料,1984年第11—12期。

三十年代南充抗日救亡运动情况,中共南充县委党史办,四川党史研究资料,1984年第6期。

史迪威与1942—1944年的国共关系,徐鲁航,天津师大学报,1984年第6期。

试论华侨在抗战时期的爱国主义,沈静园,苏州大学学报(哲社版),1984年第4期。

一九三九年巫山地下党斗争情况,黄友凡,重庆党史研究资料,1984年第10期。

以滇缅公路的快速修通看人民群众的抗日热忱及其历史作用,杨钜廷,公路交通编史研究,1984年第6期。

忆抗日战争期间的冯乃超同志,戈宝权,新文学史料,1984年第1期。

在抗日救国的激流中前进——回忆"小小剧团",陆静,抗战文艺研究,1984年第4期。

中华民国史学术讨论会概述,吴明,近代史研究,1984年第3期。

周恩来同志抗战时期在重庆从事统战工作的理论与实践,乔毅民、阚孔壁,党史研究,1984年第3期。

1985年

"工合"对抗日战争的重要贡献——纪念抗日战争胜利四十周年,刘家泉,人民日报,1985年9月1日。

"南侨总会"与中国抗战,林炯如,华东师范大学学报(哲社版),1985年第

4期。

"上马杀贼,下马学佛"——宗教界人士抗战救亡侧记,人民政协报,1985年5月31日。

"西班牙大夫"——记国际援华医疗队,李志高,人民日报,1985年9月4日。

"演剧歌咏助抗战"——漫记孩子剧团在贵州,宋洪宪,青年时代,1985年第8期。

《抗战独幕剧选》及田汉的序,吴泰昌,中国现代文学研究丛刊,1985年第1期。

《棠棣之花》是郭沫若系列历史悲剧的发端,伍加伦,南充师范学院学报(哲社版),1985年第4期。

《新华日报》通讯的特色,王美芝,新闻与传播研究,1985年第3期。

1937—1947年长柞地区的武装斗争,李志中,陕西地方志通讯,1985年第4期。

巴金抗战时期三次在桂林略览,邓祝仁,学术论坛,1985年第9期。

陈红藻同志的发言——谈谈抗日战争时期川东、重庆的妇女工作,重庆党史研究资料,1985年第4—5期。

重庆大轰炸与日寇侵华战略,余凡等,重庆日报,1985年8月20日。

重庆救国会与重庆抗日救亡运动,蔡佑芬,重庆党史研究资料,1985年第7期。

重庆人民对抗日战争的伟大贡献,艾新全,重庆日报,1985年9月1日。

重庆谈判的历史经验及其现实意义,彭承福、梁平,重庆社会科学,1985年第3期。

重庆谈判和"双十协定"的签订,丁永隆,社会科学研究,1985年第1期。

党的统一战线在桂林抗战文化运动中的胜利,丘振声,学术论坛,1985年第11期。

第二次国共合作的形成、分裂及其历史经验,李良志,党史研究,1985年第5期。

第二次国共合作和全民族抗战的实现,胡邦宁,湖北大学学报(哲社版),

1985年第5期。

第二次国共合作在湖南,顾群,求索,1985年第5期。

滇缅公路华侨运输先锋第一大队记实,张智源,华侨历史学会通讯,1985年第3期。

滇西抗日战争述略,孙代兴,云南社会科学,1985年第5期。

东南亚华侨对祖国抗战的贡献,黄慰慈,暨南学报(哲社版),1985年第3期。

读《忆昆明儿童剧团及董林肯》后,刘厚生,中国戏剧,1985年第8期。

对《抗日战争时期重建、发展、巩固川东地下党》一文几点史实的商榷,陈红藻,四川党史研究资料,1985年第2期。

甘肃的抗日救亡运动——纪念抗日战争胜利四十周年,李子奇,甘肃日报,1985年8月29日。

高举团结抗战旗帜的文协桂林分会,杨益群,学术论坛,1985年第11期。

关于重庆救国会在金满成家开代表会议的补充和修正,杨超伦,重庆党史研究资料,1985年第7期。

关于抗日战争几个理论问题的讨论综述,张天荣,人民日报,1985年10月21日。

贵阳地区抗日救国运动,中共贵阳市委党史办公室,贵州日报,1985年8月21日。

国立西南联合大学纪念碑(注释),陈昌炽,云南师范大学学报(哲社版),1985年第1期。

国民党政府田赋征实初探,虞宝棠,华东师范大学学报(哲社版),1985年第5期。

国统区抗战报告文学刍论,苏光文,重庆师范学院学报(哲社版),1985年第1期。

华侨对抗日战争的伟大贡献,吴泽等,历史教学问题,1985年第6期。

华侨在抗日战争中的贡献,陈万安等,广州研究,1985年第4期。

华侨在抗日战争中的贡献,洪丝丝,华侨历史学会通讯,1985年第3期。

回忆抗日战争前期昆明学生救亡运动的一些情况,李天柱,云南现代史料丛刊(第5辑),1985年。

回族抗日英雄金方昌,金萍,革命英雄,1985年第4期。

记桂林《救亡日报》,林林,新闻与传播研究,1985年第5期。

记抗战期间昆明的一个工人读书法——西南联大生活回忆片断,李凌,青运史研究,1985年第2期。

纪念抗日战争胜利四十周年学术问题讨论综述,黄炳坤,社科情报与资料,1985年第10期。

纪念抗战,继往开来——回顾中国妇女在抗战中的丰功伟绩(社论),中国妇女报,1985年9月4日。

坚持团结,坚持进步——纪念抗日战争胜利四十周年,胡子昂,人民日报,1985年8月20日。

艰苦卓绝不屈不挠的战斗篇章——忆抗日战争中的《大众日报》,朱民,大众日报,1985年9月12日。

近年来抗日战争史研究概况,张小路,社会科学研究,1985年第3期。

抗日烽火中的演剧六队——访刘斐章,唐湘岳,湖南日报,1985年9月4日。

抗日战争期中重庆地下党情况的一些回忆,何文逯,重庆党史研究资料,1985年第1—2期。

抗日战争胜利前夕大后方学生运动新高涨的标志——谈1945年浙大学生发表《国是宣言》的重要意义,程融钜,杭州师范学院学报(社科版),1985年第1期。

抗日战争时期的《新疆日报》(上)(中),史辑,新疆新闻界,1985年第3—4期。

抗日战争时期的关中支前驿运,何昌龄,陕西交通史志通讯,1985年创刊号。

抗日战争时期的陕西公路交通,孙世珍,陕西交通史志通讯,1985年第5期。

抗日战争时期的陕西几条主要驿线,何昌龄,陕西交通史志通讯,1985年第6期。

抗日战争时期的陕西金融业,屈秉基,陕西财经学院学报,1985年第

2—3期。

抗日战争时期的四川工人阶级,省总工会工运史研究室,四川党史研究资料,1985年第9期。

抗日战争时期的四川盐业,张端莆,四川地方志通讯,1985年第4期。

抗日战争时期的驿运,吴志民,公路交通编史研究,1985年创刊号。

抗日战争时期的张澜,张利源,四川地方志通讯,1985年第4期。

抗日战争时期贵阳区的银行监理工作,胡致祥,贵州金融研究,1985年第10期。

抗日战争时期华侨的筹振运动,许肖生等,华侨历史学会通讯,1985年第3期。

抗日战争时期四川(成都地区部分)的进步刊物,乔毅民,四川党史研究资料,1985年第7期。

抗日战争时期四川金融大事记(初稿),田茂德、吴瑞雨,四川金融,1985年第9、11—12期。

抗日战争时期我党在广西的统一战线工作,马伟鄂,广西民族学院学报(哲社版),1985年第3期。

抗日战争时期周恩来同志三次到桂林的情况,桂林市委党史办,广西党史研究通讯,1985年第6期。

抗日战争史研究述评,杨奎松,理论交流,1985年第10期。

抗日战争史研究中的几个问题,王桧林,北京师范大学学报(社科版),1985年第4期。

抗日战争在新疆,袁澍,新疆日报,1985年9月6日。

抗日战争中的孩子剧团,徐兴旺,西南师范大学学报(社科版),1985年第3期。

抗日战争中的重庆妇女,李九荣等,四川党史研究资料,1985年第10期。

抗日战争中国际工人的援华运动,朱学范,人民日报,1985年8月24日。

抗日战争中在四川病逝和遇难的剧人影人,孙晓芬,四川文物,1985年第4期。

抗战初期的成都工人抗敌宣传团,祝康龙等口述,刘友华整理,四川党史研究资料,1985年第9期。

抗战初期陕西救亡运动片断,晓天等,陕西日报,1985年8月28日。

抗战初期西大党组织的建立和活动的一些情况,王君,广西党史研究通讯,1985年第5期。

抗战烽火中的陆川妇女游击队,陆川县委党史办等,广西党史研究通讯,1985年第5期。

抗战后期黄洛峰同志在重庆的文化出版活动,沈静藏,出版工作,1985年第11期。

抗战激流中的陈嘉庚先生,胡京春等,华声报,1985年8月27日。

抗战期间党在大姚中心点革命斗争,万国祥等,云南现代史料丛刊(第5辑),1985年。

抗战期间贵阳地区的文学活动概况,黄万机,抗战文艺研究,1985年第3期。

抗战期间上海内迁工厂与四川民族工业,孙果达,社会科学研究,1985年第5期。

抗战前后党对刘湘的统战工作,李洪等,四川党史研究资料,1985年第10期。

抗战前期地下党在职业青年运动方面的组织活动情况,沈从文等,云南现代史料丛刊,1985年第4期。

抗战前期文艺运动鸟瞰,鄂基瑞,文科月刊,1985年第4期。

抗战胜利后的国共重庆谈判述论,黄友岚,近代史研究,1985年第2期。

抗战胜利前入川的演剧九队,兰涛,四川党史研究资料,1985年第9期。

抗战时期重庆音乐生活杂忆,敖学祺,四川日报,1985年8月21日。

抗战时期党在四川地方部队(刘湘系统)中的活动概况,杨尚元,四川党史研究资料,1985年第8期。

抗战时期的《大学月刊》,王迪先,四川党史研究资料,1985年第7期。

抗战时期的桂林文化供应社,赵晓恩,出版工作,1985年第4—5期。

抗战时期的群众歌咏活动,孙慎,人民日报,1985年9月2日。

抗战时期的诗刊《高射炮》,应国靖,文学报,1985年1月24日。

抗战时期的王造时,龚屏,团结报,1985年5月18日。

抗战时期的星芒救亡,安德才,四川党史研究资料,1985年第7期。

抗战时期哈萨克入甘初探,徐世华,西北师大学报(社科版),1985年第4期。

抗战时期昆明话剧运动的评论,毛祥麟,云南戏剧,1985年第5期。

抗战时期民主党派、进步人士在昭平、贺县的活动,梧州地委党史办,广西党史研究通讯,1985年第5期。

抗战时期内地民族工业"短暂发展"探析,王守正,青海师范大学学报(哲社版),1985年第2期。

抗战时期上海内迁工厂与四川民族工业,孙果达,社会科学研究,1985年第5期。

抗战时期王鲁彦的活动及思想,李建华,抗战文艺研究,1985年第2期。

抗战时期在广西出版的报纸,彭继良,新闻与传播研究,1985年第3期。

抗战戏剧运动中的花灯和滇剧,顾峰,春城戏剧,1985年第4期。

抗战中的川剧——抗战杂忆,何含珠,川剧艺术,1985年第3期。

抗战中的老舍,舒乙,名人传记,1985年第5期。

抗战中的西南联大,刘时平,人民日报,1985年9月5日。

昆华女中的抗日救亡运动(一九三七至一九四〇年),范立华,云南现代史料丛刊(第5辑),1985年。

昆明抗日救亡运动中的"联大剧团",张定华,云南现代史料丛刊(第5辑),1985年。

昆明抗战戏剧的时代特色——筹备昆明地区抗战戏剧资料图片展览的一点体会,老绍,春城戏剧,1985年第4期。

老舍与抗日话剧运动,万平近,福建论坛(社科版),1985年第4期。

力挽狂澜 际会风云——王炳南回忆抗战中的周恩来同志,经济日报,1985年8月23日。

历史的美好见证——1938年基督徒在武汉的抗日活动,梅川,天风,1985

年第9期。

廖伯康同志在"川东暨重庆地区抗日战争时期党史资料座谈会"开幕式上的讲话摘要,重庆日报,1985年4月13日。

留美学生和爱国华侨的抗日宣传活动——兼忆蔡维屏先生,周锡卿,团结报,1985年9月14日。

论《时代文学》对抗战文艺运动的贡献,吴定宇,抗战文艺研究,1985年第2期。

论第二次国共合作,黄振位,学术研究,1985年第4期。

论抗日战争时期国民党政府的废除不平等条约,李光一,史学月刊,1985年第4期。

论抗战时期国统区历史剧,周靖波,重庆师范学院学报(哲社版),1985年第4期。

论抗战时期我国少数民族的抗日斗争,李资源,中南民族学院学报(哲社版),1985年第4期。

论围绕二届一次国民参政会的国共关系,周勇,教学研究,1985年第3期。

论云南在抗日战争中的历史地位,张家德,云南教育学院学报,1985年第4期。

略谈美国华侨抗日救亡的三大运动,许肖生,华南师范大学学报(社科版),1985年第2期。

美国对华"租借"援助与美蒋矛盾(1942—1944),任东来,历史教学,1985年第12期。

民国时期四川的烟酒税,楚兰,四川财政研究,1985年第9期。

南充南华艺社抗日宣传活动,张泽友等,四川党史研究资料,1985年第9期。

南方局的抗日统战工作,许涤新,重庆日报,1985年8月15日。

七七抗战前后在成都——回忆"群力社"的诞生,犹凤歧,四川党史研究资料,1985年第4期。

全欧华侨抗日救国联合会,张志强,党史研究资料,1985年第3期。

荣昌县抗日救亡运动的蓬勃兴起,蓝祯伟,四川党史研究资料,1985年第8期。

史迪威与中国抗战,傅尚文,历史教学,1985年第10期。

史沫特莱在长沙为中国抗战募捐,刘大鹏,湖南党史通讯,1985年第9期。

试论中共泸县中心县委领导的武装斗争,张清满等,四川党史研究资料,1985年第2期。

试述老舍在抗战时期的文艺思想,曾广灿,山西大学学报(哲社版),1985年第1期。

试析抗日战争时期的四川军队,邹吉川,南充师范学院学报(哲社版)1985年第2期。

四川大学抗日救亡运动初探,黎永泰,四川党史研究资料,1985年第9期。

四川各族各阶层人民抗日救亡运动史料汇编(一九三七年——一九三九年),四川档案史料,1985年第3期。

四川近代财政史料:抗日战争期间的"粮食库卷",黄余远,四川财政研究,1985年第11期。

四川人民对抗日战争的巨大贡献,吴鲸芳,四川日报,1985年8月12日。

四川人民在抗日战争中的巨大贡献,阮永熙等,成都大学学报(社科版),1985年第3期。

台湾版抗战时期文学研究专著三种合评,张泉,抗战文艺研究,1985年第2期。

谈谈抗日战争我军物资供应的来源,许国信等,军学,1985年增刊第2期。

同中国人民并肩战斗——抗日时期日本朋友的反战活动,张云方,人民日报,1985年9月1日。

为《救亡日报》的募捐演出,王美芝,抗战文艺研究,1985年第2期。

围绕二届一次国民参政会的斗争,陈明钦,西南师范大学学报(哲社版),1985年第3期。

我国少数民族在抗日战争中的贡献,乌尔叶希夫,内蒙古社会科学,1985年第5期。

西北抗日救亡运动述略,李振民等,西北大学学报(哲社版),1985年第3期。

西南联大回忆鳞爪,常竑恩,云南师范大学学报(哲社版),1985年第2期。

西南联大回忆鳞爪——对启蒙师长的追念,常竑恩,云南师范大学学报(哲社版),1985年第3期。

下川东的抗日救亡运动,杜之祥,四川党史研究资料,1985年第8期。

新疆各族人民在抗日战争中的贡献,朱锡桂等,新疆大学学报(哲社版),1985年第3期。

研究抗战文艺必不可少的工具书——《抗战期间重庆版文艺新刊篇名索引》,渝晨,四川图书馆学报,1985年第5期。

一九四九以前四川大学师生的报刊活动,黎永泰,四川大学学报(哲社版),1985年第4期。

忆抗战期间与周恩来同志的一次会见,刘宗宽,重庆日报,1985年9月13日。

忆抗战中贵阳学生运动,朱立彬,贵州日报,1985年8月18日。

英勇奋战的菲华支队,梁上苑,华声报,1985年9月3日。

英勇顽强,抗击敌寇——回忆泗洪朱家岗战斗,华光,新华日报,1985年8月18日。

有关"抗战文艺运动"的一点感想,林青,重庆师范学院学报(哲社版),1985年第2期。

与祖国共命运——忆菲律宾华侨"慰劳团",郭建,福建党史通讯,1985年第8期。

玉林地区抗日民族统一战线的形成和发展,罗云,广西党史研究通讯,1985年第5期。

云南各族人民对抗日战争的重大贡献——纪念抗日战争胜利四十周年,谢本书,云南民族学院学报,1985年第3期。

云南抗战大事记略,张瞩东等,云南地方志通讯,1985年第3期。

云南抗战前期的文化、新闻、统战工作片断(座谈会记要),李天柱等,云南现代史料丛刊(第5辑),1985年。

云南怒江以西的反攻战——纪念抗日战争胜利四十周年,廖光大,云南师范大学学报(哲社版),1985年第6期。

在华日人反战活动述略,谢树森,湖北大学学报(哲社版),1985年第5期。

在列强的觊觎下——抗战时在新疆的一段往事,包尔汉,人民政协报,1985年9月3日。

在民族抗战中尽一份力量——《抗战星期刊》简介,逊鞭,四川党史研究资料,1985年第7期。

在四川的抗战文化活动纪略,何盛明等,四川党史研究资料,1985年第6期。

战斗在桂林的孩子剧团,蔡定国,广西日报,1985年8月24日。

张澜祭刘湘文,陈雁翚,文史杂志,1985年第1期。

正义的号角战斗的投枪——略述抗战时期成都地区的进步文艺刊物,阚孔璧等,四川党史研究资料,1985年第7期。

直斥汪逆的伟大提案,周勇,重庆日报,1985年8月25日。

中共重庆市委召开川东暨重庆地区抗日战争时期党史资料座谈会,史折,重庆党史研究资料,1985年第4—5期。

中国人民抗日战争史上的光辉篇章——滇西抗战的伟大胜利,孙代兴,研究集刊,1985年第2期。

中央研究院概述,林文照,中国科技史料,1985年第2期。

中越人民友好关系史上的重要篇章——抗日战争时期胡志明为桂林《救亡日报》撰文,黄铮,东南亚纵横,1985年第4期。

1986年

"工合"运动探析,范圣予等,西北师院学报(社科版),1986年第1期。

"古有花木兰,今有女南蛮"——抗战中的云南妇女战地服务团,徐汉君,人民政协报,1986年3月18日。

"黔东事变"述论,何长凤,贵州民族研究,1986年第4期。

《坚持团结抗战的号角——新华日报代论集》序言,熊复,东岳论丛,1986年第1期。

《讲话》对国统区文艺运动的指导作用,蔡清富,延安文艺研究,1986年第3期。

《抗战时期的郭沫若》一书简介,唐早生,社会科学研究,1986年第3期。

《棠棣之花》的艺术分析,马征,社会科学研究,1986年第6期。

爱国华侨在祖国抗战中的贡献,赖海良,党史研究,1986年第1期。

巴金在桂林的文学活动及其成就,杨益群,广西社会科学,1986年第1期。

白杨回忆中华剧艺社,马宣伟整理,抗战文艺研究,1986年第2期。

宝鸡在抗战时期的战略地位,梁福义,宝鸡今古,1986年第3期。

参加中国抗日战争的苏联志愿飞行员,〔苏〕杜宾斯基著,吴能摘译,苏联问题研究资料,1986年第5期。

参与滇西抗日战争纪要,陈瑞安,云南文史丛刊,1986年第3期。

陈嘉庚对祖国抗战的贡献,曾瑞炎,近代史研究,1986年第1期。

陈纳德航空队与中国抗日战争,金光耀,军事历史研究,1986年第1期。

陈纳德与"飞虎队",李安庆,人物,1986年第2期。

重庆女师救亡运动的开展和党支部的建立,李成英,重庆党史研究资料,1986年第11期。

重庆前期——抗战回忆录之五、六、七,胡风,新文学史料,1986年第2—4期。

初进新华日报,钟纪民,四川党史研究资料,1986年第6期。

从抗战时期"妇女回到厨房去"论战看重庆进步妇女刊物的战斗作用,高重秋,重庆党史研究资料,1986年第4期。

大后方的抗日儿童运动,陈模,四川党史研究资料,1986年第1期。

党的抗日民族统一战线在甘肃的实践,孙作宾,理论学刊,1986年第7期。

第二次国共合作与国民参政会,简慕兰,江汉大学学报(社科版),1986年第1期。

滇桂边区公学,胡兴义,云南现代史料丛刊,1986年第6期。

滇桂黔边区罗盘区妇女运动简况,甘廷芳,妇运史研究资料,1986年第2期。

董必武同志在《新华日报》,姜之铮,湖北社联通讯,1986年第3期。

董必武同志在重庆——与国民党顽固势力作斗争的片断,钟树,重庆党史研究资料,1986年第3期。

董必武与国民参政会,卢崇胜,湖北社联通讯,1986年第3期。

董必武在国民参政会上的两次斗争,刘亚群,重庆日报,1986年3月5日。

二战时期中共四川省委反对"青锋派"的斗争,刘红黎,四川党史研究资料,1986年第8期。

冯玉祥、杨虎城、邵力子与民国时期的陕西公路建设,周治敦,陕西交通史志通讯,1986年第3期。

冯玉祥抗战时期文学活动纪略,邵煜,抗战文艺研究,1986年第3期。

奉南方局组织部之命去酉秀一带开辟工作的经过,刘兆丰,重庆党史研究资料,1986年第8期。

共产党的领导是西南剧发展的灵魂,蔡定国,广西社会科学,1986年第3期。

关于重庆城区委(一九三八年),刘隆华,重庆党史研究资料,1986年第7期。

关于抗日战争史研究的若干问题:中国现代史学术讨论会综述,王廷科,历史研究,1986年第2期。

关于抗战时期国民党统治区党领导的文艺运动,张颖,重庆党史研究资料,1986年第1期。

关于抗战时期六个太平天国史剧的思考,王保生,中国现代文学研究丛刊,1986年第2期。

关于南方局及其领导下的文艺运动的片段回忆,张剑虹,重庆党史研究资料,1986年第2期。

关于社会大学的回忆,宣谛之,行知研究,1986年第1期。

关于史迪威的资料一则,顾林摘译,陆镜生校,历史教学,1986年第3期。

关于西南联大和闻一多、朱自清两位先生的一些事,王瑶,云南师范大学学报(哲社版),1986年第4期。

桂林抗日文艺运动发展的几个阶段,李建平,广西社会科学,1986年第3期。

桂林文化供应社的始末,赵晓恩,出版史料,1986年第5期。

顾颉刚先生在四川,王煦华,文史杂志,1986年第4期。

郭沫若与卢子英,李萱华,乐山师专学报,1986年第1期。

郭沫若与在华日本人民反战同盟,邱宗功,贵州师范大学学报(社科版),1986年第4期。

国民参政会与中国共产党争取民主政治的斗争,张毛毛,近代史研究,1986年第2期。

国民党五届五中全会财政部财政报告,中国第二历史档案馆,民国档案,1986年第2期。

国民党新县制实施简论,张益民,史学月刊,1986年第5期。

国民党政府资源委员会垄断活动述评,吴太昌,中国经济史研究,1986年第3期。

国民党中央党部机关演变述略(1919年—1949年),李祚明,民国档案,1986年第2期。

海外华侨对抗战的贡献,杨洪范,社会科学辑刊,1986年第6期。

和平民主建设——周公馆统战工作纪实之四,黄志浩编,上海党史资料通讯,1986年第1期。

赫尔利与一九四五年前后的国共谈判,牛军,近代史研究,1986年第1期。

胡风抗战年谱,马蹄疾,抗战文艺研究,1986年第3期。

华蓥山发现《新华日报》的纸厂遗址,周光瑾,新闻与写作,1986年第5期。

怀念《新华日报》卓越的领导者——周恩来同志,万邦执笔,重庆日报,1986年1月5日。

回忆《新华日报》的撤退,吴本清,四川党史研究资料,1986年第6期。

简论中国农民银行在抗日战争中的作用,董长芝,辽宁师范大学学报(社科版),1986年第6期。

近代贵州经济的支柱——烟税,吴敦俊,贵州文史丛刊,1986年第4期。

抗日烽火中的《现代青年》,安闽等,党史资料与研究,1986年第6期。

抗日烽火中的唯一国际通道——滇缅公路,扬钜廷,公路交通编史研究,1986年第2期。

抗日救亡报刊宣传的特点,章玉梅,新闻大学,1986年第12期。

抗日救亡运动在綦江,张昌益,重庆史学,1986年第2期。

抗日救亡中的妇女组织,黄晓瑜,历史教学,1986年第9期。

抗日民族统一战线与华侨抗日,蔡仁龙等,南洋问题,1986年第1期。

抗日期间的中华基督教会女协会,邓裕志,人民政协报,1986年10月7日。

抗日时期的国民参政会,刘炼,历史教学,1986年第3期。

抗日战史研究综述,周祖羲,团结报,1986年1月18日。

抗日战争后期木刻艺术在贵州的传播,陈耀寰,版画艺术,1986年第3期。

抗日战争期间美国的对华政策,周应绍,思想战线,1986年第1期。

抗日战争时期的《新疆日报》(下),史辑,新疆新闻界,1986年第1期。

抗日战争时期的出版家黄洛峰,马仲扬,光明日报,1986年7月5日。

抗日战争时期的苏联援华借款到底是多少,刘建德,教学与研究,1986年第4期。

抗日战争时期的重庆城,庄燕和,重庆社会科学,1986年第3期。

抗日战争时期贵州农村的抗暴斗争,熊宗仁,贵州文学丛刊,1986年第2期。

抗日战争时期桂林的新闻事业,彭继良,广西大学学报(哲社版),1986年第2期。

抗日战争时期国民党政府查禁书刊目录(三)(1938.3—1945.8),张克明,出版史料,1986年第6期。

抗日战争时期湖北省的"计划教育",高绪良,湖北教育史志资料,1986年第5期。

抗日战争时期湖北省教育大事记(1937—1945),刘镇豪,湖北教育史志资料,1986年第5期。

抗日战争时期蒋介石集团与汪精卫集团的关系,罗正楷,教学与研究,1986年第5期。

抗日战争时期龙云对昆明民主运动的支持和保护,谢本书,云南教育学院学报(社科版),1986年第1期。

抗日战争时期四川金融大事记(初稿),田茂德、吴瑞雨,四川金融,1986年第1—4期。

抗日战争时期文化教育工作的地位和作用,曹国华,阜阳师范学院学报(社科版),1986年第2期。

抗日战争时期西南工业发展考察,周天豹等,发展研究,1986年第2期。

抗日战争时期西南经济研究学术讨论会纪要,中国经济史研究,1986年第1期。

抗日战争时期下川东的大发展经验初探,成林,重庆党史研究资料,1986年第2期。

抗日战争时期新疆美术纪实,艾里,新疆艺术,1986年第3期。

抗日战争时期在华日人的反战活动,徐兴旺,玉林师专学报(社科版),1986年第4期。

抗日战争史若干问题讨论简记,京师友,教学与研究,1986年第1期。

抗战初期民营工矿辅助军需生产的一件史料,冯蓉编选,民国档案,1986年第3期。

抗战后期国统区的民主宪政运动,郑会欣,江西师范大学学报(哲社版),1986年第2期。

抗战期间大后方民族工业发展原因初探,孙果达,档案与历史,1986年第2期。

抗战期间我党与桂系的统战关系,黄茂田,广西党史研究通讯,1986年第3期。

抗战期间资源委员会开发甘肃玉门油矿的经过,孙越崎,工程师论坛,1986年第1期。

抗战前期湖南人民的抗日救亡运动,梁瑞兰,湖南师范大学社会科学学报,1986年第3期。

抗战前期阶段国统区民族工业的发展,熊永荣,吉林大学研究生论文集刊,1986年第2期。

抗战诗歌刍论,苏光文,西南师范大学学报(社科版),1986年第1期。

抗战时期成都地区的进步文艺刊物,阚孔壁,抗战文艺研究,1986年第2期。

抗战时期重庆的音乐救亡运动,徐兴旺等,抗战文艺研究,1986年第4期。

抗战时期重庆妇女民主宪政运动,何为,重庆党史研究资料,1986年第4期。

抗战时期重庆公演剧目部分说明书及演职员名单,石曼,抗战文艺研究,1986年第3期。

抗战时期重庆公演剧目一览(一九三七年——一九四一年七月),石曼,抗战文艺研究,1986年第2期。

抗战时期的"宪政"运动,窦晖,人民日报,1986年1月27日。

抗战时期的重庆机器棉纺织工业,陈昌智,重庆社会科学,1986年第4期。

抗战时期的第一个诗刊——《高射炮》,蔡清富,抗战文艺研究,1986年第2期。

抗战时期的马华文学,马阳,文学研究参考,1986年第9期。

抗战时期桂林被服厂党支部的活动,吴福贤,广西党史研究通讯,1986年第3期。

抗战时期桂林的进步美术运动及创作,李建平,抗战文艺研究,1986年第4期。

抗战时期桂林文化城的美术活动,魏华龄,抗战文艺研究,1986年第3期。

抗战时期桂林文化城的戏剧活动,魏华龄,抗战文艺研究,1986年第1期。

抗战时期郭沫若的爱国主义史学,桂遵义、周朝明,华东师范大学学报(哲社版),1986年第2期。

抗战时期国民党开发西南农业的历史考察,周天豹等,开发研究,1986年第5期。

抗战时期国民党政府查扣文艺作品原稿篇目一览,张克明,抗战文艺研究,1986年第2期。

抗战时期国民党政府开发西南的历史评考,黄立人、周天豹,历史档案,1986年第2—3期。

抗战时期国民政府公路建设概述,贾兴权,公路交通编史研究,1986年第6期。

抗战时期老舍创作的一个侧面——读老舍诗集《剑北篇》,李庆国,绥化学院学报,1986年第2期。

抗战时期文学的研究现状和展望(摘要),徐迺翔,中国现代文学研究丛刊,1986年第2期。

抗战时期新疆的儿童戏剧和孩子剧团,王华轶,新疆艺术,1986年第1期。

抗战时期中共中央南方局是何时成立的,黄启钧,党史研究,1986年第3期。

抗战血泊中的一朵奇花——谈谈"孩子剧团"的成长道路,廖超慧,湖北大学学报(哲社版),1986年第5期。

抗战中期蒋、桂财政纷争之一瞥,汪顶胜,历史教学,1986年第12期。

孔祥熙在抗战时期是如何聚敛财富的,阎肃等,山西大学学报(哲社版),1986年第1期。

昆明往事,冯玉,新文学史料,1986年第1期。

老舍抗战时期戏、曲、新诗创作述评,王栋,南京师大学报(社科版),1986年第3期。

老舍在武汉、重庆,萧伯青,新文学史料,1986年第2期。

老舍在战争年代的创作(1937—1949),〔苏〕O.Л.鲍罗金娜,李吟波编译,国外社会科学快报,1986年第3期。

联大八年,李凌,云南师范大学学报(哲社版),1986年第2期。

六十军难童教养院,张芝,云南文史丛刊,1986年第3期。

隆重纪念,可喜的收获——记抗日战争和世界反法西斯战争胜利四十周年学术讨论会,荣欣,世界史研究动态,1986年第11期。

论《高渐离》——郭沫若抗战时期历史剧创作初论之一,蒋潇,唐都学刊,1986年第1期。

论对边币和法币同时流通的历史回顾,杨荣绅,理论月刊,1986年第11期。

论广西学生军,黄嘉,广西党史研究通讯,1986年第6期。

论郭沫若抗战时期历史剧的创作,康平,沈阳师范学院学报(社科版),1986年第1期。

论郭沫若抗战时期历史剧的审美价值,王文英,中国现代文学研究丛刊,1986年第2期。

论国民党《抗战建国纲领》,李隆基,沈阳师范学院学报(社科版),1986年第2期。

论国民党在抗日战争初期的对日政策,任垠苍等,青年论坛,1986年第5期。

论抗日战争,李新,历史研究,1986年第1期。

论抗日战争前资源委员会的重工业建设计划,程麟荪,近代史研究,1986年第2期。

论抗日战争时期的国家资本,丁日初、沈祖炜,民国档案,1986年第4期。

论中间党派在抗日战争中的历史作用,宋连胜,阴山学刊,1986年第1期。

略述滇缅公路在抗日战争中的历史作用,李莹,云南师范大学学报(哲社版),1986年第6期。

漫谈抗战时期的文学研究,徐乃翔,文学研究参考,1986年第3期。

茅盾抗战时期短篇小说主题的社会意义,吴向北,重庆师范学院学报(哲社版),1986年第3期。

缅甸华侨救护队回国抗日纪实,马兴惠,华侨历史,1986年第3期。

民国时期甘肃农林水牧事业开发状况研究,罗舒群,甘肃社会科学,1986年第3期。

民国四川档案工作,李荣忠,四川档案,1986年第1期。

南方局领导下的青年工作,南方党史资料征集小组青年组,青运史研究,1986年第3期。

南方局领导下的重庆抗战文艺运动,苏光文,重庆党史研究资料,1986年第10期。

南方局外事工作概况,南方局党史资料征集组,南方局党史资料,1986年第1期。

南方局在国统区经济界开展工作的情况,蔡北华、方卓芬,南方局党史资料,1986年第1期。

南方局中段军事工作概况(1941年1月到1945年8月),南方局党史资料征集组,南方局党史资料,1986年第1期。

女青年会乡村服务队"抗日救亡宣传队"活动概况,曾凡珣,重庆党史研究资料,1986年第4期。

评抗日战争时期国民党政府的田赋征实,孙美莉等,农业经济问题,1986年第3期。

浅论抗日战争时期的中美关系,胡秀勤,历史教学,1986年第10期。

浅析重庆谈判的国际背景,牛军,历史教学,1986年第6期。

日本的侵华政策与贵阳"二·四"轰炸,丁艺珍,贵州文学丛刊,1986年第2期。

日本人民反战同盟在桂林,〔日〕鹿地亘著,王晓秋、苏林岗编译,广西社会科学,1986年第1期。

入桂访书——记文化供应社,莫志恒,出版史料,1986年第5期。

士剧社在抗日时期的舞蹈活动,王世尝,舞蹈研究,1986年第1期。

试论1937—1941年的美苏援华,倪维均,浙江学刊,1986年第6期。

试论重庆青年在抗战时期的先锋作用,杨东渝,重庆党史研究资料,1986年第7期。

试论第三党的抗日主张,陈志远,社会科学研究,1986年第2期。

试论第三届广西学生军,张雨夏,广西党史研究通讯,1986年第1期。

试论桂林抗战戏剧运动中党的领导,刘焕林,广西师范大学学报(哲社版),1986年第3期。

试论国民党政府时期工商税收的特点、性质和作用,陈克俭,厦门大学学报(哲社版),1986年第4期。

试论赫尔利调停与战时中美关系的转折,杨立宪,研究·资料与译文,1986年第4期。

试论抗日战争时期的民主宪政运动,刘富书,史学集刊,1986年第4期。

试论抗日战争时期美国的对华政策,冯春明,民国档案,1986年第3期。

试述滇缅公路在抗日战争中的历史作用,李莹,云南师范大学学报(哲社版),1986年第6期。

试述抗战时期我国中间党派的政治态度与贡献,彭秀珍,湘潭大学学报(哲社版),1986年第2期。

试述我国民主党派对抗日战争的历史贡献,田武恩,史学月刊,1986年第1期。

司马文森在桂林的文学活动及成就,杨益群,广西社会科学,1986年第4期。

同国民党人士交朋友——周公馆统战工作纪实之六,黄志浩,上海党史资料通讯,1986年第3期。

皖南事变前后——四十年代在国统区的生活概述之一(节选),沙汀,中国现代文学研究丛刊,1986年第1期。

文化城的回忆,钟瑄,抗战文艺研究,1986年第2期。

文化城的民族艺术剪影——应标青史的演出活动,申辰,民族艺术,1986年第4期。

闻一多先生在贵州,雷永明,贵州日报,1986年8月1日。

我对抗战时期国统区戏剧运动的看法——在重庆雾季艺术节的发言,张颖,抗战文艺研究,1986年第1期。

我所知道的东北抗日救亡总会成都分会,朱播绿口述,苏树新整理,四川党史研究资料,1986年第2期。

雾重庆的生活——回忆录(三十),茅盾,新文学史料,1986年第1期。

西北"三位一体"统一战线的形成,张梅玲,华东石油学院学报(社科版),1986年第4期。

西北战地服务团述略,王东明,抗战文艺研究,1986年第4期。

西昌地区党组织的主要情况,黄觉庵,四川党史研究资料,1986年第6期。

西南联大在蒙自,〔美〕易社强著,鲍秉铨译,云南文史丛刊,1986年第3期。

湘西苗民"草屯抗日"史简述,雷安平等,湘潭大学学报(社科版),1986年第3期。

也谈许杰主编的《文艺评介》(抗战),蒋荷贞,抗战文艺研究,1986年第4期。

一场"情报战":日本投降前夕蒋介石侍从室见闻,张令澳,上海政协报,1986年4月25日。

一九四四年秋至一九四六年夏重庆中央大学学运纪实,胡辅臣,重庆党史研究资料,1986年第9期。

忆抗战殉国的军事文学作家丘东平,陈辛仁,中华英烈,1986年第1期。

忆四川旅外剧人抗敌演剧队,李恩琪,抗战文艺研究,1986年第4期。

在"文协"岗位上——老舍与"文协",曾广灿,河北大学学报(哲社版),1986年第4期。

在抗日烽火中成长的新华社,卫之理,新闻纵横,1986年第4期。

在缅甸殉国的著名抗日将领戴安澜将军,王介南,东南亚,1986年第1期。

这不是普通的拜访——周公馆统战工作纪实之五,黄志浩编,上海党史资料通讯,1986年第2期。

中国各民主党派在抗日战争中的贡献,刘显才,广西大学学报(哲社版),1986年第1期。

中国共产党抗日民族统一战线策略的制定与共产国际,张琦,党史通讯(增刊),1986年。

中国共产党与国民党中央各省区联席会议,曾成贵,党史资料与研究,1986年第1期。

中国共产党在抗日战争中的敌军工作,徐文学等,党史研究资料,1986年第4期。

中国少数民族的抗日斗争(上)(下),马增浦,人民日报,1986年4月21、25日。

中国是怎样得以在抗战时期实现废约的,韩渝辉,近代史研究,1986年第5期。

中国现代史学会第四次学术讨论会综述,陈廷湘,近代史研究动态,1986

年第2期。

中国银行及其发行的钞票,吴筹中,中国钱币,1986年第1期。

中山大学迁滇办学考,温梁华,玉溪师专学报(增刊第1期),1986年。

周恩来对抗日民族统一战线形成的卓越贡献,杨光彦、陈明钦,西南师范大学学报(社科版),1986年第1期。

周恩来和泰国华侨,杜英口述,沙红笔录整理,广东侨报,1986年1月21日。

周恩来抗战时期工商统战活动初探,张裕纲,重庆社会科学,1986年第5期。

周恩来领导的南方局是贯彻党在国统区斗争策略的模范,梁余,四川党史研究资料,1986年第4期。

周恩来同志是我党从事统战工作的杰出代表,中国汕头市委统战部,汕头日报,1986年1月10日。

周恩来同志在抗战时期和国统区五位人士的交往,张振德,党史资料与研究,1986年第1期。

周恩来同志在重庆领导的一次音乐会,刘缨,四川日报,1986年1月8日。

周恩来与陈嘉庚第一次会见,庄明理,华声报,1986年1月10日。

1987年

"盐城"父老尽弦高——一九四四年七月自贡市民勇献巨金记盛,罗成基,人民政协报,1987年7月3日。

《〈新华日报〉的回忆》史实考订,张涛,新闻研究资料(第37辑),1987年。

《国统区抗战文艺运动大事记》编余琐谈,文天行,辞书研究,1987年第6期。

《茅盾在昆明》补遗,张倩,云南师范大学学报(哲社版),1987年第5期。

《蜕变》四十年代在重庆,石曼,中国戏剧,1987年第4期。

《新华日报》印刷部遗址——高峰寺,魏仲云,重庆党史研究资料,1987年第3期。

《战争年代的中国诗歌1937—1949》前言,〔苏〕契尔卡斯基著,吕进译,抗战文艺研究,1987年第3期。

1941年的中国与苏日中立条约,钟家栋,档案与历史,1987年第3期。

1942年黔东事变前后,欧大荣、陈远卓,贵州文史丛刊,1987年第4期。

艾思奇抗战时期哲学思想的重要贡献,赵德志,沈阳师范学院学报(社科版),1987年第3期。

八路军驻兰办事处与抗日救亡运动,柴玉英,西北史地,1987年第3期。

被冷落的"下里巴人"——对国统区抗日通俗文艺及目前研究状况的一些看法,杨中,抗战文艺研究,1987年第3期。

本院纪念"七七"抗战五十周年学术讨论会综述,王贤知,中国社会科学院研究生院学报,1987年第5期。

陈诚私人回忆资料(1935—1944)(上)(下),中国第二历史档案馆,民国档案,1987年第1、3期。

陈嘉庚斥汪电报提案考证,周勇,近代史研究,1987年第5期。

陈嘉庚在国民参政会上的电报提案,周勇,重庆文史资料(第27辑),1987年。

重评陈铨及其话剧《野玫瑰》——与文天行《重评陈铨抗战时期的文学创作》商榷,石砣,中国戏剧,1987年第11期。

重庆前期——抗战回忆录之八、九、十,胡风,新文学史料,1987年第1—3期。

重庆十年——在南方局领导下做统战工作一个侧面的回忆片段,彭友今,重庆党史研究资料,1987年第4期。

党的抗日民族统一战线工作与龙云的思想转化,黄永金,云南师范大学学报(哲社版),1987年第6期。

第二次国共合作当中周恩来与郭沫若之间的故事,济民,团结报,1987年7月18日。

第二次国共合作的特殊形式初探,田克勤,东北师范大学学报(哲社版),

1987年第1期。

滇、桂、黔边区罗盘妇女运动简况,甘庭芳,云南现代史料丛刊,1987年第8期。

滇缅公路上的南侨机工,张央,人民邮政报,1987年7月31日。

对"与抗战无关"论争的再认识,张波,重庆师范学院学报(哲社版),1987年第3期。

扼不断的"军运大动脉"(滇缅公路上的机工),李晓光,华声报,1987年7月17日。

法币政策与四大家族官僚资本的形成,张全省,宝鸡师院学报(哲社版),1987年第4期。

反攻缅甸玉与中英美三角关系,顾莹蕙,苏州大学学报,1987年第3期。

烽火八年记犹新——回顾四川抗战文学活动片断,李华飞,文史杂志,1987年第4期。

冯玉祥与四川献金运动,张中微,文史杂志,1987年第4期。

关于抗战时期对云南地方实力派部分统战工作的回忆,李群杰,云南党史通讯,1987年第3期。

关于文艺"与抗战无关"论——抗战时期文艺论争再议之一,刘铭,齐齐哈尔师范学院学报(哲社版),1987年第3期。

国民参政会反对汪精卫对日妥协投降的斗争,刘景修,历史知识,1987年第2期。

国民参政会上的国共斗争,刘景修,党史研究,1987年第4期。

国民参政会在抗战中的地位和作用,邱正伦,西南师范大学学报(社科版)(增刊),1987年。

国民党第五次代表大会是其政策转变的起点,袁武振、梁月兰,史学月刊,1987年第3期。

国民党抗战建国纲领财政金融实施方案,中国第二历史档案馆,民国档案,1987年第1期。

国民党时期贵州煤炭资源开发的状况,艾松等,贵州地方志通讯,1987年第4期。

国民党五届三中全会述评,傅建成,史学月刊,1987年第1期。

国民党政府在抗战期间举借外债考评,董长芝,辽宁师范大学学报(社科版),1987年第5期。

国民党政府资源委员会在云南的活动情况,钱昌照口述,蒋中永记录整理,云南现代史料丛刊,1987年第8期。

国民会议运动中的妇女界,黄复超等,郑州大学学报(哲社版),1987年第3期。

国民救亡歌咏协会宣传团,林艺,音乐艺术,1987年第1期。

国统区在抗战时期的木刻运动,徐兴旺等,西南师范大学学报(社科版),1987年第2期。

孩子剧团集体撤离政治部前后的情况,胡晓风,抗战文艺研究,1987年第3期。

赫尔利调停与战时中美关系的转折,杨立宪,北京师范大学学报(社科版),1987年第1期。

胡文虎在重庆,胡永忠,龙岩师专学报,1987年第1期。

华侨对祖国抗战经济的贡献,伍贵祥,近代史研究,1987年第5期。

华侨为抗日战争作出的巨大贡献,丁身尊,华夏,1987年第6期。

华侨与抗日战争,李国梁、蔡仁龙,福建党史通讯,1987年第1—4期。

华侨在抗日战争中的贡献,韩森,历史档案,1987年第4期。

回忆《新华日报》北碚发行站,左明德,新闻研究资料(总第40辑),1987年。

回忆《新华日报》雅安、汉源、西昌推销站的建立(1939.7—1940.6),曹孟良,四川党史研究资料,1987年第7期。

回忆李亚群抗日战争时期在泸州、北碚的一段工作,刘隆华,四川党史研究资料,1987年第8期。

回忆战时妇女工作,李文宜,群言,1987年第12期。

活跃在北碚的抗战戏剧,李萱华,抗战文艺研究,1987年第1期。

记新华日报成都分馆,廖永祥,四川党史研究资料,1987年第7期。

记中华剧艺社,张逸生、金淑之,新文化史料,1987年第1期。

纪念"七七"事变50周年学术讨论会综述,齐大之,北京社联通讯,1987年第4期。

纪念全民抗战50周年专辑,党史资料通讯,1987年第5—6期。

寄忧患于雄放——大后方戏剧的总体审美观照,廖全京,社会科学研究,1987年第2期。

坚持原则,赢得友谊:周恩来同志在抗战期间结交外国友人的一些事迹,高梁,人民日报,1987年3月1日。

简论边币与法币的同时流通,杨荣绅等,近代史研究,1987年第5期。

建国前四川的高等林业教育及迁川院校的高等林业教育,林鸿荣,中国农史,1987年第3期。

建国以来抗日战争史研究述评,黄美真等,民国档案,1987年第4期。

蒋介石与纳尔逊会谈记录(1944年9月19日),中国第二历史档案馆,民国档案,1987年第3期。

介绍《桂林文化城大事记》,苏林,社会科学家,1987年第6期。

近代四川市场研究,王永年等,四川大学学报(哲社版),1987年第1期。

近代云南的教育概述(1840年—1949年),夏光辅,云南现代史料丛刊,1987年第8期。

近代云南对外经济关系,汪戎,思想战线,1987年第5期。

近年来台湾学者研究抗日战争史评价,李松林,党史资料研究,1987年第7期。

旧中国贵州金融市场简史(下),钱存浩,银行与经济,1987年第12期。

旧中国资源委员会对人才的开发与培养,张传洪,上海经济研究,1987年第6期。

抗日民主运动初探,广德明、郭健明,佳木斯教育学院学报(综合版),1987年第4期。

抗日民族统一战线的结构与功能,张敏生,社会科学评论,1986年第7期。

抗日时期的中华农学会——(附录)抗日时期各届学术年会论文目录,曹幸穗,中国农史,1987年第4期。

抗日战争期间苏联驻华军事顾问的活动,〔苏〕杜宾斯基著,吴能节译,苏联问题研究资料,1987年第1期。

抗日战争时期重庆报纸一览,曾健戎,新闻研究资料(第40辑),1987年。

抗日战争时期党在国统区的统战工作,杨圣清、谭宗级,南开学报(哲社版),1987年第1期。

抗日战争时期的甘南各族农民起义,马骊、袁锋,中央民族学院学报,1987年第6期。

抗日战争时期的贵州教育,安永新等,贵州文史丛刊,1987年第2期。

抗日战争时期的军统云南站,皮绍晋,云南文史丛刊,1987年第2—4期。

抗日战争时期的三溪供销合作社,汤学良,合作经济,1987年第2期。

抗日战争时期的四川报界,左东枢,新闻研究资料(第40辑),1987年。

抗日战争时期的云南金融,雷加明,云南金融,1987年第9期。

抗日战争时期的中国共产党外交政策研究,胡之信,学术交流,1987年第4期。

抗日战争时期的中苏关系述评,徐平中,湘潭大学学报(社科版),1987年第2期。

抗日战争时期甘宁青三省农村合作社运动述略,罗舒群,开发研究,1987年第3期。

抗日战争时期桂林的进步戏剧运动述评,李建平,广西大学学报(哲社版),1987年第1期。

抗日战争时期国民党政府查禁书刊目录(四)(五)(1983.3—1945.8),张克明,出版史料,1987年第1—2期。

抗日战争时期国民政府对日伪的货币金融战,陈建智,近代史研究,1987年第2期。

抗日战争时期合川县纪事,唐唯目,四川地方志通讯,1987年第4期。

抗日战争时期四川燃料问题的缓解述略,张利源,四川地方志通讯,1987年第4期。

抗日战争时期四川物价制的实施,李竹溪等,四川地方志通讯,1987年第4期。

抗日战争时期苏联的三笔易货援华贷款,李嘉谷,民国春秋,1987年第5期。

抗日战争时期英国对华政策的演变,刘景泉,历史教学,1987年第7期。

抗日战争时期云南驿运纪实,马廷璧,公路交通编史研究,1987年第4期。

抗日战争时期中国工人运动的主要成就和历史作用,齐武,工人日报,1987年7月13日。

抗日战争时期中国共产党外交政策研究,胡之信,学术交流,1987年第3期。

抗日战争时期中美军事关系资料选编(续一)(续二)——第一辑 中美军事同盟的建立和史迪威使华,王建朗,军事历史研究,1987年第1、3期。

抗日战争与中国历史,刘大年,近代史研究,1987年第5期。

抗日战争中的《大众日报》——《大众日报五十年》第一章节录,朱民,新闻研究资料(总第39期),1987年。

抗日战争中的民族革命通讯社,马明,新闻采编,1987年第6期。

抗日战争中的一支文艺轻骑队——回忆抗敌演剧四队,史莽,新文学史料,1987年第2期。

抗日战争中的英军代表团,楼绛云,文史通讯,1987年第3期。

抗战初期重庆文艺运动述略,刘安章,重庆师范学院学报(哲社版),1987年第3期。

抗战初期国民党政府对西南民族工业的筹建,孙果达,华东师范大学学报(哲社版),1987年第1期。

抗战初期国民党政府经济部农本局代购军米云川史料二则,中国第二历史档案馆,民国档案,1987年第2期。

抗战初期国民党政府组织华南米公司史料选辑,陈正卿、赵刚,档案与历史,1987年第4期。

抗战初期我在西安工作时的片断回忆,徐彬如,党史研究资料,1987年第8期。

抗战初期政府机构的变更,何廉原著,谢仲琏译,民国档案,1987年第1期。

抗战后期广西地下党领导的抗日武装斗争,张雨复,广西地方志,1987年第5期。

抗战期间我国公路运输,贾兴权,公路交通编史研究,1987年第4期。

抗战时期重庆经济与陕甘宁边区经济的不同发展趋势,赵权壁,重庆党史研究资料,1987年第4期。

抗战时期党领导下的重庆青年运动,秦一杰,西南师范大学学报(社科版)(增刊),1987年。

抗战时期的甘肃贸易,孟非,社会科学,1987年第6期。

抗战时期的高校西迁,杨蕴成,四川教育学院学报,1987年第3期。

抗战时期的国民党政府军令部,陈长河,民国档案,1987年第3期。

抗战时期的陇南水土保持,莫世鳌,黄河史志资料,1987年第3期。

抗战时期的三民主义青年团,王培智,青年运动学刊,1987年第2期。

抗战时期的史良,邹富华,重庆党史研究资料,1987年第3期。

抗战时期对"战国策派"及《野玫瑰》演出的斗争在昆明,龙显球,云南文史丛刊,1987年第3期。

抗战时期革命知识分子在湘西的历史作用,聂祖海,吉首大学学报(社科版),1987年第2期。

抗战时期工厂内迁史料选辑(一)(二)(三),中国第二历史档案馆,民国档案,1987年第2—4期。

抗战时期贵州的煤矿公司,张蕴贤,贵州文史丛刊,1987年第1期。

抗战时期桂林的音乐活动,魏华龄,抗战文艺研究,1987年第3期。

抗战时期桂林美术运动纪事,杨益群,抗战文艺研究,1987年第2期。

抗战时期郭老创办的一个放映训练班,彭介人,新文化史料,1987年第4期。

抗战时期国民党对青年的统治浅析,张士杰,青年运动学刊,1987年第2期。

抗战时期国民党国家资本在工矿业的垄断地位及其与民营资本比较,吴太昌,中国经济史研究,1987年第3期。

抗战时期国民党政府设立"中央文化驿站"有关史料选,中国第二历史档案馆,民国档案,1987年第1期。

抗战时期几条国际运输线简介,周仁灏,历史教学,1987年第6期。

抗战时期昆明学校的戏剧运动,毛祥麟,昆明师专学报,1987年第2期。

抗战时期来华的英国作家和记者,黄俊英,抗战文艺研究,1987年第4期。

抗战时期兰州工业发展的概况,柴玉英,西北师大学报(社科版),1987年第3期。

抗战时期柳亚子在桂林的生活和创作,李耿、李建平,广西社会科学,1987年第2期。

抗战时期内迁遵义的浙江大学图书馆,王树仁,贵州学刊,1987年第4期。

抗战时期欧阳予倩在桂林的戏剧活动,蔡定国,广西社会科学,1987年第2期。

抗战时期山东中等学校内迁始末,崔力明,山东教育史志资料,1987年第4期。

抗战时期阳翰笙剧作演出一览,石曼,抗战文艺研究,1987年第1期。

抗战时期在涪陵等地兴办炼油厂的情况概述,冉兴海,四川党史研究资料,1987年第7期。

抗战时期中国共产党领导的青年运动,刘冠超,淮北煤师院学报(社科版),1987年第2期。

抗战文艺研究的若干问题,潘颂德,学术动态,1987年第2期。

抗战戏剧史话,王锦厚,抗战文艺研究,1987年第2期。

抗战中的"东总"成都分会,李景华等,四川党史研究资料,1987年第2期。

抗战中的西北联大,李永森,陕西地方志通讯,1987年第1期。

抗战中苦难的重庆,〔日〕小林文男著,重庆社会科学,1987年第1期。

龙云对民主运动的态度及其与民盟的关系,冯素陶,云南文史丛刊,1987年第3期。

论桂林抗战木刻运动,左超英,社会科学家,1987年第3期。

论桂系的抗日主张及其在抗战中的作用,刘其奎,军事历史研究,1987年第3期。

论国民政府军委政治部第三厅的起落:为纪念抗日战争爆发五十周年而作,谢增寿,南充师院学报(哲社版),1987年第3期。

论抗日战争时期中共与桂系的统一战线,石舜瑾,杭州师院学报(社科版),1987年第4期。

论抗战前期国统区民族工业发展原因,熊永荣,史学集刊,1987年第3期。

论抗战时期中间党派政治态度的转变,廖大伟,安徽史学,1987年第3期。

论卢作孚的中国现代化经济思想,凌耀伦,四川大学学报(哲社版),1987年第3期。

论新桂系的抗战方略及其实践,徐方治等,广西社会科学,1987年第3期。

论臧克家抗战时期的长诗创作,孙晨,齐鲁学刊,1987年第4期。

略观国统区抗战小说风貌,黄俊英,社会科学辑刊,1987年第4期。

略论国民党空军、苏联空军志愿队和中美混合空军联队,王德华,军事史林,1987年第3期。

略论国民党政府中央政治体制的演变,邹明德、柳蕴琪,贵州大学学报(社科版),1987年第1期。

略论抗日民族统一战线策略的形成,树祥,北京财贸学院学报,1987年第1期。

略论抗日战争时期资源委员会对工业的垄断,王宗荣、林木,北京师范大学学报(社科版),1987年第4期。

略论抗战时期国民党政府在经济上的战略调整,韩渝辉,重庆社会科学,1987年第5—6期。

略谈民族工业家在抗日战争中的贡献,孔祥证,武汉大学学报(人文科学版),1987年第4期。

茅盾在重庆,王向民,湖州师范学院学报,1987年第2期。

民国时期贵州工商业概况,唐载阳,贵州文史丛刊,1987年第2期。

民国时期云南货物税的演变,李庄等,云南档案史料,1987年第15期。

民生公司和北碚图书馆——一个企业扶持公共图书馆的范例,孔毅,图书馆员,1987年第5期。

民生公司抗日物资抢运记,李天元,四川文物,1987年第3期。

民族工业在抗日战争时期的内迁与贡献(上),刘晓霞,山东经济,1987年第3期。

南方局的秘密交通工作,袁超俊,南方局党史资料,1987年第2期。

南方局通过新生活运动妇女指导委员会开展妇女统战工作的回顾,南方局党史资料征集小组妇女组,南方局党史资料,1987年第1期。

南方局在重庆坚持抗日民族统一战线的活动,黄友凡,重庆日报,1987年7月8日。

南天遥寄乡关情——论抗战后期流亡香港、桂林的"东北作家",沈卫威,社会科学辑刊,1987年第4期。

南洋爱国华侨机工回国服务西南抗战运输选编之一、二,云南档案史料,1987年第15—16期。

亲切的会见,难忘的教诲——回忆掩护景素云上红岩及周公馆,王尧贞,四川党史研究资料,1987年第8期。

生活在当年《新华日报》的大家庭里,顾家熙,新华日报,1987年3月1日。

十锦抗日,谢启亮,广西党史研究通讯,1987年第3期。

试论抗日战争时期的民主改革,李世俊,探索,1987年第2期。

试论抗日战争时期的民族精神——纪念"七·七"抗战50周年,尹祥霞,阜阳师范学院学报(社科版),1987年第3期。

试论抗战时期四川农业的艰难发展,侯德础,四川师范大学学报(社科版),1987年第6期。

试论史迪威来华使命失败的原因,程雪川,贵州大学学报(社科版),1987年第4期。

试论新桂系的抗战主张,赵世怀,广西民族学院学报(哲社版),1987年第4期。

试论新疆抗日民族统一战线的特殊性,陆振寰等,党史研究,1987年第4期。

试论中间党派在抗日战争中的作用及其特点,宋连胜,长白学刊,1987年第3期。

试析蒋介石要求召回史迪威的根本原因,李学文等,外交学院学报,1987年第1期。

试析抗战时期国民党政府的通货膨胀,李学昌,华东师范大学学报(哲社版),1987年第1期。

试析我党与盛世才统战关系的破裂及其原因,张志安,实事求是,1987年第3期。

四川少数民族对抗日战争的贡献,李全中等,西南民族学院学报(哲社版),1987年第4期。

陶行知的抗战教育理论及其实践,李定开,西南师范大学学报(社科版),1987年第1期。

陶行知先生在抗日战争前后的伟大贡献,陆维特,行知研究,1987年第3期。

田汉的"转向"与左翼戏剧运动的发展,刘平,戏剧,1987年第1期。

田汉与"南国社"(二),严肃,戏友,1987年第4期。

田汉与桂剧,尹羲,广西社会科学,1987年第1期。

田汉在桂林的戏剧活动及贡献,李建平,学术论坛,1987年第1期。

团结抗战,造福人民——忆八路军驻新疆办事处,高登榜,新疆日报,1987年10月16日。

为胜利自豪(忆《新华日报》),许涤新,群言,1987年第11期。

我国少数民族抗日救亡活动概述,朱万一,中央民族学院学报,1987年第4期。

我是怎样做勤务和卖报的——回忆在新华日报的八年,胡玉堂,四川党史研究资料,1987年第2期。

吴虞日记中物价摘录(1912—1947)(附:成都地区部份物价指数表),中国革命博物馆资料室近代史资料(总第60号),1987年。

西北青年救国会的历史地位:兼谈西北青年的抗日救国运动,曹军,理论学刊,1987年第4期。

西南剧展的历史意义,魏华龄,广西社会科学,1987年第1期。

西南联大校歌制作经过,黄延复等,云南师范大学学报(哲社版),1987年第4期。

现代散文放谈——借此评议梁实秋与"抗战无关论",柯灵,中国现代文学研究丛刊,1987年第2期。

新安旅行团与桂林儿童抗日救亡运动,郭志高,社会科学家,1987年第5期。

学习和研究南方局党史的重要资料,廖盖隆,中国图书评论,1987年第2期。

血汗铺成滇缅路(一),李晓光,华声报,1987年7月3日。

杨沧白及其抗战诗歌,李畅培,四川文物,1987年第2期。

也谈1942年田赋征实的税率与税负问题——兼与朱玉湘同志商榷,刘仲麟,近代史研究,1987年第4期。

一九四〇年国共两党谈判的几个文件,南方局党史资料,1987年第1期。

一九四二年黔东事变前后,欧大荣等,贵州文史丛刊,1987年第4期。

一曲少年爱国者斗争的凯歌——记抗战救亡中的"内江孩子剧团",韦庆蔚,四川党史研究资料,1987年第3期。

一束灼灼生辉的战地之花——忆姐妹剧团,倪振华,戏剧界,1987年第2期。

一支进步的抗日救亡队伍——广西学生军,张祖祥,广西地方志,1987年第3期。

以进步面貌出现,扩大党的影响——抗日战争时期我在滇军中的一些工作,朱家璧,云南党史通讯,1987年第3期。

忆抗日战争时期在大众日报社无限电台工作片段,徐兴沛,青年记者,1987年第6期。

与周恩来将军的谈话(一九四三年四月二十二日),吴景平译,党史研究资料,1987年第5期。

云南妇女战地服务团随军赴台儿庄抗战纪实,彭明绪等,文史通讯,1987年第3期。

云南富滇银行——富滇新银行史略,李珪,云南地方志通讯,1987年第1期。

在桂林八路军办事处工作片段回忆,李中柏,广西党史研究通讯,1987年第1期。

中共云南地下党领导抗日救亡运动的回忆,李同生口述,荆德新记录整理,云南现代史料丛刊,1987年第8期。

中国共产党与国民参政会,王新生,党史通讯,1987年第7期。

中国民权保障同盟述评,赵德树、黄才华,河南师范大学学报(哲社版),1987年第2期。

中国西部诗歌史概述,赵宗福,青海师范大学学报(哲社版),1987年第1期。

中国现代史学会"七·七"抗战学术讨论会综述,高峻、吴国安,学习月刊,1987年第11期。

中国战时儿童保育会,徐镜平,妇运史研究资料,1986年第4期。

中国战时话剧中的体验与确信,〔美〕康斯坦丁·董著,张泉节译,抗战文艺研究,1987年第2期。

中日关系史学会举行"七·七事变"学术讨论会,草田,世界史研究动态,1987年第9期。

中外记者西北参观团在延安,〔美〕K.E.休梅克著,熊建华译,西北史地,1987年第1期。

1988年

"九一八"事变以后西北公路建设发展概况,刘小琴,开发研究,1988年第1期。

"名炮手"陈嘉庚和他的电报提案,周勇,历史知识,1988年第2期。

《儿童生活报》党组织的活动,揭祥麟,重庆党史研究资料,1988年第2期。

《高渐离》得失论,王耘,郭沫若学刊,1988年第1期。

《抗战时期大后方文学书系·杂文卷》编后语,胡熙绩等,杂文界,1988年第3期。

1937—1938年德国驻华大使馆收集的有关中国抗战档案史料,〔法〕Dr. W. Adolphi著,马振犊译,民国档案,1988年第1期。

八年抗战时期的中苏贸易,徐万民,近代史研究,1988年第6期。

悲壮的民族史诗——抗日战争时期大后方诗坛观略,黄子建,文史杂志,1988年第6期。

川东地下党的一个经济机构——裕中行,杨仲明,重庆党史研究资料,1988年第4期。

春风时雨硕果丰盈,刘克光,云南师范大学学报(哲社版)(增刊),1988年。

大后方抗战小说泛论,苏光文,文史杂志,1988年第4期。

党领导的桂林抗日文化运动,中共桂林市委党史办公室,广西党史研究通讯,1988年第2期。

党外爱国人士与第二次国共合作,柯国志,江汉大学学报(社科版),1988年第4期。

滇西抗战述略,吴显明,云南文史丛刊,1988年第3期。

共产党与民主党派合作源于何时,徐晓林,中南民族学院学报(哲社版),1988年第5期。

关于抗战文学研究的几点思考,朱德发,中国现代文学研究丛刊,1988年第4期。

关于茅盾、艾青抗战文艺活动若干史实补正,李健平,抗战文艺研究,1988年第3期。

广西历史货币研讨会综述,邬前淳,中国钱币,1988年第2期。

贵阳地区抗日救亡运动的历史进程和主要经验,雷奎怀,贵阳师专学报(社科版),1988年第1期。

贵州近代科技发展概略,史继忠,贵州民族学院学报,1988年第4期。

桂林抗战文化研究述评,曾祁,广西社会科学,1988年第5期。

桂林文化城成因初探,李建平,社会科学家,1988年第3期。

郭沫若在重庆的考古研究,董其祥,郭沫若学刊,1988年第4期。

国共合作抗战和争取第三次合作,魏春芳,齐齐哈尔师范学院学报(哲社版),1988年第1期。

国立剧专漫忆,冬尼,四川戏剧,1988年第1期。

国立西南联合大学师范学院的增设和独立,云南师大校史编写组,云南师范大学学报(哲社版),1988年第2期。

国立西南联合大学师范学院教学、科学研究及教学实习,云南师大校史编写组,云南师范大学学报(哲社版),1988年第4期。

国民党的"统一化"政策与抗日战争,〔日〕石岛纪之,民国档案与民国史学术讨论会论文集,1988年。

国民党的国家垄断资本形成于抗日战争中期,阳曦,长春师范学院学报(社科版),1988年第4期。

国民党桂系见闻录——读《李宗仁回忆录》后记,黄启汉,学术论坛,1988年第2期。

国民党统治区在华日本人民反战同盟,张荣华,石油大学学报(社科版),1988年第4期。

国民党与第二次国共合作的形成,汪朝光,南京大学学报(哲社版),1988年第4期。

国民党政府财政部1943—1944年工作报告及计划文件一组,中国第二历史档案馆,民国档案,1988年第2期。

国民党中央广播电台史实简编(二),汪学起等,新闻研究资料(第42辑),1988年。

国民政府军事委员会演变述略,张建基,军事历史研究,1988年第1期。

国民政府军政部组织机构简介,戚厚杰,民国档案,1988年第2期。

含泪滴血的"巡礼"——评黄药眠的长诗《桂林底撤退》,董馨,广西师范学院学报(哲社版),1988年第3期。

怀念卢作孚先生,梁漱溟,名人传记,1988年第5期。

怀念西南联大,朱德祥,云南师范大学学报(哲社版)(增刊),1988年。

回忆西南联合大学师范学院及其附校,黄钰生,云南师范大学学报(哲社版)(增刊),1988年。

回忆一九四〇年西安高中的迁校运动(续),编写组,陕西地方志,1988年第6期。

惠阳—桂林——抗战回忆录之十四,胡风,新文学史料,1988年第3期。

简论抗日战争时期的贵州工业经济,陈力,贵州档案史料,1988年第1期。

蒋介石要求苏联参加中国抗日战争,John W. Garver著,谷世宁译,南京大学学报(哲社版),1988年第3期。

旧中国贵州金融市场简史(续),钱存浩,贵州地方志通讯,1988年第1期。

抗日烽火中诞生的西南联大,林毓杉,云南日报,1988年10月27日。

抗日时期出版工作点滴,左林,出版工作,1988年第3期。

抗日战争对云南轻工业的影响,张之钝,中国轻工业经济,1988年第1期。

抗日战争时期的报刊(一)(二)(三)(四),王自成等,新闻知识,1988年第3、5、8—9期。

抗日战争时期的中国军事工业,王德中等,中州学刊,1988年第5期。

抗日战争时期的中外关系和中国共产党的对外政策(未完),吴东之,外交,1988年第3期。

抗日战争时期贵州大事记略(初稿),戴志强,贵州档案史料,1988年第1期。

抗日战争时期桂林文化城的历史地位,魏华龄,广西社会科学,1988年第2期。

抗日战争时期国民党统治区的经济,何东,教学与研究,1988年第6期。

抗日战争时期国统区的物价管理,陈振东,四川大学学报(哲社版),1988年第4期。

抗日战争时期苏联对华贷款与军火物资援助,李嘉谷,近代史研究,1988年第3期。

抗日战争时期在南方局直接领导下重建、发展、巩固川东地下党的主要情况(一九三七年十二月至一九四三年九月),廖志高,南方局党史资料,1988年第4期。

抗日战争时期浙江大学西迁湄潭纪实,曾庆干,贵州档案史料,1988年第4期。

抗日战争时期中国国际运输线开辟的过程及其作用,杨志国,公路交通编史研究,1988年第3期。

抗日战争时期中美关系资料(三),金光耀编选,军事历史研究,1988年第2期。

抗战初期的贵州抗日救亡运动,丁芝珍,贵州师范大学学报(社科版),1988年第1期。

抗战初期国民党政府经济部"官商合办事业"概况(一)(二)(三)——原实业部部份,袁润芳摘编,民国档案,1988年第1—3期。

抗战初期国统区通俗文艺创作潮,史彦,抗战文艺研究,1988年第2—3期。

抗战初期全国文协西安分会的筹备经过,周启祥,延安文艺研究,1988年第2期。

抗战初期中共重庆市委领导的一个宣传刊物《生力军》,傅世玙等,重庆党史研究资料,1988年第2期。

抗战期间重庆的美术刊物,许志浩,编辑学刊,1988年第2期。

抗战期间我国的交通运输事业,贾兴权,党史研究资料,1988年第1期。

抗战胜利后国共谈判中的周恩来,周勇,理论建设,1988年第2期。

抗战时期大后方话剧书目一览(1937—1946),石曼,抗战文艺研究,1988年第1期。

抗战时期的国民参政会与陕甘宁边区参议会比较研究,周勇,民国档案与民国史研究国际学术讨论会文集,中国档案出版社,1988年。

抗战时期甘宁青三省之农贷探讨,君羊,开发研究,1988年第3期。

抗战时期桂林的诗歌创作,李建平,广西社会科学,1988年第2期。

抗战时期桂林进步音乐活动述评,李建平,艺术探索,1988年第2期。

抗战时期桂林美术运动的作用意义及影响,杨益群,广西社会科学,1988年第2期。

抗战时期郭沫若对中国史学的苦心经营,刘茂林,郭沫若学刊,1988年第

1期。

抗战时期郭沫若诗歌风格浅谈,杨洪承,西南师范大学学报(社科版),1988年第1期。

抗战时期郭沫若政论中的文化道德因素,陈晓文,郭沫若学刊,1988年第2期。

抗战时期国共最后一次谈判,刘小清等,团结报,1988年4月26日。

抗战时期国民党政府统制经济刍议,傅志明,四川师范大学学报(社科版),1988年第4期。

抗战时期国民政府对外贸易管制述评,马治,近代史研究,1988年第6期。

抗战时期国统区小说创作的重要一翼——简评抗战时期桂林文学界的小说创作,李建平,广西大学学报(哲社版),1988年第4期。

抗战时期国统区杂文概论,尹鸿禄,苏州大学学报(哲社版),1988年第4期。

抗战时期蒋介石亲兼四川省主席记略,陈雁翚,文史杂志,1988年第4期。

抗战时期梁实秋的"与抗战无关"论再认识,孙绫恩,中国现代文学研究丛刊,1988年第2期。

抗战时期美国记者在华活动纪事(一)(二),张克明、刘景修,民国档案,1988年第2—3期。

抗战时期四川田赋征实述评,侯德础,四川师范大学学报(社科版),1988年第6期。

抗战时期文学研究的视野拓展与观念更新,吴向北,重庆师范学院学报(哲社版),1988年第3期。

抗战时期西南后方冶金工业简述,初明,民国档案,1988年第2期。

抗战时期云南粮政档案一组,何玉菲编选,云南档案史料,1988年第1期。

抗战时期中国空军作战的若干问题,元红,军事历史研究,1988年第1期。

抗战文化星芒,万启盈,出版史料,1988年第1期。

昆明抗战文艺纪实,任兆胜,抗战文艺研究,1988年第1期。

论1937—1942年国统区内地工业的发展,孔繁浩,上海师范大学学报(哲社版),1988年第4期。

论郭沫若抗战时期的文艺主张,文式,广西大学学报(哲社版),1988年第4期。

论国民参政会初期的积极作用,梁华栋,东岳论丛,1988年第4期。

论国民参政会的成立及首届首次会议,俞曙民等,历史文档,1988年第2期。

论抗日战争期间国统区民族工业的发展,朱秀琴,南开经济研究,1988年第5期。

论抗战后期史迪威与蒋介石的矛盾,伊胜利等,理论探讨,1988年第5期。

论抗战时期国民政府田赋改征实物的意义,崔国华,天府新论,1988年第3期。

论抗战时期我党对中间派的政策,江峡等,华中师范大学学报(哲社版),1988年第2期。

论抗战时期移民与陕甘宁边区的经济发展,孙业礼,西北大学学报(哲社版),1988年第2期。

论抗战时期中间党派政治态度的历史转变,李茂盛等,山西师大学报(社科版),1988年第1期。

论民国时期贵州民族地区的教育,欧多恒,贵州文史丛刊,1988年第2期。

论资源委员会的对外经济技术合作,程麟荪,上海社会科学院学术季刊,1988年第4期。

论周恩来同志的谈判艺术,周勇,南方局党史研究,1988年第2期。

略论郭沫若的历史悲剧观,张田,河北学刊,1988年第2期。

略论抗战时期的四川经济,蒋辅义,南充师院学报(哲社版),1988年第4期。

略论抗战时期甘肃的工业建设,蒋致洁,兰州学刊,1988年第6期。

略论抗战时期国民党经济的作用,姜铎,江海学刊,1988年第1期。

略论我国民主党派形成的历史特点,田武恩,史学月刊,1988年第5期。

略论新桂系对抗日战争的态度,秦智杰,广西民族学院学报(哲社版),1988年第3期。

略谈青年抗战文学的兴起,刘布光,上海青运史研究,1988年第2期。

民国时期的云南高等教育,温梁华,玉溪师范学院学报,1988年第5期。

南方各地八路军办事处的建立及其历史作用,卢荻,党史资料通讯,1988年第2期。

评《重评陈铨抗战时期的文学创作》——兼论《野玫瑰》是宣扬法西斯主义美化汉奸的特务文学,秦川,中国现代文学研究丛刊,1988年第2期。

普通话在西南联大师范学院,张映庚,云南师范大学学报(哲社版)(增刊),1988年。

浅析抗日战争时期的官僚资本,蒋德晖,财经科学,1988年第8期。

日本发动滇缅路战争,张家德,云南文史丛刊,1988年第3期。

陕西省地方银行沿革史略,陈启昭,陕西金融,1988年第5期。

试论第二次国共合作在中华民族史上的地位和作用,李敦送,民国档案,1988年第4期。

试论国民政府专员制度的演变及其特点,陆建洪,史学月刊,1988年第5期。

试论史迪威事件与蒋美之间的矛盾,杨三宪,档案与历史,1988年第3期。

试论翁文灏与战时经济建设,张传洪,学术月刊,1988年第7期。

试析国民党的《抗战建国纲领》,杜世伟,史学月刊,1988年第5期。

试析豫湘桂战役的失败对抗战后期国民党政权之影响,韦勤,军事历史研究,1988年第2期。

司马文森与抗日文艺,黄夏宝,福建党史月刊,1988年第5期。

宋庆龄与抗日战争,尚明轩,史学月刊,1988年第3期。

宋庆龄与中国福利会,中国福利会,人民日报(海外版),1988年6月11日。

宋庆龄在重庆,张孝碧,四川文物,1988年第1期。

太平洋战争爆发后苏中美关系变化的过程,〔苏〕杜宾斯基著,宋恩铭节译,苏联问题研究资料,1988年第2期。

谈谈国民党政府资源委员会,钱昌照,文史通讯,1988年第2期。

汪精卫叛逃经过,胡菊蓉,南京史志,1988年第1期。

王西彦与《现代文艺》,艾以,抗战文艺研究,1988年第2期。

文学的报告化到报告的文学化——论抗战时期报告文学艺术的嬗变与发展,尹鸿禄,抗战文艺研究(第2辑),1988年。

我党在重庆谈判期间的多边统战特点及其影响,孟庆春,齐齐哈尔师范学院学报(哲社版),1988年第1期。

西南联大——近代教育史上的明珠,谢本书,云南师范大学学报(哲社版)(增刊),1988年。

西南联大——中国教育史上一颗灿烂之星,马识途,中国建设,1988年第11期。

西南联大的传统及历史地位,吴宝璋,云南师范大学学报(哲社版)(增刊),1988年。

西南联大师范学院的办学特点,阳体名,云南师范大学学报(哲社版)(增刊),1988年。

西南联大与一二·一运动,陈昌炽,云南师范大学学报(哲社版)(增刊),1988年。

西南联大在艰苦中育才,熊朝隽,云南师范大学学报(哲社版)(增刊),1988年。

夏衍抗战时期在桂林的戏剧活动和戏剧创作,蔡定国,广西社会科学,1988年第2期。

湘西革屯运动的特点及其作用,石昭明,中南民族学院学报(哲社版),1988年第4期。

萧军在成都,车辐,文史杂志,1988年第6期。

新疆抗日民族统一战线的形成及其特点,朱培民,近代史研究,1988年第5期。

一九四〇年的"联中学潮",刘文楷,重庆党史研究资料,1988年第4期。

一九四〇年南充中心县委被破坏的前前后后,赵健民,重庆党史研究资料,1988年第2期。

一九四四年的国共谈判,刘清等,团结报,1988年3月26日。

由香港到重庆——宋庆龄在抗日战争时期,陈漱渝,上饶师专学报(哲社版),1988年第1期。

再返重庆(之一)——抗战回忆录之十五,胡风,新文学史料,1988年第4期。

再谈抗战时期国统区的田赋征实问题,朱玉湘,近代史研究,1988年第6期。

在抗日烽火中培育民族后代——纪念中国战时儿童保育会成立五十周年,沈兹九等,人民日报,1988年3月31日。

战时中国西南部科学之发展,〔英〕李约瑟,民国春秋,1988年第5期。

浙江大学由桂迁黔档案史料选编,湄潭县档案馆,贵州档案史料,1988年第4期。

中共川东第二工委在自贡的活动,袁玫,重庆党史研究资料,1988年第2期。

中国第二历史档案馆馆藏国民党政府军事档案简介,李祚明,民国档案,1988年第1期。

中国近现代美术史工作的回顾和前瞻,李树声,美术研究,1988年第3期。

中国抗日战争专题讨论会综述,沈学善,世界史研究动态,1988年第2期。

中国民主党派的历史地位和作用,朱令名,新疆大学学报(哲社版),1988年第1期。

中国现代文学史论略(1917—1984)——兼与李泽厚和诸青年商榷,李劼,黄河,1988年第1期。

周恩来筹备"战动总会"片断,李吉、李代玲,党史文汇,1987年第3期。

左翼文学向抗战文学的历史转换——论"两个口号"及其论争的本质和意义,孙进增,抗战文艺研究(第2辑),1988年。

1989年

"抗战时期国统区学术研讨会"记略,王学敏,教学与研究,1989年第1期。

"黔南事变"中各族人民抗敌斗争的历史特点,张才良,贵州师范大学学报(社科版),1989年第2期。

《桂林抗战文艺辞典》评介,邓祝仁,社会科学家,1989年第6期。

《救国日报》在抗日救亡运动中的作用,曾瑞炎,党史研究资料,1989年第9期。

《中国国民党史(简史)》序言,丁宋和,民国档案,1989年第1期。

1940—1942年胡适、魏道明等致蒋介石电文留底抄件一组,中国第二历史档案馆,民国档案,1989年第3期。

爱国华侨梁金山,张力,云南文史丛刊,1989年第1期。

长沙临时大学、西南联合大学、北京大学南系地下党组织沿革及党员名录(1937年9月—1949年2月4日),王效挺等,高等教育论坛,1989年第1期。

重庆救国会的一支小战斗队"六·七战地工作团"的建立和活动经过情况,黄宇齐,重庆党史研究资料,1989年第1期。

重庆救国会在江北和江北的抗日救亡运动,蒋绍兰,重庆党史研究资料,1989年第2期。

重庆王家沱日本租界始末,黄淑君等,西南师范大学学报(社科版),1989年第3期。

从国立西南联大师范学院到国立昆明师范学院,夏强疆,云南档案史料,1989年第4期。

党在抗日战争时期的民族工作大事记(1937年7月—1945年8月),皮明义,中央民族学院学报,1989年第3期。

地下党在职教社云南办事处的合作和掩护下开展的革命工作,万国祥,云南文史丛刊,1989年第1期。

地下生活，巴渝六年——记川东地下党生活片断，黄友凡，重庆党史研究资料，1989年第3期。

独具特色的新疆抗日民族统一战线，许惠民，喀什师范学院学报，1989年第3期。

对抗战以后贵阳物价的剖析，顾文栋，贵州文史丛刊，1989年第1期。

风雨危亭写史诗——抗日演剧四队、五队在广西，邓冠濂，广西党史研究通讯，1989年第3期。

关于桂林南方局的考证，魏峡，广西党史研究，1989年第1期。

关于抗日战争时期的国民党统治区经济，孔经纬，中国经济史研究，1989年第2期。

关于茅盾和丁玲生平与创作年谱补充，张宝珍，徐州师范学院学报（哲社版），1989年第2期。

贵阳地区抗日民族统一战线问题，雷奎怀，贵阳师专学报（社科版），1989年第3期。

郭沫若与《新华日报》，向纯武，郭沫若学刊，1989年第3期。

国民党何时确立西南为战略大后方，王树荫，史学月刊，1989年第2期。

国民党战干团綦江惨案的概况，曹步，重庆党史研究资料，1989年第1期。

国民党政府经济部关于战时经济建设的工作报告（上）（中），张士杰编选，民国档案，1989年第3—4期。

国民政府经济接收述略，孙宅巍，民国档案，1989年第3期。

国统区抗日民主运动的特点和意义，易绍林，江西大学学报（社科版），1989年第3期。

回忆《新华日报》的发行工作，左明德，新闻研究资料（第47辑），1989年。

简评《桂林抗战文艺辞典》，曾佑，广西社会科学，1989年第5期。

建国前四川凉山彝族的白银流通，刘世旭，中国钱币，1989年第3期。

蒋介石对二次大战爆发时间的判断，胡哲峰，团结报，1989年8月29日。

解放前四十年陕西省图书馆发展概述，张武智，陕西图书馆，1989年第3期。

解放前新疆对苏贸易性质简论,于洛春,近代史研究,1989年第6期。

近代云南商品经济述论,杨寿川,经济问题探索,1989年第3期。

抗日风暴中的"海燕"——关于"海燕诗社"与《暴风雨诗刊》,郑择魁,新文学史料,1989年第1期。

抗日救亡的壮歌——成都事件,于建章,四川文物,1989年第1期。

抗日时期的陕西工业,岳珑,西北大学学报(哲社版),1989年第2期。

抗日战场上的四川少数民族,张为波,四川党史月刊,1989年第10期。

抗日战争、解放战争时期的妇女报刊,刘巨才等,新闻研究资料(第45辑),1989年。

抗日战争时期的史良,周天度,近代史研究,1989年第3期。

抗日战争时期的西北城市工业,王致中,兰州学刊,1989年第3期。

抗日战争时期的中苏关系,陈小琼,江西社会科学,1989年第3期。

抗日战争时期国民党统治区的通货膨胀,董廷之,中共党史研究,1989年第2期。

抗日战争时期合理负担政策的探讨,冯田夫,财政研究资料,1989年第52期。

抗日战争时期民族资产阶级的经济地位,李玉荣,聊城师范学院学报(哲社版),1989年第2期。

抗日战争时期我党南方局妇女组统战工作的回顾——开展妇女抗日民族统一战线工作,黄柳玲,重庆党史研究资料,1989年第1期。

抗日战争时期我和钟韵在昆明筹建党的地下电台的情况,杨力平,云南党史通讯,1989年第1期。

抗日战争时期在华日本人民反战团体,赵铁锁,党史研究资料,1989年第10期。

抗日战争在世界现代史上的地位,〔日〕池田诚著,张晓峰译,党史研究资料,1989年第7—8期。

抗日战争中的国民党、蒋介石,崔月华,沈阳师范学院学报(社科版),1989年第4期。

抗战初期的国民政府军事委员会政治部第三厅,崔莹,历史档案,1989年第3期。

抗战初期国民政府争取外援的活动,贺军,档案与历史,1989年第4期。

抗战后期的中国战时生产局,李安庆等,社会科学战线,1989年第1期。

抗战后期美国政府对华政策问题,翟作君,党史研究与教学,1989年第1期。

抗战后期在昆明的战斗岁月,白麦浪,云南文史丛刊,1989年第2期。

抗战期间的通俗文学,钟敬文,文艺报,1989年9月23日。

抗战期间中国石油工业的建立,孔庆泰,历史档案,1989年第4期。

抗战声中的冯乃超,李江,中山大学学报(社科版),1989年第4期。

抗战胜利前国民党政府接收台湾准备工作档案史料选,戚如高,民国档案,1989年第3期。

抗战时期"斯氏体系"与大后方戏剧,孙晓芬,四川戏剧,1989年第6期。

抗战时期八路军驻各地办事处简介,陈广湘,军事资料,1989年第1期。

抗战时期成都并未设立八路军办事处,秦焰,四川党史月刊,1989年第5期。

抗战时期重庆的两次体操比赛,李世铭,体操,1989年第4期。

抗战时期重庆工业发展刍议,唐润明,重庆师范学院学报(哲社版),1989年第3期。

抗战时期的《东方杂志》,李斯颐,新闻研究资料(第45辑),1989年。

抗战时期的重庆歌乐山记事,钱惠,重庆医学,1989年第5期。

抗战时期的重庆星五聚餐会,廖笃琼,西南师范大学学报(社科版),1989年第3期。

抗战时期国立贵州师范办学特点,龙光沛,贵州文史丛刊,1989年第2期。

抗战时期国民党政府的财政金融政策及经济统制措施(上)(下),朱坚真,教学与研究,1989年第2—3期。

抗战时期国民党政府西北投资活动述论,陈正卿等,历史档案,1989年第1期。

抗战时期国统区的粮食问题及国民党政府的战时粮食政策,陆大钺,民国档案,1989年第4期。

抗战时期蒋介石上峨嵋山的考究,元江,四川师范大学学报(社科版),1989年第1期。

抗战时期中国的日本文学翻译,刘春英,日本研究,1989年第1期。

老舍与全国抗敌文协,方苏,四川党史月刊,1989年第8期。

李宗仁的"焦土抗战论",郭晓合,广西大学学报(哲社版),1989年第1期。

历史尘烟中的惊魂——介绍《中国抗日战争时期大后方文学书系》,杜埃,中国图书评论,1989年第3期。

历史的丰碑,时代的画卷——抗战时期大后方散文阅读札记,傅德岷,文史杂志,1989年第1期。

论第二次国共合作对国民党的影响,楼开炤、李友刚,北京师范学院学报(社科版),1989年第1期。

论郭沫若抗战时期历史剧的悲剧艺术特色,朱鸿召,郭沫若学刊,1989年第4期。

略论抗战时期郭沫若的文艺思想,龚济民,江西师范大学学报(哲社版),1989年第1期。

略论中共中央南方局党的工作,党双全,四川党史月刊,1989年第1期。

美国记者与中国抗战,刘景修等,民国档案,1989年第1期。

美援与中国抗战,李华强等,齐齐哈尔师范学院学报(社科版),1989年第4期。

秘密抄收新华社电讯的日日夜夜,刘运瑞,云南党史通讯,1989年第1期。

民主党派发祥在四川原因探析,曹蓉,文史杂志,1989年第5期。

南方局领导时期中共在云南的统一战线工作,中共云南省委党史资料征集委员会,云南党史通讯,1989年第3期。

南方局领导下的秘密交通,蓝伟生,四川党史月刊,1989年第1期。

陪都大轰炸,罗太其,红岩春秋,1989年第2期。

评1943年初中美不平等条约的废除,童新,华中师范大学研究生学报,1989年第4期。

浅谈中国共产党在重庆谈判期间的公关工作经验,杜建国,郑州大学学报(哲社版),1989年第6期。

浅析抗日战争时期国共两党的两个纲领,陈良如,苏州大学学报(哲社版),1989年第4期。

日本的中国抗日战争史研究,周勇,红岩春秋,1989年第1期。

陕西在建国前六十余年的报纸评介(1896—1946),梁经旭,陕西地方志通讯,1989年第4期。

沈钧儒关于确定佃租临时救济办法的提案及内政部等办理情形,中国第二历史档案馆,民国档案,1989年第3期。

试论太平洋战争初期国民党政府的对美外交,金光耀,档案与历史,1989年第4期。

试论新桂系在抗日战争中的历史地位,曹光哲,广西师范学院学报(哲社版),1989年第3期。

试论中间力量在抗日战争中的地位与作用,曹学思,陕西师范大学学报(哲社版),1989年第2期。

四联总处与金融管理,姜宏业,中国经济史研究,1989年第2期。

苏联在华军事顾问(1937—1942),〔苏〕Ю.В.丘多杰耶夫著,王真译,党史研究资料,1989年第7—8期。

谈判桌上的周恩来,周勇,历史知识,1989年第1—2期。

我国解放前教育督导制度述评,陈彬,华中师范大学研究生学报,1989年第2期。

西北战地服务团的文学创作活动,甄崇德,新文学史料,1989年第1期。

西南联大的人才培养对今天高校教育的启示,秦榕,云南师范大学学报(哲社版),1989年第5期。

西南联大教师群体试析,袁国友,云南师范大学学报(哲社版),1989年第4期。

西藏邮政史述要,房建昌,西北史地,1989年第3期。

新桂系与广西矿业,唐凌,广西师范大学学报(哲社版),1989年第3期。

一部中国人写的英文版"中美关系史"新著——《美国与中国》简介,吴机鹏,中山大学学报(哲社版),1989年第3期。

一九三七年——一九四九年新文艺纵览,冉忆桥,中文自学指导,1989年第10期。

一九四三年"中美新约"签订的历史背景及其意义评析,王琪,中共党史研究,1989年第4期。

一所培养边区民族师资的学校——民国时期的省立台江国民学校师资训练所,任广林,贵州文史丛刊,1989年第2期。

一支高擎抗日火炬的演剧队,姚兆桦,艺术百家,1989年第3期。

远征军第五军主力艰险撤退始末,张家德,云南方志,1989年第4期。

云南期刊录(一九〇六年——一九四九年)(五),李生萐,云南图书馆,1989年第2期。

再返重庆之二、三——抗战回忆录之十六,胡风,新文学史料,1989年第1、3期。

在抗日战争中发展的大后方散文创作,尹鸿禄,中国现代文学研究丛刊,1989年第3期。

战时外汇政策的演变,洪葭管,中国金融,1989年第3期。

中共历次南方局的组建,魏明生,四川党史月刊,1989年第5期。

中国图书馆大事记(现代部分),徐建,图书馆工作,1989年第3期。

中国新闻纪录电影史述略(上),高维进,新闻研究资料(第47辑),1989年。

中华民国史研究述略,曾景忠,民国档案,1989年第4期。

中间党派在抗日战争中的地位和作用,罗淑惠,西南师范大学学报(社科版),1989年第1期。

1990年

《新华日报》档案史料,周开,新闻研究资料(第51—52辑),1990年。

1915年—1949年目录学研究总述,余庆蓉,湖南师范大学社会科学学报,1990年第2期。

不灭的往事——为联大附中建校五十周年作,王般,云南师范大学学报(哲社版)(增刊),1990年。

重庆女师抗日救亡活动的回忆,李梦萍,重庆党史研究资料,1990年第2期。

从《新华日报》、《群众》周刊看抗战时期的郭沫若,廖永祥,郭沫若学刊,1990年第1期。

从抗战时期重庆民族工业的兴衰看中国民族资本的历史命运,王学敏,教学与研究,1990年第2期。

第二届抗日战争史学术研讨会述要,中国人民抗日战争纪念馆编研部,近代史研究,1990年第1期。

滇西抗战之一、二、三、四、五,云南档案史料,1990年第1—4期。

对"政治诱降为主,军事打击为辅"的质疑,纪兵,重庆教育学院学报,1990年第2期。

关于重庆中央社的一些回忆,葛恩思,新闻研究资料(第49辑),1990年。

关于南方局几个问题的辨析,魏峡,中共党史资料(第5辑),1990年。

关于评价抗日战争时期国民党的若干问题,王维礼,中共党史研究,1990年第5期。

贵州的抗战文化与中国共产党人,尹克恂,贵州党史,1990年第4期。

国立中央研究院概况(1928—1948年),周宁,民国档案,1990年第4期。

国民党《中央日报》1949年前出版情况,刘敬坤,民国春秋,1990年第4期。

国民党政府经济部关于战时经济建设的工作报告(下),张士杰编选,民国档案,1990年第1期。

国统区抗日救亡的一面旗帜——《反攻》半月刊,王驹,党史纵横,1990年第4期。

国统区日本人民反战同盟,孙金科,近代史研究,1990年第1期。

国统区统一战线在抗日战争中的地位和作用,崔德芳,贵州师范大学学报(社科版),1990年第2期。

宏观考察中日战争史的一部力作——《中日战争史(1931—1945)》评价,罗鸣,世界历史,1990年第3期。

华侨与抗日战争研究述评,曾瑞炎,华人华侨历史研究,1990年第2期。

第二次国共合作的史证,周勇,四川党史通讯,1990年第5期。

回顾抗战历史,弘扬爱国精神:广西各界纪念抗日战争胜利45周年座谈会概述,陈立生,学术研究动态,1990年第10期。

回忆西南联大叙永分校,彭国涛,云南师范大学学报(哲社版),1990年第3期。

蒋介石思想研究,秦英君,民国档案,1990年第2期。

蒋介石与《新华日报》,谷莺等,红岩春秋,1990年第1期。

近期日本研究中国抗战史动态,周勇,党史研究资料,1990年第1期。

抗日时期国统区经济的兴衰,余永大,苏州大学学报(哲社版),1990年第2期。

抗日战争初期周恩来在桂林的贡献,曹裕文,广西党校学报,1990年第5期。

抗日战争时期传教士的活动述评,孟曙初,求索,1990年第2期。

抗日战争时期的"飞虎队",黄茂槐,云南文艺丛刊,1990年第4期。

抗日战争时期的中央设计局,张廷友,龙江党史,1990年第2期。

抗日战争时期国民党官僚资本的膨胀,清庆瑞,教学与研究,1990年第3期。

抗日战争时期国民政府对美政策剖析,张小路,史学月刊,1990年第5期。

抗日战争时期国统区的物价统计工作,文萍,四川大学学报(哲社版),1990年第3期。

抗日战争时期李济深在广西的积极作用,张静葵,广西党校学报,1990年第5期。

抗日战争时期美国对华政策的演变,吴敏先,东北师大学报(哲社版),1990年第1期。

抗日战争时期内地经济、文化南迁对云南的影响,范莉琼,思想战线,1990年第4期。

抗日战争时期苏联对中国的军事援助,李嘉谷,历史教学,1990年第10期。

抗日战争时期通货膨胀述评,郭传玺,历史档案,1990年第3期。

抗日战争时期中国共产党对民主党派的统战工作,李玉荣,聊城师范学院学报(哲社版),1990年第2期。

抗日战争时期中美关系研究综述,陶文钊,世界史研究动态,1990年第6期。

抗日战争史第二届学术研讨会概述,吕梁、王树荫,教学与研究,1990年第1期。

抗日战争中的桂系,赵万钧,史学月刊,1990年第6期。

抗战初期贵州初级市场的调查,亦陶,贵州文史丛刊,1990年第2期。

抗战后国民政府迟迟不对日宣战原因浅析,言均君,江西社会科学,1990年第3期。

抗战后期国民党发动的青年学生从军运动与组建,王国君等,松辽学刊(社科版),1990年第2期。

抗战救国,无私奉献(1939—1989)(南洋华侨机工),刘保全整理,云南文史丛刊,1990年第1期。

抗战期间国民党组织建设与组织发展的几个问题,王贤知,近代史研究,1990年第2期。

抗战时期重庆的进步刊物——《读书日报》简述,唐诚,重庆党史研究资料,1990年第2期。

抗战时期的国际宣传处,武燕军,民国档案,1990年第2期。

抗战时期妇女宪政运动的回顾,黄柳玲,重庆党史研究资料,1990年第3期。

抗战时期桂林出版事业,魏华龄,新文化史料,1990年第1期。

抗战时期桂林文化城的体育活动,管学庭,广西师范大学学报(哲社版),1990年第4期。

抗战时期国民党政府的国际宣传处,武燕军,历史档案,1990年第2期。

抗战时期国民党政府军邮简介,袁风华,民国档案,1990年第2期。

抗战时期国民党中央政府的职权与功能,赵慧峰、许华剑,烟台师范学院学报(哲社版),1990年第2期。

抗战时期国统区的第一次民主宪政运动,王世容,档案史料与研究,1990年第3期。

抗战时期昆明新闻界二三事,沈沉,云南文史丛刊,1990年第2期。

抗战时期昆明杂文作家群,姚春树,杂文界,1990年第2期。

抗战时期民盟在昆明的主要活动,刘志,云南文艺丛刊,1990年第4期。

抗战时期四川进步音乐活动概述,李兴文,音乐探索,1990年第3期。

抗战时期四川内河航运鸟瞰,侯德础,四川师范大学学报(哲社版),1990年第3期。

抗战时期中国工业损失状况部分统计,于彤,历史档案,1990年第2期。

刘湘从拥蒋反共到联共抗日的历史道路,戴淑筠,四川党史月刊,1990年第1期。

论抗日战争的战略反攻,张宏志,人文杂志,1990年第2期。

论抗日战争领导权问题,徐继增,西藏民族学院学报(社科版),1990年第4期。

论抗战初期我党与桂系的合作关系,曹裕文,学术论坛,1990年第1期。

论卢作孚对民生公司的有效管理,金锋等,近代史研究,1990年第3期。

论我国抗日战争时期的国防教育,温贤美,人才与现代化,1990年第3期。

略论抗战时期蒋桂之间的矛盾斗争,王续添,学术论坛,1990年第1期。

略论周恩来的抗日军事统一战线活动,璞玉霍,军事历史研究,1990年第2期。

民国时期广西金融史料补正,黄仕,广西地方志,1990年第4期。

南方局的统战工作及其贡献,《南方局党史资料统一战线工作》编辑小组,红岩春秋,1990年第2期。

南方局为什么决定撤消中共广西省工委,吴忠才等,四川党史月刊,1990年第11期。

浅谈抗战时期的湘西"边民教育",王朝晖,民族论坛,1990年第3期。

日军第二次入侵期间广西地下党领导的抗日游击战争,张雨夏,广西党史研究通讯,1990年第3期。

日寇诱降蒋介石集团未遂之原因,刘守仁,唯实,1990年第2期。

荣县抗战初期的流火社与《流火》,唐维华,四川文物,1990年第3期。

史迪威与中国抗日战争,李振华,中山大学研究生学刊(社科版),1990年第1期。

试论国统区文学中的女性形象,映如,中国现代文学研究丛刊,1990年第1期。

试论抗日战争时期中国共产党与桂系的统战合作关系,邓友铭,广西党史研究通讯,1990年第6期。

试评抗日战争时期苏联对华政策,朱敏彦,山东医科大学学报(社科版),1990年第1期。

试述抗日战争时期民族资产阶级的经济地位,李云荣,历史教学,1990年第5期。

四川省解放前的遗传育种研究,洪锡钧,中国农史,1990年第2期。

苏联志愿飞行员与中国抗战,孙宝根,档案史料与研究,1990年第2期。

团结奋斗救中华——记抗战时期的中国民主政团同盟与中国共产党,汪新,团结报,1990年10月10、13、17日。

为团结进步民主的新中国而奋斗:记抗日战争时期的民主宪政运动,汪新,人民日报,1990年9月2日。

我们的抗日空军英雄,郑少愚、欧汉英等,四川统一战线,1990年第11期。

西南联大的办学作风及学生风貌,熊朝隽,云南师范大学学报(哲社版),1990年第5—6期。

学习和研究南方局党史的重要资料——介绍《南方局党史资料大事记》,廖盖隆,四川党史月刊,1990年第8期。

也谈重庆大隧道惨案,陈理源,团结报,1990年2月10日。

忆抗战时期成都三益公川剧艺员军训连,李笑非,四川戏剧,1990年第3期。

在南方局党史学术讨论会上的讲话,聂荣贵,四川党史月刊,1990年第9期。

张学良在贵州,徐一鸣,电影评介,1990年第12期。

知识青年抗日远征军史略,罗洪彰,中国青运,1990年第4期。

中共中央南方局在国统区的战斗历程——读《南方局党史资料》,王仁,团结报,1990年8月25日。

中国红十字会战时工作简报,重庆市档案馆,档案史料与研究,1990年第2期。

中国抗日战争期间的中苏关系,〔美〕高沃龙著,陈伟译,任东来校,世界史研究动态,1990年第3期。

中国抗战时期后方工矿业的开发与作用述评,董长芝,辽宁师范大学学报(社科版),1990年第3期。

中国银行史资料:抗日战争后期的中国银行(七)(八)(九)(十)(十一)(十二)(十三)(十四),中国银行行史编写组,国际金融,1990年第1—8期。

周恩来是桂林抗日救亡文化运动的掌舵人,蔡定国,广西大学学报(哲社版),1990年第1期。

周恩来与抗日军事统一战线,璞玉霍,党史研究与教学,1990年第3期。

周恩来在重庆领导抗日民族统一战线的历史经验,彭承福,西南师范大学学报(社科版),1990年第2期。

1991年

"民协"在南方局青年组领导下卓有成效地开展民主运动,张兴诚,成都党史,1991年第6期。

《桂林抗战文艺概观》出版,杭文,南方文坛,1991年第3期。

《新华日报》与四川地方实力派,唐学锋,四川党史,1991年第2期。

《中国新民主主义经济史》评价,唐培志,民国档案,1991年第3期。

1942年关于香港新界问题的中英交涉,刘存宽,抗日战争研究,1991年第1期。

1986—1990年中国近代史研究概述,曾景忠,史学月刊,1991年第5期。

20世纪上半叶中国年鉴编纂出版略论,王世伟,华东师范大学学报(哲社版),1991年第3期。

40年代中国共产党对美政策试析,张小路,档案史料与研究,1991年第4期。

奔流的抗战之火——《流火》月刊研究,刘石夷,内江师范学院学报,1991年第3期。

陈嘉庚的广西行,范柏樟,八桂侨刊,1991年第4期。

从国统区成都的学运看我党的灌输:兼谈不同时期灌输的异同,翟文生,成都党史,1991年第1期。

第二次国共合作与新中国政党制度,周勇,重庆社会科学,1991年第3期。

第四届中国抗战文艺研讨会观点综述,陶容,天府新论,1991年第1期。

纷乱的流离图和沉郁的山水画——抗战时期大后方的旅行记和游记鸟瞰,翟耀,聊城大学学报(社科版),1991年第1期。

光明与黑暗交替时期社会生活的真实记录——国统区报告文学简论,郝胜道,信阳师范学院学报(哲社版),1991年第4期。

桂林抗战文艺的成就和意义——评《桂林抗战文艺概观》,林焕平,学术论坛,1991年第3期。

桂林抗战文艺研究的新收获——评李建平新著《桂林抗战文艺概观》,张利群,南方文坛,1991年第6期。

国民党抗战时期的文艺政策,张强,民国档案,1991年第2期。

国民党政府社会部组织概况,陈长河,民国档案,1991年第2期。

华侨机工与大后方抗战,曾瑞炎,党史研究资料,1991年第4期。

华侨抗日救国运动的特点及其地位,曾瑞炎,档案史料与研究,1991年第1期。

回忆抗日战争时期的宋庆龄,许乃波,抗日战争研究,1991年第1期。

蒋介石与对《新华日报》的态度和方针述论,谢增寿,四川师范学院学报(社科版),1991年第1期。

交通银行关于民生实业公司1942年度动态调查报告,中国第二档案馆,民国档案,1991年第2期。

近代重庆城市史研究,隗瀛涛,近代史研究,1991年第4期。

旧形式的诱惑——郭沫若抗战时期的旧体诗,刘纳,中国现代文学研究丛刊,1991年第3期。

抗日战争胜利前后我党战略方针的转变,刘信君,社会科学战线,1991年第3期。

抗日战争时期的新道统思潮,李良玉,江苏社会科学,1991年第4期。

抗日战争时期华侨航空救国运动与对日空战,任贵祥,军事历史,1991年第5期。

抗日战争时期日军侵华的经济战,吕明灯,齐鲁学刊,1991年第5期。

抗日战争时期云南农业的开发,张笑春,云南文史丛刊,1991年第4期。

抗日战争时期中国兵器工业内迁初探,黄立人,历史档案,1991年第2期。

抗战初期党领导的甘肃学生运动述评,王晋林,社科纵横,1991年第3期。

抗战期间美援与中美外交研究(上)(下),任东来,兰州学刊,1991年第1—2期。

抗战期间万县盐业增产济销纪略,王佑民,盐业史研究,1991年第3期。

抗战前新桂系广西经济建设评析,王彦民,广西师范大学学报(哲社版),1991年第4期。

抗战胜利前后美国处理国共关系的政策及其演变,徐报喜、吴竹标,盐城师专学报(社科版),1991年第3期。

抗战时期大后方工业发展的若干特点,房海滨,吉林财贸学院学报,1991年第6期。

抗战时期的桂林体育,管学庭,体育文化导刊,1991年第1期。

抗战时期的国立十四中,谭绍凯,贵阳师专学报(社科版),1991年第2期。

抗战时期的后方勤务部,陈长河,军事历史研究,1991年第4期。

抗战时期对敌经济史料选辑,重庆市档案馆,档案史料与研究,1991年第4期。

抗战时期甘肃物价档案史料试析,魏丽英,档案,1991年第6期。

抗战时期国共两党在重庆的一次谈判,李良志,史学月刊,1991年第5期。

抗战时期国民党统治区盐务刍议,刘德仁、蒋培,中南民族学院学报(哲社版),1991年第1期。

抗战时期国民党政府与日本当局秘密接触史料选,重庆市档案馆编选,档案史料与研究,1991年第1期。

抗战时期难民群体初探,孙彦魁,民国档案,1991年第2期。

抗战时期武汉的工厂内迁,陈泽华,中南财经大学学报,1991年第4期。

抗战时期西南后方民营商业的经营特色,钟铁,云南财贸大学学报,1991年第4期。

抗战时期西南民族地区的教会教育,孟铸群,民族教育研究,1991年第2期。

抗战时期张澜政治思想简论,张利源,成都大学学报(社科版),1991年第2期。

抗战时期中共对华侨的统战工作,曾瑞炎,党史研究与教学,1991年第3期。

抗战时期中共在新疆革命活动概述,许文,新疆大学学报(哲社版),1991年第1期。

抗战中的成都戏曲界,戴德源,四川戏剧,1991年第5期。

论大后方剧作家的审美价值尺度,李江,青海师范大学学报(哲社版),1991年第3期。

论滇西抗战,谢本书、昊显明,近代史研究,1991年第1期。

论抗日战争时期党的宣传工作,李秀忠,山东师范大学学报(社科版),1991年第3期。

论抗日战争时期国共两党的战略指导方针及其相互关系,费正,民国档案,1991年第2期。

论抗战初期战区工业的内迁,徐旭阳,湖北师范学院学报(哲社版),1991年第1期。

论抗战期间后方农业的发展,吴伟荣,近代史研究,1991年第1期。

论抗战时期国民党政府对美国的政策,王光银,杭州师范学院学报(社科版),1991年第1期。

论抗战时期国民党政府权力结构的运行,乐嘉庆,学术论坛,1991年第5期。

论新县制,忻平,抗日战争研究,1991年第2期。

略论抗战前期西南后方民营商业的发展,钟铁,云南财贸学院学报,1991年第2期。

漫评《大后方散文论稿》,张毓茂,社会科学辑刊,1991年第5期。

美国在华治外法权的放弃(1942—1943),任东来,美国研究,1991年第1期。

密切联系群众:新华日报的优良传统,陆诒,新闻记者,1991年第3期。

民国时期贵州公路管理机构全宗介绍,金琼,贵州档案,1991年第6期。

民国史研究的新视野:评《蒋介石和西南地方实力派》,张巨成,文史杂志,1991年第4期。

南方局党史学术讨论会择述,乔毅民,四川社联通讯,1991年第5期。

评《民生公司史》,聂宝璋,近代史研究,1991年第4期。

浅论贵州企业公司在抗战时期贵州开发中的作用,曾修伦,贵州档案,1991年第4期。

侵华日军两次攻川计划,许锡挥,广州师范学院学报(社科版),1991年第2期。

三上红岩:聆听、贯彻南方局指示的回忆,郑伯克,红岩春秋,1991年第3期。

三四十年代知识界关于中国现代化问题的争鸣,季荣臣,史学月刊,1991年第4期。

时在抗战,地在重庆——新闻界的一起"国际间谍案",邵嘉陵,新闻记者,1991年第5期。

试论桂林文化城戏剧运动的特征,蔡定国,学术论坛,1991年第5期。

试论抗日战争时期的国共两党关系,江于夫,中共浙江省委党校学报,

1991年第2期。

试论抗战时期共产党与民主党派合作关系的发展,张秋炯,龙岩师专学报,1991年第1期。

试论青年党在抗日战争时期的政治活动,赵德教,郑州大学学报(哲社版),1991年第4期。

试论一百年来重庆的三次开放,王川平,重庆社会科学,1991年第6期。

试述中共中央南方局与八路军驻重庆办事处的关系,彭定秀,四川党史,1991年第6期。

四联总处的产生、发展和衰亡,黄立人,中国经济史研究,1991年第2期。

四十年来中国现代史研究的重大发展,张宪文,史学月刊,1991年第1期。

宋庆龄与抗战时期的"工合"运动,朱敏彦,上海师范大学学报(哲社版),1991年第3期。

宋庆龄在四川,蒋洪斌,四川党史,1991年第1—4期。

陶行知与《新华日报》,贾培基,重庆社会科学,1991年第3期。

为中共领导的多党合作制度奠基:南方局开展中间党派统战工作的历史功绩,郑洪泉,重庆师范学院学报(哲社版),1991年第2期。

我在重庆的时候,艾芜,新文学史料,1991年第3期。

西南联大的民主精神——西南联大研究之二,谢本书,云南师范大学学报(哲社版),1991年第5期。

香港"近百年中日关系国际研讨会"综述,齐福霖、蔡德金,世界史研究动态,1991年第1期。

寻找真实的中国:外国记者在陪都,王泓,红岩春秋,1991年第3期。

研究中共南方局历史的可靠依据:读《南方局党史资料》,马齐彬,中共党史研究,1991年第1期。

以重庆为中心的四川近代纺织业,周宏佑,中国近代纺织史研究资料汇编,1991年第12期。

有关抗战期间中苏关系的几份文件,夏洪跃译,民国档案,1991年第1期。

中共南方局创造性地贯彻党对文化界人士政策初探,罗宗明,成都党史,

1991年第3期。

中国共产党与桂林文化城的开辟,刘莉玲,广西大学学报(哲社版)(增刊),1991年。

中国共产党与抗战时期的民主宪政运动,王永祥,历史教学,1991年第1期。

中国国民党党史学术讨论会综述,李瑗,历史教学,1991年第5期。

中国近代文化史研究四十年,李倪、龚书铎,历史教学,1991年第12期。

中国现代史研究的历史回顾,陈铁健,近代史研究,1991年第3期。

周恩来和《新华日报》,熊复,新闻出版报,1991年第3期。

1992年

"反战同盟"的危机与克服,〔日〕长谷川敏三,中国研究月报(第538号),中国研究所,1992年12月号。

"开发产业,富强国家"——"中国船王"卢作孚,相瑞花,光明日报,1992年4月7日。

"永久黄化工集团"在抗日战争中的贡献,陈运泽等,历史教学,1992年第2期。

《民生公司史》读后感,姜铎,上海经济研究,1992年第3期。

1937—1949年间的苏联与中国——一位苏联驻华外交官的回忆录,〔苏〕列多夫斯基著,郭兴仁译,抗日战争研究,1992年第4期。

1941—1945年美国对华政策的演变及原因,赵宜权,吉林师范学院学报(哲社版),1992年第4期。

1941年中美关系述评,任东来,南京大学学报(社科版),1992年第1期。

1943年"中美新约"述评,齐福霖,北京档案史料,1992年第4期。

1991年抗日战争研究的进展,曾景忠,近代史研究,1992年第5期。

20世纪30—40年代中共工业化思想发展评析,赵晓雷,社会科学战线,

1992年第4期。

八路军、新四军驻各地办事机构在抗日战争中的作用,王宝书等,中共党史研究,1992年第5期。

采访抗日战争时期、国共内战及目前参加西北区工业合作运动的有关人士,〔日〕菊池一隆,经济,1992年第5期。

重庆各界支持抗战略记,余曙光,人文杂志,1992年第4期。

第二次国共合作期间的国共谈判,李坤,北京党史研究,1992年第4期。

第二次国共合作与新中国政治制度研究论纲,周勇,党史研究与教学,1992年第1期。

第二次国共合作与中国共产党的政权主张,李敬宣,华中师范大学学报(哲社版),1992年第6期。

滇西日报述略,黄茂槐,云南文史丛刊,1992年第2期。

对《回忆抗日战争时期的宋庆龄》一文的补充说明,爱泼斯坦著,刘兵译,抗日战争研究,1992年第1期。

妇女界抗日统一战线的形成及其特点,石彤,中国妇女管理干部学院学报,1992年第3期。

顾建华和抗战时期的滇西两报,董述文,云南文史丛刊,1992年第2期。

关于重庆"共产党"及其他,杨奎松,党史研究资料,1992年第12期。

关于抗日战争时期苏联援华贷款问题,李嘉谷,近代史研究,1992年第3期。

关于中国战时生产局的几个问题,张国镛,近代史研究,1992年第4期。

广西省城工委的战斗历程及历史经验,刘明文,广西党史研究通讯,1992年第3期。

贵州学联的组建与活动情况及"二一九"学联事件浅析,尹克恂、马达全,贵阳党史,1992年第1期。

国共两合两分的历史启示,王雅文,辽宁大学学报(哲社版),1992年第6期。

国民政府对日和约审议会谈话会记录,戴雄,民国档案,1992年第4期。

国民政府迁都重庆的原因和经过,温贤美,文史杂志,1992年第4期。

何其芳在重庆的文化活动,冉庄,重庆社会科学,1992年第1期。

和解下的冰峰:1942年国共谈判纪实,王泓,红岩春秋,1992年第6期。

华侨与西南抗战,曾瑞炎,西南师范大学学报(社科版),1992年第2期。

华侨与战时陪都经济,钟铁,八桂侨刊,1992年第4期。

简论田汉抗战时期在桂林的诗创作,蔡定国,广西社会科学,1992年第4期。

简评抗日战争时期国民党政府的盐业专卖政策,郑淑芳,四川教育学院学报,1992年第3期。

简述抗战前的重庆财团,唐学锋,西南师范大学学报(社科版),1992年第2期。

交通部二十七年度工作报告,重庆市档案馆,档案史料与研究,1992年第1期。

抗日战争的两个问题,田国栋,聊城师范学院学报(哲社版),1992年第4期。

抗日战争后期的中苏关系,韩新路,汉中师院学报(哲社版),1992年第4期。

抗日战争时期的国民政府军事委员会后方勤务部,陈长河,档案史料与研究,1992年第3期。

抗日战争时期工厂内迁与大后方工业的发展,温贤美,天府新论,1992年第3期。

抗日战争时期国民党政府的经济来源,王澄琳、汪洋权,档案史料与研究,1992年第3期。

抗日战争时期国民党政府与苏联的易货贸易,杨玉林,学习与探索,1992年第3期。

抗日战争时期日机轰炸兵工厂档案史料选辑,重庆市档案馆,档案史料与研究,1992年第3期。

抗日战争时期中国兵工企业的内迁,王德中,军事历史,1992年第6期。

抗日战争相持阶段的国共关系,郝晏华,外交学院学报,1992年第3期。

抗战后期美国对华的压蒋联共政策述评,周盛盈,湘潭师范学院学报(社科版),1992年第2期。

抗战七年来经济部中央工业试验所工业技术之进步,重庆市档案馆,档案史料与研究,1992年第2期。

抗战期间中共对废约的态度,朱德新,党史研究资料,1992年第10期。

抗战期间中国共产党的七次"七七"宣言,曹雁行,抗日战争研究,1992年第3期。

抗战期间中国损失调查述要,孟国祥、张庆军,民国春秋,1992年第6期。

抗战前期的《新疆日报》(上)(下),朱卫东,当代传播,1992年第5—6期。

抗战时期重庆的民营钢铁机器工业,张有高,民国档案,1992年第3期。

抗战时期重庆地区音乐教育,张友刚,中国音乐教育,1992年第6期。

抗战时期重庆抗战歌咏活动初论——兼及抗战歌咏的几个文化特征,李方元,音乐研究,1992年第3期。

抗战时期处决武胜县长崔恺案始末,管开群,巴蜀史志,1992年第1期。

抗战时期党团争取各地方实力派的重大意义,汪涵清,党史月刊,1992年第6期。

抗战时期的陪都建筑,范尧,青岛建筑工程学院学报,1992年第4期。

抗战时期国军兵员的补充与素质的变化,〔加〕徐乃力,抗日战争研究,1992年第3期。

抗战时期国民党对中共政策的演变述论,李跃新,黄淮学刊,1992年第4期。

抗战时期国民党政府与日本秘密接触史料,重庆市档案馆编选,历史档案,1992年第3期。

抗战时期后方交通运输业的发展及国民党国家资本的垄断,吴太昌,开发研究,1992年第4期。

抗战时期苏联与中共关系研究中的几个问题,王真,近代史研究,1992年第6期。

抗战时期阳翰笙活动纪实(1937.7—1945.9),徐志福,宜宾学院学报,1992年第1期。

抗战时期中共关于新民主主义宪政理论的探索,刘曼抒,毛泽东思想研究,1992年第1期。

抗战时期中国"四强"之路与中美关系,朱坤泉,中国现代史,1992年第3期。

抗战史上艰辛的一页:民营工厂内迁述评,孙子文,郑州大学学报(哲社版),1992年第3期。

抗战中和抗战后的孔祥熙夫妇,王松等,历史教学,1992年第5期。

历史丰姿的理论再现——读李建平《桂林抗战文艺概观》,黄伦生,社会科学家,1992年第2期。

历史永远不会忘记回国抗日的南洋华侨机工,陈坤华,云南方志,1992年第1期。

论《新华日报》在动员华侨抗日救国中的作用,杨安,华中师范大学学报(社科版),1992年第2期。

论桂林文化城的形成,曹裕文,社会科学家,1992年第3期。

论国共两党抗日持久战略的本质差异,钱湘泓,南京政治学院学报,1992年第6期。

论抗日战争时期的新生活运动,关志钢,抗日战争研究,1992年第3期。

论抗战初期长江局领导下的抗日救亡运动,宋健,地方革命史研究,1992年第8期。

论抗战时期郭沫若对中华民族精神的探求,沈志安,华中师范大学学报(社科版),1992年第5期。

论抗战时期国民党的政制建设,陈廷湘,抗日战争研究,1992年第2期。

论抗战时期华侨对西南后方的经济开发,钟铁,华侨华人历史研究,1992年第4期。

论抗战之初国民党政府的对美外交,朱坤泉,苏州大学学报(哲社版),1992年第2期。

论宋庆龄的反蒋抗日主张及其与中共的关系,唐宝林,抗日战争研究,1992年第2期。

论中国抗战的国际地位,李道豫,人文杂志,1992年第5期。

略论国民党扣发林祖涵给王世杰张治中的信,蒋顺兴,学海,1992年第3期。

略论抗日战争初期国民政府的国防政府作用,王安平,四川师院学报(哲社版),1992年第1期。

略论抗日战争时期的中国空军,柴俊青,殷都学刊,1992年第3期。

略论抗战后期中国的大国地位,黄胜林,华中师范大学学报(哲社版),1992年第6期。

民国时期(1912—1949)四川的人口变动及其原因,何景熙,四川大学学报(哲社版),1992年第1期。

民主革命时期四川党的档案工作,李荣忠,四川档案,1992年第3期。

陪都各界慰送陈纳德将军史料一组,重庆市档案馆,档案史料与研究,1992年第3期。

侨务委员会组织概况,谢国富,民国档案,1992年第4期。

日本人反战同盟在中国,张静芳,沈阳师范学院学报(社科版),1992年第2期。

史迪威研讨会述要,周勇,社会科学研究,1992年第2期。

史迪威与抗战期间美国的对华政策,张春良,渝州大学学报(哲社版),1992年第1期。

试论党领导桂林抗日文化运动的历史经验,韦文华,社会科学家,1992年第4期。

试论国民政府迁都对重庆的影响,唐润明,中国现代史,1992年第2期。

试论抗战开始后蒋、汪矛盾激化分道扬镳的原因,王树荫,民国档案,1992年第2期。

试论抗战时期重庆成为国民政府战时首都的原因,陆大钺,重庆社会科学,1992年第2期。

试论抗战时期国民党反共摩擦重心的变化,严志才,吉林师范学院学报(哲社版),1992年第3期。

试论老舍抗战时期的话剧创作,周国良,湖南师范大学社会科学学报,1992年第6期。

试述抗战时期共产党与民主党派合作关系的发展,张秋炯,党史研究与教学,1992年第1期。

四川抗日根据地的策定与国民政府迁都重庆,唐润明,档案史料与研究,1992年第4期。

四川抗日救亡运动述评,杨绍安,四川师院学报(哲社版),1992年第2期。

宋美龄与中国抗日空军,郁勃,黄埔,1992年第3期。

宋庆龄与国共合作,郑应洽,暨南学报(哲社版),1992年第3期。

宋庆龄与周恩来,胡康民,重庆党史研究资料,1992年第1期。

陶行知与中共在国统区的活动,吴梦进,中国现代史,1992年第3期。

我参加抗日救国工作的经过,吴大琨,抗日战争研究,1992年第1期。

西南联大的科学精神——西南联大的研究之三,谢本书,云南师范大学学报(哲社版),1992年第2期。

鲜为人知的"中华青年抗日除奸团",程昭星,文史杂志,1992年第4期。

忆《学习》——抗战年代在重庆的一个秘密刊物,黄正岩,新闻记者,1992年第1期。

忆国立西南中山中学校友从军始末,杨毓骧、张嘉龙,云南文史丛刊,1992年第1期。

云南各族人民在抗日战争中的贡献,袁林,中央民族学院学报,1992年第2期。

再论抗日民族统一战线的形成,方敏,中州学刊,1992年第6期。

在中国的革命岁月(1939—1942),〔越〕黄文欢著,武高清译,民国档案,1992年第1—2期。

战时经济战的特点和原则,朱庆林,军事经济研究,1992年第12期。

战时中美合作的历史经验:由史迪威在华经历所想到的,章百家,红岩春秋,1992年第1期。

中国共产党人与抗战时期的国民参政会,李冬春、周保华,山东社会科学,1992年第2期。

周恩来在第二次国共合作的杰出贡献,姜鹏飞,革命春秋,1992年第4期。

1993年

"军统"十年大事记(1932年—1941年),周晓编选,档案史料与研究,1993年第4期。

"文化形态史观"的东渐——战国策派与汤因比,李帆,近代史研究,1993年第6期。

"与抗战无关"及其评议再认识,苏光文,西南师范大学学报(社科版),1993年第3期。

《关于大后方党组织工作的指示》的产生时间、背景等的考证,吴敏先,党的文献,1993年第3期。

《桂林文化城大全》小说分卷评介,王昶,抗日战争研究,1993年第2期。

《抗日战争时期的柳州日报》,王学山,抗日战争研究,1993年第3期。

《新华日报》与大后方抗战文化,王泓,学术论坛,1993年第3期。

1926年—1943年国民政府的兵站组织,陈长河,军事历史研究,1993年第2期。

1943年中英废除不平等条约的谈判和香港问题,李世安,历史研究,1993年第5期。

1992年抗日战争史研究回顾,曾景忠,抗日战争研究,1993年第2期。

1992年抗日战争史研究新进展,江英,党史研究与教学,1993年第4期。

悲壮的创举:抗战初期的工业内迁运动,高平平,上海党史研究,1993年第4期。

财政部第二期战时行政计划(1939年),冯丽霞编选,档案史料与研究,1993年第3期。

陈纳德和美国空军援华抗日活动,沈庆林,党史研究资料,1993年第3期。

重庆国民政府安置逃亡犹太人计划筹议始末,毕春富编选,民国档案,1993年第3期。

重庆国民政府与1941年的美日妥协谈判,朱坤泉,史学月刊,1993年第3期。

重庆谈判一些问题的探讨,章百家,近代史研究,1993年第5期。

川康兴业(特种)股份有限公司史料选,黄世俊编选,档案史料与研究,1993年第2—3期。

促进第二次国共合作的"中央考察团",刘政之,团结报,1993年3月10日。

党与地方实力派抗日民族统一战线的形成,汪涵清,益阳师专学报,1993年第1期。

第二次国共合作中的区域性合作成因初探,丁一,咸宁师专学报,1993年第1期。

第二届近百年中日关系史国际研讨会综述,抗日战争研究,1993年第2期。

董必武与抗日战争时期的国民参政会,梁华栋,中共党史研究,1993年第4期。

顾颉刚先生在西北——纪念顾颉刚先生诞生一百周年,王煦华,史学史研究,1993年第2期。

关于抗日战争时期若干史实的考证,蒋杰,中共党史研究,1993年第5期。

关于中苏协议合办独山子油矿的谈判,陈延琪,新疆大学学报(哲社版),1993年第2期。

广西地下党历史上的一次重大曲折:一九四二年桂林七九事件评述,高榕,社会科学家,1993年第2期。

国共关系的历史轨迹及其时期划分,罗开云,云南民族学院学报(哲社版),1993年第4期。

国家总动员会议三十三年度施政计划(1943年10月),唐润明编选,档案史料与研究,1993年第1期。

国民参政会参政员结构分析,曹海科,重庆社会科学,1993年第1期。

国民精神总动员述评,刘庆旻,档案史料与研究,1993年第4期。

国统区"战时当做平时看"办学方针新论,张神根,学术月刊,1993年第7期。

回顾近六年来抗日战争史研究,齐福霖,北京档案史料,1993年第4期。

记成都平原诗社,孙跃冬,新文学史料,1993年第4期。

简论建立抗日民族统一战线的方法,胡秀勤,长沙水电师院社会科学学报,1993年第1期。

蒋介石在抗战期间关于储备沙包以利消防给刘峙的手令及相关档案资料,重庆市档案馆,档案史料与研究,1993年第1期。

近现代文化史研究的新成果,读《抗日战争文化史》,陈金清,江汉论坛,1993年第12期。

九三学社参政议政纪实:老骥志千里,报国大西南,张天来,团结报,1993年1月9日。

军统局渝特区1939年度工作总结报告,张有高编选,档案史料与研究,1993年第1—2期。

抗日战争时期大后方科技进步述略,张谨、张新华,抗日战争研究,1993年第4期。

抗日战争时期党的民族政策与甘肃西海固回民起义评述,何步兰,西北史地,1993年第4期。

抗日战争时期党如何发挥知识分子的作用,肖学信,党史研究与教学,1993年第4期。

抗日战争时期的云南防空,《滇军史》编委会,云南文史丛刊,1993年第4期。

抗日战争时期国民精神总动员运动述评,李明贤,军事历史研究,1993年第4期。

抗日战争时期国民政府经济政治政策研究,樊伯欢,广州师院学报(社科版),1993年第1期。

抗日战争时期经济研究述评,黄逸平,抗日战争研究,1993年第1期。

抗日战争时期美国与中国共产党关系述评,金普森,杭州大学学报(哲社版),1993年第3期。

抗日战争时期迁黔工业及其特点,康景星,贵州文史丛刊,1993年第2期。

抗日战争时期新疆新闻出版事业概述,乔伦夫,新疆新闻界,1993年第4期。

抗战时期张澜民主政治思想初探,潘家德,四川师范学院学报(哲社版),1993年第1期。

抗日战争时期中国共产党的对美政策,陶文钊,美国研究,1993年第1期。

抗日战争有无战略反攻阶段问题,王桧林,抗日战争研究,1993年第1期。

抗日战争与知识分子,李侃,抗日战争研究,1993年第1期。

抗日战争中华侨的爱国精神,许在全,光明日报,1993年6月21日。

抗战初期工业内迁运动述评,高平平,同济大学学报(人文·社科版),1993年第1期。

抗战初期贵州食盐运销体制的变革,顾文栋,盐业史研究,1993年第3期。

抗战期间的英商福公司,薛毅,抗日战争研究,1993年第1期。

抗战期间国民党政府的兵站组织,陈长河,历史档案,1993年第3期。

抗战时期重庆爆发的一次华侨学生民主运动,甫力,八桂侨刊,1993年第3期。

抗战时期重庆电影运动管见,肖体元,重庆师范学院学报(哲社版),1993年第3期。

抗战时期重庆科技发展述略,何一民,西南师范大学学报(社科版),1993年第1期。

抗战时期广西地方政府文化政策的形成及其特点,盘福东,学术论坛,1993年第5期。

抗战时期广西书刊审查机关述略,陈相因,广西地方志,1993年第5期。

抗战时期国民党政府的经济来源,汪洋权,乐山师专学报(社科版),1993年第1期。

抗战时期国民政府内债研究,王磊,中国经济史研究,1993年第4期。

抗战时期华侨在延安和重庆投资的比较,钟铁,八桂侨史,1993年第4期。

抗战时期孔祥熙与日本宇垣一成间的秘密和谈,金美宁,西北大学学报(哲社版),1993年第1期。

抗战时期内迁民族工业的历史作用,刘国武,衡阳师专学报(社会科学版),1993年第4期。

抗战时期苏联援华飞机等军火物资数量问题的探讨,李嘉谷,近代史研究,1993年第6期。

抗战时期英国福公司在四川,薛毅,文史杂志,1993年第3期。

抗战时期中国最大的兵工厂简介,张有高,民国档案,1993年第2期。

抗战中的中央研究院,孙宅巍,抗日战争研究,1993年第1期。

孔祥熙关于1937—1939年财政实况的密报,杨斌,民国档案,1993年第1期。

老舍抗战剧作论略,之林,广西师范学院学报(哲社版),1993年第2期。

梁山丁和他的抗日文学创作,冯为群,社会科学战线,1993年第6期。

两次国共合作之比较,张兆武,山东医科大学学报(社科版),1993年第3期。

论《新华日报》的后期杂文,林彦,重庆社会科学,1993年第1期。

论郭沫若抗战史剧的侠文化内涵,韩云波,贵州大学学报(社科版),1993年第2期。

论抗日战争的领导权问题,李茂盛,晋阳学刊,1993年第5期。

论抗战初期苏联援华政策的性质,王真,中共党史研究,1993年第5期。

论抗战时期的广西妇女运动,詹永媛,广西社会科学,1993年第2期。

论抗战时期中共团结抗战的宣传及其效应,王明钦、徐英军,许昌师专学报(社科版),1993年第2期。

论西藏在中国革命与建设中的地位,原思明,史学月刊,1993年第2期。

论中间党派对抗日民族统一战线形成的历史贡献,李田贵,河北师范大学学报(社科版),1993年第2期。

论资源委员会利用外资,曹均伟,学术月刊,1993年第9期。

略论抗战时期后方银行资本与产业资本的溶合趋势,李一翔,南开经济研究,1993年第1期。

略评二战期间的苏联对华政策,黄世相,江西师范大学学报(哲社版),1993年第1期。

略评蒋介石与国民精神总动员,刘庆旻,龙江社会科学,1993年第6期。

美国外交档案中关于中美平等新约会谈的史料选译,吴景平译,档案史料与研究,1993年第4期。

民生实业股份有限公司1942年概况,杨斌编选,民国档案,1993年第3期。

南京国民政府政治制度批评研究(1927—1949),翁有为,民国档案,1993年第2期。

评国共"党内合作"的形式,杨振亚,晋阳学刊,1993年第5期。

浅论西南联大"民主堡垒"成因,黄海燕,辽宁师范大学学报(社科版),1993年第2期。

浅说我国长期抗日战略思想,宣博熹,团结报,1993年2月17日。

浅析第二次国共合作破裂的政治原因,汪新,中共党史研究,1993年第1期。

三十三年来中国邮政之变迁(1940年),刘国科编选,档案史料与研究,1993年第1期。

试论抗日民族战争领导权,汪新,党史研究与教学,1993年第1期。

四川省商会成立史料(1943年10月),林淑琴编选,档案史料与研究,1993年第1期。

陶行知与抗战时期的志愿兵运动,余曙光,文史杂志,1993年第3期。

讨论抗战时期国民政府的难民救济工作,孙艳魁,抗日战争研究,1993年第1期。

我国民主党派长期存在的社会基础,杨宝兰,河南师范大学学报(哲社版),1993年第4期。

西南联大的社团及其活动,熊朝隽,云南文史丛刊,1993年第2期。

湘西各族人民的抗日救亡斗争,彭清洲、沈桂萍,中南民族学院学报(哲社版),1993年第3期。

新疆抗日民族统一战线的形成与破裂,张炳勇,政法学习,1993年第3期。

形象地再现全民族抗战的历史画面:《中国抗日战争图表》评价,曾景忠,抗日战争研究,1993年第3期。

云南省临时参议会第一次大会宣言(1939年9月23日至10月6日),何玉菲编选,云南档案史料,1993年第1期。

战斗在西南大后方:记新四军桂林办事处,陈广湘,党史月刊,1993年第3期。

中共对第二次国共合作形式的探索,宋淑云,学术交流,1993年第1期。

中国工业合作协会工作报告(1942年7月—1943年10月),黄立人编选,档案史料与研究,1993年第1期。

中国红十字会的创立及抗战前后的工作,白淑兰,北京档案史料,1993年第4期。

中国民主党派史研究综述,李玉荣,山东师范大学学报(社科版),1993年第1期。

中美"桐油贷款"外交始末,任东来,复旦学报,1993年第1期。

中日关系150年中日学术讨论会综述,齐福霖,近代史研究,1993年第6期。

中央考察团考察陕甘苏区纪实,李义彬,近代史研究,1993年第4期。

中中交农四行联合办事处第三三八次理事会议纪录,黄河编选,云南档案史料,1993年第3期。

资源委员会的性质及历史作用两面观,刘福寿,中国经济史研究,1993年第1期。

1994年

《救亡日报》介绍,杨小川,抗日战争研究,1994年第2期。

《史迪威及陪都时期在华美国人展览》展览大纲及说明(中英文),周勇,重庆地方史通讯(第21期),1994年12月。

《新华日报》与广安纸厂,金福生,重庆党史研究资料,1994年第1期。

《新华日报》与抗战后的工人运动,黄淑君,西南师范大学学报(哲社版),1994年第1期。

《中国之命运》论析,刘会军,史学集刊,1994年第3期。

1944年5月—1945年1月国共谈判史料,李祚明编选,民国档案,1994年第2—3期。

财政部第二期战时行政计划实施方案,中国第二历史档案馆,民国档案,1994年第1、4期。

陈嘉庚率领华侨"慰劳团"在四川的活动及其影响,曾瑞炎,八桂侨刊,1994年第1期。

重庆空袭紧急救济联合办事处(陪都空袭救护委员会)组织概述,陈长河编选,档案史料与研究,1994年第1期。

筹措工业资金之途径(1944年12月27日),重庆市档案馆,档案史料与研究,1994年第3期。

大后方电影对外交往概况,苏光文,天府新论,1994年第4期。

大后方戏剧观众审美心理需要论略,李江,青海师范大学学报(哲社版),1994年第3期。

大后方戏剧文学简论,李江,青海师专学报,1994年第1期。

第二次世界大战中缅战场国际学术讨论会概述,赵世林,云南民族学院学报(哲社版),1994年第3期。

滇西抗战与云南龙潞边区土司制度的延续,王文成,抗日战争研究,1994年第2期。

滇西遗迹及其史学价值,耿德铭,云南民族学院学报(哲社版),1994年第2期。

甘肃省政府报告处理镇宁事件经过致军事委员会代电,钱建明,民国档案,1994年第2期。

关于抗战时期历史剧的思考,蔡震,郭沫若学刊,1994年第4期。

国民党改组派存在时间辨析:兼论改组派与汪派的关系,夏国祥,学术月刊,1994年第12期。

国民党与《双十协定》的签订,张小满,史学月刊,1994年第4期。

黄国璋于抗战时期的《地理教学》,徐象平,人文地理,1994年第2期。

纪念爱国实业家卢作孚先生诞辰100周年学术讨论会暨四川省中国经济史学会第五届年会综述,杨明洪,四川社科界,1994年第1期。

蒋经国抗战时期的西北之行,康民,丝绸之路,1994年第1期。

近十几年来桂林抗战文化研究述评,魏华龄,抗日战争研究,1994年第3期。

旧金山会议中国代表团组成问题,邓野,历史研究,1994年第3期。

军需与抗战前途(1938年),唐润明编选,档案史料与研究,1994年第3期。

抗日战争滇西遗迹及其史学价值,耿德铭,保山师专学报,1994年第1期。

抗日战争时期工厂内迁的考察,黄立人,历史研究,1994年第4期。

抗日战争时期国民党政府兵役制度述评,李娟,太原师专学报,1994年第1—2期。

抗日战争史研究的重要进展:《惨胜》评介,王德中,南京社会科学,1994年第6期。

抗战前期的企业西渐与大后方工业的发展,虞宝棠,南京理工大学学报(社科版),1994年第4期。

抗战三年来教育概况史料选(1942年2月),李清焱,档案史料与研究,1994年第2期。

抗战胜利后四川机纺工业由虚假繁荣走向生产萎缩(中)(下),刘昌仁,成都纺织高等专科学校学报,1994年第1、3期。

抗战时期重庆的木刻运动,凌承纬,新文化史料,1994年第2期。

抗战时期大后方工业的开发与衰落,侯德础,四川师范大学学报(社科版),1994年第4期。

抗战时期诞生在西北地区的地学刊物——简析1939年在陕南城固复刊的《地理教学》,徐象平,西北史地,1994年第1期。

抗战时期的"工业合作运动"述论,贾付军、张炳兰,南都论坛(哲社版),1994年第4期。

抗日战争时期的高校内迁及其对我国高等教育事业的影响,夏军,扬州师院学报(社科版),1994年第4期。

抗战时期的桂林文学:读《桂林抗战文学史》,阳晓儒,中国图书评论,1994年第6期。

抗战时期滇缅公路沿线部分地区经济调查,吴志虹编选,云南档案史料,

1994年第3期。

抗战时期甘肃报纸概述,高士荣,图书与情报,1994年第2期。

抗战时期广西新闻事业概况,彭继良,新闻大学,1994年第3期。

抗战时期桂林文化城诗歌漫论,黄绍清,社会科学家,1994年第1期。

抗战时期进步繁荣的云南报业,王作舟,新闻大学,1994年第4期。

抗战时期经济、金融史研究的史料基础,当代中国经济、金融改革的历史借鉴——简评《四联总处史料》,赛光平,重庆社会科学,1994年第2期。

抗战时期陪都重庆消费市场兴旺之原因,钟铁,经济学情报,1994年第3期。

抗战时期企业迁陕概况及对陕西经济发展的作用,曹敏,西北大学学报(哲社版),1994年第4期。

抗战时期四川工业的兴衰,刘子建,天府新论,1994年第6期。

抗战时期四联总处对法币流通的调控,缪明杨,档案史料与研究,1994年第2期。

抗战时期我党对桂林出版事业的领导,龙谦,广西党史,1994年第4期。

抗战时期西北地区的地质矿产调查工作,陈梦熊,石家庄经济学院学报,1994年第1期。

抗战文学研究的新收获——评《桂林抗战文学史》,张利群,社科与经济信息,1994年第11期。

抗战中的中国铁路运输,李占才,抗日战争研究,1994年第1期。

林森去世后国民政府主席、委员和五院院长、副院长变动情形史料一组,重庆档案馆,李寿臣选编,档案史料与研究,1994年第4期。

刘湘率军出川抗战经过及其作用和影响,温贤美,社会科学研究,1994年第2期。

柳州市集会纪念阚维雍将军抗战殉国50周年,王学山,抗日战争研究,1994年第4期。

卢作孚"民生精神"的时代意义,姜铎,经济纵横,1994年第7期。

论《新华日报》对敦促国民党贯彻《抗战建国纲领》的业绩,杨淑珍,西南师范大学学报(哲社版),1994年第1期。

论国共两党关于抗日民族统一战线组织形式的斗争,阎玉田、李爱香,河北大学学报(哲社版),1994年第1期。

论抗日战争时期的民主宪政运动,李光一,南开学报(哲社版),1994年第4期。

论抗战时期国民政府的战时政治体制,石柏林,抗日战争研究,1994年第1期。

论抗战时期西南矿业生产布局的形成,唐凌,玉林师范学院学报,1994年第2期。

略论桂林文化城的鲁迅研究论著,刘泰隆,社会科学家,1994年第4期。

略论抗战时期桂林文化城的诗歌创作,黄绍清,广西师范大学学报(哲社版),1994年第1期。

美国外交档案中关于中美平等新约会谈的史料选译(续),吴景平译,档案史料与研究,1994年第1期。

民国后期滇西地区的土司制度,张文芝,云南档案史料,1994年第3期。

民国后期云南省政府对土司制度的改革,吴强,云南档案资料,1994年第3期。

民国时期的首都、陪都与行都,刘敬坤、富兵,民国档案,1994年第1期。

民国史研究的深入和拓展:评《艰难延伸的民国铁路》,邓宣红,民国档案,1994年第1期。

南侨机工颂——记抗战时期滇缅运输线上的南侨机工,张文芝,云南档案,1994年第2期。

陪都空袭救护委员会关于敌机空袭伤亡损失的通报(1941年6月—1941年8月),重庆市档案馆,档案史料与研究,1994年第3期。

评《重庆谈判纪实》(增订版),肖用,社会科学研究,1994年第3期。

评抗日战争时期国民政府的财政政策,徐旭阳,湖北师范学院学报(哲社版),1994年第2期。

千万不能忘记中国抗日御侮有血有泪的历史:向重庆抗战陪都史学术研

讨会提交的书面发言,陈香梅,抗日战争研究,1994年第1期。

日本侵华战争对中国图书馆事业的破坏,农伟雄、关键文,抗日战争研究,1994年第3期。

日机对重庆的"战略轰炸"和重庆的反空袭斗争,温贤美,天府新论,1994年第4期。

陕西公路运输在抗战中的作用,田霞,抗日战争研究,1994年第1期。

上海孤岛与大后方贸易,袁燮铭,抗日战争研究,1994年第3期。

试论滇西抗战,范同寿,贵州社会科学,1994年第5期。

试论国民党联勤体制的形成和发展,杨庆华,军事历史研究,1994年第1期。

试论蒋介石与四川抗日根据地的策定,唐润明,历史档案,1994年第4期。

试论中美英在缅甸战场上的冲突,赵占伟,洛阳师专学报(社科版),1994年第2期。

试析抗战时期国共两党统战策略既相同又相异的原因,范明强,西安政治学院学报(社科版),1994年第5期。

四川机器造纸工业发展大事记要(初稿),树成志,西南造纸,1994年第3期。

四川省政府建设库券单背面五十元券考,袁克林,四川文物,1994年第3期。

岁月峥嵘,京剧繁盛——忆抗战时期活跃在渝郊的业余京剧队,龙应华,中国京剧,1994年第5期。

太平洋战争爆发后国民党对内政策的调整,张同新,档案史料与研究,1994年第2期。

谈谈重庆"抗战胜利纪功碑",卢继东,文史杂志,1994年第3期。

我国西南橡胶工业的发端——抗战时期侨资"中南橡胶厂"创业史,黎伟生,八桂侨刊,1994年第8期。

西南联大义务培养"协助科学工作人员",杨立德,云南师范大学学报(哲社版),1994年第5期。

湘桂败退与西南难民潮,李正华,历史教学,1994年第1期。

新疆三区政府财政研究,陈延琪,西域研究,1994年第3期。

新疆省政府呈送全国经济委员会《建设新疆计划书》,夏军编选,民国档案,1994年第2期。

以救国自任的顾颉刚甘肃之行,汪受宽,西北史地,1994年第1期。

应当重视抗战时期陪都史的研究——在重庆抗战陪都史学术讨论会上的讲话,金冲及,抗日战争研究,1994年第1期。

再论资源委员会在抗日战争中的作用,陈杏年,史学月刊,1994年第5期。

战时大后方文学与法西斯国家文学交往片论,苏光文,西南师范大学学报(哲社版),1994年第3期。

战时我国火柴工业及火柴专卖之概况(1944年12月),邓晓丽编选,档案史料与研究,1994年第3期。

正义报的中兴和结束,吴棠,云南文史丛刊,1994年第1期。

中国重庆抗战陪都史国际学术研讨会综述,牟敏昌,抗日战争研究,1994年第1期。

中国各民主党派史研究述评,余科杰,中国党史研究,1994年第2期。

中国抗战陪都史五题,郑洪泉,档案史料与研究,1994年第1期。

中国民主同盟在云南(1941—1945年),张巨成,思想战线,1994年第6期。

中日战争时期的国民党中国(1937—1945),〔美〕易劳逸,档案史料与研究,1994年第2—4期。

重视抗战时期金融史的研究——读《四联总处史料》,魏宏运,抗日战争研究,1994年第3期。

1995年

"大后方经济中心"是抗战史研究的重要课题,周勇,档案史料与研究,1995年第3期。

"爆炸"与"潜沉"——大后方戏剧历程简论,廖全京,剧本,1995年第7期。

"工合"的一种典型——云南丽江的"工合"运动,谢本书,云南文史丛刊,1995年第2期。

"郭沫若研究及其发展趋势"学术研讨会综述,木生,郭沫若学刊,1995年第1期。

"西北文化学社"史料选辑(1940—1941年),邱卫祥编选,档案史料与研究,1995年第1期。

"新的长城"上垒砌着贵州子弟的血肉:抗日老战士薛裕光回忆九江鸦崖山战役,周青明,贵州文史天地,1995年第6期。

"中国抗日战争史料问题"学术讨论会综述,刘琰,光明日报,1995年7月24日。

《重庆抗战丛书》出版发行,余镇,档案史料与研究,1995年第4期。

《重庆抗战剧坛纪事》序,阳翰笙,红岩,1995年第5期。

《桂林抗战文学史》略评,申辰,民族艺术,1995年第1期。

《桂林抗战文学史》评介,左超英,社会科学家,1995年第3期。

《国防最高委员会常务会议记录》影印初版序,李云汉,近代中国,1995年第8期。

《救亡日报》社及其印刷厂的旧址,张子模,新文化史料,1995年第5期。

《抗日战争史丛书》出版专家座谈会发言纪要,侯样样,抗日战争研究,1995年第3期。

《抗日战争研究》编辑部、人民日报理论部举办抗日战争史学术讨论会综述,以林,抗日战争研究,1995年第3期。

《苏日中立条约》与战时中国,王真,民国档案,1995年第3期。

《西北》报——抗日战争的一面旗帜,王澄,新闻知识,1995年第8期。

《中华民国抗日战争图录》序,李云汉,近代中国,1995年第8期。

《中华民国史》第二编第五卷序言,杨天石,近代史研究,1995年第2期。

1937—1941年美国对华贷款研究,何品,档案史料与研究,1995年第3期。

1940—1942年国共粮食政策比较分析,张秀丽、封学军,延安大学学报(社科版),1995年第2期。

1943年"中美平等新约"新论,朱良坤,档案史料与研究,1995年第2期。

1944年:中国社会的历史性转捩——兼论民族工商业者"问政"的原因,

闻黎明,近代史研究,1995年第4期。

1949年以前云南盐史简述,黄培林,云南史志,1995年第5期。

90年代以来抗日战争史研究概述,徐继良,中国军事科学,1995年第2期。

爱国爱教忆抗战——抗日战争时期的陕西教会,李伯毅,中国天主教,1995年第4期。

爱国华侨与中国抗战,姜爱凤,党史博采,1995年第12期。

爱国主义:桂林文化城团结抗战的旗帜,韦文华,社会科学家,1995年第3期。

爱国主义的教材学术园地的丰碑:《抗日战场史丛书》出版作家座谈会综述,侯样样,中国文化报,1995年7月5日。

爱恨何所从,情系中华土:记在抗日战争中的日本女医师岩漱妇估,邓宗岳,贵州文史丛刊,1995年第5期。

八方风雨话文宗:略论抗战中的老舍,阎焕东,新文化史料,1995年第4期。

八年抗战中的安岳人民,中共安岳县委党史研究室,四川党史,1995年第5期。

把桂林抗战文化研究更加引向深入——《桂林抗战文学史》学术研讨会综述,阳晓儒,社科与经济信息,1995年第4期。

被遗忘的危机:1944年中美两国在谈判贷款和在华美军开支问题上的争吵,任东来,抗日战争研究,1995年第1期。

筚路蓝缕,艰苦创业:记抗日战争期间中国的考古和博物馆事业,罗宗真,东南文化,1995年第3期。

参加中共领导下的统一战线是民主党派的历史选择:兼述中国农工民主党的历史演变,李秀忠,大庆高等专科学校学报,1995年第1期。

陈独秀病逝江津前后,剑荣,民国春秋,1995年第3期。

陈独秀在江津,林川,四川统一战线,1995年第3期。

陈独秀在四川江津,邓和胜,党史纵览,1995年第6期。

陈嘉庚对祖国抗战的四大杰出贡献,曾昭铎,华侨华人历史研究,1995年第3期。

陈嘉庚与蒋介石、毛泽东,杨颖奇,江淮文史,1995年第3期。

陈嘉庚与南洋华侨抗日救亡组织,陈爱玉,福州大学学报(社科版),1995年第2期。

陈嘉庚与中国抗战,杨颖奇,江苏历史档案,1995年第3期。

陈垣先生在抗战时期,刘乃和,史学史研究,1995年第3期。

成达师生在桂林的抗日救亡运动,常启明,中国穆斯林,1995年第5期。

成都抗日救亡运动的特点,岳建功、刘海,成都大学学报(社科版),1995年第3期。

成都人民抗日救亡运动十四年,张光诚,成都党史,1995年第6期。

程沧波在抗战时期的新闻活动,姚福申,新闻大学,1995年(冬季号)。

赤子心:华侨在祖国抗日战争中,马玉卿,党史纵横,1995年第8期。

重庆抗战戏剧略论,胡度,重庆教育学院学报,1995年第3期。

重庆天主教会支援抗日军民,重庆市爱国会中国天主教,1995年第4期。

重演文坛盛况,再现历史辉煌:《桂林抗战文学史》评介,黄蔚,南方文坛,1995年第1期。

传邮万里,国脉所系:抗战时期的中国邮政述论,张劲,同济大学学报(社科版),1995年第1期。

从《怒吼吧,中国!》到《怒吼吧,桂林!》,艾林,新文化史料,1995年第5期。

大轰炸见闻记,周云蒸,湖北文史资料,1995年第1期。

大后方历史文化风貌的文学再现:汪曾祺与昆明有关的散文、小说综论,舒畅,云南师范大学哲学社会科学学报,1995年第2期。

大后方人民的怒吼:记中国共产党对国民党统治区抗日救亡运动的领导,汪新等,人民日报,1995年8月17日。

大后方文学概论,苏光文,西南民族学院学报(哲社版),1995年第2期。

大后方文学研究的深化与体系建构:读《大后方文学论稿》,王本朝,红岩,1995年第5期。

党在抗日战争时期的知识分子理论与实践,曲峡等,石油大学学报(社科版),1995年第3期。

第三届近百年中日关系研讨会综述,陶文钊,抗日战争研究,1995年第2期。

滇缅战场上中印公路的修筑,徐康明,抗日战争研究,1995年第1期。

滇缅战场与史迪威,张曙东,云南民族学院学报(哲社版),1995年第2期。

滇西反攻战役述评,马仲廉,抗日战争研究,1995年第1期。

滇西各族人民在抗日战争中的巨大贡献,朱德普,中南民族学院学报(哲社版),1995年第5期。

滇西抗战与相持阶段的国民党抗战,高整军,思想战线,1995年第4期。

滇西抗战在抗日战争中的地位和作用,张晓琼,云南社会科学,1995年第4期。

滇西抗战中的边疆民族关系,王文成,云南学术探索,1995年第5期。

滇西抗战中的龙云与蒋介石,潘先林,思想战线,1995年第4期。

滇西抗战中的怒江三桥,耿德铭,抗日战争研究,1995年第1期。

滇西抗战中的云南边疆各族人民,金凯,云南民族学院学报(哲社版),1995年第2期。

滇西抗战——中日对生命线的争夺,刘强,创造,1995年第3期。

东南亚华侨对祖国抗战的贡献,吴新奇、左双文,东南亚研究,1995年第3期。

东南亚闽南籍华侨对抗日战争的贡献,江榕惠,福建论坛(文史哲版),1995年第5期。

对中国远征军入缅作战的探讨,张金基,云南文史丛刊,1995年第1期。

二战时期第一次滇缅战役与中美英三国战略述评,朱寰、程舒伟,思想战线,1995年第4期。

二战时期远东中苏美关系的战略演化,王家福,史学集刊,1995年第2期。

发人民之声,伸正义之气——抗战时期郭沫若的历史剧,吴雨,党史博采,1995年第9期。

发扬桂林文化城的爱国主义精神,张文学,社会科学家,1995年第5期。

法币的通货膨胀与国民党政府的外汇政策,马俊起,金融研究,1995年第2期。

繁花似锦的重庆抗战剧坛,石曼,红岩,1995年第5期。

反思历史　展望未来:"纪念反法西斯战争胜利暨联合国成立五十周年"研讨会综述,金灿荣,光明日报,1995年1月27日。

范旭东:我国民族化学工业的奠基人,苏兆瑞,中国化工,1995年第3期。

飞虎队在汉中,冯树均,四川党史,1995年第3期。

烽火大江南北:在长江局、南方局工作的一段回忆,曹瑛,湖南党史,1995年第2期。

冯玉祥在重庆,于志恭,江淮文史,1995年第2期。

冯玉祥著《痛悼张自忠将军》,潘辑贤编选,民国档案,1995年第3期。

奉命秦川行:陈同生抗日斗争事迹片断,刘星耀,四川党史,1995年第5期。

复兴商业公司仰光分公司撤退经过报告,何龄编选,民国档案,1995年第2期。

甘肃与抗战,张秋霞,党的建设,1995年第10期。

共产党人与新疆的抗日救亡文化活动,倪立保,中共乌鲁木齐市委党校学报,1995年第2期。

关于"史迪威事件",何正芳,思想战线,1995年第4期。

关于"政治民主化"、"军队国家化"政治口号,黄伟,党史研究资料,1995年第9期。

关于国民政府的战时经济政策,李学通,抗日战争研究,1995年第3期。

关于抗日战争史研究,龚育之,中共党史研究,1995年第6期。

关于抗战外交及国民精神总动员——军委会参事室座谈会记录,周宁、冯敏编选,民国档案,1995年第1期。

关于中英平衡基金借款史料一组(1939年),唐昌伦编选,档案史料与研究,1995年第4期。

关中在抗日战争中的地位和作用,谢俊杰、卢卫明,陕西史志,1995年第4期。

广西地下党及游击队在广西战役中的贡献,江虹,军事历史,1995年第2期。

广西抗战文化研讨会综述,田子渝,抗日战争研究,1995年第4期。

贵阳琐忆,刘锦,文史天地,1995年第1期。

贵州抗战文学的一簇小花,杨淑媛,文史天地,1995年第5期。

贵州青年的抗日救亡运动,范彩屏,贵州文史丛刊,1995年第5期。

贵州与八年抗战,李晓红,贵州文史丛刊,1995年第4期。

贵州最早的周刊《血潮》,金国楠,文史天地,1995年第5期。

桂林抗日保卫战,张汉宁,广西地方志,1995年第4期。

桂林抗战时期的世界反法西斯文化研究资料索引,魏华龄,社会科学家,1995年第3—4期。

桂林抗战文化在世界反法西斯运动中的地位和作用,盘福东,社会科学家,1995年第4期。

桂林抗战音乐运动略述,陈洛,天津音乐学院学报,1995年第2期。

桂林文化城的抗日救亡歌咏运动及其思考,刘小林、彭超,广西师范大学学报(哲社版),1995年第4期。

郭沫若与《救亡日报》,张宗高,党史博采,1995年第6期。

国防参议会简论,闻黎明,抗日战争研究,1995年第1期。

国立西北图书馆评述,赵长林,图书与情报,1995年第1期。

国立西南联合大学物理系——抗战时期中国物理学界的一支奇葩,沈克琦,物理,1995年第4期。

国立中央工业专科职业学校简介,唐小燕,档案史料与研究,1995年第1期。

国民参政会与抗日战争,赵慧峰,烟台师范学院学报(哲社版),1995年第4期。

国民参政会在抗日战争中的作用,王新生,河南师范大学学报(哲社版),1995年第4期。

国民大会代表选举总事务所工作报告(1939年),胡懿编选,档案史料与研究,1995年第2期。

国民党《抗战建国纲领》评析,何云庵、时广东,西南师范大学学报(哲社版),1995年第5期。

国民党法币政策评析,邓学龙,新疆钱币,1995年第2期。

国民党军队对百团大战的反应和策应配合,刘贵福,抗日战争研究,1995年第2期。

国民政府官员抗战损失调查及索赔的档案史料选(1939年7月—1948年5月),程雨辰编选,档案史料与研究,1995年第3—4期。

国民政府西南大后方基地战略思想的生产及后果,林建曾,贵州社会科学,1995年第4期。

国民政府在大陆执政时期警察组织制度考略,潘益民,民国档案,1995年第4期。

国民政府战时统制经济政策论析,虞宝堂,史林,1995年第2期。

国民政府主席时期的林森(1932—1943),陈天民,近代中国,1995年第10期。

国统区抗战文化运动述论,曹敏华,党史研究与教学,1995年第5期。

国外中国抗日战争史研究述评,张注洪,北京党史研究,1995年第5期。

海外赤子抗日救国的壮举永垂青史:论华侨在抗日战争中的重大贡献,洪新发,重庆教育学院学报,1995年第3期。

海外赤子在抗日战争中的奉献,任安祥,瞭望,1995年第39期。

海外华侨:中国本土抗日一体化发展探析,宋月红,北京大学研究生学刊,1995年第1—2期。

海外华侨华人与反法西斯战场,廖小健,华侨华人历史研究,1995年第3期。

海外华侨在抗日战争中的作用及其重大贡献,尹尚忠,龙江党史,1995年第3—4期。

华侨参政员的抗日救国斗争,杜裕根、蒋顺兴,民国春秋,1995年第6期。

华侨对抗日统一战线的贡献和作用,曹选玉,重庆教育学院学报,1995年第3期。

华侨对抗日战争的贡献,孙慧荣,科学社会主义,1995年第4期。

华侨对抗日战争的杰出贡献,黄小坚,华侨华人历史研究,1995年第3期。

华侨对抗日战争的巨大贡献,王佩琏,首都师范大学学报(社科版),1995年第4期。

华侨对抗日战争的伟大贡献,国务院侨务办公室,人民日报,1995年8月17日。

华侨妇女在祖国抗战中的贡献,蒋红彬,广西师范大学学报(哲社版),1995年第3期。

华侨抗日救国史实新证,林裕根、蒋顺兴,东南文化,1995年第3期。

华侨抗日救亡运动的特点,任学岭、李智晔,延安大学学报(社科版),1995年第3期。

华侨为抗战慷慨解囊,蒋顺兴,民国春秋,1995年第4期。

华侨与中国抗战,陈孔宜,理论建设,1995年第4期。

华侨在抗日战争中的历史地位,吴映萍,惠州大学学报(社科版),1995年第2期。

华侨支援滇缅抗战的一些情况,田玄,抗日战争研究,1995年第1期。

华中与西南抗日战争的日人对日广播,邱宗功,党史文汇,1995年第1期。

话剧运动在桂林,魏华龄,新文化史料,1995年第5期。

记台北庆祝抗战胜利五十周年两岸学术研讨会,韩信夫,抗日战争研究,1995年第4期。

纪念反法西斯战争胜利五十周年:滇缅路——二次世界大战远东交通大动脉,赵勇,昆明师专学报(哲社版),1995年第2期。

纪念抗日战争和世界反法西斯战争胜利50周年学术讨论会综述,孙恭恂,历史教学,1995年第11期。

纪念抗日战争胜利50周年全国学术讨论会综述,张喜德,南京政治学院学报,1995年第6期。

纪念中国抗日战争暨世界反法西斯战争胜利50周年学术讨论会综述,卢来宾、殷汝涛,军事历史,1995年第6期。

纪念中国抗日战争胜利50周年国际学术讨论会综述,翁有为,史学月刊,1995年第6期。

纪念中国人民抗日战争和世界反法西斯战争胜利50周年国际学术研讨会综述,臧嵘等,课程·教材·教法,1995年第11期。

嘉庚风浩荡:陈嘉庚,任静波,中央社会主义学院学报,1995年第2期。

坚强的堡垒,卓越的功勋:四川人民对抗战的巨大贡献,张莉红,文史杂志,1995年第5期。

简论华侨的抗日爱国精神,杨淑珍,西南师范大学学报(哲社版),1995年第3期。

简评《抗日战争时期国民政府财政金融政策》,方庆秋,民国档案,1995年第3期。

建国以来抗日战争史研究述评,郭德宏,历史教学,1995年第11期。

江河汇聚成大海——试谈桂林文化城的源和流,林建华,南方文坛,1995年第3期。

蒋介石在抗日战争时期的政党理论与实践,谢增寿,四川师范学院学报(哲社版),1995年第4期。

交通部向英国洽购滇缅公路车辆史料一组(1938—1939年),袁友贵编选,档案史料与研究,1995年第3期。

近五年来国内抗日史研究评介,马振犊,社科信息,1995年第9期。

经济部西北工业考察通讯(上),李琴芳编选,民国档案,1995年第4期。

九十年代以来抗日战争史有关问题研究概述,徐继良,首都师范大学学报(社科版),1995年第3期。

卡尔逊与中国抗战,谈方,抗日战争研究,1995年第4期。

抗日斗争中群众文化:献给世界反法西斯战争与抗日战争胜利50周年,寒生,研究与辅导,1995年第3期。

抗日救亡运动在贵阳,蔡继,贵州文史丛刊,1995年第4期。

抗日来华助战的洋人 中美合作打击敌寇,陈邦夔,中外杂志,1995年第1期。

抗日民族统一战线建立对新疆教育的影响与促进,李爽、康芬,新疆大学学报(哲社版),1995年第4期。

抗日民族统一战线与爱国华侨:纪念抗日战争胜利五十周年,袁锋,中央民族大学学报,1995年第5期。

抗日民族统一战线与桂林文化城,陈欣德,学术论坛,1995年第5期。

抗日时期大工业内迁对西南经济的影响,罗晓东,贵州教育学院学报(社科版),1995年第3期。

抗日时期的临沧边地文化教育,段世琳,云南师范大学学报(哲社版),1995年第4期。

抗日战争期间我国体育界的反日斗争,吴寿芝,南京体育学院学报,1995年第3期。

抗日战争胜利的历史地位及其作用,郑德荣,东北师大学报(哲社版),1995年第4期。

抗日战争时期党的建设一些重要收获:纪念抗日战争胜利50周年,曹平、王丽娟,理论探讨,1995年第5期。

抗日战争时期的贵州交通,林慧军,史志林,1995年第3期。

抗日战争时期的兰州空战述论,孙继虎,西北师大学报(社科版),1995年第3期。

抗日战争时期的商务印书馆,汪家熔,编辑学刊,1995年第1—5期。

抗日战争时期的四川盐业经济,钟长永,盐业史研究,1995年第2期。

抗日战争时期的张冲,谢本书,昆明社科,1995年第3期。

抗日战争时期的张宗祥先生,张珏,图书馆研究与工作,1995年第4期。

抗日战争时期贵阳文化的勃兴,何静梧,史志林,1995年第3期。

抗日战争时期贵州金融业概况,钱存浩,史志林,1995年第3期。

抗日战争时期贵州经济文化的发展,孔玲,思维与实践,1995年第5期。

抗日战争时期国民党统治区的教育述评,潘国琪,浙江社会科学,1995年第4期。

抗日战争时期国民政府的战时建制,张胜男,内蒙古师大学报(哲社版),1995年第4期。

抗日战争时期国统区的高等教育述论,梁月兰,唐都学刊,1995年第4期。

抗日战争时期华侨的爱国救亡运动,周勇,理论导刊,1995年第9期。

抗日战争时期蒋介石治军思想探讨,季云飞,南京社会科学,1995年第4期。

抗日战争时期难民垦荒问题述略,孙艳魁,民国档案,1995年第2期。

抗日战争时期内迁学校与四川社会学的发展,赵喜顺,新时代论坛,1995年第2期。

抗日战争时期人物学术讨论会简述,张元隆,光明日报,1995年8月28日。

抗日战争时期新疆的经济建设和社会发展,吴福环,齐齐哈尔师范学院学报(哲社版),1995年第5期。

抗日战争时期云南青年运动述略,黄启后,昆明师专学报(哲社版),1995年第2期。

抗日战争时期中共云南地下党领导的昆明文化工作,王明生,创造,1995年第3期。

抗日战争时期中共中央南方局统战工作经验刍议,尹红,中央社会主义学院学报,1995年第3期。

抗日战争时期中国妇女的伟大作用,刘巨才,妇女研究论丛,1995年第3期。

抗日战争时期中国共产党对民主党派的争取、团结与合作,王国洪,烟台师范学院学报(哲社版),1995年第3期。

抗日战争时期中国三种不同的文化教育,赵军先,延安大学学报(社科版),1995年第3期。

抗日战争史研究的新成果:《抗日战争史丛书》的出版,侯样样,史学史研究,1995年第3期。

抗日战争史研究如何深入(笔谈),李侃、陈铁健等,抗日战争研究,1995年第1—2期。

抗日战争研究刍议,邱路等,中共党史研究,1995年第4期。

抗日战争与大后方经济中心,周勇,重庆党史研究资料,1995年第4期。

抗日战争与贵州,杜松竹,档案史料与研究,1995年第4期。

抗日战争与科学技术,阎树声,人文杂志,1995年第4期。

抗日战争与云南的近代化,袁国友,创造,1995年第5期。

抗日战争与中国电影,程季华、少舟,电影艺术,1995年第4期。

抗日战争与中国经济,朱玉湘,文史哲,1995年第5期。

抗日战争与中国现代化,蔡永飞、王莉,探索,1995年第5期。

抗日战争与中国现代化进程,王立胜,宁夏社会科学,1995年第5期。

抗日战争在新疆,朱培民,西域研究,1995年第2期。

抗日战争中的重庆话剧,石曼,中国戏剧,1995年第8期。

抗日战争中的滇南防御,李景煜,云南史志,1995年第4期。

抗日战争中的云南马帮运输,陆韧,抗日战争研究,1995年第1期。

抗日战争中华侨在政治上的贡献,李云峰、王松,西北大学学报(哲社版),1995年第3期。

抗日战争中青年运动的地位、贡献和启示,魏久明,中共党史研究,1995年第6期。

抗战初期的贵州防空,邓德礼,贵州社会科学,1995年第5期。

抗战初期国统区回民的动向(一)(二),〔日〕马渊修著,陈健玲译,宁夏史志研究,1995年第2—3期。

抗战的画面,翔实的记述:《抗战时期的汉中》一书简介,文石,汉中师范学院学报,1995年第2期。

抗战电影追忆,吴蔚云口述,查元整理,电影艺术,1995年第4期。

抗战后期蒋介石的"大国梦"及其实质,董兴林,山东师大学报(社科版)(增刊),1995年。

抗战陪都历史资源在新时期海外统战工作中的应用,何可平、程明亮,重庆社会科学,1995年第1期。

抗战期间百色城的"百色恐怖",蔡邺,文史春秋,1995年第2期。

抗战期间国民政府的战时经济体制,陆仰渊,安徽史学,1995年第3期。

抗战期间何香凝在昭平贺县,胡辉,广西党史,1995年第5期。

抗战期间我国图书保护一瞥,全勤,江苏图书馆学报,1995年第3期。

抗战期间云南省政府加强档案管理,吴强,云南档案,1995年第6期。

抗战期间资源委员会的经营管理,刘国武,衡阳师专学报,1995年第5期。

抗战前期大后方的邮政储汇事业概述,郑永明,档案史料与研究,1995年第4期。

抗战前期大后方民族工业的发展原因及启示,杨吉兴,怀化师专学报,1995年第3期。

抗战胜利前后重庆消费市场衰落的原因,钟铁,经济学情报,1995年第4期。

抗战胜利前后的时局与新疆和平的实现,纪大椿,西域研究,1995年第3期。

抗战时期"工合"运动的历史作用,朱敏彦,上海师范大学学报(哲社版),1995年第3期。

抗战时期"贵州农业改进所"对贵州农业经济开发的推动作用,孔玲,贵州社会科学,1995年第3期。

抗战时期爱国华侨在重庆,傅佑勋,八桂侨刊,1995年第3期。

抗战时期陈云对大后方党建的重要贡献,李蓉,探索,1995年第4期。

抗战时期重庆的钢铁工业,重庆钢铁(集团)公司陪都史研究课题组,重庆社会科学,1995年第4期。

抗战时期重庆地位的变化和重庆人民的历史使命,彭承福,西南师范大学学报(哲社版),1995年第3期。

抗战时期重庆文化的发展演变及特点(上)(下),薛新力,渝州大学学报(社科版),1995年第2—3期。

抗战时期重庆文艺界重要活动及论争,冉庄,重庆社会科学,1995年第4期。

抗战时期重庆作家的散文创作,傅德岷,渝州大学学报(社科版),1995年第4期。

抗战时期大后方的兵工生产,蒋仕民,军事经济研究,1995年第7期。

抗战时期大后方文艺思潮剖析,郝明工,甘肃社会科学,1995年第4期。

抗战时期党对云南资产阶级的统战工作,汪涵清,云南文史丛刊,1995年第1期。

抗战时期的二流子改造运动,张可荣,长江水电师院社会科学学报,1995年第3期。

抗战时期的广西图书馆事业,麦群忠,图书馆界,1995年第3期。

抗战时期的贵阳文通书局编辑所,何长凤,贵州社会科学,1995年第5期。

抗战时期的贵阳文艺界,吴纯俭,文史天地,1995年第6期。

抗战时期的贵州茶诗歌,张其生,贵州茶叶,1995年第3期。

抗战时期的贵州散文,陈锐锋,贵州师范大学学报(社科版),1995年第3期。

抗战时期的贵州诗歌,陈锐锋,六盘水师专学报,1995年第2期。

抗战时期的贵州文学,陈锐锋,安顺师专学报(社科版),1995年第3期。

抗战时期的教育,李剑萍,青岛大学师范学院学报,1995年第1期。

抗战时期的刘鸿生,张圻福,民国档案,1995年第2期。

抗战时期的三台饮食,袁海余,四川烹饪,1995年第5期。

抗战时期的商务印书馆(二),汪家熔,编辑学刊,1995年第4期。

抗战时期的思茅,毛德昌,思茅师专学报,1995年第2期。

抗战时期的四川蚕业,胡祉,四川丝绸,1995年第4期。

抗战时期的四川社会学,赵喜顺,西南民族学院学报(哲社版),1995年第5期。

抗战时期的通俗文学运动和合作,章绍嗣,中南民族学院学报(哲社版),1995年第1期。

抗战时期的西北建设问题,沈社荣,固原师专学报,1995年第4期。

抗战时期的西北诸马,刘景华,青海社会科学(增刊),1995年。

抗战时期的新疆问题与中苏关系,沙卫东,同济大学学报(社科版),1995年第2期。

抗战时期的新疆与中国共产党——党领导下各族人民在抗日战争中的历史贡献,阿吾提·托乎提,新疆社会科学,1995年第4期。

抗战时期的云南矿业,杨寿川,云南社会科学,1995年第6期。

抗战时期的云南盐业,吴强,盐业史研究,1995年第3期。

抗战时期的中国美术,惠蕾,东南文化,1995年第3期。

抗战时期的中日货币战,戴建兵,党史文汇,1995年第1期。

抗战时期滇缅公路上的华侨机工,王光华,江海侨声,1995年第7期。

抗战时期高校内迁及其历史意义,余子侠,近代史研究,1995年第6期。

抗战时期贵州的文化事业,丁芝珍,贵州文史丛刊,1995年第5期。

抗战时期贵州商业的发展和启迪,张树良,史志林,1995年第3期。

抗战时期贵州社会经济的发展,林建曾,贵州文史丛刊,1995年第5期。

抗战时期贵州盐运纪略,顾文栋,盐业史研究,1995年第2期。

抗战时期桂林儿童文学述略,林飞,广西师院学报,1995年第2期。

抗战时期国民党新县制述评,周绍英,重庆师范学院学报(哲社版),1995年第3期。

抗战时期国民政府储蓄政策述评,杨斌,江西社会科学,1995年第12期。

抗战时期国民政府的兵员征补,史滇生,军事历史研究,1995年第2期。

抗战时期国民政府的教育政策述论,陈杏年,山西师大学报(社科版),1995年第3期。

抗战时期国民政府经济政策述评,杨齐福,淮阴师专学报,1995年第2期。

抗战时期国民政府驿运事业,杨斌,民国档案,1995年第4期。

抗战时期国统区筹办"地方自治"浅析,王世勇,史学月刊,1995年第4期。

抗战时期国统区妇女文化出版事业,晁海燕,新闻知识,1995年第11期。

抗战时期国统区工业生产自1942年起全面衰退,晓文,教学与研究,1995年第6期。

抗战时期蒋介石空军教育训练思想之探讨,季云飞,军事历史研究,1995年第4期。

抗战时期教育中心内移及其对民族教育的影响,孟立军,中南民族学院学报(哲社版),1995年第6期。

抗战时期联合大学的经验及其启示,刘兆吉,上海高教研究,1995年第5期。

抗战时期民主党派的重要历史地位与作用,张秋炯,人民政协报,1995年8月8日。

抗战时期难童的异常心理问题,苏华,民国档案,1995年第3期。

抗战时期难童救济教养工作概述,冯敏,民国档案,1995年第3期。

抗战时期陪都人民的反空袭斗争,王显乾,重庆工商学院学报(综合版),

1995年第2期。

抗战时期陪都重庆消费市场兴衰之原因探析,钟铁,档案史料与研究,1995年第1期。

抗战时期日机侵滇实录,张曙东,云南史志,1995年第1期。

抗战时期四川抵制日货活动,江熔,巴蜀史志,1995年第4期。

抗战时期腾冲的三个县长,耿梅、耿德铭,云南文史丛刊,1995年第1期。

抗战时期文化名城的颂歌——"抗战时期桂林文化运动资料丛书"述评,彭梅玉,广西党史,1995年第5期。

抗战时期我国造船业概况及今后发展计划(1943年),王荣弟,档案史料与研究,1995年第4期。

抗战时期我在桂林所做的几点工作——回忆录的一节,林焕平,新文化史料,1995年第5期。

抗战时期西北地区图书馆事业的发展,赵长林,图书与情报,1995年第4期。

抗战时期沿海工厂的内迁及其对内地经济的影响,曾长秋,湖南教育学院学报,1995年第4期。

抗战时期云南书刊出版简述,王品三,云南史志,1995年第4期。

抗战时期在华日本人的反战宣传活动,黄义祥,广东社会科学,1995年第4期。

抗战时期中共广西地方组织领导的出版发行事业,龙谦,广西党史,1995年第5期。

抗战时期中国高等教育的砥柱,李仲明,文史精华,1995年第8期。

抗战时期中国工厂内迁之发动,庄明,近代中国,1995年第6期。

抗战史上的特殊战争:中日货币战,姚长鼎、郭静洲,安徽钱币,1995年第3期。

抗战史研究中一个被忽略的课题:我国抗战时人口西迁与难民问题,刘敬坤,民国春秋,1995年第4期。

抗战伟力之源在于民众:战时驮运述论,张劲,铁道师院学报(社科版),1995年第3期。

抗战文化与爱国主义：广西抗战文化研讨会综述,李启瑞等,人民日报,1995年11月2日。

抗战文学的审美定位,吕智敏,北京社会科学,1995年第4期。

抗战文学的新发展,胡德培,当代文学研究资料与信息,1995年第1期。

抗战文艺传统的回顾与继承：记中国社会主义文艺学会重庆地区会员的一次研讨会,方文,重庆教育学院学报,1995年第3期。

抗战文艺运动在甘肃,杨忠,甘肃社会科学,1995年第6期。

抗战写生第一人——"画坛怪杰"沈逸千,原一,文化月刊,1995年第9期。

抗战中的滇越铁路,范玉章、马永鸿,工人日报,1995年8月12日。

抗战中的航空运输,张劲,民国档案,1995年第2期。

抗战中的孙立人将军,孙宅巍,学海,1995年第1期。

抗战中的中国共产党与新疆,阿吾提·托平提,新疆日报,1995年8月4日。

抗战中西南联大民主运动述论,黄海燕,辽宁师范大学学报(社科版),1995年第4期。

老舍在重庆,熊炬,红岩,1995年第5期。

李广田在云南——《云南抗战时期文学史》之一节,蒙树宏,思茅师专学报,1995年第1期。

历史将永远记住救亡先驱：评介《中国抗日战争史料丛书》,内蒙古地方志,1995年第3期。

梁漱溟与中国抗战,时广东、何云安,社会科学研究,1995年第4期。

另一种"伪组织"：抗战时期婚姻与家庭初探,吕芳上,近代中国妇女史研究,1995年第3期。

刘湘对抗战的积极态度,唐润明,民国春秋,1995年第4期。

论大后方戏剧思潮的创作观念,李江,青海师范大学学报(哲社版),1995年第2期。

论妇女在抗日战争中的历史作用,徐万发,西藏民族学院学报(社科版),1995年第3期。

论桂林抗战文化的国际特性,刘寿保,社会科学家,1995年第4期。

论桂林抗战文化的国际性,曹裕文,社会科学家,1995年第4期。

论华南抗战文艺运动的历史地位和作用,吴定宇,中山大学学报(社科版),1995年第3期。

论华侨的爱国抗日斗争,李功、任金荣,郑州工学院学报(社科版),1995年第2期。

论华侨对抗日战争的贡献,马仁,理论学刊,1995年第5期。

论华侨在抗日战争胜利中的重大贡献,闫允生、李梦红,石油大学学报(社科版),1995年第4期。

论华侨在抗日战争中的贡献,沈敏华,湖州师专学报(哲社版),1995年第3期。

论抗日救亡运动中中间派的贡献,邱义林,江西社会科学,1995年第7期。

论抗日民族英雄张自忠将军,林治波,北京日报,1995年8月16日。

论抗日战争的思想文化,丁守和,近代史研究,1995年第5期。

论抗日战争时期的民主宪政运动,徐舒映,山东医科大学学报(社科版),1995年第2期。

论抗日战争时期国民党的党治体制,汪家圣,山东社会科学,1995年第3期。

论抗日战争时期华侨的爱国主义精神,陈文敬,福建党史月刊,1995年第11期。

论抗日战争时期我党在新疆的统战工作,新疆军区司令部军事工作研究室著,肖响等执笔,国防大学学报,1995年第8—9期。

论抗日战争时期新疆文化救亡运动的高涨及其特点,刘继绵,新疆社科论坛,1995年第3期。

论抗战后期孙科的左倾,高华,民国研究(总第2辑),1995年。

论抗战期间国统区的中央权力结构和运行机制,王永祥,河北学刊,1995年第5期。

论抗战前后我党与新桂系的合作关系,杜玉华、文军,探索,1995年第2期。

论抗战时期重庆反空袭斗争的地位和作用,杨光彦、潘洵,西南师范大学学报(哲社版),1995年第3期。

论抗战时期重庆人民的爱国主义精神,彭承福,重庆社会科学,1995年第4期。

论抗战时期的国民政府贸易委员会,陆远权,三峡学刊(社科版),1995年第11期。

论抗战时期的中央工业实验所,赛光平,民国档案,1995年第2期。

论抗战时期国统区的中央权力结构和运行机制,王永祥,河北学刊,1995年第5期。

论抗战时期我国中间政派的政治态度及其转变,谭晓曙,武汉教育学院学报,1995年第4期。

论抗战时期中间力量的宪政纲领及其民主运动目标的演变,杨蕴成,四川教育学院学报,1995年第2期。

论抗战文学的历史地位,苏文光,西南师范大学学报(哲社版),1995年第3期。

论抗战著名话剧《蜕变》:兼论编写抗战文学史的一个原则问题,岳小燕、刘秦隆,学术论坛,1995年第1期。

论民国时期教育经费的困扰与对策,熊贤君,湖北大学学报(哲社版),1995年第5期。

论民主党派在抗战时期的重要作用,郑延泽、孟彩云,殷都学刊,1995年第4期。

论民族资产阶级在抗日战争中的历史地位,王建吾,河南社会科学,1995年第4期。

论陶行知与抗日救亡运动,张正元,行知研究,1995年第3期。

论我国"国防中心区"的选择与形成,王德中,民国档案,1995年第1期。

论西南大后方抗战战略地位的确定,张皓、张福记,山东师大学报(社科版),1995年第4期。

论新加坡、马来西亚闽籍华侨的爱国抗日活动,黄露夏,福建论坛(文史哲版),1995年第4期。

论新疆抗日民族统一战线,南柱成等,新疆社会科学,1995年第4期。

论战略相持阶段的蒋介石,刘玉书,河南师范大学学报(哲社版),1995年第1期。

论中共南方局在国统区工作的历史功绩,彭承福,理论学习导刊,1995年第9期。

论周恩来在重庆谈判中灵活运用让步策略的斗争艺术,陆建洪,南京政治学院学报,1995年第1期。

绿星璀璨:记抗日战争期间重庆的世界语运动,李任,重庆社会科学,1995年第4期。

略论广西对抗日战争的贡献,曹裕文,桂海论丛,1995年第4期。

略论广西抗日救亡戏剧,李贵年,广西社会科学,1995年第5期。

略论郭沫若抗战时期的历史剧创作,周德仓,西藏大学学报(汉文版),1995年第3期。

略论国共两党抗战时期的民族政策,荣宁,青海社会科学(增刊),1995年。

略论华侨对抗日民族统一战线的重要作用,李佩,上海大学学报(社科版),1995年第3期。

略论抗日民族统一战线的形成及其伟大的历史作用,苗懿明,齐齐哈尔师范学院学报(哲社版),1995年第5期。

略论抗日战争时期国民参政会的历史作用,龙方成,学术论坛,1995年第4期。

略论抗日战争时期我国教育文化事业的损失,夏军,徐州师范学院学报(哲社版),1995年第2期。

略论抗日战争与中国现代化,杨延虎,延安大学学报(社科版),1995年第3期。

略论抗战时期甘肃的新闻事业,高士荣,档案,1995年第4期。

略论抗战时期中外科学技术交流,张凤琦,抗日战争研究,1995年第2期。

略论太平洋战争时期史迪威与蒋介石的关系,胡秀琴,文史杂志,1995年第6期。

略述藏族人民对抗日战争的贡献,唐蓓,西北民族学院学报(哲社版),

1995年第3期。

略述云南的抗日民主运动,马玉华,昆明师专学报(哲社版),1995年第3期。

芒市纪念抗日战争胜利五十周年学术讨论会简述,蜀荣,抗日战争研究,1995年第4期。

缅北—滇西抗战在世界反法西斯战争中的地位,郭亚非,云南师范大学学报(哲社版),1995年第4期。

民国史研究述评,张宪文,历史研究,1995年第2期。

民国以来历次重要灾害纪要(1917—1949年),戴秀荣编选,民国档案,1995年第1期。

民生公司在抗战中的作用,周凝华,武汉理工大学学报(社科版),1995年第1期。

民主党派与抗日民族统一战线的建立,林祥庚,社会科学,1995年第7期。

民主党派在抗日战争中的贡献,张文玲,人民政协报,1995年8月8日。

民主党派在抗日战争中的历史性贡献,唐弘仁,贵州日报,1995年8月23日。

民主党派在抗日战争中的作用,李敬德,团结报,1995年8月12日。

民族苦难的历史再现和反思:评抗战史研究新著《苦难的人流》,王奇生,民国档案,1995年第4期。

南侨在抗日战争中的历史功绩:纪念抗日战争胜利50周年,郭戈奇,四川文物,1995年第4期。

南侨总会对祖国抗战的贡献,童家洲,福建学刊,1995年第5期。

南洋华侨的抗日救亡运动,袁素莲,枣庄师范专科学校学报,1995年第1期。

南洋华侨对祖国抗战的贡献,刘雪和,岭南文史,1995年第3期。

南洋客家华侨与抗日战争,廖楚强,华人之声,1995年第5期。

难忘的重庆抗战话剧,王伟,红岩,1995年第5期。

评抗战时期郭沫若的历史人物研究,钱民生、石云,历史教学问题,1995年第5期。

评抗战时期梁漱溟的党派观,郭幼茂,党史研究与教学,1995年第3期。

评中英滇缅"南段"界务之"一九四一年线",马新,云南文献,1995年第12期。

前事不忘后事之师:纪念反法西斯战争暨抗日战争胜利50周年学术座谈会纪要,葛新生,世界历史,1995年第4期。

前浙大校长竺可桢抗战中抢救四库全书经过,陈学溶,浙江月刊,1995年第2期。

黔中抗日英烈——柳树人,王忠明,文史天地,1995年第5期。

浅析抗战文化的特点及其在抗战中的地位和作用,陈乃宣,党史博采,1995年第8期。

全国"纪念抗日战争胜利50周年学术讨论会"简述,陈静,北京党史研究,1995年第5期。

全国党校系统纪念抗日战争、世界反法西斯战争胜利50周年学术研讨会综述,黄立忠,党史研究与教学,1995年第6期。

全国党校系统纪念抗日战争胜利50周年研讨会观点综述,张进勇、刘爽,学习论坛,1995年第9期。

全国纪念抗日战争胜利50周年学术讨论会综述,危兆盖,光明日报,1995年9月11日。

全民抗战和全民教育:为纪念抗日战争胜利50周年而作,张腾霄,教育研究,1995年第8期。

日机轰炸成都的一段亲历,杨瑞生,西南金融,1995年第9期。

如何评价国民党在抗日战争中的历史作用,万里霜,广西大学学报(哲社版),1995年第3期。

如火如荼的新疆抗日歌咏运动,蒋林,新疆地方志,1995年第3期。

弘扬抗战精神　再造重庆辉煌——访周勇教授,陈兴锐,理论建设,1995年第4期。

挥手五十年　情归红岩村——童小鹏访谈录,周勇,理论建设,1995年第5期。

沈从文在云南——《云南抗战时期文学史》之一节,蒙树宏,楚雄师专学报(社科版),1995年第2期。

生命的辉煌——论抗战时期的郭沫若,蔡震,郭沫若学刊,1995年第4期。

史迪威事件新探,张玉霞,河南社会科学,1995年第6期。

世界反法西斯最早的抗战文学:《世界反法西斯文学书系》中国卷序言,殷白,解放日报,1995年4月23日。

试论桂林抗战文化运动的分期及其特征:并与李建平同志商榷,魏华龄,社会科学家,1995年第3期。

试论海外华侨对抗日战争的特殊作用与贡献,郑应洽,暨南学报(哲社版),1995年第4期。

试论海外华侨抗日救亡斗争的特点,袁素莲,山东社会科学,1995年第3期。

试论抗日民族统一战线的历史作用,何焕昌,广东社会科学,1995年第6期。

试论抗日战争时期的贵州高等教育,禄旭,贵州大学学报(社科版),1995年第2期。

试论抗日战争时期的民主党派,杨随平,山东师大学报(社科版)(增刊),1995年。

试论抗日战争时期两个战场的相互关系,陈登贵,学术研究,1995年第4期。

试论抗日战争时期内迁文化形成和发展的原因,蔡泽军、张红,广西师范大学学报(哲社版),1995年第3期。

试论抗战前期中国共产党领导的国统区妇女抗日运动,丁卫平,长白学刊,1995年第5期。

试论抗战时期的重庆出版事业,郝明工,湖北民族学院学报(哲社版),1995年第4期。

试论抗战时期两种非理性的民族主义思潮:保守主义与"战国策派",黄岭峻,抗日战争研究,1995年第2期。

试论抗战时期中国共产党国际统战的历史经验,李志铭,长春党校学报,1995年第3期。

试论民主党派在抗日战争中的贡献,张文玲,天津党校学刊,1995年第3期。

试论青年在抗日救亡运动中的作用,李相久,青年论丛,1995年第2期。

试论中间势力在抗日战争中的作用,阎丽娟,河北师范学报(社科版),1995年第4期。

试论中缅战场在第二次世界大战中地位和作用的演变,范鲁,天府新论,1995年第2期。

试论重庆谈判的主流,陈少牧,党史研究与教学,1995年第6期。

试述海外华侨对抗日战争的贡献,曹晋杰、王世谊,江苏社会科学,1995年第5期。

试述民主党派在抗日战争中的贡献,翟海莉,青海社会科学(增刊),1995年。

试析中国抗日战争的国际性、整体性和复杂性,王廷科,中共党史研究,1995年第6期。

试论中美英"共战"关系的形成及其性质,杨光彦、吴勇,档案史料与研究,1995年第4期。

斯诺与中国抗战,游国斌,宁德师专学报(哲社版),1995年第4期。

四川藏族对抗日战争的贡献,袁晓文、陶利辉,西南民族学院学报(哲社版),1995年第5期。

四川对抗日战争的巨大贡献,徐涛,成都大学学报(社科版),1995年第3期。

四川少数民族抗日救亡运动述论,李全中,四川社科界,1995年第4期。

宋庆龄与抗日战争,吴宗明,社会科学战线,1995年第4期。

宋庆龄与抗战时期的妇女运动,尚明轩,抗日战争研究,1995年第4期。

他们拯救了三万难童——邓颖超等领导战时儿童保育会拯救孤儿到四川散记,毕汝钦,今日四川,1995年第4期。

台湾和国外抗日战争史研究状况报告会,王玉祥,抗日战争研究,1995年第4期。

太平洋战争与中国抗日战场,蒋邦新,南京社会科学,1995年第8期。

陶行知反法西斯环球宣传实录,周毅,东方文化,1995年第6期。

陶行知和抗日救亡,叶昕,江苏教育学院学报(社科版),1995年第3期。

田汉的抗战旧体诗,刘开扬,中华文化论坛,1995年第1期。

填补中国现代文学史空白的一部史书:读《桂林抗战文学史》,刘平,南方文坛,1995年第3期。

统一战线是中国革命和建设的法宝:"统一战线与抗日战争"专题研讨会综述,吴际,吉林日报,1995年8月29日。

为民族解放而歌词——论"七月派"的诗歌创作,蔡清富,北京师范大学学报(社科版),1995年第4期。

我国历史上最大的汽车运输机构——抗战时期的西南运输处,岳国华,上海汽车,1995年第3期。

我国少数民族对抗日战争的贡献,于世清、龚文龙,理论学刊,1995年第5期。

我国现代文学史研究的新成果——《桂林抗战文学史》评介,魏华龄,学术论坛,1995年第1期。

西南地区"抗日战争史学术研讨会"综述,张小路,社会科学研究,1995年第4期。

西南联大——润泽云南教育的甘泉,金子强,创造,1995年第4期。

西南联大给予我们的精神财富(笔谈),创造,1995年第4期。

西南联合大学对抗战建国的贡献,杨立德,云南师范大学学报(哲社版),1995年第4期。

现代文学史空白的学术著作——《桂林抗战文学史》评介,魏华龄,中国现代文学研究丛刊,1995年第3期。

湘西抗日救亡运动的开展和"战时繁荣"的出现,李万青,怀化师专学报,1995年第4期。

新疆丰富多彩的抗日救亡活动略说,朱裕生,乌鲁木齐成人教育学院学报,1995年第4期。

新疆纪念抗日战争胜利50周年学术讨论会综述,文青,西域研究,1995年第3期。

新疆在中国抗日战争中的地位与贡献,陈超,西域研究,1995年第2期。

新中国成立后抗日战争史研究的发展,周一平,党史研究与教学,1995年第4期。

徐悲鸿先生在贵阳,陈恒安,文史天地,1995年第1期。

晏阳初研究的一大丰硕成果:读《一项为和平与发展奠基工程:平民教育之父晏阳初评介》,熙平,四川社科界,1995年第5期。

要民主宪政,还是要专制独裁:30年代关于民主与专制的一场大讨论,徐思彦,史学集刊,1995年第2期。

一部筚路蓝缕的现代文学史著:从《中国抗战文艺史》的两个版本看其历史价值和现实意义,武湖,徐州师范学院学报(哲社版),1995年第2期。

一部开创性的力作——在《桂林抗战文学史》研讨会上发言要点,覃宏裕,广西社会科学,1995年第4期。

一张难得的"驼峰航线"航空图,包黎华,档案与史学,1995年第5期。

一种别开生面的论述:评《剑桥中华民国史》下卷抗日战争部分,郭德宏,安徽史学,1995年第3期。

忆抗战时期昆明惨剧,李淑英,云南文献,1995年第12期。

永远不能忘记的历史:纪念抗日战争胜利50周年研讨会综述,李殿元,文史杂志,1995年第5期。

邮政储金汇业局抗战以来之工作报告(1940年3月31日),文明编选,档案史料与研究,1995年第4期。

有助于建设有中国特色的社会主义文化——读《桂林抗战文学史》,王弋丁,南方文坛,1995年第3期。

迂回曲折的潜流与汹涌澎湃的洪涛——论中国抗日文学之两翼发展态势,王新兰,甘肃社会科学,1995年第2期。

与时代同脉搏,和人民共命运:记抗日战争时期的中国美术,李树声、江文,美术,1995年第8期。

云南地方政府与滇西抗战,潘先林,云南学术探索,1995年第5期。

云南经济发展的历史寻踪:《云南近代地方经济史研究》评介,吴垠、张荐华,思想战线,1995年第2期。

云南经济在抗战时期的新发展,杨德惠,云南学术探索,1995年第5期。

云南军民对抗日战争的重大贡献,雷声善,昆明师专学报,1995年第3期。

云南抗日战争史研究著述介绍,宋光淑、谢本书,抗日战争研究,1995年第1期。

云南抗战时期散文三家试论——《云南抗战时期文学史》选刊,蒙树宏,云南教育学院学报,1995年第6期。

云南抗战时期诗三家述评,蒙树宏,昭通师专学报,1995年第2期。

云南人民抗战的历史地位,李慧,云南师范大学学报(哲社版),1995年第4期。

云南人民在滇西抗战中的贡献,李艳,云南文史丛刊,1995年第3期。

云南三军抗战史略之二、三,孟端星,昭通师专学报,1995年第1期。

灾难与改造:抗战时期中国新闻事业的变化:纪念中国抗日战争胜利50周年,丁淦林,新闻大学(冬季号),1995年。

在电影界纪念抗战胜利50周年座谈会上的讲话(一九九五年八月三十一日),田聪明,当代电影,1995年第6期。

在华日本人民的反战斗争,黄义祥,中山大学学报(社科版),1995年第3期。

在华日人反战运动兴起与发展的原因初探,张可荣,江汉论坛,1995年第7期。

在抗日烽火中锻造的中国致公党,陈昌福,中央社会主义学院学报,1995年第6期。

在抗日民族统一战线影响下召开的"全疆第三次代表大会",陈延琪,新疆社会科学情报,1995年第2期。

在抗战中诞生的中国西部博物馆,胡懿,档案史料与研究,1995年第4期。

藏族人民对抗日战争的贡献,徐世和,青海民族研究,1995年第3期。

怎样看抗日战争中的国民党蒋介石,张亦民等,中共浙江省委党校学报,1995年第4期。

战时驮运述论,张劲,上海党史与党建(增刊),1995年。

中共南方局妇委与国统区妇女抗日支前运动,林庭芳,理论与改革,1995

年第9期。

中共南方局妇委与战时儿保、儿救工作,林庭芳,西南师范大学学报(哲社版),1995年第3期。

中共中央党校纪念抗日战争胜利五十周年学术讨论会综述,李东朗,抗日战争研究,1995年第3期。

中国地理与抗战军事战略:纪念抗日战争胜利50周年,经盛鸿,南京师大学报(社科版),1995年第2期。

中国第二次世界大战史研究综述,彭训厚,世界历史,1995年第5期。

中国妇女抗日统一战线组织的特点和作用,董妙玲,中州学刊,1995年第3期。

中国国际救济委员会第二年度报告书(1944年4月17日),周晓编选,档案史料与研究,1995年第3期。

中国国际战略学会举行抗战胜利五十周年学术讨论会,小林,抗日战争研究,1995年第3期。

中国合作运动的缘起与初试,侯德础,档案史料与研究,1995年第2期。

中国抗日战争国际地位研究的现状与问题,陈德鹏,安徽史学,1995年第2期。

中国抗日战争史史料问题学术讨论会综述,刘建业,抗日战争研究,1995年第3期。

中国抗战胜利五十周年纽约国际学术研讨会侧记,牛大勇,抗日战争研究,1995年第4期。

中国抗日战争与大后方经济中心简论,周勇,天府新论(增刊),1995年。

中国抗日战争与大后方经济中心,周勇,理论建设,1995年第5—6期。

中国抗战在世界反法西斯战争中的地位和作用,朱晨,北方工业大学学报,1995年第4期。

中国民主党派在抗日民族统一战线中的贡献,徐文生,四川社科界,1995年第5期。

中国民主同盟及其有关党派的抗战建国观论略,梁琴、洪传玉,江汉论坛,1995年第9期。

中国远征军滇缅战场抗日作战评析,黄光汉,国防大学学报,1995年第8—9期。

中国远征军赴缅抗战几个问题的探讨,马先彦、傅宏,贵州文史丛刊,1995年第4期。

中华民国史国际学术讨论会综述,陈红民、陈谦平,历史研究,1995年第2期。

中华僧侣在抗日救亡运动中的卓越贡献,徐焕佛,广东佛教,1995年第4期。

中美《平准基金协定》的签订与美国对华态度的变化,刘达永,贵州师范大学学报(社科版),1995年第3期。

中美《钨砂借款合约》的由来,刘达永,四川师范大学学报,1995年第1期。

中南地区党史学界纪念抗战胜利50周年学术讨论会在桂林举行,黄林毅,广西党史,1995年第6期。

周恩来三进桂林城,陈欣德,文史春秋,1995年第5期。

周恩来与抗日民族统一战线,黄志英,华南师范大学学报(社科版),1995年第3期。

追述蒋夫人抗战时期访美之行,吴伯卿,近代中国,1995年第8期。

自贡盐业在抗战经济中的作用和贡献,宋良曦,盐业史研究,1995年第3期。

罪证如山,不容抵赖:日机轰炸贵阳罪行采访记,张佩文,贵州文史丛刊,1995年第4期。

1996年

"郭沫若与乡土文化"学术讨论会会议综述,郭沫若学刊记者,郭沫若学刊,1996年第4期。

"国民大会议政会"刍议:抗战时期改革中央政治体制的重大设计,闻黎明,抗日战争研究,1996年第3期。

"抗日民族统一战线的经济政策"试析,唐正芝,湘潭大学学报(哲社版),1996年第5期。

"抗日战争领导权"观点综述,刘剑华,党史研究与教学,1996年第5期。

"抗战中的中流砥柱"冯玉祥,李晓红,史学月刊,1996年第5期。

"战国策"派史学再议,王桧林,民国研究(总第3辑),1996年。

"中华文化黔滇川访问团"访黔纪实,李永久,文史天地,1996年第1期。

《桂林革命史迹》一书年内出版,高榕,广西党史,1996年第4期。

《新华日报》与大后方团结抗战,张新华,探索,1996年第4期。

《云南抗日战争史》评介,王文成,抗日战争研究,1996年第4期。

1938—1947:《新华日报》在国统区的抗争,张霖,河南党史文汇,1996年第3期。

1942—1943年宋美龄访美与抗战后期的中美关系,朱坤泉,抗日战争研究,1996年第3期。

1943年中英关于西藏问题的交涉,陈谦平,历史研究,1996年第4期。

1995年抗日战争史研究的进展,曾景忠,抗日战争研究,1996年第2期。

陈嘉庚在国民参政会上的电报提案,周勇,文史精华,1996年第6期。

陈之佛与丰子恺重庆交往考——兼谈抗战时期的国立艺专,崔卫,常熟高等专科学校学报,1996年第3期。

重庆大韩民国临时政府旧址陈列馆简介,冯开文,当代韩国,1996年第2期。

重庆大隧道惨案死亡人数辩析,程雨辰,民国档案,1996年第4期。

重庆对抗日战争的重要贡献,牟敏昌、梁平,重庆大学学报(社科版),1996年第2期。

重庆抗战遗址概况,冯开文,抗日战争研究,1996年第2期。

从"史迪威事件"看蒋介石的消极抗战,李湘敏,福建师范大学学报(哲社版),1996年第1期。

从"五亿美元借款"的使用看国民政府的腐败,刘吕红,四川师范大学学报(哲社版),1996年第3期。

党的抗日民族统一战线与桂林文化城,陈欣德,中南民族学院学报(哲社版),1996年第1期。

地方实力派在抗日战争中的积极作用,方敏,首都师范大学学报(社科版),1996年第4期。

第21工厂厂歌,郭沫若,郭沫若学刊,1996年第3期。

第二次国共合作特点新论,张伟,安徽史学,1996年第4期。

第二次世界大战时期中国国际地位之我见,赵毓坤,党史纵览,1996年第2期。

滇缅公路与中国抗战,吴圳义著,蔡伟摘,团结报,1996年2月24日。

顶着风浪前进的《新华日报》歌乐山发行站,卢杰,新文化史料,1996年第1期。

读廖永祥的《新华日报纪事》,王火,中国记者,1996年第8期。

读矛盾的抗战杂文,范国华,重庆社会科学,1996年第4期。

对陈嘉庚的再认识:论陈嘉庚是位有战略眼光、有民族特色的华侨领袖,吴文华,南洋问题研究,1996年第3期。

对第二次世界大战史学的贡献:初读《中国抗日战争史》,王振德,世界历史,1996年第5期。

对国民党抗日的初步研究,黄元裕,常州教育学院学报,1996年第2期。

法币政策与抗日战争,姚会元,抗日战争研究,1996年第1期。

妇女抗战的足迹——介绍两种抗战时期的妇女刊物,燕明,徐州师范学院学报,1996年第1期。

复旦校友夏坝寻踪散记,周顺之,红岩春秋,1996年第1期。

刚柔相济的生命形态:老舍文化人格论之一,郭锡健,苏州大学学报(哲社版),1996年第4期。

关于成都机场事件的档案史料选(1937年12月—1938年8月),成都市档案馆,档案史料与研究,1996年第2期。

关于重庆国民政府的几个问题,杨光彦、张国镛,史学月刊,1996年第1期。

关于贵州民国史研究的几个问题:《贵州通史·民国卷》导言,熊宗仁,史志林,1996年第4期。

广西军事与抗战的贡献,梁学乾,广西文献(第71期),1996年。

贵阳地区抗日救国运动的历史经验,雷奎怀,贵州教育学院学报(社科版),1996年第4期。

贵州工业技术水平在抗战时期的显著提高,高丽,贵州档案史料,1996年第4期。

贵州省档案馆藏民国时期档案概述,曾修伦,贵州档案史料,1996年第1期。

桂林"八办"是创建桂林文化城的领导者,沈奕巨,学术论坛,1996年第3期。

桂林抗战文化研究,李建平,社科与经济信息,1996年第8期。

郭沫若的中国科学技术大学情结,胡胜友、吴文革,学校档案,1996年第4期。

郭沫若抗战时期历史剧的文化意义,陈晓春,郭沫若学刊,1996年第3期。

郭沫若与巴蜀文化(上),谭继和,郭沫若学刊,1996年第4期。

郭沫若与陈布雷,李莚华,郭沫若学刊,1996年第1期。

国民参政会浅析,廖继红,山西社科院院刊(夏),1996年。

国民参政会述论,章红,抗日战争研究,1996年第3期。

国民党当局限制、防范抗日民众团体活动史料一组(1938年—1940年),成都市档案馆,档案史料与研究,1996年第4期。

国民党军委会天水行营概述,陈长河,军事历史研究,1996年第3期。

国民党实权派的哲学思想(1925—1949),杨慧清,史学月刊,1996年第6期。

国民党统治时期贵州农田水利建设概述,平垣,贵州档案史料,1996年第2期。

国民党与三青团的关系及其矛盾之由来,贾维,近代史研究,1996年第4期。

国民政府时期公务员制度述略,姚琦,广东行政学院学报,1996年第2期。

国民政府赈济1942年青海牛瘟档案史料,杨智友编选,民国档案,1996年第2期。

弘扬红岩精神着眼于塑造当代重庆人,周勇,重庆社会科学,1996年第5期。

红岩精神:振兴重庆的精神支柱——访重庆市委副书记、重庆市委党校校长黄立沛同志采访记,周勇,理论建设,1996年第2期。

胡适对战时中美外交的努力与贡献(一九三七——一九四二),游维真,近代中国,1996年第6期。

华侨对抗日战争的贡献,李军,山西社科院院刊,1996年第3期。

华侨对祖国抗战的作用,余全有、胡焕平,天中学刊,1996年第1期。

华侨援助祖国抗战的内因初探,史识,广东社会科学(增刊),1996年。

华侨支援祖国抗战研究成果点评,任贵祥,抗日战争研究,1996年第3期。

黄炎培与中国共产党的合作,张葵,上海统战理论研究,1996年第3—4期。

回族在中国抗日战争中的贡献,马彦端,回族研究,1996年第2期。

活跃在桂东战后的《广西日报》昭平版,朱其现,梧州师专学报,1996年第3期。

记在川办学的金陵女子文理学院,裘曼如,民国春秋,1996年第2期。

纪念抗日战争暨世界反法西斯战争胜利五十周年学术讨论会纪要,赵克仁,世界历史,1996年第1期。

简论华侨在抗战中的重要贡献,韦俊世、李荣华,杭州大学学报(哲社版),1996年第1期。

简论抗战时期大后方农业生产及其发展的原因,邱松庆,党史研究与教学,1996年第2期。

简论抗战文学中的报告文学,史莽,文艺理论与批评,1996年第1期。

建设广西与抗战建国:二十八年三月三日在建设研究会第十二次全体大会中演讲,白崇禧,广西文献(第71期),1996年。

蒋桂矛盾与桂林抗战文化运动,谭肇毅,广西师范大学学报(哲社版),1996年第4期。

交响乐的一个"音符":李约瑟对中国抗日大后方的科学考察,道朗,玉林师专学报(哲社版),1996年第4期。

进行爱国主义教育的生动教材——读《重庆人民对抗战的贡献》,袁国圣,西南师范大学学报(哲社版),1996年第2期。

近代广西的交通建设(上)(下),朱浤源,广西文献,1996年第7—10期。

经济部管制物资及物价工作报告(1941年12月),郑永明编选,档案史料与研究,1996年第3期。

经济部西北工业考察通讯(下),李琴芳编选,民国档案,1996年第1期。

经济部中央地质调查所概况(1945年),李晓君编选,档案史料与研究,1996年第4期。

精神的飘流——论二十世纪四十年代国统区的小说,肖礼荣,四川师范学院学报(哲社版),1996年第2期。

旧时重庆的中华路,欧阳平,红岩春秋,1996年第3期。

抗敌剧社的杰出女战士方璧,少求,江淮文史,1996年第4期。

抗日救亡运动在资中,宋大杰,四川党史,1996年第4期。

抗日民族解放战争与宋庆龄的爱国主义,张磊,广东社会科学,1996年第4期。

抗日战争对海外华侨的影响,陶季邑,贵州大学学报(社科版),1996年第3期。

抗日战争期间的励志社,侯鸣皋原作,传记文学,1996年第6期。

抗日战争时期的国民政府教育,王安平,四川师范学院学报(哲社版),1996年第1期。

抗日战争时期的新疆国际交通线,倪立保,新疆师范大学学报(哲社版),1996年第2期。

抗日战争时期贵州的科研机构,高丽,贵州档案史料,1996年第2期。

抗日战争时期国民党的外债,贾小玫,理论导刊,1996年第2期。

抗日战争时期国统区经济之初探,李凯,延安大学学报(社科版),1996年第1期。

抗日战争时期通过云南的中苏军火贸易,陈茜,云南文史丛刊,1996年第4期。

抗日战争时期西北风情,傅振伦,甘肃史志通讯,1996年第2期。

抗日战争时期云南的新舞蹈艺术,吴开婉,民族艺术研究,1996年第1期。

抗日战争时期中国共产党对西北回族的政策和回族人民的抗日爱国活动,高占福、李荣珍,甘肃社会科学,1996年第3期。

抗日战争史研究的硕果——军事科学院编《中国抗日战争史》评介,王洪,抗日战争研究,1996年第1期。

抗日战争史研究的新成果:评《抗日战争史丛书》,侯样样,中国文化报,1996年10月30日。

抗日战争中的"驼峰"飞行,刘芳,中国西南文化研究(总第1辑),1996年。

抗日战争中的国共关系与中国政治前途论纲,王维礼,民国研究(总第3辑),1996年。

抗日战争中的史迪威与蒋介石,于伟峰,党史博采,1996年第2期。

抗日战争中的中国妇女,陈德贤,宁夏大学学报(社科版),1996年第1期。

抗日战争中中国海军的战略战术,苏小东,抗日战争研究,1996年第1期。

抗战爆发后南京国民政府国防联席会议记录,戚厚杰编选,民国档案,1996年第1期。

抗战大后方在华日人反战运动述论,李孟卿等,信阳师范学院学报(哲社版),1996年第4期。

抗战期间教会大学的西迁:以华中大学和湘雅医学院为例,马敏,华中师范大学学报(哲社版),1996年第2期。

抗战期间四川藏学研究概述,罗润苍,中国藏学,1996年第3期。

抗战期间云南黑井盐场的植树造林,吴强,云南档案,1996年第6期。

抗战期中迁都重庆时之中央党史史料编纂委员会(1946年),周晓编选,档案史料与研究,1996年第3期。

抗战胜利纪功碑的由来,杨耀健,文史精华,1996年第7期。

抗战时期的重庆卫戍总司令部,唐润明,档案史料与研究,1996年第1期。

抗战时期的《兵役法》和兵役署,方庆秋,民国档案,1996年第1期。

抗战时期的川江航运,张劲,四川师范学院学报(哲社版),1996年第1期。

抗战时期的弹劾制度,贺凌虚,近代中国,1996年第6期。

抗战时期的丰子恺,丰陈宝,民国春秋,1996年第2期。

抗战时期的甘肃新闻事业,李文,科学·经济·社会,1996年第1期。

抗战时期的高长虹及其创作,董大中,吕梁学刊,1996年第3期。

抗战时期的贵州农田水利建设,平垣编选,贵州档案史料,1996年第1期。

抗战时期的史良与妇女运动,许爱莲,历史教学问题,1996年第4期。

抗战时期的特矿运输路线及价格,唐凌,广西师范大学学报(哲社版),1996年第3期。

抗战时期的西南运输总队,广东省档案馆著,刘镜亮编选,民国档案,1996年第2期。

抗战时期的袁同礼先生,罗益群,图书与情报,1996年第1期。

抗战时期的云南新闻事业,王作舟,思想战线,1996年第2期。

抗战时期的昭平,韦浩明,梧州师专学报,1996年第1期。

抗战时期的中国煤矿市场,唐凌,近代史研究,1996年第4期。

抗战时期高校内迁概述,徐国利,天津师大学报(社科版),1996年第1期。

抗战时期贵州的科学技术,宋洪宪,贵州文史丛刊,1996年第3期。

抗战时期贵州农业的发展及其特点,林建曾,贵州社会科学,1996年第6期。

抗战时期贵州文化救亡运动述评,丁芝珍,贵州师范大学学报(社科版),1996年第2期。

抗战时期国民党战时经济政策述评,何刚,黄淮学刊(哲社版),1996年第1期。

抗战时期国民党战时体制的嬗变,张光宇编选,档案史料与研究,1996年第2期。

抗战时期国民政府的财金政策研究,张兆茹、张怡梅,河北师范大学学报(社科版),1996年第3期。

抗战时期国民政府国内公债政策研究,赵兴胜,民国研究(总第3辑),1996年。

抗战时期国统区师范教育述论,邓庆伟,四川师范大学学报(社科版),1996年第2期。

抗战时期后方经济新论,王端成,四川大学学报(哲社版),1996年第3期。

抗战时期活跃在滇军中的一支轻骑兵:十八师文艺工作队,余家惠,云南文史丛刊,1996年第2期。

抗战时期蒋介石哲学思想点评,关志钢,民国研究(总第3辑),1996年。

抗战时期陇东边区发展经济的政策和措施,李瑄,庆阳师专学报(社科版),1996年第1期。

抗战时期民主党派与大后方民主运动研究综述,李蓉,档案史料与研究,1996年第1期。

抗战时期南方局与西南地方实力派,孙金伟,殷都学刊,1996年第4期。

抗战时期平教会的农民抗战教育,蒋伟国,民国档案,1996年第1期。

抗战时期黔东湘西民变述评,石中光,怀化师专学报,1996年第2期。

抗战时期人口"西进运动"与西南城市的发展,何一民,社会科学研究,1996年第3期。

抗战时期日本以毒品换取中国内地战略物资史料,钟山译,档案与史学,1996年第4期。

抗战时期陕西军民抗日救国斗争纪略,梁星亮,西北大学学报(哲社版),1996年第3期。

抗战时期新疆培训特种兵始末,高新生、张玉凤,新疆大学学报(哲社版),1996年第4期。

抗战时期中共南方局海外统战工作的重大贡献,王忠事,重庆师范学院学报(哲社版),1996年第2期。

抗战时期中共南方局在国统区工作的历史功绩,彭承福,西南师范大学学报(哲社版),1996年第3期。

抗战时期中共中央南方局在国民党统治区工作的历史功绩,彭承福,中共党史研究,1996年第2期。

抗战时期中国的科学,〔英〕昂德逊著,张凤琦译,档案史料与研究,1996

年第4期。

抗战时期中国共产党在国统区的办报活动与宣传策略(上)(下),王晓岚,北京党史研究,1996年第1—2期。

抗战时期中国实业界的迁徙运动,吕芳止,团结报,1996年4月17日。

抗战时期中日的金融争夺战,冯都、王家红,江西社会科学,1996年第2期。

抗战时期中印公路测堪报告,黎霞等编选,档案与史学,1996年第2期。

抗战时期资源委员会厂矿的兴衰,王卫星,江海学刊,1996年第5期。

抗战相持阶段国民党处理国共关系的误国政策及危害,李银花,赣南师院学报(社科),1996年第1期。

抗战中的爱国侨领胡文虎,李金荣、陈惠芳,档案与史学,1996年第1期。

抗战中曾昭抡科学思想述评,戴美政,云南教育学院学报,1996年第1期。

孔祥熙与战时财政金融政策,杨斌,民国研究(总第3辑),1996年。

梁漱溟抗战思想评析,江继海、赵亭富,长白学刊,1996年第4期。

梁漱溟乡村建设理论的主要特征,刘江船,江西师范大学学报(哲社版),1996年第2期。

留学归国人才与国防设计委员会的创设,申晓云,近代史研究,1996年第3期。

卢作孚与宜昌大抢运,李严成,民国春秋,1996年第4期。

论"红岩精神"的实质及其意义,彭承福,重庆社会科学,1996年第3期。

论国民党政府统制时期的通货膨胀,李国环,南京经济学院学报,1996年第4期。

论国民政府迁都重庆的意义与作用,黄立人、郑洪泉,民国档案,1996年第2期。

论国民政府资源委员会在广西的矿业经营活动,唐凌,广西社会科学,1996年第5期。

论华侨在抗战中的历史贡献,章小朝,浙江师大学报(社科版),1996年第4期。

论抗战时期的大后方工业科技,黄立人,抗日战争研究,1996年第1期。

论抗战时期的民族主义思潮,陈廷湘,抗日战争研究,1996年第3期。

论抗战时期的少数民族诗歌,夏爵蓉,西南民族学院学报(哲社版),1996年第3期。

论抗战时期新疆新闻出版的特点,张玉凤,实事求是,1996年第3期。

论民主党派对抗日战争的贡献,周淑真,北京党史研究,1996年第9期。

论西南联大联合办校的基础与特色,王晓惠,云南教育学院学报,1996年第6期。

论夏衍对抗战剧运的理性思考:纪念夏衍同志逝世一周年,陈坚、赵宇,艺术百家,1996年第1期。

论中共对抗战时期国统区妇女运动的影响和作用,张媛,河南教育学院学报(哲社版),1996年第3期。

论中共南方局对民族资产阶级的统战工作,王忠事,四川师范大学学报(社科版),1996年第3期。

略论打通中印公路与滇缅战场大反攻,张天周,天中学刊,1996年第2期。

略论抗战时期的特矿销售,唐凌,学术论坛,1996年第3期。

略论美援与中美抗日同盟,任东来,抗日战争研究,1996年第2期。

马寅初在国统区被捕的前前后后,赵国恩,文史精华,1996年第7期。

毛泽民在抗战时期对新疆财政金融的改革,朱杨桂,新疆金融,1996年第7期。

茅盾与抗战时期的新疆新文化运动——纪念茅盾诞辰一百周年,陆维天,西域研究,1996年第3期。

美国媒体如何报道蒋夫人访美行——一九四三年二月二十日,石之瑜,近代中国,1996年第12期。

民国保甲制度研究述评,朱德新,安徽史学,1996年第1期。

民国各省旅黔同乡会,何君明,贵州档案史料,1996年第1期。

民国年间关于中国经济发展道路的几次论战,苗欣宇,学术月刊,1996年第8期。

民国时期贵州出版管理机构述略,陈琳,贵州文史丛刊,1996年第5期。

民国时期新疆创办的妇女专刊,王梅堂,新疆大学学报(哲社版),1996年第1期。

民国所得税之父:高秉坊其人其事,蒋仲甫、朱崇凯,档案史料与研究,1996年第1—2期。

民主党派是中共倡导的抗日救亡运动的重要组织者宣传者和参与者,徐士杰、吴耀东,理论探讨,1996年第3期。

民主党派在抗战中的地位与作用,李玉荣,山东师大学报(社科版),1996年第5期。

民族抗战文学的悲剧意识:评张廷竹抗日系列短篇小说,陈顺宣、张艺声,浙江师大学报(社科版),1996年第6期。

女大学生作抗战后援——记在川办学的金陵女子文理学院,裘曼如,民国春秋,1996年第2期。

平民将军冯玉祥,贾莉敏,泰安师专学报,1996年第4期。

评《抗战时期重庆的教育》,夏国红等,教育史研究,1996年第3期。

评抗战时期国民政府经济统制,刘殿君,南开经济研究,1996年第3期。

评述抗日战争时期的中国远征军,史向辉,吉林师范学院学报,1996年第1期。

千帆竞渡,百舸争流——抗战中的水运事业,张劲,同济大学学报(社科版),1996年第1期。

前事不忘后事之师:在中国抗日反法西斯文学研讨会开幕式上的发言,周而复,文艺理论与批评,1996年第1期。

前资源委员会委员长孙越崎,关国煊,传记文学,1996年第1期。

黔南之战与中国正面战场形势的转折,熊宗仁,贵州社会科学,1996年第3期。

浅论国民政府择迁重庆的几个问题,张国镛,档案史料与研究,1996年第1期。

浅析抗战时期高校内迁的作用和意义,徐国利,安徽史学,1996年第4期。

庆祝抗战胜利五十周年两岸学术研讨会综述,马振犊,民国研究(总第3

辑),1996年。

三青团的结束与党团合并,贾维,近代史研究,1996年第1期。

商务印书馆与民国时期图书馆学,邵友亮,江苏图书馆学报,1996年第3期。

身在禁中,心系抗日——抗战时期的张学良将军,高晓华,党史天地,1996年第12期。

盛世才与新疆,李嘉谷,近代史研究,1996年第6期。

史、陈(史迪威、陈纳德)矛盾及其对战时中美关系的影响,王真,辽宁师范大学学报(社科版),1996年第3期。

史迪威事件及影响,曾哲、李平,江汉论坛,1996年第7期。

试论国民政府战时外交体制中的制约机制,张连红,民国研究(总第3辑),1996年。

试论国统区抗日知识分子在抗日理论上的贡献,魏继昆,社会科学战线,1996年第6期。

试论抗日战争时期中国共产党与"工合"运动的关系,谢荣斌、张全省,宝鸡文理学院学报(社科版),1996年第1期。

试论中国抗日战争的西线战场,曾景忠,历史研究,1996年第2期。

试论中国远征军入缅抗战及在反法西斯战争中的地位和作用,戴孝庆,天府新论,1996年第5期。

试述华侨在抗战中的贡献,吴凤琴,佳木斯师专学报,1996年第3期。

试析国民参政会在抗日战争中的地位和作用,吕开金,四川社科界,1996年第3期。

试析民盟产生的历史原因,陶玉霞等,长白论丛,1996年第6期。

宋庆龄关于抗日战争的思想及其历史地位,肖学信,厦门大学学报(哲社版),1996年第4期。

陶行知在抗战时期民间外交活动中的贡献,吴梦进,徽州社会科学,1996年第3期。

田汉在桂林时期的统战思想,刘平,社会科学家,1996年第3期。

外国记者在战时重庆的报道活动记略,张功臣,现代传播,1996年第6期。

武汉荣家企业的创办与战时内迁,陈国清,档案史料与研究,1996年第1期。

西南联大知识分子群的形成与衰落,谢泳,二十一世纪,1996年第12期。

夏衍在抗战时期的一段历险生涯,王熙兰,名人传记,1996年第7期。

新安旅行团史略,张德鹏,档案与史学,1996年第5期。

新疆迪化飞机制造厂易手始末,蔡锦松,民国档案,1996年第3期。

新疆对抗日战争的贡献及其历史意义,庄鸿铸,新疆大学学报(哲社版),1996年第1期。

宣传抗日的《抗战大学》月刊,李峰,中国出版,1996年第2期。

晏阳初民本政治观初探,卢建华、李文珊,衡阳师专学报(社科版),1996年第1期。

叶圣陶与四川中小学教育,刘延旭,巴蜀史志,1996年第4期。

一部求实创新的货币史研究著作:评《金钱与战争:抗战时期货币史》,金正,中国货币,1996年第2期。

一次异常的工业化空间转动:抗日战争时期厂矿内迁的客观作用,林建曾,抗日战争研究,1996年第3期。

一九三九年一月:《救亡日报》在桂林复刊,广西党史,1996年第1期。

一位黔中抗日女战士的回忆,张廷生,文史天地,1996年第1期。

英国外交档案中有关宋子文1943年访英一组档案史料,陈谦平译,民国研究(总第3辑),1996年。

云南边疆各族人民与滇西抗战,高翠莲,中央民族大学学报,1996年第3期。

云南抗战时期文学概览,蒙树宏,云南文史丛刊,1996年第1期。

云南省财政厅统销事业概况(1941年),冯丽霞编选,档案史料与研究,1996年第1期。

在抗日烽火中诞生的新世纪剧社,傅铎,文史精华,1996年第6期。

在抗日战争中海外华侨的重大贡献,张树琪,杭州教育学院学报(社科版),1996年第1期。

在龙云身边的日子,杨怀忠,云南文史丛刊,1996年第1期。

战时儿童保育会史料一组,张海梅编选,民国档案,1996年第4期。

战时儿童保育会与难童救济,孙艳魁,民国春秋,1996年第2期。

战时生产局工作概况(1945年),唐润明编选,档案史料与研究,1996年第1期。

战时西南运输档案史料,黄菊艳编选,档案与史学,1996年第5期。

战时重庆见闻录,姜豪,档案与史学,1996年第3期。

张伯苓与中国近代体育运动:纪念著名爱国主义教育家张伯苓诞辰一百二十周年,申泮文、王刚,体育文史,1996年第5期。

张嘉璈与抗战交通,李占才,民国档案,1996年第1期。

张君劢与抗战时期的民主宪政运动探析,王玉祥,历史档案,1996年第2期。

这一片热土,这一方人民——读《重庆人民对抗战的贡献》,袁国望,重庆社会科学,1996年第2期。

中国"工合"运动组织情况概览,侯德础,档案史料与研究,1996年第2期。

中国第二历史档案馆馆藏民国时期重庆史料概述,喻春生,档案史料与研究,1996年第1期。

中国抗日战争在世界反法西斯战争中的地位,鄢建江,茂名学院学报,1996年第2期。

中国现代化呼唤现代陶行知:纪念中国陶行知研究会基金成立十周年,胡晓风、韩邦彦,行知研究,1996年第1期。

中国远征军滇缅战场歼日寇,冯国真,云南文史丛刊,1996年第1期。

中国远征军在滇西战场,胡朝刚,中学历史教学参考,1996年第9期。

中国战时儿童保育会:鲜为人知的统一战线实体,曹蓉,文史杂志,1996年第4期。

中国植物油料厂股份有限公司研究,袁剑秋,中国经济史研究,1996年第4期。

中共四川省委、中共重庆市委召开南方局党史暨《新华日报》报史座谈会报道,周勇,重庆地方史通讯,1996年第1期。

中间党派与抗战时期的民主宪政运动,黄敏,惠州大学学报(社科版),

1996年第3期。

中美《金属借款合约》的签订与美日贸易的困惑,刘达永,贵州师范大学学报(社科版),1996年第2期。

中缅印战场是中国抗日战争的第三个战场,范德伟,抗日战争研究,1996年第3期。

中日战争国际研讨会概述,沈于、齐福霖,世界历史,1996年第5期。

中英美在反对日本法西斯国际统一战线中的分歧与斗争,李世安,外交学院学报,1996年第1期。

重大的贡献　宝贵的经验启示——略论桂林文化城的鲁迅研究论著,刘泰隆,鲁迅研究月刊,1996年第1期。

周恩来抗战时期报刊思想述要,胡正强,编辑学刊,1996年第1期。

周恩来研究述评学术讨论会综述,会议报道组,党的文献,1996年第4期。

朱自清的抗战诗论,魏洪丘,景德镇高等专科学校学报,1996年第3期。

资源委员会的《三年计划》及其实施,戚如高、周媛,民国档案,1996年第2期。

资源委员会对战时重工业厂矿的管理与经营,王卫星,学海,1996年第2期。

资源委员会战时重工业建设的资金来源,王卫星,东南文化,1996年第2期。

纵观抗战时期中国的音乐,廖耀东,郴州师专学报,1996年第1期。

奏响抗日救亡的主旋律——回顾贵阳筑光音乐会,尹克恂,文史天地,1996年第1期。

1997年

"和平、民主、团结"与"统一"关系辨,王建科,江海学刊,1997年第5期。

"蒋委员长行辕"与"息烽大学",韩子栋,贵州文史天地,1997年第6期。

《新华日报》成都营业分处档案史料选,张际法等编选,民国档案,1997年第1期。

《新音乐》月刊在桂林的回忆,薛良,新文化史料,1997年第6期。

《新中华报》介绍,杨小川,抗日战争研究,1997年第1期。

1942—1943宋美龄访美原因、经过及其效果,徐旭阳,华中理工大学学报(社科版),1997年第1期。

1942—1945年国共关系述论,黄岭峻,华中理工大学学报(社科版),1997年第2期。

1942年国共两党代表的一次互访,李良志,党史天地,1997年第9期。

1942年中国银行滇缅境撤退回忆录,倪红编选,档案与史学,1997年第3期。

1942年中英新约谈判述论,王真,民国档案,1997年第2期。

爱国楷模,光辉业绩:记南洋华侨对抗战大业的贡献,杜松竹,档案史料与研究,1997年第2期。

北平研究院物理研究所工作述评(1929—1949),胡升华,物理,1997年第10期。

碧血丹心铸钢骨:记抗战时期三条国际运输线的开辟与保卫,宋力、梁永胜,团结报,1997年5月3日。

陈独秀晚年发展民族工业思想初探,张晓丽,党史纵览,1997年第5期。

陈光甫与中美桐油、滇锡贷款,张振江、任东来,抗日战争研究,1997年第1期。

陈纳德与中美关系,李公允,沈阳教育学院学报,1997年第4期。

成仿吾与统一战线工作,屈飞,人民政协报,1997年9月10日。

程思远谈桂林文化城,蔡定国,文史春秋,1997年第3期。

重庆大隧道惨案史料一组,王俊明编选,民国档案,1997年第1期。

重庆陪都文化资源与旅游开发,杨晓霞,经济地理,1997年第3期。

重庆市档案馆编研工作十年回顾,唐润明,档案与史学,1997年第4期。

重庆谈判期间《大公报》评析,吴廷俊,新闻大学,1997年第1期。

从抗日战争到国共内战时期中国的乡村建设运动——以中华平民教育促进会的乡村建设学院与华西试验区为中心,〔日〕山本真,史学,1997年第4

期。

从平静中透视血与水的艰难奋斗:《新华日报》的诞生及其从武汉向重庆的迁移,唐正芒,党史纵横,1997年第12期。

从天津到昆明:申泮文教授忆西南联大,陈建强,中华读书报,1997年7月16日。

从中美合作所主要活动看其实质,刘灿华、钱克锦,安徽史学,1997年第3期。

存缅物资抢运经过及损失报告(1942年),郑永明编选,档案史料与研究,1997年第2期。

大后方戏剧思潮的功能观念,李江,青海师专学报,1997年第3期。

邓颖超与国统区妇女抗日救亡运动,林庭芳,毛泽东思想研究,1997年第1期。

邓颖超与抗日战争时期的国民参政会,苟翠屏,西南师范大学学报(哲社版),1997年第1期。

第二次国共合作与国民党政权的覆灭无必然的联系,莫岳云,历史教学,1997年第1期。

滇西抗日战争纪念碑修建纪略,李维才、杨常锁,抗日战争研究,1997年第3期。

杜月笙与中国红十字会,朱小平,文史精华,1997年第1期。

对弘扬延安精神与红岩精神的几点思考,周勇,理论研究,1997年第1期。

风起云涌的兰州抗战文化活动,龚成瑾,兰州学刊,1997年第1期。

烽火弦歌忆旧游:怀念穆旦,并忆西南联大,赵瑞蕻,钟山,1997年第3期。

顾颉刚抗战期间的学术活动述论,田亮,淮北煤师院学报(哲社版),1997年第1期。

关于"陪都"史研究的几个问题,黄立人、郑洪泉,民国档案,1997年第1期。

关于《中国复兴枢纽——抗日战争的八年》,张振鹍,抗日战争研究,1997年第3期。

关于国民政府择迁重庆问题的再探讨,张国镛,西南师范大学学报(哲社版),1997年第1期。

关于南方局与红岩精神的探讨,郑洪泉、王明湘,重庆师范学院学报(哲社版),1997年第3期。

广西普及教育运动与抗战(上)(下),陈重光,广西文献(第75—76期),1997年。

桂林八路军办事处与香港,左超英,中国文物报,1997年7月27日。

桂林和重庆:大后方文坛的双璧,苏光文,社会科学家,1997年第1期。

郭沫若论四川文化精神,周九香,郭沫若学刊,1997年第4期。

国府迁渝与西南经济开发,唐润明,档案史料与研究,1997年第3期。

国共合作:全民抗战史诗的序幕——纪念第二次国共合作60周年,柴再顶,河南师范大学学报(哲社版),1997年第3期。

国共两党围绕新四军组建的磋商与斗争,郑复龙,福建党史月刊,1997年第6期。

国民参政会一届四次会议上孔祥熙回答参政员提问(1939年9月),胡懿编选,档案史料与研究,1997年第4期。

国民党对日"持久消耗战略"述析,李安增,齐鲁学刊,1997年第6期。

国民政府财政部为三北、鸿安两公司航业债券保息的一组史料,李琴芳编选,民国档案,1997年第4期。

国民政府战时外交决策机制初探,张连红,近代史研究,1997年第2期。

国统区和沦陷区妇女运动在抗战中的作用,周慧杰,北方论丛,1997年第6期。

海外华侨对抗日战争的贡献,吴玉忠,三明师专学报,1997年第1期。

骇人听闻的宣汉县杀壮丁案始末,李极良,巴蜀史志,1997年第2期。

何香凝与民革创立,尚文,团结报,1997年11月22日。

红岩精神的时代性:红岩精神的形成及其现实意义,丁贻劲、程汝强,重庆大学学报(社科版),1997年第3期。

黄炎培与抗日战争时期的第二次宪政运动,闻黎明,近代史研究,1997年第5期。

回忆抗战初期老舍先生在西安的一次讲演,周启祥,语文学刊,1997年第2期。

回忆抗战期间的复兴关训练,沈清尘著,沈建中整理,档案史料与研究,1997年第1期。

记抗战时期三位热爱杜诗的现代作家和学者,廖仲安,杜甫研究学刊,1997年第1期。

纪念爱国工商界的楷模胡子昂先生,经叔平,中华工商时报,1997年5月21日。

监察院施政概要(1941年11月),郑永明编选,档案与史料研究,1997年第3期。

简评中美合作所,刘灿华、钱克锦,档案史料与研究,1997年第2期。

简述新疆抗日民族统一战线的形成,朱裕生,新疆教育学院学报(汉文综合版),1997年第3期。

交通大学早期科技期刊史纲,荆树蓉,西安交通大学学报(社科版),1997年第2期。

近年来关于抗战时期中外关系研究述评,吴金松,华东师范大学学报(哲社版),1997年第5期。

近十年来抗日战争史研究述评,苏智良,学术月刊,1997年第8期。

经济部编:抗战前后全国工矿损益统计,刘鼎铭,民国档案,1997年第1期。

军统关于国民党六大召开时各派系斗争倾轧的情报辑录(1945年4—5月),宇尘编选,档案与史料研究,1997年第3期。

抗日战争内迁难民与内迁文化略论,张红,广西师范大学学报(哲社版),1997年第3期。

抗日战争时期的爱国主义史学思潮,田亮,学术月刊,1997年第9期。

抗日战争时期的陆军大学,季鹏,军事历史,1997年第1期。

抗日战争时期的陕西驿运,田霞,西北师大学报(社科版),1997年第3期。

抗日战争时期的西北地方实力派,赵晓燕,甘肃社会科学,1997年第3期。

抗日战争时期的驿运事业,陈红民,抗日战争研究,1997年第1期。

抗日战争时期贵州的科研机构,孔玲,贵州文史丛刊,1997年第1期。

抗日战争时期国共两党的"持久战"战略比较,徐嫩棠,山东医科大学学报(社科版)(增刊),1997年。

抗日战争时期海外华侨对祖国的贡献,丁丁,北京党史研究,1997年第4期。

抗日战争时期美国对华经济借款次数考,刘吕红,四川师范大学学报(哲社版),1997年第2期。

抗日战争时期内迁难民与内迁文化略论,张红,广西师范大学学报(哲社版),1997年第3期。

抗日战争时期新疆医疗卫生事业发展状况,孟勤,新疆地方志,1997年第2期。

抗日战争时期中国共产党的知识分子工作,李道豫,档案史料与研究,1997年第4期。

抗日战争是对中国各党派的一次大检阅——兼谈抗日战争胜利的伟大意义,史琳、朱海申,内蒙古师大学报,1997年第5期。

抗日战争与中国的民主主义——以章乃器的民众动员论为依据,〔日〕水羽信男,历史评论,1997年第569期。

抗日战争中的李约瑟博士,萨本仁,抗日战争研究,1997年第2期。

抗日战争中的西南联合大学,〔美〕易社强著,曾景忠等译,抗日战争研究,1997年第1期。

抗日战争中的云南妇女,王润裳等,云南史志,1997年第1期。

抗战初期国民政府迁都重庆经过,唐润明,民国春秋,1997年第6期。

抗战儿童文学的时代规范与救亡主题,王泉根,西南民族学院学报(哲社版),1997年第4期。

抗战烽火中的中华交响乐团,唐润明,档案与史学,1997年第6期。

抗战后期美国的对华政策与对苏外交,关绍纪,文史哲,1997年第3期。

抗战后期美国调处国共关系始末(上)(下),王静,文史精华,1997年第2—3期。

抗战后期孙科关于彻底清算日本军国主义的主张,左双文,长沙电力学院学报(社科版),1997年第3期。

抗战建国期间的广西空军(上)(中)(下),韦鼎峙,广西文献,1997年。

抗战期间白崇禧与中共的秘密交往,张宗高,文史精华,1997年第5期。

抗战期间陈诚呈蒋委员长意见书一组,刘维开,近代中国,1997年。

抗战期间出国留学管理,王春南,学海,1997年第2期。

抗战期间冯玉祥与周恩来的交往和友谊,王光远,档案史料与研究,1997年第2期。

抗战期间美国对华政策及其演变,梁长平,郑州大学学报(哲社版),1997年第3期。

抗战期间陕西(国统区)公路建设的发展及其功用,张文琳,西北史地,1997年第3期。

抗战期间田汉在湖南,王文珍,湖南党史,1997年第5期。

抗战期间中国的对外交通,简笙簧,历史月刊,1997年。

抗战期间竺可桢先生与文澜阁的《四库全书》,陈学溶,气象教育与科技,1997年第2期。

抗战前后国民党中央对四川的控制,刘正美,民国春秋,1997年第3期。

抗战前后文化思潮与"东方文化复兴"的历史主题及其发展,皇甫晓涛,吉林大学社会科学学报,1997年第6期。

抗战胜利前后施复亮经济建设思想述论,杨宏雨,复旦学报(社科版),1997年第6期。

抗战胜利前后重庆国民政府关于香港问题的交涉,袁成亮,苏州科技学院学报(社科版),1997年第3期。

抗战时期重庆的文学艺术,薛新力,渝州大学学报(社科版),1997年第2期。

抗战时期重庆美术活动掠影,禾子,文史杂志,1997年第4期。

抗战时期党的政策与民族凝聚力的形成,赵群、孙海涛,沈阳师范学院学报,1997年第3期。

抗战时期的"宪政"之争,孙玉玲,天中学刊,1997年第1期。

抗战时期的重庆教育,薛新力,重庆工商大学学报(社科版),1997年第1期。

抗战时期的川剧大师张德成,夏庭光,四川戏剧,1997年第6期。

抗战时期的广西省各界抗敌后援会,黎远明,广西地方志,1997年第3期。

抗战时期的郭沫若杂文,谷辅林,岱宗学刊,1997年第2期。

抗战时期的国共合作对中国民主政治的影响,张亚斌,延边大学学报(社科版),1997年第2期。

抗战时期的蹇先艾,王鸿儒,贵州文史天地,1997年第3期。

抗战时期的苗族爱国人士梁聚五,许士仁,贵州文史丛刊,1997年第3期。

抗战时期的西南边疆与民族研究,侯德础,民族杂志,1997年第2期。

抗战时期的中国经济,〔美〕柯伟林著,程雨辰译,卞历画校,档案史料与研究,1997年第3—4期。

抗战时期的中美关系述评,张来仪,华南师范大学学报(社科版),1997年第5期。

抗战时期工合运动的力量,魏宏运,史学月刊,1997年第4期。

抗战时期贵州农业科技发展的启示,吴遵林,贵州社会科学,1997年第3期。

抗战时期国共两党动员能力之比较,陈红民,二十一世纪,1997年2月号。

抗战时期国共双方围绕中外记者团的斗争,王晓岚,北京党史,1997年第4期。

抗战时期国民党排共、反共的新闻谋略与手段,王晓岚,新闻与传播研究,1997年第4期。

抗战时期国民政府的高等教育政策述略,侯德础、张勤,档案史料与研究,1997年第2期。

抗战时期国民政府田赋征实评析,于景洋,黑龙江财专学报,1997年第5期。

抗战时期国民政府通货膨胀政策评析,冯宪龙,社会科学辑刊,1997年第3期。

抗战时期国统区的妇女训练,晁海燕,西北大学学报(哲社版),1997年第4期。

抗战时期华侨对中国矿业的支持,唐凌,八桂侨刊,1997年第4期。

抗战时期华侨精英云集桂林,黎远明,八桂侨刊,1997年第4期。

抗战时期蒋介石和日本的秘密外交(上)(下),王光远,文史精华,1997年第3—4期。

抗战时期美国的"中国通"与美国对华政策,夏绍能,焦作师专学报,1997年第1期。

抗战时期美国对华政策的演变,赵艳慧,黄河学刊,1997年第2期。

抗战时期民主党派在重庆的抗日民主活动,樊伟,重庆师范学院学报(哲社版),1997年第1期。

抗战时期四川酒精工业史料选辑(1941—1942年),徐建明编选,档案史料与研究,1997年第2期。

抗战时期中国的外债问题,吴景平,抗日战争研究,1997年第1期。

抗战时期中印"驮运补给线"与美国战略情报局在中国西藏地区的地下活动,刘达永,四川师范大学学报(哲社版),1997年第4期。

抗战文学的知识女性与茅盾的《腐蚀》评论,陈开鸣,金筑大学学报,1997年第4期。

抗战文学简论——纪念抗日战争爆发六十周年,高文波,佳木斯大学社会科学学报,1997年第3期。

抗战中的翁文灏,陈学峰,团结报,1997年7月19日。

老舍与新诗,张宇宏,山东大学学报(哲社版),1997年第2期。

李清泉对祖国抗战的贡献及其成功因素,李天锡,八桂侨刊,1997年第3期。

良师·益友·知己:试论周恩来在统一战线工作中的人格力量,杜舟萍,上海统战理论研究,1997年第3期。

卢作孚的乡村建设理论与实践述论,王安平,社会科学研究,1997年第5期。

论党在抗日战争中的知识分子政策,林英,黔东南民族师专学报(哲社版),1997年第1期。

论第二次国共合作的共同纲领问题,沈海波,抗日战争研究,1997年第2期。

论国民党在全民族抗战局面形成中的作用,杨蜜蜜,贵阳师专学报(社科版),1997年第4期。

论国民政府抗战时期的金融体制,董长芝,抗日战争研究,1997年第4期。

论抗日战争时期国民党经济政策的调整,吕家毅,国家检察官学院学报,1997年第2期。

论抗战后期国民政府对国家与地方财政关系的重大调整,张神根,历史档案,1997年第1期。

论抗战时期的社会言情小说,孔庆东,中国现代文学研究丛刊,1997年第1期。

论抗战时期的中国青年党,伊建民,呼兰师专学报,1997年第1期。

论抗战时期的中间党派,李忠康,史志研究,1997年第3期。

论抗战时期国民党政府收复香港的尝试,祝中侠,池州师专学报,1997年第2期。

论抗战时期国统区的农贷,黄立人,近代史研究,1997年第6期。

论抗战时期国统区高考模式的改革,房列曙,安徽史学,1997年第1期。

论抗战时期后方的国营工矿业,董长芝,辽宁师范大学学报(社科版),1997年第5期。

论抗战时期中国政治发展的民主化趋势与集权统治的加强,张伟,安徽史学,1997年第3期。

论抗战文化运动在抗日战争中的地位和作用,高向远,陕西师范大学学报(哲社版),1997年第3期。

论老舍的抗战文学创作,甘海岚,北京社会科学,1997年第3期。

论民国时期四川农业的变迁,陈国生,四川师范大学学报(哲社版),1997年第1期。

论民盟一届三中全会的历史意义,李建军,贵州农学院丛刊,1997年第4期。

论三十年代的广西经济建设,谭肇毅,广西社会科学,1997年第1期。

论四十年代诗歌的历史发展,龙泉明,文学评论,1997年第2期。

论王礼锡的诗歌创作,王建平,广西大学学报(哲社版),1997年第5期。

论严杰人的诗歌创作,黄泽佩,毕节师专学报,1997年第2期。

论战争意识与中国现代文学,潘先伟,江海学刊,1997年第2期。

论中国抗日战场与世界其他反法西斯战场的相互支援与配合,彭训厚,军事历史研究,1997年第1期。

论周恩来团结大多数的思想和实践,董光训、南同茂,黑龙江统战理论研究,1997年第12期。

吕振羽和湖南文化抗战,范忠程,抗日战争研究,1997年第3期。

吕振羽与抗日文化宣传,范忠程,湖南师范大学社会科学学报,1997年第5期。

略论法币政策对抗战的作用,刘承斌,郑州大学学报(哲社版),1997年第6期。

略论法国败降对中国抗日战争的影响,张俊英,平顶山师专学报,1997年第5期。

略论共产党与救国会的抗日统战主张,陈伟桐,抗日战争研究,1997年第2期。

略论抗战时期四联总处在大后方的贷款政策,刘祯贵,档案史料与研究,1997年第2期。

毛泽东重庆谈判中的谋略,纪新青,公关世界,1997年第7期。

毛泽东在重庆谈判时的公众形象,张小满、陈德鹏,南都学坛,1997年第5期。

茅盾与周恩来在重庆的交往,张颖,文化月刊,1997年第6期。

美国和抗战时期中国的平准基金,吴景平,近代史研究,1997年第5期。

蒙自与西南联合大学文法学院,蒋连华,工会理论研究,1997年第4期。

缅怀父亲钱宝琮,钱熙,中国科技史料,1997年第2期。

南京民国政府农林部机构设置与变迁(1940—1949年),和文龙,中国农史,1997年第4期。

内迁工业与陕西,马金玲,唐都学刊,1997年第2期。

欧阳予倩在桂林,丁一,文史春秋,1997年第5期。

评国民党地方实力派在抗战中的作用,曹占英,沈阳师范学院学报(社科版),1997年第4期。

评抗战前期苏联对中国抗战的双重态度,薛德枢,青岛大学师范学院学报,1997年第4期。

评三十年代新桂系的经济政策和措施,范玉春,广西社会科学,1997年第1期。

评孙艳魁著《苦难的人流——抗战时期的难民》,彭敦文,抗日战争研究,1997年第4期。

浅论民主党派在抗战时期历史作用,高飞,牡丹江师范学院学报(哲社版),1997年第4期。

浅析抗战时期国民政府教育的作用,王安平,四川师范学院学报(哲社版),1997年第2期。

浅析抗战时期国统区高考模式的改革,房列曙,安徽史学,1997年第1期。

强硬的妥协——抗战后期国民政府收复新界的努力,陈武,党史文苑,1997年第3期。

抢修滇越公路档案史料,周凤九,云南档案(增刊),1997年。

清贫显志华:俞颂华在广西的办报活动,张鸿慰,新闻大学(冬季号),1997年。

日机对重庆的大轰炸,魏励勇,航空史研究,1997年第3期。

三八年,从武汉到桂林,曹英,红岩春秋,1997年第6期。

三青团独立"建党"的尝试及失败,马烈,民国春秋,1997年第6期。

三十年代抗日救亡运动中中共与民主党派争取民主的斗争,刘冰兰,探索,1997年第3期。

施甸遗存滇西抗日宣传标语宣传画,杨升义,抗日战争研究,1997年第1期。

史迪威与抗战后期中美关系,刘迎红,求是学刊,1997年第3期。

史述兰州大空战,徐华江,航空史研究,1997年第2期。

试论国民政府大西南大后方战略的确立,姜从山,扬州大学学报(社科版),1997年第4期。

试论抗日民主运动的兴起与共青团实行改造,王晓书,青年学研究,1997年第2期。

试论抗日战争时期蒋介石对日"和谈"问题,安成日、任龙哲,日本问题研究,1997年第2期。

试论抗日战争时期四联总处的工矿贴放政策,刘祯贵,四川师范大学学报(哲社版),1997年第2期。

试论抗战期间内迁重庆的高等院校,常云平,西南师范大学学报(哲社版),1997年第6期。

试论抗战时期陈垣的爱国主义史学思想,田亮,华东师范大学学报(哲社版),1997年第1期。

试论抗战时期国民党中央政府的财政金融政策,黄玲峻,史志研究,1997年第1期。

试论抗战时期美国对华政策的演变,张世均,重庆教育学院学报,1997年第1期。

试论民主革命时期民盟与国共两党关系的演变,吴祖鲲,珠海论坛,1997年第2期。

试论苏联对华政策对中国抗战的影响,周茶仙,上饶师范学院学报,1997年第2期。

试论中国远征军入缅抗战的原因,杨洪,思茅师专学报,1997年第1期。

视察滇缅公路工程报告,顾文彬,云南档案(增刊),1997年。

视察西祥公路工程报告,沙树勋,云南档案(增刊),1997年。

四川人民对抗战的贡献,温贤美,文史杂志,1997年第4期。

四川之丝业(1938年),周晓编选,档案史料与研究,1997年第3期。

四十年代云南社会学的发展,袁方,云南社会科学,1997年第5期。

四十年代中国走向民主国家的试验——梁漱溟与中国民主同盟的作用,余项科,中国研究日报,1997年第591号。

宋美龄在抗战时期的外交活动述评,唐曼珍、李军晓,史学月刊,1997年第6期。

宋庆龄与抗日民族统一战线,韩新路,中华女子学院学报,1997年第4期。

宋云彬的抗战爱国主义杂文,刘泰隆,新文学史料,1997年第3期。

台湾各大学研究所历届有关中国近代史研究之博硕士论文目录,丘慧君辑,近代中国史研究通讯,1997年。

天地正气,历史丰碑——滇西抗日战争概述,李枝彩,保山师专学报,1997年第1期。

通俗化、大众化、中国化与现实主义——论茅盾在抗战文学中的贡献,刘国清,南昌大学学报(社科版),1997年第1期。

皖南事变前后的国共谈判:仁至义尽的"临时解决办法十二条"(续),王静,团结报,1997年1月8日。

汪精卫叛离重庆与遇刺河内,贺吉元,中国档案报,1997年8月28日。

为"广西空军"作见证,黄树邦,广西文献,1997年。

我国回族抗日救亡活动概述,胡云生,抗日战争研究,1997年第1期。

五千译员:抗日战争中的一个特殊兵种(上),张良皋,中国社会报,1997年3月1日。

西南经济大事纪要(续五),重庆市档案馆,档案史料与研究,1997年第2期。

西南联大的教书和育人,杨立德,云南师范大学学报(哲社版),1997年第5期。

西南联大的精神和办学特色(上)(下),洪德铭,高等教育研究,1997年第1—2期。

西南运输处仰光分处运务档案史料,吴强编选,云南档案(增刊),1997年。

希望于广西建设研究会者,白崇禧,广西文献,1997年。

析工合运动在抗战中迅速兴起的原因,包爱芹,山东师大学报(社科版),1997年第2期。

喜读《中共与国民党地方实力派关系史》,金怡顺,中共党史研究,1997年第1期。

戏剧大师曹禺(上)(中),田本相、刘一军,新文化史料,1997年第4—5期。

现代文人在抗战中,霍秀全,新闻出版报,1997年7月29日。

乡下人的第四段旅程——沈从文抗战时期在昆明,任兆胜,吉首大学学报(社科版),1997年第1期。

相濡以沫在"育才"——记抗战时期陶行知先生与共产党人的友谊,邬蓉桦,文史杂志,1997年第5期。

湘桂粤赣四省工矿调查总报告(1943年8月),李寿臣编选,档案史料与研究,1997年第4期。

潇洒容与,自然天成——谈《雅舍小品》的语言艺术,文小妮,写作,1997年第7期。

新疆妇女运动的兴起,刘云、王颖,新疆大学学报(哲社版),1997年第4期。

新疆抗日民族统一战线的建立及作用,王棣,中共党史资料,1997年第12期。

新时期的大团圆:纪念孩子剧团成立60周年,曙晨,新文化史料,1997年第5期。

一部独特的知识妇女主题作品——并及茅盾对《腐蚀》女主人公的情感倾向,陈开鸣,琼州大学学报,1997年第4期。

一部颇具特色的民国外交史著《中华民国外交史纲》读后,李福林,民国档案,1997年第1期。

一次鲜为人知的谈判:林彪代表毛泽东会见蒋介石,王勇,党史纵横,1997年第12期。

忆熊佛西创办四川省立剧校,方新,新文化史料,1997年第6期。

尹明德和他的滇西抗日《宣慰日记》,尹诏源,云南文史丛刊,1997年第4期。

印度国大党和印度人民对中国抗日战争的支持,林承节,南亚研究,1997年第1期。

永利化学工业公司与范旭东——抗战时期的国民党与企业,〔日〕贵志俊彦,中国近代化,1997年第2期。

在"爆炸"和"潜沉"中飞跃——抗战时期的大后方戏剧浅探,储坚,梧州师专学报,1997年第4期。

在缅甸物资抢运经过及报告(1942年),郑永明编选,档案史料与研究,1997年第2期。

战时儿童保育会的难童救济工作初探,孙艳魁,江汉论坛,1997年第5期。

战时文化界抗日团体组织活动史料选,戴秀荣等编选,民国档案,1997年第3期。

战时中国儿童保育会纪事,兰鸟,上海档案,1997年第1期。

张季鸾与抗战时期的中日和谈,卫金桂,民国春秋,1997年第5期。

张澜在南充创办实业教育初探,高梧,四川师范学院学报(哲社版),1997年第2期。

张西曼在两次国共合作中的革命文化活动,张小曼,新文化史料,1997年第5期。

张颖:抗战时期党与文化界人士的联络人,如歌,纵横,1997年第12期。

针锋相对,寸步不让:记皖南事变后周恩来领导的政治反攻,陈全,党史纵览,1997年第5期。

珍珠港事件爆发前国民政府不对日宣战之原因,张皓、陈国文,北京档案史料,1997年第3期。

智慧与真情(上篇)(下篇):记周恩来与国民党将领的交往,尹家民,文汇报,1997年9月9—10日。

中国共产党与抗日民族统一战线,潘舰萍,重庆党史研究资料,1997年第4期。

中国滑翔总会1943年度工作报告(1943年12月),李寿臣编选,档案与史料研究,1997年第3期。

中国化工界的伟人:侯德榜(1944年1月14日),程雨辰编选,档案史料与研究,1997年第4期。

中国话剧的战斗历程,欧阳山尊,新文化史料,1997年第5期。

中国近代妇女爱国运动与女权运动,〔韩〕尹美英,中华女子学院学报,1997年第2期。

中国抗日战争时期的西方传教士,吴邦江,史学集刊,1997年第3期。

中国抗战文艺活动纪事(连载),石雅娟、吴京波,新文化史料,1997年第1—2期。

中国民主同盟组织演变述评,秦立海,山东师范大学学报(社科版),1997年第6期。

中国社会主义青年团的建立对广西的影响,龙润生,广西地方志,1997年第6期。

中国行政管理学会(稷社)始末,沈清尘遗稿,沈建中整理,民国档案,1997年第4期。

中国音乐教育史简编(下·续),刘大坚,星海音乐学院学报,1997年第3期。

中国远征军第一次入缅作战失败的军事原因,赵占伟、楚保玲,南都学坛,1997年第4期。

中华农学会概况(1943年4月),李寿臣编选,档案史料与研究,1997年第1期。

周恩来建立与领导的革命文艺队伍:演剧队的音乐活动综述,向延生,音乐研究,1997年第3期。

周恩来抗战时期的国际统一战线思想,袁本文,北方工业大学学报,1997年第2期。

周恩来力争白崇禧共同抗战,张宗高,统一论坛,1997年第2期。

周恩来与马歇尔使命,章百家,近代史研究,1997年第4期。

周恩来与南方局的军事工作,璞玉霍,军事历史研究,1997年第1期。

周恩来与云南的民主运动,杨军,云南日报,1997年1月8日。

卓越的贡献　永恒的怀念:周恩来在抗日民族统一战线形成和发展中的伟大作用,姜爱凤,世界共运研究,1997年第4期。

资源委员会与战时国防重工业建设,王卫星,抗日战争研究,1997年第4期。

资源委员会在贵州的活动,孔玲,贵州社会科学,1997年第5期。

足食与足兵——战时陕西省的军事动员,张力,陕西文献,1997年。

遵循文艺规律,尊重文艺人才(周恩来对文艺工作的领导艺术),李敬敏,重庆师范学院学报(哲社版),1997年第2期。

1998 年

"二四"轰炸后贵阳灾区房屋建筑管理史料选辑,田红,贵州档案史料,1998年第1期。

"陪都"进步美术运动的旗帜——抗战时期重庆的木刻运动探析,吕晓,渝西学院学报(社科版),1998年第2期。

"生存意识"与抗战文学——谈抗战时期的小说创作,尤冬克,北方论丛,1998年第4期。

《大美晚报》中国情况报告(1941年),何品选译,档案与史学,1998年第3期。

《寒夜》家庭悲剧原因初探,才嘉红,黑龙江教育学院学报,1998年第3期。

《抗战时期大后方经济史研究》序,魏宏运,档案史料与研究,1998年第3期。

1933—1949年中国与罗马教廷的关系,顾卫民,上海教育学院学报,1998年第2期。

1937—1941年美国对华政策,王韵华,历史教学,1998年第4期。

1937年至1947年间榕江特大灾害记,杨占贤,贵州档案史料,1998年第2期。

1941—1945年的美国对华政策与美蒋关系,白冶钢,理论导刊,1998年第9期。

1943年中英关于西藏问题交涉的一组外交档案,陈谦平译,民国研究(总第4辑),1998年。

1945年美国纳尔逊代表团访华史料选,何品编选翻译,档案与史学,1998年第5期。

20世纪上半叶中国的海洋地理学,张九辰,中国科技史料,1998年第3期。

北碚扶植自耕农示范区史料选编(1941—1948年),重庆市档案馆,档案史料与研究,1998年第2—3期。

财政部贸易委员会工作概况(1938年9月),胡懿编选,档案史料与研究,1998年第3期。

参加中国抗战的苏联志愿飞行员,高新生,新疆大学学报(哲社版),1998年第1期。

重庆"特园"——光荣的"民主之家":记鲜英,李起民,中国青年报,1998年5月9日。

重庆防空司令部防空情报史要(1943年10月),周晓编选,档案史料与研究,1998年第3期。

重庆防空司令部管理处工作概况(1942年4月),郑永明编选,档案史料与研究,1998年第3期。

重庆国民政府政治体制特点刍论,杨光彦、张国镛,档案史料与研究,1998年第1期。

重庆日租界的收回,邓沛,民国春秋,1998年第5期。

重庆谈判期间中国共产党的舆论策略与实践,谭炳华,湘潭师范学院学报(社科版),1998年第5期。

重温光辉历史,光大优良传统:中国致公党,罗豪才,人民政协报,1998年9月24日。

川军在抗日战争中的重要表现,方秋苇,民国档案,1998年第2期。

从"商办云南耀龙电灯公司"看中国近代民族民间资本,郭思智,云南财贸学院学报,1998年第1期。

从"童真"到"莽汉"的艺术史价值——绿原建国前诗路历程新识,李怡,贵州社会科学,1998年第5期。

从桂林图书馆抗战文献特藏的形成与功用看图书馆与社会环境相互依存关系,尹晓敏,社会科学家,1998年第5期。

从抗日战争时期到解放战争时期国民党政府土地行政管理——地籍整理、人员、机构,〔日〕山本真,史学杂志,1998年第39期。

从史迪威到马歇尔:40年代中美关系一瞥(上)(下),邓丽兰、陈学峰,天津党史,1998年第3—4期。

从温和的调解者到坚定的反对者——抗战胜利后民盟对国民党当局态度的转变,雷炳炎,党史纵览,1998年第4期。

从中央政治学校大理分院到国立大理师范,杨永昌,民族工作,1998年第7期。

大国形象的塑造与中国国际地位的变迁:读《剑桥中华民国史》,陈雁,探索与争鸣,1998年第3期。

大后方文化区散忆,左和金,红岩春秋,1998年第1期。

道德意识和审美意识的交错——国统区抗战文学的知识分子形象,王颖,绍兴文理学院学报,1998年第3期。

第二次国共合作史研究综述,何仲山,民国档案,1998年第2期。

第五届近百年中日关系史国际研讨会综述,京中,抗日战争研究,1998年第4期。

滇缅公路运输情形报告(1940年5月),郑永明编选,档案史料与研究,1998年第4期。

读《抗日战争时期美国对华政策》,祝明,东岳论丛,1998年第4期。

杜重远和他传播的新疆新闻,王洪祥、李瑛,新疆新闻界,1998年第4期。

对抗日战争时期四联总处农贷政策的几点思考,刘祯贵,四川师范大学学报(社科版),1998年第2期。

对日抗战胜利前之云南,谭家禄,云南文献,1998年第28期。

高校内迁与战时西南科技文化事业,侯德础,抗日战争研究,1998年第2期。

各省市文化运动组织及工作概要(1943年),文婧编选,档案史料与研究,1998年第3期。

关于"抗战时期高校内迁"的几个问题,徐国利,抗日战争研究,1998年第2期。

关于仁安羌战役两则史实的考证,唐维华,抗日战争研究,1998年第4期。

贵阳模范工厂,龙珊,贵州档案史料,1998年第4期。

贵州省三四十年代的新生活运动,龙珊,贵州档案史料,1998年第2期。

贵州西路事变概述,李志高,贵州文史丛刊,1998年第4期。

广西警察教育沧桑史,豪侠,广西文献(第79期),1998年。

国共两党对日持久战思想之比较,顾莹惠、朱蓉蓉,龙江党史,1998年第4期。

国际友人在抗日战争中的贡献和作用,张注洪,历史档案,1998年第3期。

国际政治与中国抗战局势,闫玉田,河北大学学报(哲社版),1998年第2期。

国民党持久战略是何时形成的?,姜从山、崔斌,许昌师专学报(社科版),1998年第1期。

国民党军队对日的无线电侦察战,肖占中,炎黄春秋,1998年第2期。

国民党消极抗日对其政权衰败的影响,黄爱军,衡阳师专学报,1998年第2期。

国民政府财政部重庆查干班,伯亮,档案史料与研究,1998年第2期。

国民政府建国大纲之研究,乔宝泰,近代中国(总第125期),1998年。

国民政府教育部对辅仁、中国两大学抗战期间的调查,乔凌霄编选,北京档案史料,1998年第6期。

国民政府抗战教育政策的形成及其决策心理,余子侠,华中师范大学学报(社科版),1998年第2期。

国民政府修改颁布保险法及保险业法施行法,梅桂,北京档案史料,1998年第3期。

国难时期"专家会议"始末(上)(下),洪喜美,近代中国(总第123—124期),1998年。

号兵:神秘的本体象征形象——艾青叙事诗《吹号者》赏析,丁敏,名作欣赏,1998年第6期。

胡鄂公草拟《抗战建国财政大纲》致孔令侃电,民国档案,1998年第2期。

胡适与抗战时期的国际关系,房列曙,芜湖职业技术学院学报,1998年第2期。

华侨在抗战中的宣传工作,沈燕清,八桂侨史,1998年第1期。

回顾与思考:与中苏关系亲历者的对话,丁明,团结报,1998年4月23、

25、28日。

回忆抗战时期的重庆新闻学院——并怀念国际宣传史上的一群小兵,马大任,传记文学,1998年第1期。

记丰子恺抗日时期在宜山、环江、河池的生活片断,韦人庆,广西广播电视大学学报,1998年第2期。

记抗战期间《大公报》的一段往事,王芝琛,民主,1998年第10期。

简论抗战时期国民政府的高等教育政策,沈岚,民国档案,1998年第2期。

简评温贤美主编《抗战时期的国共关系》,王庭科,文史杂志,1998年第3期。

简述抗战前期桂东的抗战宣传活动,韦浩明,梧州师专学报,1998年第4期。

简述抗战时期国民政府的兵役制度,黄安余,民国档案,1998年第3期。

建设坚强的战斗的云南地下党:学习贯彻周恩来关于国民党统治区工作方针的回忆(上)(下),郑伯克,党史月刊,1998年第1—2期。

近代西南地区经济开发述论,潘洵,西南师范大学学报(哲社版),1998年第1期。

近代云南开放与少数民族经济,郭亚非,云南师范大学学报(哲社版),1998年第3期。

近代知名实业家刘鸿生与火柴工业,杨浙东,浙江师大学报,1998年第1期。

近代中国的盐业专卖制度及其改革努力,〔日〕渡边惇,日本盐业的研究,1998年第26期。

近现代中国与缅甸的贸易往来,聂德宁,南洋问题研究,1998年第4期。

具有浓郁地方特色的文化志书,赵虹,广西地方志,1998年第4期。

聚兴诚银行周报中有中日关系史料辑录(一)(二)(三),唐润明选编,档案与史学,1998年第3—5期。

抗日民族统一战线没有共同纲领质疑,方小年,湖南师范大学社会科学学报,1998年第4期。

抗日战争和解放战争时期中国报刊事业简论,方晓红,南京师大学报(社科版),1998年第3期。

抗日战争期间的中美驼峰空运,何铭,团结报,1998年6月25日。

抗日战争时期的航空研究院及其历史价值,傅海辉,中国科技史料,1998年第3期。

抗日战争时期的沙汀,陈兴荣,四川党史,1998年第4期。

抗日战争时期的新生活运动,段瑞聪,史学杂志,1998年第34期。

抗日战争时期的中国第三种力量,闻黎明,抗日战争研究,1998年第2期。

抗日战争时期国民政府的财政收入与物价,钟思远,天府新论,1998年第6期。

抗日战争时期美国对华政策的制订,阳春喜,湖湘论坛,1998年第3期。

抗日战争时期我国的股票市场,宋士云,齐鲁学刊,1998年第5期。

抗日战争与湖南社会的演进,范忠程,湖南师范大学社会科学学报,1998年第4期。

抗日战争与中国"工合"运动,管柏年、吴晓军,甘肃理论学刊,1998年第5期。

抗日战争中的苏中关系,王世雄,祁连学刊,1998年第1期。

抗战初期的广西民众动员,黄同仇,广西文献(第80期),1998年。

抗战初期武汉工厂内迁,郭其耀,武汉文史资料,1998年第3期。

抗战初期杨杰等赴法寻求军援与孔祥熙等来往文电选(上),杨斌编选,民国档案,1998年第4期。

抗战初期中间党派对国共两党的态度,刘建国,历史教学,1998年第5期。

抗战后期国民党的腐败与危机,聿玉,中国青年报,1998年4月4日。

抗战后期十万知识青年从军热潮述评,周春雨,军事历史研究,1998年第3期。

抗战期间的重庆《大公报》,张玉芳,文史精华,1998年第1期。

抗战期间的贵州省党政联席会议,平垣,贵州档案史料,1998年第2期。

抗战期间中国人民的台湾主权观,张霖,历史教学,1998年第5期。

抗战期间周恩来同国民党争夺叶挺的三个回合,吴祥安,党史纵览,1998年第1期。

抗战前后《大公报》倡导滑翔运动始末,王芝琛,团结报,1998年7月25日。

抗战前后的两种宪法观,许章润,二十一世纪,1998年第47号。

抗战前期国民政府对印支通道的经营,刘卫东,近代史研究,1998年第5期。

抗战前中国城市工业布局的初步考察,谢放,中国经济史研究,1998年第3期。

抗战胜利纪念日,王文,民国春秋,1998年第3期。

抗战时期北疆公路的发展及其对全国抗战的贡献,梁丰江,新疆地方志,1998年第3期。

抗战时期陈嘉庚第二次桂林之行与他反陈仪祸闽斗争的关系探微,张坚,广西师范大学学报(哲社版)(增刊),1998年。

抗战时期陈孔关于学生贷金的争议,刘敬坤,民国春秋,1998年第1期。

抗战时期重庆的新闻出版事业,薛新力,重庆工商大学学报(社科版),1998年第1期。

抗战时期重庆的人口变迁及影响,唐润明,重庆师范学院学报(哲社版),1998年第3期。

抗战时期川滇金沙江水陆联运线的开辟,夏强疆,档案史料与研究,1998年第4期。

抗战时期大后方援助贫病作家运动,唐正芒,湖南,党史文汇,1998年第12期。

抗战时期戴季陶与中印文化交流,李娟丽,山东师大学报(社科版),1998年第3期。

抗战时期的《抗战大学》杂志,陈华,广东党史,1998年第3期。

抗战时期的第一次民主宪政运动,姜平,党史研究资料,1998年第9期。

抗战时期的电影观念,李道新,电影文学,1998年第12期。

抗战时期的国共宣传战,王晓岚,北京党史,1998年第1—2期。

抗战时期的中国外债,宓汝成,中国经济史研究,1998年第2期。

抗战时期的周钢鸣,丘振声,广西文史,1998年第1期。

抗战时期邓颖超与中国妇女运动述论,杨小敏,天水师范学院学报,1998

年第4期。

抗战时期滇缅路的修筑及价值评析,张永明,陕西师范大学学报(哲社版)(增刊),1998年。

抗战时期法币的大小票问题:通货发行与物价上涨史实的一个观察,林美莉,"中研院"近史所集刊,1998年第29期。

抗战时期公营矿业经营管理探析,唐凌,广西师范大学学报(哲社版),1998年第1期。

抗战时期贵州的消费合作社,志源,贵州档案史料,1998年第4期。

抗战时期桂林的体育宣传,梁柱平,体育文史,1998年第2期。

抗战时期国共两党持久战略之比较,孙玉玲,天中学刊,1998年第1期。

抗战时期国民党的军队报刊,王晓岚,军事历史,1998年第1期。

抗战时期国民政府对工商业团体的管制,蔡勤禹,河北师范大学学报(哲社版),1998年第3期。

抗战时期国民政府体制结构分析,李祖全,常德师范学院学报(社科版),1998年第5期。

抗战时期国统区的盐专卖设计,李鸿彬,盐业史研究,1998年第1期。

抗战时期骇人听闻的重庆大隧道惨案,赵子云,紫金岁月,1998年第6期。

抗战时期蒋管区兵役奇闻,樊崧甫,档案与史学,1998年第1期。

抗战时期教会高校的迁变,余子侠,抗日战争研究,1998年第2期。

抗战时期教育部学术审议委员会述论,张瑾,近代史研究,1998年第2期。

抗战时期美国供给中国政府租借物资流向问题初探,赵先明,西昌师专学报,1998年第3期。

抗战时期美国租借物资与西昌的历史联系,赵先明,四川师范大学学报(哲社版),1998年第3期。

抗战时期内迁工厂对贵州经济的影响,廖光珍,贵州师范大学学报(社科版),1998年第4期。

抗战时期迁都重庆之中央研究院,钱建明,民国档案,1998年第2期。

抗战时期四川"特种工程"修建始末,刘祯贵,成都大学学报(社科版),

1998年第2期。

抗战时期苏联对华政策述论,文晓燕,江西社会科学,1998年第10期。

抗战时期沱江流域制糖业的近代化,刘志英,文史杂志,1998年第6期。

抗战时期西昌的科研成就——从抗战到大陆变色(西昌大本营外纪之一),胡崇均,中外杂志,1998年第2期。

抗战时期西南地区的史学研究,陈国生,史学史研究,1998年第3期。

抗战时期西南农村经济的矛盾发展,毛磊、项晨光,档案史料与研究,1998年第1期。

抗战时期西南主要科学技术团体概说,张凤琦,档案史料与研究,1998年第4期。

抗战时期新桂系治皖,申晓,抗日战争研究,1998年第2期。

抗战时期修筑滇缅公路二三事,李义钦,团结报,1998年12月10日。

抗战时期浙大学科优势及其延续——四十年代全国高校学业竞试成绩比较分析,龚黎坪,杭州大学学报(哲社版),1998年第3期。

抗战时期中共中央南方局对地方实力派的统战工作,周建华,广东教育学院学报,1998年第3期。

抗战时期中国大国地位之历史反思,张小燕,军事历史,1998年第6期。

抗战时期中越红河水陆联运线的开辟,夏强疆,档案与史学,1998年第3期。

抗战时期周恩来从事统战工作的特色,袁本文,信阳师范学院学报(哲社版),1998年第2期。

抗战时期周恩来对统一战线理论的贡献,王作峰,徐州师范大学学报(哲社版),1998年第2期。

抗战时期资源委员会的技术推进与人才培养,虞亚梅,民国档案,1998年第4期。

抗战文艺研究60年回眸,章绍嗣,抗日战争研究,1998年第4期。

抗战文艺运动中的一面旗帜——国统区高尔基纪念活动及其意义述略,崔石岗,滨州师专学报,1998年第3期。

抗战相持阶段孔祥熙与日本的秘密和谈,杨汉卿,河南大学学报(社科版),1998年第6期。

抗战中的西南枢纽——记八路军贵阳交通站,万登学,党史纵横,1998年第6期。

抗战中后期国统区民主宪政运动的发端与演进,王丽华,天津职业大学学报,1998年第1期。

抗战中后期前苏联与国民党政府关系恶化的原因,薛德枢,滨州师专学报,1998年第3期。

老相册再现日军轰炸重庆罪证,朱强章,中州今古,1998年第4期。

梁漱溟"乡村建设"述论,孙继文,河南大学学报(社科版),1998年第2期。

领袖与严师——回忆办《新华日报》和《群众》周刊时的周恩来同志,郑新如,求是,1998年第5期。

论"北碚扶植自耕农示范区",黄立人、章欣,档案与史料研究,1998年第1期。

论"战国策派"的历史警醒意识,雷戈,常德师范学院学报(社科版),1998年第5期。

论《苏日中立条约》的签订及其对中国抗战的实际影响,李嘉谷,抗日战争研究,1998年第1期。

论陈嘉庚对支援祖国抗战的特殊作用与贡献,包爱芹,山东师大学报(社科版),1998年第4期。

论国统区抗日知识分子队伍发展的社会因素,魏继昆,长白学刊,1998年第2期。

论红岩文化及其发展,杨益言,重庆大学学报(社科版),1998年第3期。

论抗日战争时期国民党人的新闻思想,蔡铭泽,新闻与传播研究,1998年第2期。

论抗日战争时期湖北工业的内迁,徐旭阳,湖北师范学院学报(哲社版),1998年第4期。

论抗战时期的中美空军联合作战,沈绍根,湘潭大学社会科学学报,1998

年第3期。

论抗战时期国民党的对外新闻宣传策略,王晓岚,抗日战争研究,1998年第3期。

论抗战时期国民党对共产党的政治策略,王树林,革命春秋,1998年第2期。

论抗战时期蒋介石同地方实力派之关系,刘国武,华中理工大学学报(社科版),1998年第3期。

论抗战时期四川沱江流域的制糖工业,刘志英,内江师范学院学报,1998年第3期。

论抗战时期乡土小说的现代意识,马矣,南京师大学报(社科版),1998年第3期。

论抗战时期周恩来争取国民党地方实力派的历史地位与作用,高正礼,中央社会主义学院学报,1998年第3期。

论雷沛鸿的高等教育思想,李全伟,广西大学学报(哲社版),1998年第6期。

论联合政府运动兴起时各党派的政治洞见及其分歧实质,钱湘弘,辽宁师范大学学报(社科版),1998年第5—6期。

论民主党派产生的社会历史文化基因,李玲波,楚雄师专学报(社科版),1998年第2期。

论四十年代民歌体诗歌的发展,李建东,河南师范大学学报(哲社版),1998年第1期。

论苏联在中国抗日战争中的作用和影响,高向远,人文杂志,1998年第3期。

论中国传统文化在抗战文学中的表现,高文波,固原师专学报,1998年第1期。

论中国抗战对"先欧后亚"战略原则实施的支援,张世均,青海社会科学,1998年第4期。

论中间党派在1939—1945年宪政运动中的宪政设计,王永祥、王丽华,南开学报(哲社版),1998年第1期。

论周恩来革命的前进的人生观——纪念周恩来同志诞辰100周年,李吉,益阳师专学报,1998年第2期。

略论抗日战争时期苏联参加对日作战问题,罗志刚,武汉大学学报(哲社版),1998年第1期。

略论云南近代工业发展的三个时期及其性质和影响,林晓星、牛鸿斌,昆明师专学报(哲社版),1998年第2期。

略述民国时期甘肃省的期刊,高士荣,北京图书馆馆刊,1998年第3期。

马寅初:黄金与法币(1943年11月3日),胡懿编选,档案史料与研究,1998年第2期。

茅盾先生在桂林,曾国民,文史春秋,1998年第1期。

茅舍数楹梯山路——解读梁实秋文坛生涯的一个视角,秋禾,书屋,1998年第2期。

美国人民援华抗日的飞行使者:飞虎队赴华参战初探,赵勇,昆明师专学报(哲社版),1998年第2期。

民国28年我国经济动态之回顾(1940年),重庆市档案馆,档案史料与研究,1998年第2期。

民国贵阳商会沿革与同业公会之组织,王勺,贵州文史丛刊,1998年第1期。

民主党派与第二次国共合作,孙堂厚,社会科学辑刊,1998年第3期。

民主革命时期的中国致公党,夏明星,文史精华,1998年第10期。

民主革命时期中国共产党与民主党派的团结合作,王雅文,北京档案史料,1998年第1期。

民主同盟的形成及其下场,曹聚仁遗稿,传记文学,1998年第1期。

纳西族歌曲创作的回顾与思考,崇先,民族艺术研究,1998年第1期。

农林部中央农业实验所概况(1945年),郑永明编选,档案史料与研究,1998年第1期。

浅谈郭沫若对儿童文学的贡献,成秀萍,镇江市高等专科学校学报,1998年第4期。

亲密合作,风雨同舟:中国农工民主党,蒋正华,团结报,1998年10月3日。

青年学生在抗日战争中的先锋作用,张树琪,杭州教育学院学报(社科版),1998年第1期。

日军对自贡井盐基地的轰炸与中国的防御,徐勇,抗日战争研究,1998年第1期。

日中战争时期四川省地方行政实情记录——以民政档案史料为中心,今井骏,史学杂志,1998年第34期。

三十年代中国教育发展状况(1930—1939),卫志骞,成人高教学刊,1998年第6期。

陕西民国时期煤炭开采运输及综合利用科学技术的发展,赵世庆,陕西文献,1998年第96期。

社会史研究与中国现代史,郭德宏,史学月刊,1998年第2期。

十年来国共两党关系研究状况及展望,张春英,中共党史研究,1998年第3期。

试论大后方文艺的审美特征,郝明工,重庆三峡学院学报,1998年第2期。

试论抗战初期国民参政会的积极作用,蔡蕴涛,江苏广播电视大学学报,1998年第3期。

试论抗战期间中间势力的政党化趋势,何继勋,唐山师专学报(增刊),1998年。

试论抗战时期党对民族资产阶级的政策,梁文俊,玉林师范学院学报,1998年第2期。

试论抗战时期韩国独立党与中国国民政府的关系,石建国,档案与史学,1998年第2期。

试论抗战时期中国工业合作运动,齐福霖,民国档案,1998年第2期。

试论内地抗战文化运动对香港新文学运动的影响,龚维玲,学术论坛,1998年第1期。

试论田汉在中国抗战戏剧中的地位——为纪念田汉诞辰100周年而作,蔡定国,学术论坛,1998年第5期。

试评《文艺阵地》的办刊特色,熊显长,编辑学刊,1998年第6期。

试述抗战时期国民政府的对美宣传,何扬鸣,北京广播学院学报,1998年第6期。

试析抗战初期(1937年7月—1939年9月)的中德关系,宫炳成,北华大学学报(社科版),1998年第6期。

试析抗战后期美国对华政策的变化及原因,李晓军,石油大学学报(社科版),1998年第2期。

试析抗战时期国民政府专卖制度的利弊得失,陆远权,重庆工学院学报,1998年第5期。

四川人民在抗战中的贡献,周小粒,四川师范学院学报(哲社版),1998年第2期。

四川之盐业(1944年9月),周晓编选,档案与史料研究,1998年第1期。

宋美龄抗战访美行(上)(中)(下),今稀老人,中外杂志,1998年第63—65期。

宋子文与《中美租借协定》,赵先明,贵州师范大学学报(社科版),1998年第4期。

孙科与1943—1946年的宪政运动,张国钧,二十一世纪,1998年6月号。

孙科与国民政府的对苏外交(1932—1945),高华,南京大学学报(哲社版),1998年第2期。

泰国华侨义勇队回国抗战的历史考察,曾亚雄、山雨,华侨华人历史研究,1998年第2期。

谈抗战中后期国民党政府维持统治的原因,刘晓敏,延安教育学院学报,1998年第1期。

谈谈芦荻旅桂诗歌,陆衡,钦州师专学报,1998年第4期。

陶行知的"反汪结婚",唐正芒,党史纵览,1998年第2期。

田间与艾青,郭仁怀,南京广播电视大学学报,1998年第1期。

为中国抗日战争献身的美国人:裴文坦医生,张卫江,文史杂志,1998年第3期。

维护抗日民族统一战线的典范:抗战初期周恩来在国民党军队中的政治影响,阚延华、温伟,党史纵横,1998年第4期。

伟大的母亲:纪念中国战时儿童保育会成立六十周年,傅延,中国妇女报,1998年7月7日。

我国第一支新型专业民族管弦乐队的诞生与发展——抗战时期重庆国乐活动资料之一,郑体思、黄钟,武汉音乐学院学报,1998年第2期。

西北工业合作运动的实情与技术集团——以陕西、甘肃两省为中心,〔日〕菊池一隆,史学杂志,1998年第35期。

西南军阀与西南地方实力派(一九一二——一九四八),谢本书,"国史馆"馆刊,1998年第25期。

析中国民主政团同盟转变为中国民主同盟的原因,包爱芹,石油大学学报(社科版),1998年第4期。

纤笔奇兵:蒋介石身边的中共情报员:沈安娜,何蜀,红岩春秋,1998年第4—5期。

新界问题与1942年中英新约谈判,冯春龙、王宇博,扬州大学学报(社科版),1998年第5期。

新生活运动的妇女工作机关志——关于《妇女新运》的内容与史料价值,丹野美穗,史学杂志,1998年第34期。

新生活运动与明耻教战,欧阳雪梅,湘潭大学学报(哲社版),1998年第3期。

新时期中国近代史研究概述,曾景忠,史志研究,1998年第4期。

学习周恩来同志的新闻宣传艺术——谨以此文纪念周恩来同志诞辰一百周年,查树楼,新闻与成才,1998年第1期。

血肉筑就的"生命线"——记抗战时期三条国际运输线的开辟与保卫,龚连娣,党史纵横,1998年第2期。

血与火的艰难奋斗历程——纪念《新华日报》创刊60周年,唐正芒,党史博采,1998年第1期。

寻求超越:史料融合与体系建构——论苏光文教授的抗战文学研究,张桃洲,社会科学家,1998年第5期。

燕京大学社会服务工作三十年,雷洁琼,中国社会工作,1998年第4期。

也谈抗日战争中的中苏关系:与王世雄同志商榷,周欣,祁连论坛,1998年第4期。

一部颇具新意的中国经济史著作:评《中国民族工商业发展史》,刘敏,中国社会经济史研究,1998年第2期。

一段鲜为人知的历史事实——周恩来在抗战初期给英国援华委员会的一封信探源,边志海,党的文献,1998年第5期。

一个外国人的执着追求:缅怀路易·艾黎对中国工合事业的贡献,杨波,人民日报,1998年8月5日。

一年来抗日战争研究述评,抗日战争研究编辑部,抗日战争研究,1998年第1期。

一年以来的中国近代史研究综述,张海鹏,近代史研究,1998年第2期。

以什么为标准来评判抗战期间中苏关系中的是与非——论抗战期间中苏关系恶化的原因,孙才顺,滨州教育学院学报,1998年第1—2期。

忆西南联大高声唱歌咏队,黎章民,新文化史料,1998年第1期。

由国民政府的赋税收入状况分析其忽视西部经济发展的苦果,杨桂红,云南财贸学院学报(社科版),1998年第3期。

有关抗战初期孔祥熙与宋子文之争文电一组,中国第二历史档案馆,民国档案,1998年第2期。

云南进出口贸易略述(1940年12月),重庆市档案馆,档案史料与研究,1998年第2期。

云南近代转口贸易分析,郭亚非,云南师范大学学报(哲社版),1998年第6期。

战斗在敌人后方:我在西北战地服务团的艺术、战斗生涯,贾克,山西文史资料,1998年第3—4期。

战时大学教育的恢复和发展,金以林,抗日战争研究,1998年第2期。

战时中苏关系史研究的新收获:读《合作与冲突——1931—1945年的中苏关系》,徐万民,抗日战争研究,1998年第2期。

张学良将军在贵州的幽禁生活,洪波,贵州社会科学,1998年第3期。

张治中在40年代对新疆国际环境的认识及其亲苏政策,冯海燕,武汉大学学报(哲社版),1998年第3期。

珍珠港事件后的仰光物资抢运,吴强,云南档案,1998年第4期。

真诚合作:中国共产党与各民主党派、工商联合作纪事,兴宇,光明日报,1998年6月29日。

正义的支持:记抗战时期世界学联代表团的中国之行,安莉,法制日报,1998年9月25日。

值得推荐的一部史学新著:《超载——抗战与交通》,芮炳夫,信阳师范学院学报(哲社版),1998年第3期。

中国第一个以外国总统命名的图书馆——国立罗斯福总统图书馆筹设始末,唐润明,档案与史学,1998年第4期。

中国国民党重庆市执行委员会工作总报告书(1944年7月),唐润明选编,档案史料与研究,1998年第1期。

中国国民政府对新疆的统治(1942—1947),〔日〕木下惠二,法学政治学论究〈庆大〉,1998年第38期。

中国近代经济史研究现状与发展趋向,邓绍辉,四川师范大学学报(社科版),1998年第4期。

中国抗日战争时期的中国化思潮,冯崇义,开放时代,1998年第2期。

中国抗日战争外交史的一部力作:评《友乎?敌乎?德国与中国抗战》一书,朱懋铎,抗日战争研究,1998年第3期。

中国抗战对世界反法西斯战争的历史贡献:纪念世界反法西斯战争胜利53周年,张旭霞,公安科学研究,1998年第3期。

中国抗战在二战中的地位和作用被一些国外学者忽视或贬低的原因,黄爱军,龙江党史,1998年第4期。

中国全面抗日战争时的美日苏关系,黄世相,江西师范大学学报(哲社版),1998年第2期。

中国社会史研究的新探索,常建华,人民日报,1998年9月19日。

中国思想史研究的历史与未来:张岂之先生访谈录,戚学民、岳秀坤,中国文化报,1998年1月24日。

中国现代社会史研究刍议,李金铮,光明日报,1998年4月10日。

中国学者关于近代中国市民社会问题的研究:现状与思考,张志东,近代史研究,1998年第2期。

中国远征军再次入缅与豫湘桂战役,聿玉,中国青年报,1998年3月14日。

中美《桐油借款合约》与美国对华政策的初始变化,白涛,贵州师范大学学报(社科版),1998年第4期。

中日战争期间日本对国民政府的政策,余子道、鹿锡俊,军事历史研究,1998年第1期。

中央工业实验所史料六则,重庆市档案馆,档案史料与研究,1998年第3期。

中央研究院近代史研究所口述历史张知本先生访问录(六),沈云龙,湖北文献,1998年第129期。

周恩来:郭沫若的良师益友,蔡宗隽,郭沫若学刊,1998年第1期。

周恩来抗战文论两篇(1941年),王慧清、赵前进,档案与史学,1998年第2期。

周恩来情系桂林抗战文化——纪念周恩来总理诞辰一百周年,魏华龄,出版广角,1998年第2期。

周恩来同志与《新华日报》,查树楼,新闻通讯,1998年第3期。

周恩来与党的隐蔽战线——试谈民主革命时期周恩来对我党情报保卫工作的贡献,薛钰,中共党史研究,1998年第1期。

周恩来与贵州,孔玲,贵州社会科学,1998年第2期。

周恩来与国统区党的建设,樊伟,重庆师范学院学报(哲社版),1998年第1期。

周恩来与国统区抗战音乐,唐守荣,人民音乐,1998年第2期。

周恩来与抗敌演剧队,戴再民,炎黄世界,1998年第3期。

周恩来与民盟的成立与发展,周昭坎,人民政协报,1998年12月23日。

周恩来与民族资产阶级,陈正卿,档案与史学,1998年第2期。

周恩来与陪都资本家,何蜀,红岩春秋,1998年第2期。

周恩来与文艺——纪念周恩来同志百年诞辰,王主玉,北京社会科学,1998年第1期。

周恩来争取西南地方实力派,刘云,四川统一战线,1998年第3期。

周文致胡风的信,周七康,新文学史料,1998年第3期。

走向文化综合:20世纪40年代中国文学概观,施战军,山东大学学报(哲社版),1998年第2期。

1999年

"国史馆"馆藏财政部档案及其史料价值,卓遵宏,近代中国(总第129期),1999年。

"抗战无关"论的历史是非,张祖立,集宁师专学报,1999年第1期。

"陪都"时期中外科学文化交流探析,俞荣根、张凤琦,中华文化论坛,1999年第3期。

"文化城"的开放性及其对当今桂林文化建设的启示,覃仕立,社会科学家,1999年第4期。

"新县制"的推行与地方教育行政机构的演变,周险峰、李红燕,湖北大学学报(哲社版),1999年第3期。

"一国两制"的初步形式:对第二次国共合作的一种分析,郭怀亮,渭南师专学报(社会科学版),1999年第4期。

"中国民社党革新派"历史初探,刘辉,党史研究与教学,1999年第3期。

《向日葵》与《烽火情曲》——评严杰人的两首诗作,黄泽佩,毕节师专学报,1999年第3期。

《新华日报》第一版为何全登广告,唐正芒,党史研究资料,1999年第6期。

《中国百年民主宪政运动》评介,唐润明,档案史料与研究,1999年第4期。

《中华民国史》第3编第5卷序言,汪朝光,近代史研究,1999年第3期。

1840—1949年间我国城市房地产业发展中的若干问题,赵津,不动产纵横,1999年第1—4期。

1911年至1943年中国军费之概况(1943年),重庆市巴南区档案馆,档案史料与研究,1999年第2期。

1936年—1944年斯诺、史迪威对中共的了解与中美关系,张宝锋,洛阳师专学报,1999年第3期。

1940年的中央研究院院长选举,张剑,档案与史学,1999年第2期。

1941年陶希圣滞港期间致陈布雷函一组,中国第二历史档案馆选编,民国档案,1999年第4期。

1942—1951年美国在西藏问题上的政策转变,李晔,东北师大学报(哲社版),1999年第2期。

1942年蒋介石访印述评,徐旭阳,文史杂志,1999年第4期。

1998年中国近代经济史研究述评,郑起东,文史哲,1999年第3期。

20世纪40年代的沈从文——40年代的各种评论,〔日〕小岛久代,中国的知识人,1999年第1期。

20世纪汉语诗歌文体建设的历史回顾与理想构建,王珂,艺术广角,1999年第6期。

20世纪上半叶新疆文化深层结构阐释,仲高,西域研究,1999年第3期。

30年代国民政府的西北战略意识,沈社荣,宁夏大学学报(哲社版),1999年第3期。

40年代美国对华政策失败原因探析,王德新,石油大学学报(社科版),1999年第3期。

40年代民盟军事思想述评,侯德泉,益阳师专学报,1999年第3期。

50年来的海外中国近代史研究著作译介,雷颐,近代史研究,1999年第5期。

50年来的近代中外关系史研究,王建朗、郦永庆,近代史研究,1999年第5期。

50年来的抗战时期思想文化研究,马勇,抗日战争研究,1999年第3期。

50年来的中国近代经济史研究,虞和平,近代史研究,1999年第5期。

50年来的中国近代历史人物研究,马勇,近代史研究,1999年第5期。

50年来的中国近代社会史研究,蔡少卿、李良玉,近代史研究,1999年第5期。

50年来的中国近代史资料出版概述,庄建平,近代史研究,1999年第5期。

50年来的中国近代文化史研究,刘志琴,近代史研究,1999年第5期。

50年来的中华民国史研究,汪朝光,近代史研究,1999年第5期。

50年来抗战史资料的整理、研究述评,龚少情,抗日战争研究,1999年第3期。

爱国主义的光辉典范:陶行知,凌李兴,徽州社会科学,1999年第1期。

百年西南铁路建设回顾,张晓颖,巴蜀史志,1999年第2期。

北大复校时期的傅斯年与郑天挺,郑克扬,文史精华,1999年第7期。

北大文科研究所师生生活杂忆——纪念罗莘田先生诞辰100周年,任继愈,语文建设,1999年第5期。

不断叙述的历史——"重庆与中国抗战电影"研讨会综述,陈红梅,当代电影,1999年第2期。

长城英姿,天山风采:简评《新疆通志·军事志》,钱伯泉,新疆地方志,1999年第3期。

重庆抗战文学研究要有个性,秦弓,涪陵师专学报,1999年第2期。

重庆文学史参考文献,涪陵师专学报,1999年第1期。

重庆有文学史吗,蔡震,涪陵师专学报,1999年第2期。

从近现代经济史来看新疆是如何成为中国的一部分,堀直,中国的知识人,1999年第1期。

从两次高考观察国民政府的考试院制度,张皓,学术研究,1999年第9期。

从缅甸战场看抗战时期的中英关系,张红,民国档案,1999年第3期。

从史料学角度看中国近代音乐史学研究,余峰,云南艺术学院学报,1999年第3期。

从太平洋战争时期美国对华政策看"史迪威事件",欧阳小华,吉安师专学报(哲社版),1999年第3期。

从政治迫害到组织铲除：民主革命时期民盟的历史遭遇，雷炳炎、陈炳炎，统战月刊，1999年第1期。

大空袭：20世纪最著名的八次重大战略空袭，李峰，军事历史，1999年第4期。

第二届中国边疆史地学术讨论会述要，边丁，光明日报，1999年12月10日。

滇缅公路危机与中英关系，刘金源，江海学刊，1999年第3期。

滇西各族人民对抗战的杰出贡献，俞群策，云南师范大学学报（教育科学版），1999年第6期。

滇西抗战期间李根源信函五件，杨升义，文物，1999年第3期。

东南亚华侨社团与抗日救亡运动，李绪杰，八桂侨史，1999年第3期。

读《中国近代经济史简编》，吴承明，中国经济史研究，1999年第4期。

杜重远在新疆，阎梅，人民政协报，1999年7月2日。

对比和接近的岁月：史迪威与中国共产党，秦爱民、李增辉，党史纵横，1999年第1期。

二十世纪的中俄关系史研究，黄定天，历史研究，1999年第4期。

丰子恺抗日时期生活片断，韦人庆，新文学史料，1999年第3期。

冯玉祥抗战时期在重庆，王肇槐，文史春秋，1999年第4期。

甘肃近代官办工业略论，刘金萍，开发研究，1999年第4期。

工作竞赛推行委员会三年推行工作竞赛概况（1945年3月），郑永明编选，档案史料与研究，1999年第1期。

关于抗战期间广西矿业损失的调查，唐凌，历史档案，1999年第4期。

关于抗战前期中国借道越南运输问题的几点考证，刘卫东，聊城师范学院学报（哲社版），1999年第4期。

关于抗战时期大后方美术研究，宗贤，美术观察，1999年第4期。

关于中国近代城市发展问题研究的回顾：在中国近代城市国际研讨会暨中国经济史学会年会上的发言，孔仲礼，上海社会科学院学术季刊，1999年第1期。

广西籍华侨对抗日战争的贡献，赵和曼，八桂侨史，1999年第3期。

广西籍华侨在抗日战争中的贡献,杨建党,广西文史,1999年第1期。

桂林抗战文化研究20年,魏华龄,学术论坛,1999年第6期。

桂系地方实力派对抗日战争的贡献,高晓林,中共党史研究,1999年第2期。

郭沫若与云南抗战文化,锁昕翔,云南民族学院学报(哲社版),1999年第6期。

国防最高委员会工作报告(1942年),重庆市档案馆编选,档案史料与研究,1999年第3期。

国府迁渝与西南开发,唐润明,跨世纪的大西南,重庆出版社1999年5月。

国共两党合作与分裂对中国社会的影响,刘志超,辽宁工作,1999年第4期。

国共两党抗日持久战略比较研究,余子道,复旦学报(社科版),1999年第5期。

国际援华医疗队在贵州,李发耀,贵州文史丛刊,1999年第1期。

国家利益:苏联对在华合作者的选择,杨雨春,历史研究,1999年第4期。

国民参政会若干问题探析,吴海晶,党史研究与教学,1999年第3期。

国民党统治时期的私立法学教育,王立中,档案史料与研究,1999年第3期。

国民精神总动员史料一组(1939—1945年),重庆市档案馆,档案史料与研究,1999年第4期。

国民政府经略西藏的经过,孔德生,文史精华,1999年第1期。

国民政府抗战后方的确定及其影响,杨扬,成都教育学院学报,1999年第3期。

国民政府迁都重庆作用考评,唐润明,巴渝文化(第4辑),重庆出版社1999年6月。

海峡两岸"华侨与抗日战争"学术研讨会综述,萧北婴,华侨大学学报(哲社版),1999年第4期。

捍卫祖国边疆壮丽事业的军事赞歌:喜读《新疆通志·军事志》,王拴乾,新疆地方志,1999年第3期。

轰动抗战文化城桂林的足球赛,梁宇,体育文史,1999年第1期。

胡风在桂林战斗的一年,丘振声,广西社会科学,1999年第2期。

胡适任驻美大使期间函电一组,档案与史学,1999年第1期。

积极吸收抗战文化精粹,全面振兴桂林文化事业,梁正宁,桂林旅游高等专科学校学报(增刊),1999年。

记忆中的重庆大轰炸,田苗,红岩春秋,1999年第4期。

记中国红十字会救护总队与战时卫生人员训练所,薛庆煜,中国科技史料,1999年第2期。

简析近代不同城市的离婚原因,张伟、牛晓萍,四川社科界,1999年第4期。

蒋介石与地方实力派,曹学恩,陕西师范大学成人教育学院学报,1999年第3期。

蒋介石与新疆三区革命,黄建华,中国边疆史地研究,1999年第4期。

蒋介石与新生活运动,董文芳,山东师大学报(社科版),1999年第4期。

蒋介石在史迪威事件中施展的手法,尹正萍、陈安丽,江西社会科学,1999年第6期。

蒋廷黻与中国近代史研究,沈渭滨,复旦学报(社科版),1999年第4期。

劫后余生的坚强女性——重庆大轰炸60周年祭,张小曼,红岩春秋,1999年第3期。

近代中国百年现代化历程及其历史启示,姚琦,宁夏大学学报(哲社版),1999年第4期。

近代中国文化变革的特点及其启示,黄江陵,中州学刊,1999年第6期。

近年来中国近代社会史研究概述,王印焕,近代史研究,1999年第4期。

旧形式的复活——从一个角度谈抗战时期的重庆文学,刘纳,涪陵师专学报,1999年第4期。

抗日烽火中的宋美龄,任秀珍,文史精华,1999年第9期。

抗日战争和解放战争时期的中国教育(1937—1949),何光峰,成人高教学刊,1999年第1期。

抗日战争期间桂林回教界的爱国救亡运动,冯力行,桂林市教育学院学报,1999年第2期。

抗日战争期间和桂林佛教界的爱国救亡运动,冯力行、唐国英,桂林市教育学院学报(综合版),1999年第1期。

抗日战争期间西南经济的开发建设,赵小伍,团结报,1999年11月27日。

抗日战争前期苏联对华政策及对中国抗战的影响,田霞,西北大学学报(哲社版),1999年第2期。

抗日战争时期川滇金沙江水陆联运线的开辟,夏强疆,云南文史丛刊,1999年第2期。

抗日战争时期的林森,黄新宪,华东师范大学学报(哲社版),1999年第2期。

抗日战争时期国民政府反对英国分裂西藏的一场斗争,胡岩,西藏研究,1999年第1期。

抗日战争时期日军侵占四川的战略计划及其破产,龚自德,四川党史,1999年第6期。

抗日战争时期之新生活运动,段瑞聪,近代中国(第131期),1999年。

抗日战争时期中外关系研究述评,王建朗,抗日战争研究,1999年第3期。

抗日战争史书评情况介绍,荣维木,近代史研究,1999年第1期。

抗日战争与贵阳城市近代化,张玉龙,漳州师范学院学报(哲社版),1999年第1期。

抗日战争与西南民族地区工业化进程,张英,贵州民族研究,1999年第2期。

抗日战争中的川军将士,曾祥邹,团结报,1999年10月21日。

抗战初期持久战略的确立与实施,周德均、丁长清,武汉交通管理干部学院学报,1999年第2期。

抗战初期工厂内迁的剖析,魏宏运,南开学报(哲社版),1999年第5期。

抗战初期杨杰等赴法寻求军援与孔祥熙等来往文电选(中)(下),中国第二历史档案馆,民国档案,1999年第1—2期。

抗战后期史迪威在中美关系中的作用,李艳,世纪桥,1999年第2期。

抗战期间的国民参政会述评,郑建敏,石家庄师范专科学校学报,1999年第3期。

抗战期间冯玉祥的文化活动,梁星亮,华夏文化,1999年第3期。

抗战期间国共关系研究50年,杨奎松,抗日战争研究,1999年第3期。

抗战前期苏联对华政策与皖南事变的爆发,郭秋光,南昌大学学报(社科版),1999年第1期。

抗战胜利前后中国收回澳门的谋划与流产,左双文,近代史研究,1999年第6期。

抗战时期"美援"三事,谌小岑,人民政协报,1999年11月9日。

抗战时期爱国主义思想探析,廖盛元,武汉交通管理干部学院学报,1999年第1期。

抗战时期爱情诗中的高唱——评严杰人的《烽火情曲》,黄泽佩,阅读与写作,1999年第3期。

抗战时期重庆民营商业经营管理简析,刘伯午,北京商学院学报,1999年第4期。

抗战时期重庆战时生产局的建立及其作用,李湘敏,中国社会经济史研究,1999年第4期。

抗战时期达川地区发行"救国公债"始末——兼谈通货膨胀给老百姓带来的危害,阎登发,西南金融,1999年第11期。

抗战时期大后方反对国民党文化专制政策的斗争,唐正芒,湘潭大学社会科学学报,1999年第1期。

抗战时期大后方职业教育发展述论,邬蓉华,四川师范大学学报(哲社版),1999年第1期。

抗战时期的电影观念,李道新,电影文学,1999年第1期。

抗战时期的华侨捐输与救亡运动,魏宏运,近代史研究,1999年第6期。

抗战时期的教育西迁,宋恩荣,河北师范大学学报(教育科学版),1999年第3期。

抗战时期的卢汉将军,袁平,档案与史学,1999年第3期。

抗战时期的陶行知,龚大明,贵州师范大学学报(社科版),1999年第3期。

抗战时期的文艺批评,李葆琰,中国现代文学研究丛刊,1999年第2期。

抗战时期的西北农民银行,郝建贵,文史月刊,1999年第1期。

抗战时期的侦探滑稽等小说,孔庆东,涪陵师专学报,1999年第2期。

抗战时期对西南历史地理的研究,肖向龙,中国历史地理论丛,1999年第4期。

抗战时期法国对华假道越南运输问题的政策,唐庆国,菏泽师专学报,1999年第3期。

抗战时期高校教师工资制度及生活状况初探,姜良芹,南京师大学报(社科版),1999年第3期。

抗战时期工合运动的特点,包爱芹,广东社会科学,1999年第4期。

抗战时期广西的救侨工作,唐凌,八桂侨刊,1999年第4期。

抗战时期贵州工矿业的发展,顾朴光,贵州民族学院学报(哲社版),1999年第3期。

抗战时期贵州工业的发展,孔玲,贵州师范大学学报(社科版),1999年第2期。

抗战时期贵州教育文化事业的发展及特征,钱星,贵州民族研究,1999年第1期。

抗战时期贵州农业经济与现代科技,林建曾,贵州文史丛刊,1999年第1期。

抗战时期国共合作长期持续的一个重要因素,卢玲,毕节师专学报,1999年第3期。

抗战时期国共两党土地政策评述,龚大明,贵州教育学院学报(社科版),1999年第4期。

抗战时期国民党统治区的图书馆事业,杨玉麟,四川图书馆学报,1999年第5期。

抗战时期国民政府的公路建设及其历史作用,赵守仁,辽宁师范大学学报(社科版),1999年第5期。

抗战时期国统区与根据地农民土地状况趋向之比较,郑正伟,天中学刊,1999年第1期。

抗战时期国统区与沦陷区间走私贸易述论,齐春风,民国档案,1999年第1期。

抗战时期胡志明在桂林,黎远明,炎黄春秋,1999年第1期。

抗战时期经济研究50年,吴景平,抗日战争研究,1999年第3期。

抗战时期救国会成员在桂林的活动,吴天,广西文史,1999年第1期。

抗战时期老舍结社及任职考,张桂兴,重庆大学学报(社科版),1999年第1期。

抗战时期毛泽民对新疆财政的卓越贡献,冯亚光,甘肃社会科学,1999年第5期。

抗战时期美国逐渐走向援华过程初探,阙敏,西南民族学院学报(哲社版)(增刊),1999年。

抗战时期民主党派研究综述,李蓉,抗日战争研究,1999年第3期。

抗战时期我在中国空军的经历,徐康良,纵横,1999年第11期。

抗战时期新疆在中苏关系中的地位,买买提祖农,西北民族学院学报(哲社版·汉文),1999年第3期。

抗战时期中美钨砂借款之探讨(民国二十九年——三十四年),刘筱龄,"国史馆"馆刊,1999年第26期。

抗战时期中日经济封锁与反封锁斗争,齐春风,历史档案,1999年第3期。

抗战时期周恩来统战思想和实践,谢晓雯,重庆社会主义学院学报,1999年第4期。

抗战与中国高等教育,张谦,档案与史学,1999年第4期。

矿业在近代广西边疆开发中的利用,唐凌,中国边疆史地研究,1999年第3期。

浪漫的传奇——论抗战时期的新浪漫派小说,陈国恩,江汉论坛,1999年第8期。

老舍研究的新突破——评张桂兴《老舍年谱》,王连仲,东岳论丛,1999年第2期。

历史的积淀——抗战时期陪都重庆书法述评,廖科,书法之友,1999年第

11期。

历史的遗憾:史迪威与中共关系初探,秦爱民、李增辉,北京党史,1999年第4期。

梁实秋与中国现代文学"艺术至上主义"观念的流变——由梁实秋引起的三次文学论争说起,赵海彦,西北师大学报(社科版),1999年第3期。

流亡中的蜕变——人民艺术家老舍先生轶事,刘明,党史纵横,1999年第4期。

论《新华日报》唤起民众支援抗战的历史功绩,赵毅,吉首大学学报(社科版),1999年第3期。

论重庆大轰炸,潘洵、杨光彦,西南师范大学学报(哲社版),1999年第6期。

论国民参政会与抗战时期的中国政治走向,陈益元,株洲师专学报,1999年第4期。

论国民党在抗战初期执行的"以空间换取时间"的战略方针,刘国斌,东疆学刊,1999年第2期。

论国民党政府恶性通货膨胀的特征与成因,贺水金,上海经济研究,1999年第6期。

论胡适的抗战思想,陈学峰,徽州社会科学,1999年第2期。

论近代云南金融业的变迁与产业结构,赵仁平,学术探索,1999年第2期。

论抗日战争的整体性和社会性,何理,抗日战争研究,1999年第4期。

论抗日战争时期的美国对华政策,阎素娥,中州学刊,1999年第5期。

论抗日战争时期苏联对华政策的演变,袁雅欣、刘艳秋,佳木斯教育学院学报,1999年第1期。

论抗战时期川康区食糖专卖,张朝晖,档案史料与研究,1999年第3期。

论抗战时期大后方高等教育的发展及其经验,袁武振,西安电子科技大学学报(社科版),1999年第4期。

论抗战时期大后方关于文艺民族形式问题的论争,唐正芒,常德师范学院学报(社科版),1999年第6期。

论抗战时期蒋介石的民族主义思想,张丰清,党史研究与教学,1999年第1期。

论抗战时期中央银行的职能建设,刘慧宇,中国社会经济史研究,1999年第2期。

论抗战文学的对外交往,高文波,广西大学学报(哲社版),1999年第5期。

论抗战中文学的浪漫主义现象,周华,云南师范大学学报(哲社版),1999年第3期。

论联合政府运动后民主党派在思想认识上的飞跃,钱湘弘,辽宁师范大学学报(社科版),1999年第2期。

论民主党派对抗日战争的贡献,邹红霞,云梦学刊(社科版),1999年第1期。

论三、四十年代苏联政府对新疆政策的演变,曹国芳、朱佐山,北京科技大学学报(社科版),1999年第3期。

论盛世才政权与苏联同盟关系的基础,谢承国,史学月刊,1999年第4期。

论太平洋战争爆发后美国对华政策的转变,杨淑艳,北方论丛,1999年第2期。

论萧红《马伯乐》对"抗战文艺"的消解方式,陈洁仪,中国现代文学研究丛刊,1999年第2期。

论中间党派在抗战时期的政治作用,韩保卫,河南社会科学,1999年第6期。

罗斯福战时对华政策与史迪威在华使命:兼评"史迪威事件",董宝才,江苏教育学院学报(社科版),1999年第4期。

吕亮耕诗歌简论,蒋益,长沙大学学报,1999年第3期。

略论郭沫若抗战时期在史学上的杰出贡献,刘卫平,江西社会科学,1999年第2期。

略论海外华侨对抗战的贡献,包爱芹,聊城师范学院学报(哲社版),1999年第3期。

略论民国高等教育立法的特点,陈鹏、苏华锋,理论导刊,1999年第6期。

略论吴玉章对抗日民族统一战线的贡献,范志轩,西南师范大学学报(哲社版),1999年第5期。

略论中国远征军入缅作战的历史地位,杨泽明,江西教育学院学报,1999年第4期。

略评抗战期间的苏联对华政策,冯春龙,扬州大学学报(社科版),1999年第4期。

美国对国共两党战后政策的作用和影响,宋广伟,南都学坛,1999年第1期。

民众的觉醒及其抗日武装斗争小说——20世纪中国战争小说史研究之一,陈颖,海南大学学报(社科版),1999年第1期。

民主党派在抗日战争中的历史作用,朱斌,湖湘论坛,1999年第3期。

南方局与红岩精神:论红岩精神的形成、实质及其意义,郑洪泉、王明湘,重庆党史研究资料,1999年第1期。

评《烽火映方舟——抗战时期大后方经济》,朱玉湘,东岳论丛,1999年第1期。

评《国共两党关系史》,林桶法,"国史馆"馆刊,1999年第24期。

评《国民党治下的广西模式》,朱浤源,"国史馆"馆刊,1999年第26期。

评刘泰隆的《历史的高峰》,龙子仲,广西社会科学,1999年第6期。

浅谈抗日战争时期的国共关系,刘翠英,江西教育学院学报(综合版)(增刊),1999年。

浅析桂东形成抗战文化基地的原因,韦浩明,梧州师专学报,1999年第3期。

浅析国民党桂系的多面性,王立荣,辽宁师专学报(社科版),1999年第5期。

浅析抗战时期苏联对中共的态度,陈金飞,温州师范学院学报(哲社版),1999年第4期。

浅议30—40年代苏联对我国新疆的渗透,蒋华志,乐山师专学报,1999年第2期。

求新求精,史海探邃——评《国魂,在国难中挣扎》,同起,历史教学,1999年第3期。

全面总结与全新开拓的思想史巨著——评《中国近代社会思潮》,袁洪亮,湖南师范大学学报,1999年第3期。

让历史研究更好地与现实契合:评《近代中国经济政策演变史稿》,郭汉民,华中师范大学学报(社科版),1999年第4期。

日本侵华时期蒋介石国防思想之探析,季云飞,军事历史研究,1999年第4期。

日本在侵华战争时期对重庆政权的伪钞工作,房建昌,重庆师范学院学报(哲社版),1999年第3期。

三峡航运的历史与未来,贾孔会,湖北三峡学院学报(增刊),1999年。

陕西工商界,孟宪斌,陕西史志,1999年第3期。

深入进行抗战史研究,科学地探讨历史规律,张宏志,档案史料与研究,1999年第4期。

十年来"民主联合政府"问题研究综述,许剑群,北京党史,1999年第4期。

史迪威与中共,秦爱民、李增辉,文史精华,1999年第1期。

世纪末的深沉审视——读《抗战文学思潮与思潮研究》,张雁泉,郑州工业高等专科学校学报,1999年第1期。

试论1924—1949年中国国民党的组织原则,刘彦昌、樊建莹,许昌师专学报(社科版),1999年第1期。

试论1937年—1940年苏联的"援华抗日"政策,易新涛,党史研究与教学,1999年第5期。

试论国民党政府的中央银行,宋士云,聊城师范学院学报(哲社版),1999年第2期。

试论抗战时期的通货膨胀,杨菁,抗日战争研究,1999年第4期。

试论抗战时期冯玉祥的伦理观念,郭绪印,民国档案,1999年第1期。

试论抗战时期国民党对中共政策的演变,李跃新,人文杂志,1999年第4期。

试论抗战时期内迁及其对后方社会的影响,忻平,华东师范大学学报(哲社版),1999年第2期。

试论民生公司在川江航运中外商业竞争中的资源优势,张瑾,社会科学研究,1999年第4期。

试论宋庆龄对国共合作的贡献,韩金玲,聊城师范学院学报(哲社版),1999年第3期。

试论中国共产党在桂林文化城的统战工作,林凤鸣,广西师范大学学报(哲社版),1999年第3期。

试述抗战前后民主党派对民主政治的追求,徐舒映,山东师大学报(社科版),1999年第5期。

试析蒋介石的国家统一思想,廖义军,郴州师专学报,1999年第3期。

试析抗日战争时期新桂系的报业活动,龚维玲,社会科学家,1999年第6期。

试析抗战胜利前后中共关于"联合政府"的政治主张,张斌,四川师范大学学报(哲社版),1999年第1期。

斯诺夫妇与中国工业合作化运动,陈龙娟,党史研究与教学,1999年第5期。

四川种植有色棉的经过,凌传逮,中国科技史料,1999年第1期。

四十年代文学"民族形式"倡导中的创作问题,潘南,江苏社会科学,1999年第2期。

苏联国家利益与其抗战时期的对华政策,季荣臣,河南教育学院学报(哲社版),1999年第1期。

泰国侨领蚁光炎抗日救国史事述评,任贵祥,抗日战争研究,1999年第4期。

特色鲜明的百余年思潮汇总——读《中国近代社会思潮(1840—1949)》,刘新民,史学理论研究,1999年第3期。

特殊时期的《重庆各报联合版》,唐润明,民国春秋,1999年第3期。

外国顾问与蒋介石政权,李湘敏,福建师范大学学报(哲社版),1999年第4期。

文化视野中的抗战文学,高文波,延安大学学报(哲社版),1999年第4期。

我国20世纪三四十年代的史学述评,周文玖,史学理论研究,1999年第2期。

我所知道的吴宓先生:自学生到同事30年回忆录,刘兆吉,红岩,1999年第2期。

吴宓教育年谱,刘明华,重庆教育学院学报,1999年第4期。

武汉抗战时期工厂内迁对西南民族地区经济的影响,张英,中南民族学院学报(社科版),1999年第3期。

雾中的激情,李继凯,涪陵师专学报,1999年第2期。

西南经济大事纪要(续六)(续七)(续八)(续九),重庆市档案馆,档案史料与研究,1999年第1—4期。

西南联大的民主管理初探,蔡惠芝,云南师范大学学报(哲社版),1999年第3期。

西南联大师生的艰苦岁月,宣博熹,团结报,1999年3月25日。

西南联大是联合办学的典范,杨立德,云南师范大学学报(哲社版),1999年第6期。

西南联大文艺社忆旧(上)(下),王楫等,新文化史料,1999年第4—5期。

西南联大赞,杜运燮,边疆文学,1999年第3期。

西南联大中文系、外文系和校园里的新文学创造,姚丹,中国现代文学研究丛刊,1999年第1期。

析抗战时期国民政府资源委员会对国有企业的经营管理,陆远权,重庆三峡学院学报,1999年第4期。

县(市)银行与抗战时期的西南、西北金融网建设,史继刚,西南金融,1999年第2期。

硝烟中的迷失——抗战时期的知识分子话语,李新宇,中国现代文学研究丛刊,1999年第2期。

新疆地方志书中的一颗硕果:评《新疆通志·军事志》,魏长洪,新疆地方志,1999年第3期。

新民主主义革命时期国共两党在云南的合作及其历史经验,王元辅,党史月刊,1999年第2期。

新生活运动"反共论"析,关志钢,深圳大学学报(社科版),1999年第1期。

新生活运动和国民精神总动员论析,曹艺,民国档案,1999年第2期。

新中国成立后的抗日战争史研究,周一平,史志研究,1999年第4期。

要留青白在人间——陈独秀的晚节,李殊,党史纵横,1999年第3期。

也谈与"与抗战无关论"的论争,廖超慧,求是学刊,1999年第2期。

一部弘扬爱国主义正气的宏篇巨著:评《新疆通志·军事志》,刘星,新疆地方志,1999年第3期。

一年来抗日战争研究述评,抗日战争研究编辑部,抗日战争研究,1999年第1期。

一座民族文化的丰碑——《广西通志·出版志》读后,胡德刚,广西地方志,1999年第6期。

印支通道的战时功能述论,刘卫东,近代史研究,1999年第2期。

邮政总局1940年度工作报告(1941年7月7日),郑永明编选,档案史料与研究,1999年第4期。

有了人格做根,笔下才能生花——从抗战时期的老舍谈开去,刘慧珍,内蒙古教育学院学报,1999年第3期。

禹贡学会和《禹贡》半月刊,田亮,史学史研究,1999年第3期。

再谈抗日战争时期的中苏关系,徐世和,青海民族学院学报(社科版),1999年第3期。

在历史与现实的交汇点上——论郭沫若40年代的历史剧,陈国恩,贵州社会科学,1999年第4期。

战时重庆我如何率部负起卫护领袖蒋公安全,金其康,浙江月刊,1999年第31期。

战时金融管制与中央银行监管职能的强化,刘慧宇,档案史料与研究,1999年第2期。

战时四川的农业改良与农村经济,陈国生,抗日战争研究,1999年第4期。

战时渝方与汪伪的地下斗争:以吴开先案为例,邵铭煌,抗日战争研究,1999年第1期。

战时中国抗日小说简论,房福贤,聊城师范学院学报(哲社版),1999年第4期。

张学良幽禁贵州期间的心路探析,熊宗仁,贵州社会科学,1999年第6期。

珍贵的史料　客观的记述——评《中国抗日战争时期物价史》及《中国抗日战争时期物价史料汇编》,王云川,天府新论,1999年第3期。

真情永存　友谊常青——记郭沫若与田汉交往,刘平,郭沫若学刊,1999年第2期。

正本溯源、主次相依、风格独特——评《中国近代社会思潮》,梁琴,华中师范大学学报(社科版),1999年第2期。

知识分子走向抗日、坚持抗战原因探析,熊晓燕,重庆工学院学报,1999年第5期。

知识青年从军运动史料一组(1944年),重庆市档案馆,档案史料与研究,1999年第2期。

制度变迁与中国近代的工业化,刘佛丁,南开经济研究,1999年第5期。

制作通俗文艺的苦痛——老舍抗战时期文艺态度的一个方面,孙洁,中国海洋大学学报(社科版),1999年第3期。

中共与抗战时期的民主宪政运动,宋建平,太原师专学报,1999年第2期。

中国第一家旅行社在抗战中的经营方式初探,卢世菊,中南民族学院学报(社科版)(增刊),1999年。

中国工业合作协会1942年至1943年工作报告(1943年),郑永明编选,档案史料与研究,1999年第2期。

中国共产党与西南实力派的联合抗日活动,李新市,团结报,1999年11月23日。

中国共产党与中国"工合"运动,刘仕平,党史研究资料,1999年第6期。

中国近代社会史研究诸问题,乔志强、陈亚平,史学理论研究,1999年第1期。

中国近代史研究50年,虞和平,文史哲,1999年第6期。

中国近代史研究热点问题述要,宋小庆,沈阳师范学院学报(社科版),1999年第2期。

中国抗日战争小说的历史回顾,房福贤,文史哲,1999年第5期。

中国农业建设问题(1944年),重庆市档案馆,档案史料与研究,1999年第4期。

中国糖业概况及建设计划(1944年3月),徐建明编选,档案史料与研究,1999年第2期。

中国宗教界与抗日战争,陈金龙,长沙电力学院学报(社科版),1999年第4期。

中华民国时期义务教育经费,熊贤君,教育与经济,1999年第1期。

中华民国时期中英之间关于西藏问题的交涉,胡岩,中共中央党校学报,1999年第1期。

中华民族精神在抗战中弘扬,齐虎田,山西师大学报(社科版),1999年第3期。

中苏结盟与苏联对新疆政策的变化(1944—1950年),沈志华,近代史研究,1999年第3期。

周恩来与红岩精神,刘万振等,淮阴师专学报,1999年第2期。

周恩来与民盟,陈群,淮阴师范学院学报(哲社版),1999年第2期。

2000年

"抗日战争与中国人口问题"学术论坛综述,刘兵,抗日战争研究,2000年第2期。

"抗战与民主"旗帜下的文学生产和编辑出版行为,万莲子,暨南学报,2000年第5期。

"期成宪草"探微——抗战时期民主宪政运动的重要成果,陈波,湖北大学学报(哲社版),2000年第3期。

"史迪威事件"里的蒋介石:解读《蒋介石日记》,庄大公、廖彦博,档案史料与研究,2000年第2—3期。

《独立评论》与抗日救亡,田海林、马树华,民国档案,2000年第4期。

《民国时期中苏关系(1917—1949)》评价,董泉增,聊城师范学院学报(哲社版),2000年第5期。

《统一抗战》———一份珍贵的进步刊物,陈嘉祥,四川统一战线,2000年第5期。

《新华日报》书刊广告与抗日文化,徐燕,党史研究资料,2000年第2期。

《中国妇女抗战史研究(1937—1945)》简评,任贵祥,抗日战争研究,2000年第3期。

1925—1945年国民政府侨务政策及工作述论,包爱芹,华侨华人历史研究,2000年第2期。

1937—1941年的美国对华政策,隋淑英,齐鲁学刊,2000年第3期。

1937—1946年的中泰关系,余定邦,世界历史,2000年第1期。

1942—1943年宋美龄访美述论,梁怡,历史档案,2000年第2期。

1942年《中央日报》两次大改组,李伟,民国春秋,2000年第4期。

1942年重庆军事会议探析,徐旭阳,安徽史学,2000年第3期。

1999闻一多国际学术研讨会综述,龚举善,社会科学动态,2000年第1期。

20—50年代中国农村土地权的变革,左志远,天津党史,2000年第3期。

20世纪40年代新县制下重庆地方自治的推行及其成效,曹成建,四川师范大学学报(哲社版),2000年第6期。

20世纪中国学校音乐教育发展概况(七)———抗战时期至新中国成立之前的师范音乐教育(1936—1949),马达,中国音乐教育,2000年第7期。

20世纪中国学校音乐教育发展概况(五)———抗战时期至新中国成立前的中小学音乐教育,马达,中国音乐教育,2000年第5期。

30—40年代中国思想界的"计划经济"思潮,黄岭俊,近代史研究,2000年第2期。

爱国实业家卢作孚与西部科学院,侯德础、赵国忠,四川师范大学学报(社科版),2000年第1期。

曹禺的自责与遗憾,张彦,红岩春秋,2000年第6期。

长江通讯社西北考察团史料两件,中国第二历史档案馆,民国档案,2000

年第3期。

沉潜磨洗六十年——抗战陪都刍议,大迟,重庆与世界,2000年第4期。

重庆　中国抗日民族解放战争的中心——纪念明定重庆为陪都暨抗日战争胜利五十五周年,曾景忠,重庆与世界,2000年第4期。

重庆地区对外经济联系历史初探,许光洪,思考与运用,2000年第1期。

重庆国防工业的历史演变及其对区域经济的影响,唐润明、张仲,档案史料与研究,2000年第2—3期。

重庆市档案馆馆藏韩国临时政府史料概述,陆大钺、徐建明,档案史料与研究,2000年第2—3期。

重庆肃清敌货委员会成立两年来工作报告(1942年7月),重庆市档案馆,档案史料与研究,2000年第2—3期。

传统与走向:20世纪中国宪政道路的回眸与前瞻,于雷鸣、张宝明,中国律师,2000年第7期。

从20世纪文学思潮的发展看文艺与政治的关系,王世忠,邯郸师专学报,2000年第4期。

从民族主义到爱国主义:1911—1941年间南洋华侨对中国认同的变化,庄国土,中山大学学报(社科版),2000年第4期。

从松散的党派联合到明确的政治分道:民主革命时期民盟内部的历史变迁,雷炳炎,党史纵览,2000年第5期。

从西南联大看一流大学的建设,杨立德,云南师范大学学报,2000年第6期。

从一场论战看巴金的道德观,林玲,广西社会科学,2000年第4期。

大时代的歌者:记李劫夫抗战时期的音乐作品创作,郦雯,党史纵横,2000年第7期。

大义赴戎机:记归国抗战的华侨将领,纪华,党史纵横,2000年第9期。

地方实力派对国共两党由严重对立走向合作抗日的作用,郭淑兰,兰州教育学院学报,2000年第1期。

地下党员思想教育的公开园地:重庆《新华日报》"团结"专页述略,杜翔新,文化史料,2000年第2期。

第二次国共合作形式新论,邰凤琳,湘潭师范学院学报,2000年第2期。

第二期战时财政金融计划及其审查报告(1939年),重庆市档案馆,档案史料与研究,2000年第4期。

第三党平民革命思想分析,于晶娜,长白学刊,2000年第2期。

滇西抗战期间李根源致杨嘉祥杨万春信函辑注,杨升义,保山师专学报,2000年第1期。

滇越铁路:抗日烽火中的钢铁动脉,罗未然、张国委,人民政协报,2000年8月15日。

对侵华日军在云南进行细菌战罪行的初期调查研究,陈祖梁,云南史志,2000年第1期。

多元的迭合:99闻一多国际学术研讨会综述,金宏宇,文学评论,2000年第1期。

二十世纪三四十年代的中英庚款留学生述论,刘晓琴,天津师范大学学报(社科版),2000年第5期。

法国外交部收藏中国档案介绍(1940—1945),蔡亭俊,档案与史学,2000年第1期。

访华岩,谒心月——追记"僧伽救护队",戴维牧,重庆与世界,2000年第4期。

烽火情缘故人来——美国飞虎空军与陪都重庆,依昌,重庆与世界,2000年第4期。

甘肃历史上的大开发,吴晓军,党的建设,2000年第6期。

个体人生体验的积淀——抗战时期大后方太平天国历史剧发生论,李万荣,广西师范大学学报(哲社版)(增刊),2000年。

公理与强权——陈独秀题词的时代背景,周履锵,档案与史学,2000年第5期。

顾颉刚与《文史杂志》,李丛,纵横,2000年第6期。

顾维钧代表中国参与联合国宪章起草的前前后后,肖岗,纵横,2000年第6期。

顾维钧与中国参与联合国创建,金光耀,民国春秋,2000年第4期。

关于重庆"大隧道窒息惨案"两个问题的补充讨论,杨筱,抗日战争研究,2000年第2期。

关于抗日战争时期苏联援华借款的总额、笔次、时间的考证,许碧晏,中国社会经济史研究,2000年第1期。

关于抗战前期苏联军火过境越南的史实订补,刘卫东,抗日战争研究,2000年第2期。

关于世界反法西斯战争历史经验的思考,彭训厚,军事历史研究,2000年第3期。

贯穿世纪的和声——论新写实主义美术观的确立与影响,黄宗贤,美术,2000年第1期。

贵州近代市场发育研究,黄少英,贵州民族研究,2000年第1期。

桂东南抗日武装起义,夫辛、荒人,文史春秋,2000年第2期。

桂林旅游业要充实历史文化特色,王家宏,改革与战略,2000年第5期。

国共两党斗争战略三阶段论,孙景曾,攀枝花大学学报(综合版),2000年第3期。

国际政治与中国抗战局势(1938年10月—1943年8月),闫玉田、李爱香,河北学刊,2000年第1期。

国民党抗战时期政治体制述评,荣晓燕,山东大学学报(社科版),2000年第4期。

国民党统治时期经济政策的转变,孙毅,北方论丛,2000年第2期。

国民党在美国的游说活动:以顾维钧为中心的讨论,金光耀,历史研究,2000年第4期。

国民党政府"训政"述略,欧人、王世勇,殷都学刊,2000年第2期。

国民精神总动员缘起析论,张生、周宗根,南京大学学报(哲社版),2000年第6期。

国民政府军事委员会委员长侍从室密电抄底节选——1941—1942年的中苏关系,中国第二历史档案馆编选,民国档案,2000年第1期。

国民政府收复台湾考论,褚静涛,南京大学学报(哲社版),2000年第6期。

国民政府推行农村合作运动的原因与理论阐释,张士杰,民国档案,2000年第1期。

国民政府在珍珠港事件前不对日宣战原因辨析,陈国文,贵州大学学报(社科版),2000年第6期。

国统区的通俗小说,孔庆东,涪陵师范学院学报,2000年第1期。

何应钦与"亲日派"之再认识,熊宗仁,档案史料与研究,2000年第2—3期。

贺麟对中西哲学的融贯创新及其学术建国论,吴仰湘,湖南师范大学社会科学学报,2000年第4期。

衡阳抗战军事文化旅游资源研究,杨载田,衡阳师专学报,2000年第2期。

胡适"苦撑待变"思想浅析,陈学峰,历史教学,2000年第4期。

湖南抗战文化运动概略(上)(下),唐正芒,云梦学刊,2000年第2、4期。

华北事变后国统区知识分子的政治态度分析,魏继昆,历史教学,2000年第3期。

华侨支援祖国抗战的方式,陆安,中学历史教学参考,2000年第1期。

化敌为友——统一战线的经典之作,马宏骄,文史春秋,2000年第4期。

回忆先父蔡元培在抗日战争期间,蔡晬盎,绍兴鲁迅研究,2000年第20期。

基督教和近代中国妇女运动,高昭印,上海师范大学学报(哲社·教育·社会科学),2000年第2期。

纪念抗日战争胜利55周年学术研讨会综述,要秋霞,抗日战争研究,2000年第4期。

简评《从繁盛到衰败——大陆时期的中国国民党》,黄存林,河北师范大学学报(哲社版),2000年第1期。

蒋介石苦撑八年抗日的主观原因,吴珍美,上海师范大学学报(哲社版),2000年第2期。

蒋介石与韩国独立运动,杨天石,抗日战争研究,2000年第4期。

蒋经国眼中的大西北,蒋经国,新西部(增刊),2000年。

蒋经国与斯大林的秘密会谈实录,焦娅敏、温美平,文史春秋,2000年第

3期。

蒋史之争评析——抗战后期美国对华政策思考之一,曹木清,湘潭工学院学报(社科版),2000年第2期。

交通部政治报告,重庆市档案馆,档案史料与研究,2000年第1期。

近百年甘肃五次大开发纪略(一),杨兴茂,档案,2000年第4期。

近代贵州金融业变迁中的省银行,王庆德,贵州文史丛刊,2000年第4期。

近代沪渝经济关系的特点,沈祖炜,社会科学,2000年第7期。

近代云南国民对外贸易活动研究,马丽娟,思想战线,2000年第2期。

近代中国领事裁判权的形成与收回,陈一平,丽水师专学报,2000年第1期。

近代中国收复国家主权的艰难历程展论,魏晓东,中央社会主义学院学报,2000年第1期。

近年来抗日战争史研究综述,杨青,教学与研究,2000年第9期。

经济部核准认许之外国公司一览表(一),管辉,民国档案,2000年第3期。

九三学社的早期历史和张西曼,张小曼,红岩春秋,2000年第5期。

抗日救亡中贵州"八一三"事件,赵松芹,贵州文史丛刊,2000年第5期。

抗日战争的国际援助,吴敏,理论与当代,2000年第9期。

抗日战争后期两种中国之命运的斗争,龚书铎,理论与实践,2000年第11期。

抗日战争后期中共对美政策探析,肖贵清,燕山大学学报(哲社版),2000年第4期。

抗日战争前期蒋介石对日议和问题再探讨,沈予,抗日战争研究,2000年第3期。

抗日战争胜利前夕美国与中共关系破裂的原因探析,王永江、董琳,齐齐哈尔大学学报(哲社版),2000年第6期。

抗日战争时期的陈纳德及其航空队,黄桂珍,党史文汇,2000年第8期。

抗日战争时期的贵州农业,戴斌武,黔南民族师专学报,2000年第1期。

抗日战争时期的国际援助,刘波,纵横,2000年第8期。

抗日战争时期的华侨与中国共产党,钟仲,吉首大学学报(社科版),2000

年第2期。

抗日战争时期民主宪政运动评析,朱理峰,松辽学刊(哲社版),2000年第6期。

抗日战争时期我国内地的病理学界,李志尚,诊断病理学杂志,2000年第4期。

抗日战争时期沿海沿江经济向西部民族地区的迁移及其影响,方素梅,广西民族研究,2000年第4期。

抗日战争时期中国佛教界抗敌思想研究,李少兵,史学月刊,2000年第4期。

抗日战争史研究的一部新作——《烽火文心——抗战时期文化人心路历程》评介,张德旺,世纪桥,2000年第6期。

抗日战争是贵州近代经济大发展的首次机遇,何长凤,理论与当代,2000年第5期。

抗日战争与二十世纪的中国,刘学照,历史教学问题,2000年第2期。

抗战八年国民政府对美宣传策略,何扬鸣,民国春秋,2000年第5期。

抗战八年木刻选,重庆与世界,2000年第4期。

抗战初期的难民内迁,程朝云,抗日战争研究,2000年第2期。

抗战初期蒋介石、宋子文、孔祥熙等募集海外捐债来往函电,中国第二历史档案馆编选,民国档案,2000年第4期。

抗战后民主党派两次中间路线大论战,留尘,文史精华,2000年第6期。

抗战陪都,老康,重庆与世界,2000年第4期。

抗战期间《大公报》主张"修明政治"、倡导"紧缩政策"、呼吁"清明廉政",王芝琛,新文化史料,2000年第1期。

抗战期间部分在渝外国使馆旧址,重庆与世界,2000年第4期。

抗战期间重庆大隧道惨案纪实,孙晓鸥,中国档案报,2000年7月10日。

抗战期间国民政府部分在渝机构旧址,重庆与世界,2000年第4期。

抗战期间宜昌救助难民难童记,关陇昌、刘思华,武汉文史资料,2000年第8期。

抗战期间浙江高校的迁移及影响,张根福,宁波大学学报(教育科学版),

2000年第2期。

抗战期间中英秘密情报合作,欧阳吉平,团结报,2000年7月4日。

抗战期间周恩来同国民党争夺叶挺的斗争,吴祥安,安徽农业大学学报(社科版),2000年第4期。

抗战期间周恩来争取西南地方实力派的卓越贡献,王勇、王鹏,团结报,2000年8月8日。

抗战时期创办的空军幼年学校,王富荣,团结报,2000年3月23日。

抗战时期大后方的讨汪运动述略,唐正芒,党史研究资料,2000年第3期。

抗战时期的后方民营工业,肖向龙,西南师范大学学报(社科版),2000年第2期。

抗战时期的华侨爱国运动及其当代启示,徐波,首都师范大学学报(社科版),2000年第4期。

抗战时期的简阳保育院,徐基坎、马虞如,团结报,2000年12月7日。

抗战时期的昆明市红十字会,杨萍,云南档案,2000年第5期。

抗战时期的西北联大,杨建民,团结报,2000年11月16日。

抗战时期的一次大规模罢课,彭古丁,档案与史学,2000年第5期。

抗战时期的中国国民党与越南独立运动,罗敏,抗日战争研究,2000年第4期。

抗战时期的中外国际交通线,孙鹏达,纵横,2000年第12期。

抗战时期滇缅公路的修建及运输述论,贾国雄,四川师范大学学报(哲社版),2000年第2期。

抗战时期鄂西后方开发与建设述论,黄华文,华中师范大学学报(社科版),2000年第5期。

抗战时期共产党为争取合法地位的斗争,辜宗秀、何德廷,咸宁师专学报,2000年第4期。

抗战时期关于绘画"民族化"问题的论争,黄宗贤,美术观察,2000年第11期。

抗战时期贵州的农业合作运动,傅宏,贵州师范大学学报(社科版),2000

年第4期。

抗战时期贵州商业的发展,肖良武,安顺师专学报,2000年第3期。

抗战时期国共两党的校园斗争,高向远,人文杂志,2000年第4期。

抗战时期国民党解决共产党合法地位问题的途径,辜宗秀,咸宁师专学报,2000年第2期。

抗战时期国民党政府对中国西部的开发(1939—1945年),郑永明选编,档案史料与研究,2000年第2—3期。

抗战时期国民政府的留学生派遣工作,易青,民国春秋,2000年第5期。

抗战时期国民政府对美修约政策的演变,印玉林,苏州丝绸工学院学报,2000年第6期。

抗战时期国民政府开发新疆的历史考察,姚群民、耿亮,江苏文史研究,2000年第2期。

抗战时期国民政府在东部工厂内迁中的作用,梁家贵,贵州师范大学学报(社科版),2000年第3期。

抗战时期国民政府中央银行体制的确立,吴秀霞,山东师大学报(社科版),2000年第4期。

抗战时期国统区与沦陷区之间通邮问题述略,杨家余,山西师大学报(社科版),2000年第4期。

抗战时期街头诗理论批评述略,潘颂德,固原师专学报,2000年第5期。

抗战时期李约瑟三次黔中之行,李国志,贵州文史丛刊,2000年第3期。

抗战时期两次文学"下乡"运动比较,周景雷,辽宁大学学报(哲社版),2000年第3期。

抗战时期苏联文学思想的强化和中国化,杨春时,哈尔滨师专学报,2000年第3期。

抗战时期吴鼎昌创办贵州企业公司的思想与实践,何长凤,贵州社会科学,2000年第4期。

抗战时期西南地区民营工业起落原因探析,梁家贵,贵州社会科学,2000年第6期。

抗战时期新疆学院发展的特点,高新生,新疆大学学报(哲社版),2000年第4期。

抗战时期沿海沿江经济向西部民族地区的迁移及其影响,方素梅,广西民族研究,2000年第4期。

抗战时期一次关于西化问题的讨论,刘集林,社会科学研究,2000年第1期。

抗战时期在桂东的民盟东南总支部,韦浩明,梧州师专学报,2000年第4期。

抗战时期浙江省的人口迁移与地域分布,张根福,历史研究,2000年第4期。

抗战时期中共中央南方局的建立及其统战工作,周召志,成都教育学院学报,2000年第9期。

抗战时期中国的灾荒与人口迁移,夏明方,抗日战争研究,2000年第2期。

抗战时期中国共产党对外政策述评,刘玉玲,克山师专学报,2000年第1期。

抗战时期中国新闻界的一次庆典——《大公报》荣获米苏里奖章,王芝琛,红岩春秋,2000年第5期。

抗战文化与面向21世纪的重庆文化,薛新力,渝州大学学报(社科版),2000年第4期。

抗战文学:研究视野之扩展,安源,广播电视大学学报(哲社版),2000年第2期。

抗战中的国民精神总动员运动,周宗根,民国春秋,2000年第6期。

孔祥熙与中央银行的发展,刘慧宁,党史研究与教学,2000年第5期。

跨越国境线的抗日战场——中国远征军滇缅抗战,王学明,云南电大学报,2000年第4期。

历史上的几种《文史杂志》,向纯武,文史杂志,2000年第4期。

历史上两起波澜的西部开发,侯德础,巴蜀日志,2000年第4期。

历史上云南的藏销茶,杨兴能,中国茶叶,2000年第4期。

林继庸与抗战初期的工厂内迁,刘志英,档案史料与研究,2000年第1期。

林继庸与抗战时期的工厂内迁运动,周绍英,重庆师范学院学报(哲社版),2000年第3期。

林语堂慨为蔡元培子女捐助教育基金,陈梦熊,新文学史料,2000年第3期。

柳亚子的《八年回忆》校订,柳光辽,南京理工大学学报(社科版),2000年第1期。

卢作孚思想学术研讨会综述,杨明洪,四川社科界,2000年第1期。

卢作孚行为科学管理思想及其实践,龙汉武,四川师范大学学报(哲社版),2000年第6期。

论第二次国共合作,李百齐,文史哲,2000年第3期。

论二战中的中国与日本战时文学,黄俊瑛,文艺理论与批评,2000年第3期。

论桂林抗战文化的特殊文化含量,李建平,广西社会科学,2000年第2期。

论胡先骕的教育思想,欧阳侃,江西师范大学学报(哲社版),2000年第3期。

论华侨对祖国抗战的贡献,陆安,昭通师专学报,2000年第2期。

论蒋介石对日妥协到全面抵抗的历史必然,张小强,钦州师专学报,2000年第4期。

论近代中国现代化思潮之演变,谢万里,人文杂志,2000年第1期。

论抗日民族统一战线,张殿洪,山东统一战线,2000年第2期。

论抗日战争时期美国对华政策的演变,张世均,康定民族师专学报(哲社版),2000年第3期。

论抗战初期张治中在湖南的治理整顿及历史作用,吴亚文,松辽学刊(社科版),2000年第2期。

论抗战时期的吴稚晖,赵慧峰,烟台师范学院学报(哲社版),2000年第3期。

论抗战时期国共两党国内政治策略的异同、成因及实施结果,范明强,河南大学学报(社科版),2000年第1期。

论抗战时期国民党政府川康区食糖专卖政策,张朝晖,文史杂志,2000年第4期。

论抗战时期旧体诗歌的复兴,胡迎建,晋阳学刊,2000年第4期。

论抗战时期民主党派与国民党的关系演变,冯海燕,济宁师专学报,2000年第2期。

论抗战时期散文的美学风貌,高文波,黑龙江农垦师专学报,2000年第4期。

论抗战时期中共对地方实力派的政策,张利,许昌师专学报,2000年第4期。

论抗战时期中国青年党与国共两党的关系,高晓林,理论探讨,2000年第4期。

论抗战时期中美空军联合作战,张英智,军事历史,2000年第2期。

论老舍抗战话剧的文化内涵,汪开寿,安徽教育学院学报,2000年第1期。

论梁实秋的自由主义文学思想,叶向东,云南师范大学学报(哲社版),2000年第4期。

论卢作孚"乡村现代化"思想,刘重来,西南师范大学学报(社科版),2000年第2期。

论民族资产阶级在抗日民主政权中的地位与作用,廖运龙,湖南大学学报(社科版),2000年第2期。

论日本侵占东南亚对我国抗战经济之影响,赵杰艺,洛阳工学院学报(社科版)(增刊),2000年。

论文化与都市旅游的关系——重庆都市旅游探索,曹欢,重庆大学学报(社科版),2000年第3期。

论战动总会的历史经验(一),孙武安,学术论丛,2000年第1期。

论张闻天对抗日民族统一战线的理论贡献,成国银,上海党史研究,2000年第4期。

论中共对桂林抗战文化运动的历史贡献,詹永媛,广西民族学院学报(哲社版),2000年第2期。

论中共驻共产国际代表团对建立抗日民族统一战线的积极作用(Ⅰ、Ⅱ),李良志,信阳师范学院学报,2000年第2—3期。

论中国国民党在抗日战争中的两面性,王树荫,首都师范大学学报(社科版),2000年第1期。

论中国抗日民族统一战线与世界反法西斯联盟的结合,杨竹芬,思茅师专学报,2000年第2期。

论中国历史上的西部开发,徐万民,北京日报,2000年10月16日。

略论国民党的训政体制,陈雷,阜阳师范学院学报(社科版),2000年第4期。

略论抗战时期大后方的农业合作运动,傅宏,贵州社会科学,2000年第4期。

略论抗战时期蒋介石改变美国战略重心的努力,韩永利,武汉大学学报(社科版),2000年第3期。

略论卢作孚的教育理想与教育生涯,覃红霞、陈兴德,重庆社会科学,2000年第3期。

马相伯抗日救亡的思想和活动,李旻,镇江师专学报(社科版),2000年第4期。

马寅初"奉派"前线考察内幕,陆茂清,湖南文史,2000年第3期。

美国华侨与中国抗日战争,吴金平,衡阳医学院学报(社科版),2000年第1期。

美国经济考察团来华与中美经济关系,仇华飞,民国档案,2000年第3期。

缅甸防御战的主要战役及其败因,戴孝天,渝州大学学报(社科版),2000年第3期。

民国历史档案研究与利用,张宪文,民国档案,2000年第1期。

民国时期合作运动发展述略,任荣,档案与史学,2000年第5期。

民国时期农村合作运动述评,傅宏,徐州师范大学学报(哲社版),2000年第4期。

民国时期省外资本对陕西工业的投资,曹敏,宝鸡文理学院学报(社科版),2000年第4期。

民国时期行政区划变迁述略(1912—1949),郑宝恒,湖北大学学报(哲社版),2000年第2期。

民国时期盐务机构述略,张莹,民国档案,2000年第1期。

民国时期中央与地方关系探析,曹学恩,西安外国语学院学报,2000年第2期。

民生公司企业群体文化精神初探,龙汉武,江汉论坛,2000年第5期。

民主党派与第二次国共合作的巩固与发展,李立菊,黑河学刊,2000年第4期。

民主党派与第二次国共合作的形成,李立菊,黑龙江统战理论研究,2000

年第1—2期。

民主革命时期的民主党派若干问题研究概述,李晓红,广东党史,2000年第2期。

民主革命时期民盟外交政策述评,赵志明、冯夏根,常德师范学院学报(社科版),2000年第5期。

民主共和国方案的提出与国共合作抗日,李正华,党史研究资料,2000年第6期。

民主力量对建立抗日民族统一战线的贡献,王勇、孔磊,团结报,2000年12月19日。

民族正气贯长虹——中国抗战文学概感,文天行,中山大学学报(社科版),2000年第3期。

民族主义对中国现代化的历史影响之考察,张勇,史志研究,2000年第1期。

凝睇历史——抗战中的云南,石英,边疆文学,2000年第7期。

怒江抗英抗日中的泸水段氏白族土司,高志英,学术探索,2000年第4期。

欧阳予倩广西办报记,周谷年,档案与史学,2000年第4期。

庞德与中国之法制:1943年至1948年之中国法制历史,刘正中,法学,2000年第12期。

陪都外交官邸寻踪,欧阳桦,红岩春秋,2000年第6期。

千里滇缅路　血肉铸丰碑:云南人民对抗战的贡献,陆安,党史纵横,2000年第4期。

浅谈国共关系中的几个提法,张潭,松辽学刊(社科版),2000年第3期。

浅谈国民政府协调韩国反日独立运动内部党派之纷争,张模超,重庆师范学院学报(哲社版),2000年第2期。

浅谈抗战时期国民党内外政策发生变化的原因,朱春英,徐州教育学院学报,2000年第3期。

浅谈现代爱国诗人闻一多,刘锡秋,贵阳市委党校学报,2000年第1期。

浅析国共两党关于"联合政府"之争,李玲波,楚雄师专学报,2000年第1期。

浅析西南联大联办的特色,盛冰,广州大学学报,2000年第2期。

日机轰炸重庆与重庆陪都的建立,唐润明,重庆与世界,2000年第4期。

三十至四十年代中国话剧述略,蔺海波,云南艺术学院学报,2000年第2期。

三四十年代两个中国之命运的斗争与中国共产党对中国法西斯主义的批判,王志连、郭兴旺,当代世界社会主义问题,2000年第2期。

三四十年代西康地区期刊(藏族部分)之述略,周晓晴,西南民族学院学报(哲社版),2000年第2期。

诗情与画境——论艾青抗战初期的散文创作,陈才生,殷都学刊,2000年第2期。

史剧高峰中的逆现象——抗战时期郭沫若史剧创作矛盾现象检索,何思玉,四川戏剧,2000年第1期。

试论《屈原》的伦理倾向,吴凌,贵阳师专学报(社科版),2000年第1期。

试论朝鲜义勇队的抗日宣传,郑龙发,韩国研究论丛,2000年。

试论陈独秀对民族抗战的理论思考,翟清华,安徽史学,2000年第2期。

试论桂林抗战文化运动在广西抗日救亡斗争中的作用,詹永媛,广西民族学院学报(哲社版),2000年第6期。

试论蒋介石和国民党地方实力派在抗战前后的关系,谢溶,昆明师专学报,2000年第3期。

试论抗战时期大后方交通建设的特点,李军,邢台师范高专学报,2000年第2期。

试论抗战时期工合运动的衰亡,包爱芹,首都师范大学学报(社科版),2000年第4期。

试论抗战时期中共的科技政策及活动,李信,探索,2000年第2期。

试论两次国共合作的历史作用,姚景芳,辽宁师专学报(社科版),2000年第3期。

试论太平洋战争爆发前夕的美国对华政策,黄光耀,连云港教育学院学报,2000年第3期。

试论中国民主党派政治路线的转变、发展及其历史必然性,陈启文,广西教育学院学报,2000年第6期。

试析近代滇西商品经济的发展和影响,杨煜达,保山师专学报,2000年第2期。

试析太平洋战争前夕英国关闭滇缅公路的原因及后果,何跃,学术探索,2000年第5期。

水利委员会拟送"西北水利十年建设计划初稿",王素勤、刘冰编选,民国档案,2000年第4期。

四川大学生在近现代史上的特殊地位和贡献,饶用虞,四川党史,2000年第2期。

四川全省空袭损害统计(1938年—1941年),重庆市档案馆,档案史料与研究,2000年第4期。

四联总处与战时金融,杨菁,浙江大学学报(社科版),2000年第3期。

探索与突破——评《中国抗日战争小说史论》,林凌,东岳论丛,2000年第2期。

探讨湖南抗战文化拓宽湖湘文化研究领域,唐正芒,湖湘论坛,2000年第3期。

陶行知在抗战时期的国民外交活动,朱蓉蓉,苏州丝绸工学院学报,2000年第6期。

万人空巷识熏莸——话剧《屈原》与《新华日报》的"《屈原》唱和"热,唐正芒,党史纵横,2000年第6期。

汪精卫叛国投敌心理研究,蔡双全、杨秀林,民国档案,2000年第4期。

王洸与抗战时期的长江航政管理,胡懿,档案史料与研究,2000年第2—3期。

闻一多是中国共产党的亲密战友和共产主义战士:纪念闻一多诞辰100周年,洪德铭,云南师范大学学报(哲社版),2000年第2期。

我国近代史上的三次西部开发,茂盛,价格与市场,2000年第6期。

我国小麦分布区域及产量(1945年),胡懿编选,档案史料与研究,2000年第1期。

吴大猷先生与物理,杨振宁,书城,2000年第3期。

五四后30年中国民主思想的时代特点,方敏,教学与研究,2000年第9期。

西康省银行藏币券,朱清华、李东,收藏,2000年第6期。

西南经济大事纪要(续十),档案史料与研究,2000年第1期。

西南联大忆旧:兼论"西南联大精神",刘祚昌,学术界,2000年第1期。

吸纳、转换与辐射——关于中国近百年现代化进程中重庆城市二元化结构的思考,张新华,重庆行政,2000年第2期。

析工合运动在抗战中的作用与影响,包爱芹,山东师大学报(社科版),2000年第2期。

夏衍《芳草天涯》叙往,龚明德,新文学史料,2000年第3期。

新民主主义理论与三四十年代关于中国现代化的论争,张勇,中共党史研究,2000年第2期。

新生活运动与抗战,吴秀霞,胜利油田师范专科学校学报,2000年第1期。

严宝礼与抗战中的《文汇报》,谢蔚明,世纪,2000年第3期。

阳翰笙戏剧简论,雷涛,西南民族学院学报(哲社版),2000年第7期。

一把腐败现象的病理解剖刀——读老舍的《不成问题的问题》,胡光璐,探索,2000年第2期。

一本优秀的现代出版史——《中国抗日战争时期大后方出版史》读后,蒋曙晨,出版发行研究,2000年第8期。

一年来的重庆市各界抗敌后援会战地服务团(1938年10月),重庆市档案馆,档案史料与研究,2000年第2—3期。

一年来抗日战争史研究综述,抗日战争研究编辑部,抗日战争研究,2000年第1期。

以国家民族利益为最高原则:我党是怎样对待皖南事变的,徐君华,大江南北,2000年第12期。

英国与中国的法币平准基金,吴景平,历史研究,2000年第1期。

勇于和善于参政议政的张治中将军(上)(下),余湛邦,团结报,2000年9月26、28日。

有关重庆"大隧道惨案"史料一组(1941年6月7日—11月14日),重庆市档案馆,档案史料与研究,2000年第4期。

云南边疆少数民族守土抗战,杨新旗,云南统一战线,2000年第5期。

云南回族抗争历史现象透视,纳麒,思想战线,2000年第1期。

云南倾力支援抗战,朱洪东,云南日报,2000年8月20日。

酝酿制定"西南、西北及江南三区轻工业开发计划"史料两件,中国第二历史档案馆,民国档案,2000年第2期。

在西安国统区创办《流火》杂志,张禹良等,新文化史料,2000年第2期。

曾虚白工作日记选(一至三)(1941.5.5—5.31),张克明、沈岚编选,民国档案,2000年第2—4期。

战时后方经济的若干关系,王瑞成,西南师范大学学报(社科版),2000年第3期。

张恨水《八十一梦》的批判意识与自省意识——兼论《八十一梦》的文学历史意义,苏光文,西南师范大学学报(社科版),2000年第2期。

振济委员会战区内迁妇女辅导院工作概况,重庆市档案馆,档案史料与研究,2000年第1期。

知音——周恩来与木刻家,李莉,党史纵横,2000年第11期。

直把歌场当战场——论田汉抗战时期在戏改方面的贡献,刘平,学术论坛,2000年第6期。

植根沃土,架桥蓝天——抗战驼峰飞行员、北京航空联谊会会长华人杰教授访谈录,牧果,重庆与世界,2000年第4期。

中国持久抗战胜利与法国短期败降的历史启示,韩水利,江汉论坛,2000年第4期。

中国共产党与抗战时期的第一次民主宪政运动,齐平,长白学刊,2000年第5期。

中国国际救济委员会第三年度报告书(1945年4月30日),重庆市档案馆,档案史料与研究,2000年第4期。

中国抗日战争的战略方针研究——国共两党持久战战略之比较,李芝兰,江西社会科学,2000年第7期。

中国抗战史研究的新篇章——评《中国妇女抗战史研究(1937—1945)》,

刘洁,长白学刊,2000年第5期。

中国抗战文艺思潮与马华的文艺运动,莫嘉丽,八桂侨刊,2000年第4期。

中国民主党派在民主革命时期的历史,孙宗明,泰安师专学报,2000年第2期。

中国民主党派早期组织在抗日战争中的贡献,孙蓉宝,山西社会主义学院学报,2000年第3期。

中国西北开发的历史教训,沈孝辉,北京观察,2000年第12期。

中国现代美术救国思潮,陈池瑜,文艺理论与批评,2000年第2期。

中国现代文学史上"民族形式论争"有关资料目录,金会峻,新文学史料,2000年第1期。

中华民国社团的基本特征,方美玲,北京教育学院学报,2000年第3期。

周恩来拜托的商人,罗清,红岩春秋,2000年第2期。

周恩来领导国统区的抗战文艺工作(上),吴小宝,新文化史料,2000年第3期。

周恩来论抗日民族统一战线,高晓林、刘莉,黑龙江统战理论研究,2000年第4期。

周恩来在重庆的一次演讲,温矢,团结报,2000年7月4日。

资源委员会与中国石油工业,汪波,党史研究与教学,2000年第5期。

遵义抗战文化述析,黄群,遵义师范学院学报,2000年第4期。

2001年

"回家"或是"在路上"——再论《寒夜》的知识分子形象,刘永昶,语文学刊,2001年第2期。

"抗日战争与中日关系学术研讨会"综述,侯晓佳、牛大勇,抗日战争研究,2001年第1期。

"理想"和"梦"的差异——论无名氏的前期创作及其与时代主导文学的

疏离,耿传明,天津师范大学学报(社科版),2001年第4期。

"重写音乐史":一个敏感而又不得不说的话题——从第一本国人编、海外版的抗战歌曲集及其编者说起,戴鹏海,音乐艺术(上海音乐学院学报),2001年第1期。

"红岩精神"与"延安精神",周勇,重庆日报,2001年6月27日。

《大公报》是如何被完整保存下来的,邹沐民,文史博览,2001年第3期。

《大公报》星期论文和民主与独裁的论争,任桐,南京大学学报(特辑),2001年。

《大公报》与中国20世纪30年代的现代化运动,贾晓慧,近代史研究,2001年第6期。

《大公报·战线》与抗战时期的朗诵诗,刘淑玲,河北学刊,2001年第6期。

《独立评论》的抗日主张,武菁,安徽史学,2001年第2期。

《开发与掠夺——抗战时期的中国矿业》读后,吴大华,广西师范大学学报(哲社版),2001年第3期。

《小橘灯》的写作经过,冰心,语文教学与研究,2001年第2期。

《云南现代话剧运动史论稿》序,田本相,云南艺术学院学报,2001年第4期。

1911—1949年清华校园小说研究,张玲霞,清华大学学报(哲社版),2001年第5期。

1931—1941年苏联的远东政策刍议,黄鸿飞,历史教学问题,2001年第4期。

1937—1941年国民政府食盐销售制度演变述要,董振平,档案史料与研究,2001年第2期。

1939—1944年蒋介石为改善重庆市政的106道手令,重庆市档案馆,档案史料与研究,2001年第4期。

20世纪30—40年代广西的初等教育改革运动,曹天忠,历史档案,2001年第3期。

20世纪30年代共产党人解决新疆民族问题的主张与实践,巴台,新疆社科论坛,2001年第4期。

20世纪40年代中国新闻界与言论报道的自由——抗战末期的"新闻自由化运动",〔日〕铃木航,信大史学,2001年第11期。

20世纪关于中国教育史发展线问题的探索,杜成宪、张继玺,华东师范大学学报(教育科学版),2001年第4期。

20世纪中国两次大规模开发西部的历史考察,蒋述东,重庆教育学院学报,2001年第2期。

爱与哀:艾青诗歌的悲悯情怀,曹安娜,东方论坛,2001年第3期。

八年抗日战争:教育部长陈立夫战时教育之功勋,陈家骥,浙江月刊,2001年第5期。

白崇禧在抗战中与中共的交往,张宗高,世纪风采,2001年第12期。

百年回眸一生传奇——读顾毓琇《百龄自述》,王治国,群言,2001年第10期。

陈果夫创办中央广播电台,刘丰祥,民国春秋,2001年第4期。

重读梁实秋的"与抗战无关"论,吴立昌,上海大学学报(社科版),2001年第5期。

重庆"大隧道窒息惨案"死亡人数考析,徐建明,抗日战争研究,2001年第3期。

重庆二十世纪书法述论,曹建,书法之友,2001年第6期。

重庆复旦大学的校园文学活动考略,李本东,中国现代文学研究丛刊,2001年第4期。

重庆复兴关训练,张德琴,民国春秋,2001年第2期。

重庆市抗战文化资源的开发与利用研究,王戎,重庆交通学院学报(社科版),2001年第4期。

重庆文学发展与中国抗日战争——陪都文学运动形态解析,郝明工,涪陵师范学院学报,2001年第3期。

从人生的思索到生命的追问——重读夏衍剧作《芳草天涯》,蓬蓬,吉林艺术学院学报,2001年第2期。

从拥蒋到反蒋:抗战时期的中间党派,廖大伟,华东理工大学学报(社科版),2001年第1期。

从中英两国的战争目标看二战期间的中英矛盾,张小强,河南师范大学学报(哲社版),2001年第1期。

大后方戏剧的主题类型及其意义,李江,广西师范大学学报(哲社版),2001年第4期。

敌伪之粮食管制(1941年2月),重庆市档案馆,档案史料与研究,2001年第2期。

第三党在抗日战争时期的历史贡献:抗日民族统一战线,曾平辉,惠州大学学报(社科版),2001年第2期。

第四次中华民国史国际学术讨论会述评,陈谦平等,历史研究,2001年第1期。

端纳有关汪精卫出逃情况致田伯烈的信,文俊雄译,民国档案,2001年第4期。

对《抗战时期中国新闻界的一次庆典》的商榷,杜泽,红岩春秋,2001年第2期。

对抗战时期中共党人在新疆哈密活动的评析,张丹,南京建筑工程学院学报(社科版),2001年第2期。

二十世纪抗战文学为什么没有经典作品,林凌,中国文学研究,2001年第4期。

二战时期云南近代工业的发展水平及特点,陈征平,思想战线,2001年第2期。

奋斗为民主,团结救中华——抗战时期民主宪政运动的兴起与发展,亦平,纵横,2001年第3期。

风雨灌县办学记——黄炎培的一段往事,钟培根,四川统一战线,2001年第5期。

各民主党派与第二次宪政运动,阎华,党史天地,2001年第6期。

郭沫若历史剧创作的"人学"意识,庄桂成,湖北民族学院学报(哲社版),

2001年第1期。

郭沫若与《救亡日报》,成国银,党史天地,2001年第12期。

国民参政会中的藏族参议员与国民政府治藏政策,孙宏年,西藏研究,2001年第4期。

国民党的腐败与抗日斗争,李益杰,天府新论,2001年第2期。

国民党军统组织消长始末(一)(二)(三)(四)(五)(六),黄康永口述,匡垣整理,档案与史学,2001年第1—6期。

国民党五届五中全会至皖南事变国共关系之我见,刘育钢,党史研究与教学,2001年第6期。

国民党与三青团关系之考察,陈希亮、何善川,淮阴师范学院学报(哲社版),2001年第4期。

国民党政府的新疆政策特点,黄建华,新疆地方志,2001年第4期。

国民政府对九世班禅后事的处理,崔巍,民国档案,2001年第2期。

国民政府军事委员会的演变,陈方南,军事研究资料,2001年第8期。

国民政府迁都重庆的前前后后,王光远,团结报,2001年1月18日。

国难声中的西北开发,葛飞,中州学刊,2001年第1期。

胡风对抗战文艺的历史贡献,胡水清,高等函授学报(哲社版),2001年第6期。

怀念抗战时期西安中正中学,辰雨,山东文献,2001年第2期。

回忆父亲马叙伦的一些往事,王女杰,民主,2001年第10期。

基督教在西南少数民族地区的传播——以医疗卫生事业为例,成先聪,宗教学研究,2001年第4期。

加强民国时期社会史研究刍议,张瑞德,天津社会科学,2001年第1期。

简论中国抗日战争在世界反法西斯战争中的地位和作用,王自发,黑龙江社会科学,2001年第4期。

建构民国时期(1912—1949)社会发展指标体系的几点思考,马敏、陆汉文,华中师范大学学报,2001年第1期。

建立桂林抗战文化资料中心的思考,覃静,图书馆界,2001年第3期。

蒋介石与四联总处,伍野春、阮荣,民国档案,2001年第4期。

蒋介石在雅尔塔会议前后,罗瑞芳,中国档案报,2001年8月24日。

抗日战争初期的龙云与汪精卫,谢本书,史学月刊,2001年第5期。

抗日战争对高等教育的冲击(1937—1945),胡国台,"国史馆"学术集刊,2001年第12期。

抗日战争时期重庆的诗歌朗诵运动,杨小锋,自贡师专学报,2001年第2期。

抗日战争时期的四川驿运述论,刘世茂,西南民族学院学报(哲社版),2001年第11期。

抗日战争时期工厂内迁及其对大后方工业的影响,诸葛达,复旦学报(社科版),2001年第4期。

抗日战争时期广西铁路建设述评,桂署钦,柳州师专学报,2001年第3期。

抗日战争时期贵州农林牧业概述,顾朴光,贵州民族学院学报(哲社版),2001年第4期。

抗日战争时期沿海内地文化事业向西部民族地区的迁移及其影响,方素梅,广西民族研究,2001年第1期。

抗日战争时期中国工农业损失述略,陈小琼,民国研究(总第6辑),2001年。

抗日战争时期中国西北地区的农业开发,魏宏运,史学月刊,2001年第1期。

抗日战争中的杨森,王晓春,档案史料与研究,2001年第3期。

抗战爆发:中国20世纪文学史上的重要分界线,刘志荣,复旦学报(社科版),2001年第4期。

抗战初期张治中"湘政"工作的三大特色,戴开柱,山东社会科学,2001年第6期。

抗战的呼唤——艾青《雪落在中国的土地上》探微,邹焰,阜阳师范学院学报(社科版),2001年第4期。

抗战后期冯玉祥发动的献金救国运动,梁星亮,民国春秋,2001年第6期。

抗战后期国统区抗日文化运动述论,石建国,河西学院学报,2001年第2期。

抗战后期孙科民主倾向评析,张颖,党史研究与教学,2001年第5期。

抗战后期中国共产党关于成立民主联合政府的设想,王开良,泰安师专学报,2001年第4期。

抗战两年来邮政大事记(1939年),唐昌伦编选,档案史料与研究,2001年第1期。

抗战期间的第一次民主宪政运动,苏姒,党史天地,2001年第3期。

抗战期间故宫文物内迁中的清代档案,管辉,档案,2001年第2期。

抗战期间海外华侨对国共两党政治态度的转换,高鸣,无锡轻工大学学报(社科版),2001年第2期。

抗战期间蒋介石夫妇对印度的一次访问,陈清清,观察与思考,2001年第3期。

抗战期间中共与美国的军事交往,刘中刚,文史精华,2001年第9—10期。

抗战期中"高陶事件"的一家之言:陶恒生著《高陶事件》读后感,唐德刚,传记文学,2001年第2期。

抗战前后西北农田水利兴起的原因及作用,沈社荣,固原师专学报,2001年第2期。

抗战诗歌朗诵运动发生的原因,杨小锋,赣南师范学院学报,2001年第4期。

抗战诗歌朗诵运动中关于"朗诵诗"的讨论,杨小锋,重庆三峡学院学报,2001年第5期。

抗战时期陈独秀每月300元生活费的来源,刘敬坤,炎黄春秋,2001年第7期。

抗战时期重庆的中外文化交流,薛新力,渝州大学学报(社科版),2001年第4期。

抗战时期大后方美术中心的成因,黄宗贤,西南师范大学学报(社科版),2001年第3期。

抗战时期大后方文人的著作权保护活动,曾汉祥,著作权,2001年第1期。

抗战时期大后方戏剧运动概观,何云贵,重庆师专学报,2001年第2期。

抗战时期的"集体创作",孙晓忠,中国现代文学研究丛刊,2001年第1期。

抗战时期的董必武与郭沫若,朱洪强,党史博采,2001年第8期。

抗战时期的桂南物资抢运,刘卫东,聊城师范学院学报(哲社版),2001年第6期。

抗战时期的国立中学,刘敬坤,团结报,2001年2月20日。

抗战时期的清官阮略,柏士良,文史天地,2001年第5期。

抗战时期的三大国立图书馆,罗德运,江苏图书馆学报,2001年第1期。

抗战时期的讨汪反投降运动,刘松茂、唐正芒,广东党史,2001年第1期。

抗战时期的西北公路运输管理局,张国藩,档案,2001年第1期。

抗战时期的西京筹备委员会及其对西安城市建设的贡献,吴宏岐,中国历史地理论丛,2001年第4期。

抗战时期的西南联大,夏世铎,联合时报,2001年2月2日。

抗战时期的中共外交述评,雷甲平、缑红梅,延安教育学院学报,2001年第1期。

抗战时期的中央大学白雪国乐社,郑体思,音乐探索,2001年第1期。

抗战时期甘肃农村合作社运动述论,王荣华,兰州教育学院学报,2001年第1期。

抗战时期贵州企业股份有限公司大事记,何长凤,贵州档案史料,2001年第4期。

抗战时期国共合作的一场风波——毛泽东等《紧急声明》缓登经过,刘小清,福建党史月刊,2001年第6期。

抗战时期国民参政会与政治发展,席晓勤,浙江传媒学院学报,2001年第2期。

抗战时期国民党军统局之历史考察,黄家盛,党史研究与教学,2001年第4期。

抗战时期国民党政府对共产主义书刊的查禁,杨斌,钟山风雨,2001年第4期。

抗战时期国民政府的官营影业考略,杨燕,电影艺术,2001年第3期。

抗战时期国民政府发行公债政策述评,杨斌,江西社会科学,2001年第1期。

抗战时期国民政府高等教育政策的两面性,王峻,临沂师范学院学报,

2001年第3期。

抗战时期国民政府开发西北活动述论,曹敏,人文杂志,2001年第4期。

抗战时期国民政府外债举借述评,苏黎明,中国社会经济史研究,2001年第1期。

抗战时期国统区的反查禁斗争(上)(下),张克明,新闻出版交流,2001年第5—6期。

抗战时期家族小说人物形象分析,周青,淮阴师范学院学报(哲社版),2001年第4期。

抗战时期蒋汪的"废约竞赛",王璐,团结报,2001年5月24日。

抗战时期金城银行在西部的经营活动,刘永祥,社会科学辑刊,2001年第3期。

抗战时期煤气炉汽车制造史料一组(1940—1944年),胡懿编选,档案史料与研究,2001年第3期。

抗战时期美国政府压蒋联共政策的制定及其对华短期政策,胡泰,湖北师范学院学报(哲社版),2001年第1期。

抗战时期南方局争取中间势力的实践及其贡献,孙金伟,殷都学刊,2001年第1期。

抗战时期陕西近代资本主义工业发展的原因探析,曹敏,理论导刊,2001年第5期。

抗战时期新疆抗战救亡运动的特点,张丹,昭乌达蒙族师专学报(汉文哲社版),2001年第5期。

抗战时期银行界的迁移及其影响:浙江省个案研究,张根福,抗日战争研究,2001年第3期。

抗战时期影响国民政府征兵因素探析,孙玉芹,河北大学成人教育学院学报,2001年第3期。

抗战时期有关诗歌朗诵艺术的理论探索,杨小锋,自贡师专学报,2001年第1期。

抗战时期云南的省校合作与社会学人类学研究,潘乃谷,云南民族学院学报(哲社版),2001年第5期。

抗战时期云南工业发展对现实的启示,马玉华,学术探索,2001年第2期。

抗战时期中共关于建立多党合作民主政体的思想与实践,龚和平,武汉大学学报(社科版),2001年第6期。

抗战时期中国共产党争取民主化斗争述评,曹敏,西安联合大学学报,2001年第3期。

抗战时期中国国民党党员成分的特征和演变,〔日〕土田哲夫,民国研究(总第6辑),2001年。

抗战时期中国接受苏俄文学的特点初探,陈春生,抗日战争研究,2001年第1期。

抗战时期中国银行改组述评,张秀莉,抗日战争研究,2001年第3期。

抗战时期中国资产阶级的政治主张,康沛竹,中共党史资料,2001年79期。

抗战五年来电信建设概况(1943年),重庆市档案馆,档案史料与研究,2001年第3期。

抗战一年来我国战时金融之设施(1947年),胡懿编选,档案史料与研究,2001年第2期。

抗战音乐史上珍贵的一页——《黄河大合唱》在国统区桂林的传播,陆铿荣,音乐研究,2001年第2期。

孔祥熙在国民政府中的敛财手段简论,陈学峰,历史教学,2001年第12期。

昆明鸟瞰(1938年),徐建明编选,档案史料与研究,2001年第4期。

老舍四十年代文学思想评析,张叶红,江西社会科学,2001年第9期。

老舍主编及参与编辑的刊物考,张桂兴,北京联合大学学报,2001年第4期。

理性的批判与情感的眷恋——重读老舍小说《四世同堂》,曹书文,内蒙古社会科学(汉文版),2001年第5期。

两次国共合作中共产国际与国民党关系的比较研究,范晓燕,西南交通大学学报(社科版),2001年第3期。

龙云与云南抗战,谢本书,抗日战争研究,2001年第3期。

卢作孚国家现代化思想及其借鉴意义,周绍东,西南师范大学学报(社科版),2001年第3期。

卢作孚乡村现代化思想与实践评述,龙汉武,武汉交通管理干部学院学报,2001年第1期。

论国民政府与西部开发,赵奇伟,益阳师专学报,2001年第2期。

论国统区抗日救亡统一战线形成的原因,杨慧,洛阳师范学院学报,2001年第6期。

论蒋(介石)史(迪威)矛盾中的宋子文,陈永祥,中山大学研究生学刊(社科版),2001年第1期。

论近代中国中央银行的形成时间、制度类型与功能演进,李桂花,中国经济史研究,2001年第2期。

论抗日战争时期的宗教外交,陈金龙,贵州文史丛刊,2001年第1期。

论抗日战争时期国民政府盐专卖制度,金普森,浙江大学学报(社科版),2001年第4期。

论抗战记忆与老舍创作的国家复仇意识,张全之,齐鲁学刊,2001年第5期。

论抗战时期的资源委员会,张殿兴,历史教学,2001年第10期。

论抗战时期国民政府食盐专卖制度的形成,董振平,宁夏大学学报(社科版),2001年第3期。

论抗战时期国民政府统制经济政策的影响,方学英,四川行政学院学报,2001年第2期。

论抗战时期国民政府中央银行金融监管职能,刘慧宇,南开经济研究,2001年第3期。

论抗战时期中共的宪政思想,赵文远,许昌师专学报,2001年第4期。

论抗战时期中共与蒋介石集团的斗争策略,谭夏清,南京社会科学,2001年第2期。

论抗战时期中国共产党的合法地位问题,何德廷,求索,2001年第3期。

论历史时期西北地区农业经济的开发,党瑜,陕西师范大学学报(哲社版),2001年第2期。

论民国时期西康建省,黄天华,四川师范大学学报(社科版),2001年第4期。

论战争记忆与老舍创作的国家复仇意识,张全之,齐鲁学刊,2001年第5期。

论张治中主湘,张湘,湖南轻工业高等专科学校学报,2001年第4期。

论中国共产党与国民党地方实力派抗日统战关系的历史作用,高正礼,江汉论坛,2001年第5期。

略论20世纪中国二次西部开发,黄泽南,上饶师范学院学报,2001年第2期。

略论蒋介石幕府,张学继,浙江学刊,2001年第3期。

略论抗战时期大后方的讨汪运动,刘松茂,云梦学刊,2001年第1期。

略论抗战时期肃奸之艰巨性,辜宗秀,长白学刊,2001年第1期。

略论民国乡村自治的社会制约因素,李德芳,贵州社会科学,2001年第3期。

马寅初祸起萧墙,徐伯荣,四川统一战线,2001年第11期。

贸易调整委员会的成立及其活动,郑会欣,南京大学学报(特辑),2001年。

美国在华领事裁判权的形成与废除,仇华飞,史学月刊,2001年第1期。

民国高等院校与西部开发:以金陵大学为中心的研究,章金波、宋德华,江苏文史研究,2001年第4期。

民国历届政府反对分裂、维护对西藏主权的斗争,陈崇凯,西藏民族学院学报(哲社版),2001年第1期。

民国年间中国邮政简易寿险述论,王庆德,历史档案,2001年第1期。

民国时期"下江人"的形成与认同刍议,张瑾,西南民族学院学报(哲社版),2001年第4期。

民国时期成都的社会教育运动,成都市档案馆编研部,四川档案,2001年第1期。

民国时期的西北开发潮,葛飞,郑州工业大学学报(哲社版),2001年第1期。

民国时期的中华全国体育协进会,吴玉军、伯亮,历史档案,2001年第4期。

民国时期关中地区生态环境与社会经济结构变迁(1928—1949),郑磊,中国经济史研究,2001年第3期。

民国时期广西对外贸易及其对广西社会经济的影响,杨乃良,桂海论丛,2001年第2期。

民国时期广西农产品对外贸易与自然经济的解体,杨乃良,学术论坛,2001年第2期。

民国时期国民党边疆政策述评,郑永明,档案史料与研究,2001年第1期。

民国时期国民党土地的政策述要,姜爱林,历史档案,2001年第4期。

民国时期两广贸易交往及其对广西经济社会发展的影响,杨乃良,广西社会科学,2001年第1期。

民国时期新疆民族宗教教育与国民教育的并行,周泓,西北民族研究,2001年第2期。

民国时期有关公务员管理史料一组(1935—1946年),郑永明编选,档案史料与研究,2001年第3期。

民国时期中国文化重建的主体、目标、中介:新文化运动与新生活运动的比较研究,金功辉,江苏教育学院学报,2001年第1期。

民国时期中央政府工作人员在昌都的活动,王川,西藏研究,2001年第1期。

民国学术的发展与中国学术理论形态的应世转生,张立文,求索,2001年第3期。

民国治藏法律研究简述,刘琳琳,中央政法管理干部学院学报,2001年第5期。

民主党派在第二次国共合作中作用评述,殷红红,大庆高等专科学校学报,2001年第2期。

南京国民政府时期的外债研究综述,金普森,浙江社会科学,2001年第6期。

陪都各界黔桂前线将士慰劳团工作报告书(1945年),重庆市档案馆,档案史料与研究,2001年第2期。

陪都名人故居,欧阳桦,红岩春秋,2001年第1期。

陪都时期德五云山集中营,杨懋,红岩春秋,2001年第1期。

浅论抗战时期西北经济开发中的资源委员会,王红岩,人文杂志,2001年第4期。

浅论抗战时期西南交通建设的特点,吴大华,社科与经济信息,2001年第1期。

浅论中国在第二次世界大战中的战略地位,韩永利,历史教学问题,2001年第6期。

浅析二战期间中国大国地位的获得与丧失,梁承波,集美大学学报(哲社版),2001年第2期。

浅析抗战期间工厂内迁的作用,王荣林,晋东南师专学报,2001年第1期。

挈其瑰宝,绝其淄磷——抗战时期中共与三民主义研究,宋进,华东师范大学学报(哲社版),2001年第4期。

全国经济委员会农业处转送之西北农业、畜牧业和社会经济考察报告,刘冰、王素勤,民国档案,2001年第2—3期。

全国慰劳总会庆贺抗战将士新年运动总报告书(1942年4月7日),重庆市档案馆,档案史料与研究,2001年第3期。

让史实说话——读《中国妇女抗战史研究》,陈瑞云,史学集刊,2001年第2期。

如何评判抗战期间中苏关系中的是与非——论抗战期间中苏关系恶化的原因,孙才顺,抗日战争研究,2001年第3期。

陕西实业考察团建议该省实业计划致行政院函暨事业部核办情形,中国第二历史档案馆,民国档案,2001年第1期。

沈同衡:重视理论研究的漫画家,刘永胜,美术观察,2001年第2期。

世纪之交的回眸:民盟与中共关系史述评,王俊峰,长安大学学报(哲社版),2001年第1期。

试论1942年中苏关于苏联势力撤出新疆问题的谈判和交涉,欧阳云梓,新疆大学学报(社科版),2001年第4期。

试论20世纪40年代四川新县制下的基层民意机构,曹成建,四川师范大学学报(社科版),2001年第5期。

试论爱国民主党派在抗战时期的历史作用与贡献,黄小荣,广东省社会主义学院学报,2001年第2期。

试论国统区抗战文化运动的特点,詹永媛,贵州民族学院学报(哲社版),2001年第2期。

试论抗战时期建立的中共中央南方局,郑洪泉、王明湘,档案史料与研究,2001年第3期。

试论抗战时期马寅初的稳定币值理论,赵国忠,四川师范大学学报(哲社版),2001年第1期。

试论抗战时期孙科关于经济问题之主张,肖际唐,华南师范大学学报(社科版),2001年第4期。

试论卢作孚民众教育思想的形成与发展,骆永寿,文史杂志,2001年第2期。

试论南方局的历史地位及其功绩,郑洪泉、王明湘,中共党史研究,2001年第4期。

试论新疆保卫和平民主同盟的成立及其意义,祁若雄,西域研究,2001年第1期。

试论中国近代企业制度发展史上的"大生"模式,陈争平,中国经济史研究,2001年第2期。

试论中国远征军入缅抗战中的多边关系,王学明,云南社会科学(增刊),2001年。

试论中苏文学在抗战时的交往特征,陈春生,外国文学研究,2001年第1期。

试述抗战时期国人的西北开发观,章金波,青海社会科学,2001年第5期。

试析"一个独特的历史现象:桂林文化城",魏华龄,桂林师专学报,2001年第3期。

试析蒋介石联共抗日的策略,吴珍美,上海师范大学学报(哲社版),2001年第4期。

试析抗战胜利后民族工业破产的原因,孟显才,濮阳教育学院学报,2001年第3期。

试析抗战胜利前夕苏联的对华政策,孙宝根,华东船舶工业学院学报(社科版),2001年第3期。

试析制约国民政府承认韩国临时政府的若干因素,张荣祥,档案史料与研究,2001年第4期。

四年来之重庆建设(1942年),徐建明编选,档案史料与研究,2001年第1期。

四十年代中苏关于苏联势力撤出新疆问题的交涉,欧阳云梓,西域研究,2001年第4期。

宋庆龄与抗日民族统一战线,樊建莹,许昌师专学报,2001年第6期。

宋庆龄在抗战时期的国民外交活动述评,朱蓉蓉,学术论坛,2001年第6期。

跳厂与回流:战时重庆地区工厂工人的流动,刘明宪,近代中国,2001年。

皖南事变与中国民主政团同盟的建立,张勤等,江淮论坛,2001年第1期。

我的抗战生活,冯玉祥,人物,2001年第9期。

我所知道的军令部,张国宽,钟山风雨,2001年第3期。

五十年来的近代新疆开发史研究综述,祁美琴,西域研究,2001年第1期。

西部地区两次开发的历史扫描,侯德础,四川经济管理学院学报,2001年第1期。

西南大后方与关内沦陷区工矿业投资比较,阎亚平,中共桂林市委党校学报,2001年第2期。

西南浪迹稿,彭望芳记,张爱平整理,档案与史学,2001年第3—6期。

现实大国与虚幻大国——抗战时期中国大国地位的二律背反,王真,抗日战争研究,2001年第2期。

严杰人的爱情诗杰作——评《烽火情曲》与《诉》,黄泽佩,贵州社会科学,2001年第4期。

阳翰笙与国统区抗战文艺活动,徐志福,西南民族学院学报(哲社版),2001年第12期。

杨云史给其侄杨佛士书信一封(1939年8月15日),冯丽霞编选,档案史料与研究,2001年第4期。

也谈陈独秀晚年的生活来源,吴孟明,炎黄春秋,2001年第10期。

一部求实与创新结合的经济史著作——唐凌著《开发与掠夺——抗战时

期的中国矿业》读后,钱宗范,中共桂林市委党校学报,2001年第3期。

一部三十年代西北大开发计划的图书,白君礼、江润莲,人文杂志,2001年第4期。

一部研究抗战时期大后方民主运动的学术新著,铁岩,世纪桥,2001年第1期。

一次成效甚微的西北开发:民国时期西北建设研究,杨乃良,青海师范大学学报(哲社版),2001年第1期。

一方水土养一方人:《黔北二十世纪文学史》编后,谢鸿平,贵州日报,2001年11月23日。

一个鲜为人知的战场——周恩来与抗战后救济工作,吕虹,党史纵横,2001年第1期。

一年来抗日战争研究述评,抗日战争研究编辑部,抗日战争研究,2001年第1期。

英国所存近代中国新疆档案查阅散记,许建英,中国边疆史地研究,2001年第4期。

英国议会访华团在渝活动史料一组(1942年),徐建明编选,档案史料与研究,2001年第3期。

英国战时金融政策与中国四十年代恶性通货膨胀的原因,〔韩〕禹济昌,上海经济研究,2001年第11期。

忧患、良知、兴盛:谈民国时期的学术繁荣,张立文,东方文化,2001年第3期。

有关30年代中后期贵州禁烟运动的由来及其认识,秦和平,贵州文史丛刊,2001年第3期。

有关二战中废除不平等条约问题的再评价:兼论国民政府在废约问题上的作用,项锷,史学集刊,2001年第1期。

再返红岩村:追忆南方局生活片断,张颖,纵横,2001年第8期。

在世界大战期间中国大规模收回租界的概况及其原因,刘玲,徐州教育学院学报,2001年第1期。

张治中和平解决新疆问题评说,谢华,益阳师专学报,2001年第5期。

中法《重庆协议》与西、南沙群岛问题,戴可来、张明亮,中国边疆史地研究,2001年第2期。

中共云南地方组织在新民主主义革命斗争中的历史经济,王元辅,云南史志,2001年第2期。

中共中央南方局与大后方民营企业家的民主觉醒,潘洵,西南师范大学学报(社科版),2001年第4期。

中国的"新现实主义"(下)——中国三、四十年代电影,五柳,电影文学,2001年第2期。

中国第二历史档案馆馆藏民国时期重庆经济史料概述,喻春生,档案史料与研究,2001年第2期。

中国共产党与中国民主政团同盟的建立,张勤、朱超南,安徽史学,2001年第2期。

中国近代内债研究述评,姜良芹,社会科学辑刊,2001年第1期。

中国历史上的西部开发,邵敏灵,江西社会科学,2001年第9期。

中国历史上的新疆开发,赵云旗,新疆社会科学,2001年第5期。

中国民主党派的历史溯源:民主革命时期中间势力的形成,黄剑眉,纵横,2001年第2期。

中国青年党脱离进步阵营的前前后后,董一冰,牡丹江师范学院学报,2001年第6期。

中国青年党转入抗日民族统一战线的历程,董一冰,牡丹江师范学院学报,2001年第3期。

中国远征军第一次入缅作战评析,屠文淑,宁波大学学报(人文版),2001年第3期。

中国战场的地位和作用与战时"大国地位"的确立,孙伟儿,浙江师大学报(社科版),2001年第3期。

周恩来《致大公报书》,穆欣,新闻爱好者,2001年第7期。

著名实业家卢作孚在四川的民众教育实践活动,刘义兵,西南教育论丛,

2001年第1期。

作时代之诗文　抒真、美之情怀——方敬诗歌、散文艺术寻踪,李敏,渝州大学学报(社科版),2001年第3期。

2002年

"浩歌声里请长缨"——桂林抗战音乐运动述论,冯明洋,中国音乐学,2002年第2期。

"联合政府"与美国对华政策——抗战后期美国对华政策反思之二,曹江秋,宁夏大学学报(社科版),2002年第1期。

《花溪闲笔》与吴鼎昌的主黔策略,刘学洙,文史天地,2002年第7期。

《剑桥中华民国史》在文学史料方面的问题,史承钧,上海师范大学学报(哲社版),2002年第1期。

《抗战胜利堂碑记》与昆明抗战胜利堂,黄燕玲,云南档案,2002年第4期。

《新华日报》与丁家坪纸厂,邱海鹰,四川统一战线,2002年第7期。

《新华日报》与抗日民族统一战线,沈和江,石家庄师专学报,2002年第3期。

1938:中国的"敦刻尔克大撤退",党政论坛,2002年第11期。

20世纪40年代新疆政局风暴与美国领事馆,袁澍,新疆师范大学学报(哲社版),2002年第1期。

21世纪郭沫若研究的挑战与机遇——西南师范大学中文系学术研讨座谈记,李怡,郭沫若学刊,2002年第2期。

40年代穆旦的诗歌,金素贤,诗探索(增刊),2002年。

艾青抗战诗歌"忧郁"的抒情风格,王劲松,重庆大学学报(社科版),2002年第4期。

爱国民主战士杜重远,马骏杰,名人传记,2002年第9期。

八年抗战中的中央大学,刘敬坤,炎黄春秋,2002年第5期。

沉潜磨洗六十年——凭吊中国抗战首都重庆,王康,书屋,2002年第6期。

陈诚与抗战时期鄂西农业开发,周建树,湖北民族学院学报(哲社版),2002年第5期。

陈果夫的合作经济思想及其实践,张士杰、冯泓,民国档案,2002年第1期。

陈垣抗战时期的著述与思想,王骅书,扬州教育学院学报,2002年第2期。

陈垣史学思想的转变与成就,王骅书,中州学刊,2002年第6期。

重庆抗战时期的川剧改良活动,李祎,四川戏剧,2002年第6期。

重庆文化精神简论,薛新力,探索,2002年第2期。

重庆橡胶工业的奠基人——忆老台胞陈维新先生,陈英英,台声,2002年第1期。

从国民参政会的成立看抗战初期国民政府的政治态度——兼谈国民参政会的局限性,沈和江,河北师范大学学报(哲社版),2002年第4期。

从中国对苏联的援助看中国抗战的国际地位,项光荣,远程教育杂志,2002年第5期。

滇缅公路及其上的华侨机工,魏励勇,上海汽车,2002年第9期。

滇西抗战的历史地位及其当代意义——纪念滇西抗战暨中国远征军入缅对日作战60周年,王文成,云南社会科学,2002年第6期。

对1942—1943年国共谈判的一些思考,冯丽霞,档案史料与研究,2002年第3期。

多元政治基础上的多元文化——抗战文化特征论,文天行,西南民族学院学报(哲社版)(增刊),2002年。

二战对中国内陆重庆的影响,谢先辉、唐润明,民国档案,2002年第3期。

访解放行动委员会抗战陪都遗址,杨力,前进论坛,2002年第11期。

富有时代激情和个性特色的艺术创作——谈江定仙的抗战歌曲,戴鹏海,中央音乐学院学报,2002年第3期。

顾颉刚的学术与研究(上),德辉,苏州杂志,2002年第6期。

关于第二次国共合作几个问题的研究述评,张大军,高校社科信息,2002年第3期。

贵州近代少数民族调查研究的拓荒者——抗战时期大夏大学社会研究

部的成就,何长凤,贵州民族研究,2002年第1期。

桂林抗战文化与社会主义先进文化的意义和作用,姚蓝,广西党史,2002年第2期。

郭沫若戏剧创作在抗战时期的发展,晓辉,渭南师范学院学报(增刊),2002年。

郭沫若中期历史悲剧的审美价值,陈鉴昌,社会科学研究,2002年第3期。

国家利益与抗战胜利前后苏联的"扶蒋非共"政策,易新涛,党史研究与教学,2002年第4期。

国民参政会与国民政府的治藏政策:以治藏议案为中心,孔宏年,中国边疆史地研究,2002年第3期。

国民党地方实力派在新民主主义革命中的作用,高晓林,理论探讨,2002年第3期。

国民党中央特别委员会述评,史全生,历史档案,2002年第3期。

国民政府迁都重庆及其作用考评,唐润明,档案史料与研究,2002年第1期。

国民政府时期关于宁夏初、中等教育的思想主张与实践,张天政,档案史料与研究,2002年第3期。

合作与抗争:抗战时期广西与中央金融业的关系,李琴,广西师范大学学报(哲社版)(增刊),2002年。

红岩老战士童小鹏,周勇,重庆文化,2003年第2期。

话剧史研究的学术拓荒——评吴戈新著《云南现代话剧运动史论稿》,余斌,学术探索,2002年第5期。

记江定仙老师,李业道,音乐研究,2002年第4期。

纪弦在抗战时期的历史问题——兼评《纪弦回忆录》,古远清,书屋,2002年第7期。

嘉陵江上,贺绿汀,钢琴艺术,2002年第6期。

简述胡文虎与抗日战争,孙思源,抗日战争研究,2002年第1期。

江先生和他两位师兄的音乐风格比议——纪念定仙师九十冥诞有感,孟文涛,中央音乐学院学报,2002年第3期。

近十年来抗日战争时期国民政府对外关系研究述评,陈谦平,抗日战争研究,2002年第2期。

旧家的解体与灵魂的旧依——抗战时期家族文学新论,曹书文,贵州社会科学,2002年第6期。

抗日民族统一战线经验述话,尹世明,山西师大学报(社科版),2002年第1期。

抗日时期美国特使在西藏,林孝庭,近代中国,2002年。

抗日战争对中国民主政治的影响:以战后"联合政府"的弃取为例,温锐、戴利朝,抗日战争研究,2002年第1期。

抗日战争后期美国对华政策与国共关系,曹江秋,宁夏社会科学,2002年第2期。

抗日战争时期大后方工业研究述评,梁家贵,聊城大学学报(哲社版),2002年第1期。

抗日战争时期的内外文化供应社,魏龙泉,出版史料,2002年第4期。

抗日战争时期的西南交通建设与城市近代化,张玉龙,贵州社会科学,2002年第2期。

抗日战争时期陕西工业发展探析,田霞,抗日战争研究,2002年第3期。

抗日战争时期苏联对华政策的评析,陈亚玲,扬州教育学院学报,2002年第1期。

抗日战争时期我国发展农村经济的路径管窥,陈启文,云梦学刊,2002年第3期。

抗日战争时期我国经济建设述略,陈启文,湖北大学学报(哲社版),2002年第1期。

抗日战争时期中美之间的合作与争斗,石荣慧,河池师专学报,2002年第1期。

抗日战争与中华民族精神的现代化,朱兆华,社会科学辑刊,2002年第4期。

抗日战争中后期中国共产党与中间党派的互动关系,付强,辽宁商务职业学院学报,2002年第4期。

抗战初期全国各界捐资救国概述,金功辉,民国档案,2002年第3期。

抗战初期人口西迁大潮及国民政府的安置措施,吴丽华,齐齐哈尔大学学报(哲社版),2002年第6期。

抗战后期国民党文化专制政策论述,石建国,档案史料与研究,2002年第1期。

抗战期间蒋介石访问印度述论,季鹏,民国档案,2002年第4期。

抗战期间中国偿还苏联援华财物再议,王荣林,山西高等学校社会科学学报,2002年第3期。

抗战期间中国高校图书馆之损失,陈剑光,浙江社会科学,2002年第1期。

抗战日报:湖南宣传抗日的一面旗帜,储永坤,新闻天地,2002年第6期。

抗战胜利前后美国对华政策中的苏联因素,张文政,四川师范学院学报(哲社版),2002年第3期。

抗战胜利前后民主党派发展的态势,赵书刚,江苏省社会主义学院学报,2002年第4期。

抗战时期陈垣先生的史学成就,许殿才,淮阴师范学院学报(哲社版),2002年第3期。

抗战时期重庆的美术活动概况,陈晓南,美术研究,2002年第2期。

抗战时期重庆民营工业的兴衰及其历史启示,张超林,重庆社会科学,2002年第6期。

抗战时期重庆文学的战时性,靳明全,文学评论,2002年第4期。

抗战时期的高校西迁述论,唐正芒,云梦学刊,2002年第5期。

抗战时期的广西农业改良,秦宏毅,广西社会科学,2002年第4期。

抗战时期的民主党派与宪政运动,刘蓉宝,江苏省社会主义学院学报,2002年第1期。

抗战时期的文化论战,赵立彬,学术研究,2002年第9期。

抗战时期邓颖超与国统区妇女解放运动,彭贵珍,广西社会科学,2002年第6期。

抗战时期俄苏文学译介述略,高文波,淮阴师范学院学报(哲社版),2002

年第6期。

抗战时期国共两党西部开发比较研究,李秉奎,长白学刊,2002年第6期。

抗战时期国民政府的壮丁征兵制度探析——以河西走廊为中心的考察,石建国,军事历史研究,2002年第2期。

抗战时期国统区文艺界纪念鲁迅的活动,徐瑞岳,新文学史料,2002年第2期。

抗战时期翦伯赞在湘西,吴传仪,湘潮,2002年第5期。

抗战时期蒋介石出任国民政府主席原因探析,石建国,档案史料与研究,2002年第3期。

抗战时期吕振羽在重庆的革命活动述论,戴开柱,山东社会科学,2002年第6期。

抗战时期缪凤林的民族主义史学思想,田亮,史学史研究,2002年第4期。

抗战时期南京政府留学生派遣工作述评,易青,求索,2002年第2期。

抗战时期难民的迁徙与安置,王同起,历史教学,2002年第2期。

抗战时期内迁进步知识分子对其历史使命认识刍论,张红,广西社会科学,2002年第3期。

抗战时期陪都西京3种规划方案的比较研究,郭文毅,西北大学学报(自然科学版),2002年第5期。

抗战时期四川高等药学教育述论,黄茂,文史杂志,2002年第3期。

抗战时期四川矿业发展述论,匡济才,文史杂志,2002年第2期。

抗战时期四首著名"思乡曲"的艺术特征,刘慧,社科纵横,2002年第6期。

抗战时期苏联对华政策的演变及其性质,王妮利,探索与争鸣,2002年第11期。

抗战时期田汉戏曲改革实践初探,谢雍君,戏曲研究,2002年第1期。

抗战时期西北经济开发与《西北经济通讯》,李芬林,档案,2002年第3期。

抗战时期西京筹备委员会的城市绿化实践及其启示,吴宏岐,中国历史地理论丛,2002年第3期。

抗战时期西南商品市场的发育,《抗战时期西南商品市场的发育》课题组,金筑大学学报,2002年第2期。

抗战时期有关重庆难民救济史料一组,郑永明编选,档案史料与研究,2002年第4期。

抗战时期云南的教育——内迁院校与云南教育的发展,夏绍先,云南师范大学学报(教育科学版),2002年第6期。

抗战时期中共民间外交述评,朱蓉蓉,社会科学战线,2002年第6期。

抗战时期中共中央争取美援工作述评,赵建利,军事历史,2002年第3期。

抗战时期中国共产党民主建政的历史考察,陈先初,抗日战争研究,2002年第1期。

抗战时期中国文学的雅俗互融——兼论张恨水、张爱玲、赵树理,王源,甘肃教育学院学报(社科版),2002年第4期。

抗战时期中美间的五次借款,潘国琪,福建省社会主义学院学报,2002年第1期。

抗战文学研究回顾,康丽娜,哈尔滨学院学报,2002年第1期。

抗战文艺运动述略,林刚,北京行政学院学报,2002年第6期。

抗战西迁中的壮举:三千里的运书记,刘敬坤,世纪,2002年第3期。

抗战音乐的历史贡献,汤爱民,民族艺术,2002年第1期。

抗战中献身的国民党上将,王勇、傅伟韬,湖南文史,2002年第4期。

哭泣的焦土——日机轰炸四川乐山追记,李泽民,四川档案,2002年第6期。

历史叙述中的现代文化记忆——郭沫若历史剧中的现代话语和历史话语,何思玉,四川戏剧,2002年第6期。

联合政府的谈判与抗战末期的中国政治,邓野,中国社会科学,2002年第5期。

梁漱溟乡村建设思想探微,范红娟,青年思想家,2002年第1期。

两年来的重庆市临时参议会,重庆市档案馆,档案史料与研究,2002年第2期。

卢作孚与民生精神,王勇,历史教学,2002年第5期。

论20世纪前半叶现代汉诗的形体建设,王珂,广西社会科学,2002年第

1期。

论40年代的文化反思小说潮,王晓初,中国文学研究,2002年第2期。

论艾青诗歌的现代性,钟凯,社科与经济信息,2002年第6期。

论冯至四十年代的思想、创作的转变,殷丽玉,文艺理论研究,2002年第3期。

论桂林抗战文化运动发展的社会政治因素,詹永媛,广西社会主义学院学报,2002年第4期。

论桂林抗战文化资源的文学价值意义,苏光文,广西大学学报(哲社版),2002年第6期。

论蒋百里的抗日战略思想,张学继,浙江学刊,2002年第10期。

论抗日战争时期中国西北地区的农业开发,张奇,甘肃社会科学,2002年第4期。

论抗战时期大后方的标准化事业,杜俊华,档案史料与研究,2002年第2期。

论抗战时期的教育立法,李露,集美大学学报,2002年第2期。

论抗战时期高校内迁对西南地区观念近代化的影响,张成洁,贵州文史丛刊,2002年第3期。

论抗战时期工厂西迁的原因及其对西部工业的影响,李惠康,邵阳学院学报(增刊),2002年。

论抗战时期民主党派对国民党政权的认识及演变,陈益元,思茅师专学报,2002年第1期。

论抗战时期民主宪政运动兴起和发展的背景与条件,朱世海,中央社会主义学院学报,2002年第3期。

论抗战时期邵荃麟的文化思想,孟祥凤,桂林师专学报,2002年第4期。

论抗战时期中、美、英军事合作,王松,历史教学,2002年第12期。

论抗战时期中国政府的"苦撑待变"战略,孙玉玲,天中学刊,2002年第4期。

论抗战时期中华民族凝聚力的形成,孙海涛,辽宁大学学报(哲社版),

2002年第5期。

论抗战时期周恩来"求同存异"国际统战策略与实践——以周恩来对英统战为例,杜俊华,中共四川省委党校学报,2002年第4期。

论抗战文化的基本特征,文天行,中山大学学报(社科版),2002年第1期。

论西南联大的文艺社团及其刊物,张玲霞,新文学史料,2002年第2期。

略论蒋介石及其领导的国民政府抗战之原因,钱竹君,阜阳师范学院学报(社科版),2002年第2期。

略论民国时期的贵州省级民意机关,孔玲,贵州社会科学,2002年第5期。

略论中国共产党的抗战文化理论体系,唐正芒,湖湘论坛,2002年第5期。

茅盾致沈钧儒的一封书信解析,王晓雨,浙江学刊,2002年第3期。

民国时期重庆的钱庄业,陈敏,中华文化论坛,2002年第3期。

民国时期四川的典当业,秦素碧,四川教育学院学报,2002年第9期。

民主党派历史作用的发挥与共产党统一战线思想的指导,宋连胜,松辽学刊(社科版),2002年第1期。

南方局时期周恩来的杰出贡献,陈全、程家健,档案史料与研究,2002年第2期。

南京谈判与第二次国共合作的终结,邓野,历史研究,2002年第2期。

评《中国抗日战争史(1931—1945)》,经盛鸿,抗日战争研究,2002年第3期。

启蒙主义:中国抗战文学的重要话题,苏光文,忻州师范学院学报,2002年第1期。

迁川工厂联合会全体会员名录,重庆市档案馆,档案史料与研究,2002年第2期。

迁川论西南联大的文艺社团及其刊物,张玲霞,新文学史料,2002年第2期。

浅析国民党地方实力派在全民族抗战局面形成中的作用,冯淑英,南京医科大学学报(社科版),2002年第2期。

丘东平致胡风的一束信,张晓风,书屋,2002年第5期。

日军轰炸西南联大的后果,吕文浩,文史精华,2002年第3期。

史实与评说:中美合作所功罪之争,〔美〕沈愚著,许茵译,民国档案,2002

年第3期。

试论抗日战争时期高校内迁对西南地区观念近代化的影响,张成洁,贵州文史丛刊,2002年第3期。

试论抗战期间中间势力的崛起与发展,何继勋,郑州大学学报(哲社版),2002年第3期。

试论抗战时期的中苏空军联合作战,姜振飞,固原师专学报,2002年第1期。

试论抗战时期汪精卫叛国投敌的原因,廖义军,邵阳学院学报(增刊),2002年。

试论中国共产党与抗战时期的国民参政会,连儒来,世纪桥,2002年第6期。

试析抗战时期民国政府对基层民意机关的理论设计,周玉玲,齐齐哈尔大学学报(哲社版),2002年第1期。

宋美龄与中国妇女慰劳自卫抗战将士总会,史立丽,档案史料与研究,2002年第2期。

孙科与战时中苏关系,李玉贞,内蒙古师范大学学报(哲社版),2002年第4期。

弹性的符号——抗战时期中共言说中的孙中山与三民主义,蔡乐苏,清华大学学报(哲社版),2002年第1期。

透析抗日战争爆发后的张里元,王志华,临沂师范学院学报,2002年第5期。

王世杰与国民参政会,蒋仕民,文史精华,2002年第6期。

我们的政治主张:民国史上一次知识界的"参政",马少华,书屋,2002年第2期。

西部地区抗战文化繁荣原因试探,唐正芒,中共四川省委党校学报,2002年第4期。

西南联大时期陈达对昆明工业和劳工问题的调查研究,聂蒲生,思茅师专学报,2002年第4期。

析中共在抗战时期的民间外交,朱蓉蓉,江苏社会科学,2002年第6期。

现实主义文学思潮在中国的百年嬗变,杨彬,河南大学学报(社科版),

2002年第1期。

献身体育回馈民族——记旅美华人齐剑洪,林淑英,体育文化导刊,2002年第4期。

湘西会战胜利的原因及其影响略论,田湘波,株洲师专学报,2002年第7期。

新桂系统治广西时期黔桂贸易分析,杨乃良,贵州社会科学院,2002年第1期。

新生活运动"失败论"析,关志钢,深圳大学学报(社科版),2002年第6期。

研究"红岩精神" 弘扬"红岩精神",周勇,当代党员,2002年第6—7期。

阳翰笙与抗战戏剧,周明,戏剧之家,2002年第6期。

一出由长沙出发的新"西游"——记抗战时期清华、北大、南开三校西迁旅行团,唐正芒,湘潮,2002年第3期。

一个审美主义者的"时代"关怀——20世纪40年代徐訏创作新探,耿传明,天津师范大学学报(社科版),2002年第3期。

依靠冲突解剖人性的《屈原》,陈鉴昌,四川师范学院学报(哲社版),2002年第5期。

影剧评家王大虎,艾白水,红岩春秋,2002年第5期。

有关蒋介石注意西北开发及其改进党政等事项的公函,沈岗编选,民国档案,2002年第3期。

云南省档案馆珍贵馆藏登录《中国档案文献遗产名录》,马必荣,云南档案,2002年第4期。

在救亡的旗帜下——抗战时期解放区与国统区的美术交流,黄宗贤,美术,2002年第6期。

怎样进行滇西抗战文物征集,王成英,保山师专学报,2002年第6期。

战时重庆地区纺织工人之生活,刘明宪(总第143期),近代中国,2002年。

战时中国:现代中国形象完整呈现的开端,黄万华,社会科学辑刊,2002年第4期。

中共中央南方局的统一战线工作及其历史贡献,周勇、胡大牛,中共中央党校学报,2002年第1期。

中国第二次世界大战史研究会第五届年会暨学术研讨会综述,潘迎春,武汉大学学报(社科版),2002年第2期。

中国第二次世界大战史研究会综述,邸文,世界历史,2002年第2期。

中国抗战对世界反法西斯战争的贡献,韦国友,钦州师专学报,2002年第3期。

中国善后救济计划,重庆市档案馆,档案史料与研究,2002年第3期。

中华民国时期华侨研究述评,李安山,近代史研究,2002年第4期。

中华民族意识与抗日战争胜利的历史思考,徐根义,山东科技大学学报(社科版),2002年第3期。

中美合作所的本来面目,何蜀,炎黄春秋,2002年第10期。

中美合作所与军统重庆集中营,孙丹年,红岩春秋,2002年第2期。

中印日玛线、印藏驼运与英国的干涉活动,张永攀,西藏民族学院学报,2002年第1期。

终生拳拳爱国心——钱昌照的人生之路,徐祖白,钟山风雨,2002年第5期。

2003年

"策略性差错"——十年内战和抗战时期国统区与沦陷区新闻界志士与敌斗争一瞥,李仕权,新闻爱好者,2003年第2期。

"泛我"的本质力量的对象化——"泛神论"与郭沫若抗战史剧,何思玉,四川戏剧,2003年第4期。

"马寅初面斥孔祥熙"辨析,孙大全,四川大学学报,2003年第5期。

"史迪威事件"原因再探,李亮,长春师范学院学报,2003年第1期。

"现代性"规范的调整——张恨水"抗战小说"新论,温奉桥,中国海洋大学学报(社科版),2003年第6期。

"新的抒情"与穆旦抗战时期的诗学主张,子张,山东师范大学学报(社科版),2003年第6期。

"战国策派"民族主义史学在抗战期间的兴衰,田亮,河北学刊,2003年第3期。

"振笔争民主"的华西报界,赵锡骅,红岩春秋,2003年第2期。

"中华民国史(1912—1949)"国际学术讨论会综述,谢维,近代史研究,2003年第1期。

《大公报》的日本问题研究及其独树一帜的抗战文学,刘淑玲,社会科学论坛,2003年第12期。

《中美文化关系的历史轨迹》述评,黄晓坚,中共党史研究,2003年第2期。

《中苏》半月刊与文化抗战,范忠程,抗日战争研究,2003年第2期。

1949年前国民党土地政策述评,廖光珍,贵州社会科学,2003年第1期。

1980年以来西北近代经济史研究述评,王荣华,宁夏大学学报(社科版),2003年第1期。

1981年以来史迪威与史迪威事件研究综述,陈世阳,郧阳师专学报,2003年第1期。

2002年海内外抗日战争研究述评,柯惕,抗日战争研究,2003年第4期。

20世纪40年代国民政府的西藏政策,陈谦平,民国研究(总第7辑),2003年。

20世纪上半期军阀和国民党统战新疆时期的宗教政策,李进新,新疆师范大学学报(哲社版),2003年第4期。

20世纪中国"人本文学"的变异与残缺,冯肖华,西南民族学院学报(哲社版),2003年第1期。

20世纪重庆新诗的发展轮廓——《20世纪重庆新诗发展史》导言,吕进,诗探索(增刊),2003年。

变化出万象——论大后方戏剧的功能选择,李江,广西师范大学学报(哲社版),2003年第2期。

陈诚与《中国话剧通史》,丹枫,戏剧之家,2003年第5期。

陈独秀的抗战救国思想,祝彦,安庆师范学院学报(社科版),2003年第2期。

陈寅恪与蜀中诸儒的交往,王川,文史杂志,2003年第3期。

重返市民社会,建设市民戏剧——论40年代的话剧创作,马俊山,中国现代文学研究丛刊,2003年第2期。

重庆较场口防空大隧道惨案,白木,安全与健康,2003年第15期。

重庆抗战文化资源保护、开发的现状与对策,潘洵,西南师范大学学报(社科版),2003年第6期。

从男女关系看抗战时期美国"租借"援华,翟全祯、董兴林,齐鲁学刊,2003年第4期。

邓颖超与抗战时期抢救难童工作,罗瑞芳,党的文献,2003年第4期。

第二次中华民国史中青年学者国际学术研讨会综述,张生,历史研究,2003年第4期。

第六届巴金国际学术研讨会综述,潘超青,中国现代文学研究丛刊,2003年第2期。

滇军与抗日战争,谢本书,学术探索,2003年第11期。

滇西抗战期间保山进步文化运动初探,杨世国,保山师专学报,2003年第3期。

对抗战相持阶段国民政府外交成果的几点认识,田虹,历史学习,2003年第9期。

对王淦昌抗战时期科学工作的补充研究,姚立澄,中国科技史料,2003年第2期。

二战时期中国的大国地位析论,向冬梅,北方论丛,2003年第4期。

冯玉祥小镇募捐,吕平,红岩春秋,2003年第4期。

个人记忆的狂欢——论抗战时期的两类非主流文学,王海燕,株洲师专学报,2003年第1期。

关于二战期间中美战略关系及中国抗战地位的研究述评,韩永利,世界历史,2003年第5期。

关注西北的史学家——秦翰才,王劲,兰州教育学院学报,2003年第4期。

光未然抗战时期昆明诗作新论,余晓夕,云南艺术学院学报,2003年第2期。

广告宣传与抗战时期大后方工矿企业的发展,唐凌,广西师范大学学报(哲社版),2003年第2期。

广西商会在抗日战争中的作用,刘菊香,广西社会科学,2003年第2期。

桂林版《扫荡报》与抗战音乐文化,王小昆,中央音乐学院学报,2003年第1期。

国民参政会性质之辩,薛恒,南京社会科学,2003年第4期。

国民党中央委员会的权力嬗变与派系竞逐,王奇生,历史研究,2003年第5期。

国民政府对抗战胜利之初期因应,汪朝光,抗日战争研究,2003年第2期。

国民政府救难机制研究——以抗战时期为例,蔡勤禹,零陵学院学报,2003年第4期。

国统区妇女界抗日救亡统一战线的形成及其特点,杨慧,中华女子学院山东分院学报,2003年第4期。

韩国抗日义士安恭根重庆失踪案内幕,王炳毅,文史春秋,2003年第11期。

胡适与国民党关系述论,林小波,安徽史学,2003年第4期。

荒芜英雄路——滇缅公路的行迹,朱靖江,文明,2003年第6期。

简论中国工业合作运动,郝青,求实(增刊),2003年。

蒋介石的西北战略观,沈社荣,固原师专学报,2003年第1期。

蒋介石对汪精卫迟未公开定性与表态之原因探析,张生、柴林,抗日战争研究,2003年第2期。

蒋介石访印与克里浦斯调查团,杜勇,湖南科技大学学报(社科版),2003年第5期。

蒋介石抗战精神动员初探,洪岚,宁夏大学学报(社科版),2003年第3期。

抗日民族统一战线特点新探,贝丽静,佳木斯大学社会科学学报,2003年第1期。

抗日战争领导权问题研究论述,刘宝军,辽宁师专学报(社科版),2003年第2期。

抗日战争时期成都市民消费生活水平研究,谯珊,社会科学研究,2003年第3期。

抗日战争时期的陈光甫,易伟新,云梦学刊,2003年第3期。

抗日战争时期的华侨和中国工业合作运动,〔日〕菊池一隆,抗日战争研究,2003年第2期。

抗日战争时期的科技政策与社会发展,刘宝东,西安电子科技大学学报(社科版),2003年第3期。

抗日战争时期广西的难童救济工作,滕兰花,广西社会科学,2003年第9期。

抗日战争时期国统区的农民问题,董长贵,社会科学战线,2003年第1期。

抗日战争时期湖北的"计划"教育,张泰山、徐旭阳,黄冈师范学院学报,2003年第2期。

抗日战争时期华侨为推动和维护全民族团结抗战所做出的努力,肖承罡,广东省社会主义学院学报,2003年第2期。

抗日战争时期卢作孚经营战略思想初探,龙汉武,武汉交通管理干部学院学报,2003年第2期。

抗日战争时期宋美龄的对美宣传,陆亚玲,扬州教育学院学报,2003年第4期。

抗日战争时期中法关系述论,杨邓红,信阳师范学院学报(哲社版),2003年第3期。

抗日战争时期中间势力的宪政思想,方敏,北京科技大学学报(社科版),2003年第4期。

抗日战争中的陈独秀,刘以顺,党史纵览,2003年第6期。

抗战"陪都"时期巴渝武术考,冉学东,成都体育学院学报,2003年第1期。

抗战烽烟中的《地理教学》,徐象平,西北大学学报(自然科学版),2003年第6期。

抗战后期筹备军士计口授田史料一组,中国第二历史档案馆编选,民国档案,2003年第3期。

抗战期间的义卖运动,金功辉,钟山风雨,2003年第3期。

抗战期间贵州经济研究情况及其成就,廖光珍,贵州大学学报(社科版),

2003年第5期。

抗战期间国民政府对中国大国地位的寻求,王真,民国档案,2003年第2期。

抗战期间国图善本迁移始末,邱五芳,图书与情报,2003年第2期。

抗战期间中英政府交涉中印公路运输线考释(上)(下),张永攀,长安大学学报(社科版),2003年第2—3期。

抗战前后英国对西藏门隅地区的领土扩张,陈谦平,民国档案,2003年第2期。

抗战胜利前后中间党派对民主的诠释:以经济民主为中心,石毕凡,安徽史学,2003年第6期。

抗战时期"内迁运动"与乐山城市近代化的加速发展——近现代乐山旅游史背景研究之二,向玉成,乐山师范学院学报,2003年第7期。

抗战时期《文摘》创办人孙寒冰教授,郑兰荪,炎黄春秋,2003年第2期。

抗战时期兵器工业的内迁及在西南地区的发展,戚厚杰,民国档案,2003年第1期。

抗战时期重庆小学教育大发展探微,李小鹰,重庆教育学院学报,2003年第5期。

抗战时期大后方与沦陷区间的法币流动,齐春风,近代史研究,2003年第5期。

抗战时期的"飞机洋狗"事件与大后方学潮,侯德础,文史杂志,2003年第4期。

抗战时期的"一国两制",何平,延安大学学报(社科版),2003年第6期。

抗战时期的广西农村合作事业,秦宏毅,广西社会科学,2003年第4期。

抗战时期的合山煤矿,唐凌,抗日战争研究,2003年第4期。

抗战时期的抗敌戏剧对之研究,邱东媛,复光学报,2003年第77期。

抗战时期的三一学社,薛毅,抗日战争研究,2003年第2期。

抗战时期的韦家院坝16号,杨乐生,四川统一战线,2003年第2期。

抗战时期的西北开发与民众意识的近代化,李建国,西北师大学报(社科版),2003年第2期。

抗战时期的西北考察活动与西北开发,王荣华,西北第二民族学院学报(哲社版),2003年第3期。

抗战时期的中国考古学,沈颂金,山西师大学报(社科版),2003年第1期。

抗战时期法币的特殊角色述论,孔庆国,民国档案,2003年第4期。

抗战时期法国对于废除中法不平等条约的态度,葛夫平,抗日战争研究,2003年第3期。

抗战时期广西民营矿业的发展及特点,刘琼芳,经济与社会发展,2003年第5期。

抗战时期国立中学的创办及其意义,余子侠,近代史研究,2003年第3期。

抗战时期国民政府对盐务的管理,李德成,江西农业大学学报(社科版),2003年第3期。

抗战时期国民政府科技发展战略与政策述评,张凤琦,抗日战争研究,2003年第2期。

抗战时期国民政府汽油问题及其解决,吴志华,甘肃社会科学,2003年第3期。

抗战时期国民政府西北开发思想形成及其动因,王广义,西部论坛,2003年第4期。

抗战时期国民政府与西北开发,李云峰、曹敏,抗日战争研究,2003年第3期。

抗战时期国统区讽刺小说叙述样式阐释,陈洁,阜阳师范学院学报(社科版),2003年第5期。

抗战时期国统区进步文化界对青年的培养,张红,广西社会科学,2003年第11期。

抗战时期国统区与沦陷区间的粮食走私活动,齐春风,中国农史,2003年第4期。

抗战时期湖北的财政与金融,周建树,湖北文史,2003年第2期。

抗战时期翦伯赞在重庆的学术活动,黄静,淮阴师范学院学报(哲社版),2003年第2期。

抗战时期民族语言学家对云南各民族语言的田野调查研究,聂蒲生,中央民族大学学报(哲社版),2003年第6期。

抗战时期内迁高校的西部开发,熊贤君,河北师范大学学报(教育科学版),2003年第1期。

抗战时期内迁进步知识分子中的共产党员群体研究——以桂林文化城为例,张红,广西师范大学学报(哲社版),2003年第2期。

抗战时期迁移人口的结构分析——浙江省个案研究,张根福,史学月刊,2003年第2期。

抗战时期全国金融中心的转移及其对四川经济的影响,青长蓉,成都师专学报,2003年第1期。

抗战时期日本对国统区毒品走私活动述评,齐春风,民国档案,2003年第1期。

抗战时期陕甘宁边区与国统区图书馆发展比较,刘一巧,陇东学院(社科版),2003年第3期。

抗战时期宋美龄访美之行的地位和作用,陈清清,浙江档案,2003年第9期。

抗战时期田汉戏曲理论和创作再探讨,谢雍君,戏剧文学,2003年第3期。

抗战时期西北地区的走私活动,齐春风,青海社会科学,2003年第2期。

抗战时期西南地区的民族语言学家和体质人类学家对民族学研究的贡献,吕孝明,贵州民族学院学报(哲社版),2003年第6期。

抗战时期西南建设述论,陈涛,楚雄师范学院学报,2003年第2期。

抗战时期湘西民族地区教育的历史考察,暨爱民,民族教育研究,2003年第1期。

抗战时期新桂系对内迁难民的救助,艾萍,桂林师专学报,2003年第1期。

抗战时期新疆的大后方作用,冯亚光,社科纵横,2003年第5期。

抗战时期在昆民族语言学家的调查研究,聂蒲生,云南民族大学学报(哲社版),2003年第4期。

抗战时期浙江大学研究生教育概述,瞿海东,浙江档案,2003年第5期。

抗战时期浙江省人口迁移的特征与影响,张根福,中国历史地理论丛,

2003年第3期。

抗战时期中共文化政策及在国统区的实践,詹永媛,广西民族学院学报(哲社版),2003年第5期。

抗战时期中国"三区"生产力发展状况比较分析,林志友,洛阳师范学院学报,2003年第3期。

抗战时期中国佛教界抗日救国斗争论析,曹敏华,湖北行政学院学报,2003年第5期。

抗战时期中国国民党援助越南与韩国独立运动的比较研究,石源华,复旦学报(社科版),2003年第1期。

抗战时期中国文物损失概况,戴雄,民国档案,2003年第2期。

抗战时期中苏国家关系中的意识形态问题,王真,抗日战争研究,2003年第2期。

抗战岁月宋庆龄在四川,阿牛曲哈莫,巴蜀史志,2003年第3期。

抗战文化与中国先进文化的前进方向,张静如,求索,2003年第3期。

抗战相持阶段,中共抗日民族统一战线的策略方针,彭传芹,历史学习(增刊),2003年。

抗战中的宋美龄——缅怀宋美龄女士对抗战的贡献,郭秀仪,前进论坛,2003年第11期。

抗战中的英国与西藏,方正、郑言,文史月刊,2003年第2期。

老舍短篇小说的类型分析,林欣浩,湖南广播电视大学学报,2003年第2期。

老舍抗战话剧的个性研究,孔焕周,番禺职业技术学院学报,2003年第4期。

老舍戏剧创作的高峰期及其所展现的爱国情怀,邓致远,戏剧文学,2003年第11期。

历史语言研究所的抗战史学初探,孔祥成,信阳师范学院学报(哲社版),2003年第1期。

梁实秋与重庆文学,《重庆文学史》课题组,涪陵师范学院学报,2003年第2期。

论1937至1941年国民政府对日和谈与对外求援,刘会君,史学集刊,

2003年第2期。

论艾青诗风的流变,雷丽平,北京青年政治学院学报,2003年第3期。

论高校内迁对西南地区教育近代化的影响,莫宏伟,贵州民族学院学报(哲社版),2003年第3期。

论桂林文化城的抗日爱国主旋律,唐正芒,中共珠海市委党校珠海市行政学院学报,2003年第2期。

论国民党政府开发西北的政策与陕西近代农业的发展,杨洪,西北大学学报(哲社版),2003年第4期。

论国统区妇女抗日救亡统一战线的特点,杨慧,贵州工业大学学报,2003年第2期。

论胡风对抗战文学的贡献,高文波,延安大学学报(社科版),2003年第3期。

论抗日战争时期大后方冶金工业的发展,曹敏华,中共福建省委党校学报,2003年第6期。

论抗日战争时期国统区的士兵养成教育,季鹏,抗日战争研究,2003年第4期。

论抗日战争在新民主主义革命时期的地位和作用,王官成,西南民族大学学报(社科版),2003年第9期。

论抗日战争中的怒江防线,杨洪,云南财贸学院学报(社科版),2003年第2期。

论抗战后期大后方文化运动重心的转移,唐正芒,湘潭师范学院学报(哲社版),2003年第4期。

论抗战时期的"一国两制",焦金波,新乡师专学报,2003年第3期。

论抗战时期的西南运输总处,夏兆营,抗日战争研究,2003年第3期。

论抗战时期国共两党的统战政策,明月,内蒙古社会科学(汉文版),2003年第3期。

论抗战时期国民政府大力推广县(市)银行的原因,史继刚,江西财经大学学报,2003年第3期。

论抗战时期后方冶金工业建设对军事工业发展的影响,曹敏华,东南学术,2003年第5期。

论抗战时期抗战大后方的科技开发,史全生,民国研究(总第7辑),2003年。

论抗战时期南京国民政府的战时政治体制,刘宝军,锦州师范学院学报(哲社版),2003年第3期。

论抗战时期湘西教育的发展,丁华,怀化学院学报,2003年第6期。

论抗战时期在滇民族语言学家对云南汉语方言和少数民族语言的调查研究,聂蒲生,学术探索,2003年第6期。

论抗战时期在昆民族语言学家和体质人类学家对民族学研究的贡献,聂蒲生,西北第二民族学院学报(哲社版),2003年第3期。

论抗战时期中、美、英军事合作的酝酿和建立,王松,军事历史,2003年第1期。

论抗战与四川工业的发展,王红,自贡师专学报,2003年第2期。

论南京国民政府时期中央银行的特征,余海岗,邢台学院学报,2003年第4期。

论田汉抗战时期戏改的时代精神,王鸣剑,四川戏剧,2003年第6期。

论吴组缃的长篇小说《山洪》,邓星明,九江师专学报,2003年第1期。

论西部抗战文化的地位和作用,吴珏,广西社会科学,2003年第7期。

论西部抗战文化繁荣的原因,吴珏,贵州社会科学,2003年第4期。

论现代新诗的文体建设,王珂,四川师范大学学报(社科版),2003年第2期。

论新疆的抗战文化,朱瑛,西域研究,2003年第1期。

论云南地方实力派在卢汉入越问题上的主动性,左永平,云南师范大学学报(哲社版),2003年第1期。

论战时藏传佛教界僧人的抗日活动,喜饶尼玛,抗日战争研究,2003年第2期。

论中国抗日战争对世界反法西斯战争的卓越贡献,彭德志,湖南第一师范学报,2003年第3期。

论中国抗战对世界反法西斯战争的贡献,郑文云,闽江学院学报,2003年第3期。

略论顾毓琇先生教育思想及其实践,李飞,无锡教育学院学报,2003年第1期。

略论抗战初期国民政府高校的内迁,宫炳成,长春工业大学学报(社科版),2003年第3期。

略论抗战时期重庆文学的特点,薛新力,西南民族学院学报(哲社版),2003年第1期。

略评蒋介石的抗战观,蔡双全,湖北大学成人教育学院学报,2003年第5期。

美国援华贷款与中国抗战,林宇梅,民国档案,2003年第4期。

民国时期的广西经济开发:史实与评价,唐凌,广西右江民族师专学报,2003年第5期。

民国时期的中央工业试验所,王俊明,中国科技史料,2003年第3期。

民主革命时期的民主党派(三),吴鸣,乡音,2003年第9期。

评陈独秀的抗战策略思想,祝彦,中共南京市委党校南京市行政学院学报,2003年第4期。

七十多年前西部地区的农业开发,章楷,古今农业,2003年第3期。

千里滇缅公路抗战运输线上的南洋华侨机工,龙岗,上海档案,2003年第2期。

浅谈东南亚华侨在抗日战争中的作用,曾泽霞,泸州职业教育技术学院学报,2003年第2期。

浅析抗战时期四川的人寿保险业,石丽敏,文史杂志,2003年第1期。

浅析兰州抗战救亡运动的开展,杨志刚,丝绸之路(增刊),2003年。

浅析资源委员会在抗战时期迅速发达的原因,陈振国,平顶山师专学报,2003年第4期。

日军航空队袭击广西暴行述评,王晓军,抗日战争研究,2003年第4期。

三民主义青年团与国统区学生运动,马烈,民国档案,2003年第3期。

社会教育学家马宗荣,何长凤,贵阳文史,2003年第4期。

施复亮的抗战思想述论,宋亚文,辽宁大学学报(哲社版),2003年第5期。

史语所与抗战史学研究,孔祥成,河北学刊,2003年第1期。

试论抗战时期川康建设视察团之缘起,阿牛曲哈莫,西昌师专学报,2003年第3期。

试论抗战时期的工合运动与国际合作,乔玲梅,世纪桥,2003年第5期。

试论抗战时期国共争夺理论领导权的斗争,廖义军,湖湘论坛,2003年第3期。

试论抗战时期国民政府的劳工福利政策及其缺陷,陈竹君,民国档案,2003年第1期。

试论抗战时期国统区的政治发展趋向,秦立海,烟台师范学院学报(哲社版),2003年第4期。

试论抗战时期西部地区金融业的发展,杨斌,民国档案,2003年第4期。

试论抗战西部地区金融业的发展,杨斌,民国档案,2003年第4期。

试论翁文灏在抗战中的作用与贡献,李灵革,中共浙江省委党校学报,2003年第3期。

试述抗日战争初期的日蒋秘密交涉,林晓光,史志研究,2003年第2期。

试析1937—1941年的中苏关系,陈晖,南京师大学报(社科版),2003年第6期。

试析抗战时期国民党专制独裁强化的社会历史条件,徐舒映,山东省青年管理干部学院学报,2003年第1期。

试析战时西北民营工业与国民政府的互动关系,赵河,江西社会科学,2003年第2期。

司徒雷登与中国的抗日战争,钱春泰,学海,2003年第6期。

宋美龄:中国现代史上重要的女政治家,张宪文,钟山风雨,2003年第6期。

宋美龄领导抢救抗战中的难童,谷鸣,炎黄春秋,2003年第6期。

宋美龄微服出访新疆内幕,张紫葛,湖南文史,2003年第8期。

宋庆龄在抗日战争中的历史贡献,廖良初,北京党史,2003年第2期。

宋子文与美元外交,陈永祥,广州大学学报(社科版),2003年第3期。

宋子文争取美国租借援助述评,陈永祥,广州大学学报(社科版),2003年第7期。

岁寒然后知松柏——章士钊与陈独秀晚年的友谊,丁仕原,书屋,2003年第12期。

他为中华民族和中国人民的根本利益而来——毛泽东与重庆,周勇,重庆日报,2003年12月25日。

台湾史学界抗日战争研究述评,高平平,军事历史研究,2003年第3期。

汪精卫降日叛国始末记,沙舟,决策与信息,2003年第12期。

温柔、静雅、乐观——从冰心的小说看冰心的女性美思想,康凤英,辽宁师专学报(社科版),2003年第3期。

西部抗战文化繁荣的历史意义与现实思考,唐正芒,湖湘论坛,2003年第5期。

西南联大办学思想杂感,赵宝煦,同舟共进,2003年第1期。

西南联合大学与近代体育,李晓华,云南师范大学学报,2003年第4期。

析王造时的"主战和取消一党专政论",刘雅丽,华东理工大学学报(社科版),2003年第1期。

也谈抗战时期国民政府与西北地区工业开发——与李云峰先生等商榷,薛毅,抗日战争研究,2003年第4期。

叶圣陶与木刻艺术,朱育莲,出版史料,2003年第1期。

一场经济与政治并举的民众运动——抗战时期"工业合作运动",定光平,梧州师专学报,2003年第3期。

造纸厂内迁对内地造纸业的发展的影响,邵金耀,民国档案,2003年第1期。

战时国民党党员与基层党组织,王奇生,抗日战争研究,2003年第4期。

中共长江局、南方局妇委领导的妇女抗日救亡运动,罗瑞芳,档案与建设,2003年第6期。

中共中央南方局历史功绩探析,陈全,党的文献,2003年第3期。

中国电影在进步文化运动中的历史嬗变——兼与中国现代文学比较,曲鸿雁,北华大学学报(社科版),2003年第3期。

中国共产党与西部地区抗战文化的繁荣和发展,唐正芒,湘潭大学社会科学学报,2003年第5期。

中国抗日战争与第二次世界大战,顾学周,历史教学问题,2003年第6期。

中国抗日战争在世界反法西斯战争中的地位和作用,夏立新,辽宁师专学报(社科版),2003年第3期。

中国抗战史上的"敦刻尔克大撤退",晓真,湖北档案(增刊),2003年。

中国民国史国际讨论会综述,江沛,近代中国研究通讯,2003年第35期。

中美英三国联合军事会议述评,唐润明,第二次世界大战与亚太国际合作,重庆出版社,2003年。

周恩来瞿秋白文艺观之比较研究,陈国民,漳州职业大学学报,2003年第3期。

周恩来与《大公报》的笔墨交锋,王鹏,党史博览,2003年第6期。

周恩来与大后方抗日救亡文化运动,秦文志,探索,2003年第1期。

周恩来与冯玉祥,孙志慧,红岩春秋,2003年第1期。

周作民与抗战时期的金城银行,刘永祥,社会科学辑刊,2003年第6期。

资源委员会工矿企业调查资料,王伟选编,档案与史学,2003年第4期。

资源委员会与中国抗战的经济准备,王卫星,民国档案,2003年第4期。

2004年

"复员时期"的中国红十字会,池子华,河北大学学报(哲社版),2004年第6期。

"抗属"的贞洁,王向贤,思想战线,2004年第1期。

"抗战遗址"历史文化游 抗战之都 历史文化名城,重庆与世界(增刊),2004年。

"驼峰航线"下的云南大马帮,张虎林,百姓,2004年第9期。

"文协"桂林分会与桂林抗战文化运动,张红,广西大学学报(哲社版),2004年第1期。

"有钱出钱,有力出力"——记大后方抗战文艺界的募捐活动,陈虹,纵横,2004年第5期。

"中日战争与战争遗留问题学术研讨会"综述,虞亚梅,民国档案,2004年第2期。

"中日战争与战争遗留问题学术研讨会"综述,袁成毅、夏卫东,抗日战争研究,2004年第2期。

《大公报》与中国现代文学,刘淑玲,河北学刊,2004年第3期。

《沙坪岁月》启示录——抗战时期重庆南开中学点滴,李冰封,科学咨询(决策管理),2004年第11期。

《四世同堂》:传统文化的创造性转化,汤景泰,德州学院学报,2004年第3期。

1912—1949年西北地区农业资源开发,慈鸿飞,中国经济史研究,2004年第2期。

1927—1949年国共两党农村合作比较研究,徐畅,社会科学辑刊,2004年第6期。

1931—1945:性别视野中的抗战叙事,刘传霞,贵州大学学报(社科版),2004年第5期。

1931年—1945年的中国通史撰述,黄静,史学史研究,2004年第3期。

1940年中间党派与"期成会修正案",兰芳,历史教学,2004年第5期。

2003年海内外中日关系史研究述评,柯惕,抗日战争研究,2004年第4期。

20世纪上半叶的云南地方文献工作,胡立耘,图书馆学研究,2004年第11期。

宝元通公司的兴起、发展及其企业文化,张守广,重庆社会科学,2004年第2期。

北碚抗战文化资源与"文化北碚"战略,陈刚,重庆社会科学,2004年第1期。

被解释的政治与被建构的文学——抗战讽刺喜剧的一种政治阅读,周保欣,南昌大学学报(社科版),2004年第1期。

常任侠致孙望书札考释,沈宁,新文学史料,2004年第4期。

超越艺术层面的对话——抗战时期的中外美术交流,宗贤,贵州大学学报(艺术版),2004年第4期。

充分开发利用"桂林文化城"这个城市品牌,梁潮,广西党史,2004年第3期。

重庆抗战文化旅游资源与开发,熊伟,重庆职业技术学院学报,2004年第1期。

重庆市的旅游形象及建设对策,陈扬,西南师范大学学报(社科版),2004年第4期。

重庆文化流变的关照——评介姊妹篇:《重庆文化史》与《重庆当代文化》,陈洪娟,重庆社会科学,2004年第2期。

从"八办"成立前几项文化活动看桂林抗战文化的进步性——兼论桂林抗战文化研究上限延伸问题,魏华龄,桂林师专学报,2004年第4期。

大陆文学史上的梁实秋身份问题,张中良,中国现代文学研究丛刊,2004年第3期。

邓颖超、宋美龄视察重庆保育院,张紫葛,湖北方志,2004年第4期。

地方势力派与抗日战争,朱泽刚、陆勇,周口师范学院学报,2004年第2期。

第二次国共合作与马克思主义的传播,王进,党史文汇,2004年第2期。

第三次全国财政会议与抗战后期国民政府财政经济政策的调整,潘国旗,抗日战争研究,2004年第4期。

滇缅公路:抗战时期的大后方生命线,章易,文史春秋,2004年第3期。

东方与西方的声音——抗战时期中外新闻报道比较,余靖,新闻前哨,2004年第5期。

动荡与困厄中的精神守望——西南联大知识分子文化性格论,刘晓林,延安大学学报(社科版),2004年第3期。

对《抗日战争时期国统区的士兵养成教育》一文的两点看法——与季鹏先生商榷,戚候杰,抗日战争研究,2004年第1期。

对抗战时期湖北后方国统区赈济救灾工作的评述,徐旭阳,培训与研究,2004年第3期。

二十五年来卢作孚研究述略(1979—2004),周鸣鸣,重庆社会科学,2004

年第2期。

冯玉祥抗战募捐白沙行,倪良端,四川统一战线,2004年第12期。

概述抗日战争中的芷江机场,向国双,抗日战争研究,2004年第3期。

贵阳发行的"节约建国储蓄券",黄成栋,贵阳文史,2004年第1期。

国防最高委员会述评,陈雷,安徽教育学院学报,2004年第5期。

国共两党领导重庆抗日文化运动的主要机构及其指导思想与影响,温贤美,中华文化论坛,2004年第1期。

国民党政府发展官营资本企业的政策比较,何应龙、邓泽宏,信阳师范学院学报(哲社版),2004年第3期。

国民党政府时期农村合作组织变迁的制度分析,梅德平,民国档案,2004年第2期。

国民政府对云南土司的调查,马玉华、齐逾,贵州文史丛刊,2004年第4期。

国民政府时期西北开发的历史反思,王荣华,宁夏社会科学,2004年第4期。

国学大师陈寅恪轶事及其桂林诗作,宿富连,中共桂林市委党校学报,2004年第4期。

海外华侨在抗日战争中的伟大贡献,李昕,长安大学学报(社科版),2004年第3期。

弘扬红岩精神,周勇,重庆日报,2004年6月29日。

红岩精神的历史地位,周勇,红岩春秋,2004年第3期。

红岩精神产生形成的时代背景与实践基础,周勇,红岩春秋,2004年第6期。

侯外庐出长西北大学,阎愈新,百年潮,2004年第2期。

湖南会战:中国军队对日军"一号作战"的回应,王奇生,抗日战争研究,2004年第3期。

华侨在抗日战争中的卓越贡献,蔡新生,漳州党史通讯,2004年第1期。

回顾西南联合大学数学系,徐利治口述,郭金海、袁向东访问整理,中国科技史料,2004年第2期。

蒋介石令裁各机关官员移屯西北及筹议办法三件,孙武,民国档案,2004

年第3期。

近年来抗战时期国统区经济研究综述,尹倩,学术探索,2004年第9期。

开罗会议新论,赵志辉,世界历史,2004年第5期。

抗日救亡宣传中的"晨呼队",唐正芒,文史杂志,2004年第3期。

抗日时期西北地区社会生活的变迁,李云峰、刘俊凤,史林,2004年第5期。

抗日战争时期的贵州经济,黄钧儒,贵阳文史,2004年第3期。

抗日战争时期广西地方实力派政治策略论析,权英,南宁师专学报,2004年第3期。

抗日战争时期贵州发展民族教育之历史考察,莫子刚,贵州民族研究,2004年第2期。

抗日战争时期国民党政府的黄金政策研究,戴建兵、陈晓荣,黄金,2004年第3期。

抗日战争时期国民政府开发西部的经济政策及其影响,陈理,广西民族学院学报(哲社版),2004年第4期。

抗日战争时期基督教大学与国民政府之关系,刘家峰,史林,2004年第3期。

抗日战争时期秘密社会研究综述,梁家贵,贵州社会科学,2004年第1期。

抗日战争时期西北经济开发述评,王红岩,西北大学学报(哲社版),2004年第5期。

抗日战争时期中国西部城市的发展,赵亮,成都大学学报(社科版),2004年第4期。

抗日战争时期中外空军的联合作战,洪良波,巢湖学院学报,2004年第5期。

抗日战争与基督教大学的中国化进程,刘天路,山东社会科学,2004年第2期。

抗战初期大后方通货膨胀新论,赵小勇,安徽师范大学学报(社科版),2004年第3期。

抗战初期西南商品市场发展缘由分析,肖良武,贵州民族学院学报(哲社版),2004年第4期。

抗战烽火求学路,王德懿,百年潮,2004年第3期。

抗战后期国统区的盐政改制,张立杰,抗日战争研究,2004年第3期。

抗战后期建都之争,徐畅,民国档案,2004年第3期。

抗战后期中国收复香港问题述略,张淑贞,广州广播电视大学学报,2004年第3期。

抗战期间国民政府关于裁减公务员开发西北问题的讨论,刘进,兰州大学学报(社科版),2004年第5期。

抗战前到抗战时期国民政府开发西北动机的转变,王荣华,固原师专学报,2004年第1期。

抗战前后国立北平图书馆藏书聚散考略,魏训田,德州学院学报,2004年第1期。

抗战前期国统区妇女救亡团体的历史考察,杨慧,西华师范大学学报(哲社版),2004年第6期。

抗战时期"马寅初被捕案"有关几个问题的辨析,孙大权,求索,2004年第8期。

抗战时期成都华西坝的港澳学子,张丽萍,文史杂志,2004年第3期。

抗战时期重庆的婚姻问题初探,朱丹彤,西南师范大学学报(社科版),2004年第5期。

抗战时期重庆旅游业的发展状况及原因分析,张龙,重庆教育学院学报,2004年第6期。

抗战时期大后方期刊介绍,马勇、刘丽,近代史资料(总第110号),2004年。

抗战时期的贵州农村合作事业,戴斌武,金筑大学学报,2004年第2期。

抗战时期的国民精神总动员运动,谷小水,抗日战争研究,2004年第1期。

抗战时期的美国对华政策,赵艳锋,中共郑州市委党校学报,2004年第2期。

抗战时期的民众捐机运动,金功辉,钟山风雨,2004年第4期。

抗战时期的民主宪政运动,徐维俭,晋阳学刊,2004年第2期。

抗战时期的平桂矿务局,韦浩明,广西地方志,2004年第2期。

抗战时期的全国寒衣总会,金功辉,党史研究与教学,2004年第2期。

抗战时期的西部交通建设与城市发展,谭刚,天府新论,2004年第2期。

抗战时期的西南联大与云南社会文化发展,孙希磊,北京建筑工程学院学报(增刊),2004年。

抗战时期的知识青年从军运动,孙玉芹,军事历史,2004年第3期。

抗战时期故宫文物的南迁西移,唐正芒,文史博览,2004年第4期。

抗战时期广西的农业开发评述,秦宏毅,广西师范大学学报(哲社版),2004年第1期。

抗战时期国共两党粮政之异同,史会来,学术交流,2004年第2期。

抗战时期国民参政会研究,周勇,重庆国民政府史研究,日本东京大学出版会,2004年。

抗战时期国民党军队的粮食供给——以湖南省和第九战区为例,汤水清,军事历史研究,2004年第3期。

抗战时期国民党政权的地方党政关系,孙桂珍,广西社会科学,2004年第8期。

抗战时期国民政府大学教育政策述评,罗永萱,北华大学学报(社科版),2004年第1期。

抗战时期国民政府对花纱布的管制述论,李先明,贵州社会科学,2004年第3期。

抗战时期国民政府缉私制度,孙宝根,苏州大学学报(哲社版),2004年第1期。

抗战时期国民政府开发西南农业的主要措施,戴斌武,金筑大学学报,2004年第4期。

抗战时期国民政府迁都对重庆市民生活的影响,朱丹彤,四川师范大学学报(社科版),2004年第3期。

抗战时期国民政府田赋征实政策再认识,李铁强,中国社会科学院研究生院学报,2004年第3期。

抗战时期国民政府西北农业科技活动述略,马建昌,甘肃科技,2004年第7期。

抗战时期国统区地方党政关系运作研究,孙桂珍,广西社会科学,2004年第7期。

抗战时期后方地区的宁波帮企业与企业家,张守广,宁波大学学报(人文科学版),2004年第6期。

抗战时期回族争取国际声援的国民外交活动,达慧中,西北第二民族学院学报(哲社版),2004年第1期。

抗战时期来西昌的美国人,赵先明,西南民族大学学报(社科版),2004年第11期。

抗战时期茅盾在新疆对西部文学事业的开拓,张积玉,陕西师范大学学报(哲社版),2004年第6期。

抗战时期美国总统特使居里两度来华述评,何品,民国档案,2004年第3期。

抗战时期难民收容所的设立及其特点,王春英,抗日战争研究,2004年第3期。

抗战时期内迁进步文化人士的民众意识研究,张红,广西师范大学学报(哲社版),2004年第3期。

抗战时期农民战争历史剧写作与现代中国政治,王家康,中国现代文学研究丛刊,2004年第1期。

抗战时期确立国民党总裁制的必然性和可能性,李强,西南师范大学学报(社科版),2004年第2期。

抗战时期人口内迁与后方社会意识的变动,艾萍,安庆师范学院学报(社科版),2004年第1期。

抗战时期师范学院变革述要,罗丹,交通高教研究,2004年第3期。

抗战时期私立武昌华中大学在大理的办学实践,任祥,大理学院学报,2004年第2期。

抗战时期宋美龄四度来湘纪实,钟启河,文史博览,2004年第5期。

抗战时期宋子文争取美国经济援助评析,陈永祥,历史教学,2004年第4期。

抗战时期文献文物的征集整理及研究利用,赵迪立,军事历史,2004年第5期。

抗战时期闻一多的学者生存方式,李文平,重庆师范大学学报(哲社版),

2004年第6期。

抗战时期西部的航空运输业建设,谭刚,西南师范大学学报(社科版),2004年第5期。

抗战时期西部地区农田水利建设述论,陆和健,扬州大学学报(社科版),2004年第5期。

抗战时期西部少数民族文化教育的发展,陈理,中南民族大学学报(社科版),2004年第3期。

抗战时期西南联大对云南中小学教育的影响,张洁,楚雄师范学院学报,2004年第4期。

抗战时期曾琦的民主宪政思想探析,康之国,北京科技大学学报(社科版),2004年第1期。

抗战时期中共南方局的文化统战工作,钟汝贤,重庆教育学院学报,2004年第1期。

抗战时期中国工业的西迁与南部的开发,季荣臣,河南教育学院学报(哲社版),2004年第2期。

抗战时期中国共产党对国民党地方实力派的统战工作,韩永涛,中国青年政治学院学报,2004年第3期。

抗战时期中国国民政府与韩国独立运动,谢俊美,华东师范大学学报(哲社版),2004年第1期。

抗战时期中国南方局的文化统战工作,钟汝贤、何静,重庆教育学院学报,2004年第1期。

抗战时期中国图书损失概况,戴雄,民国档案,2004年第3期。

抗战时期中间势力的宪政思潮,李智、王安平,党史研究资料,2004年第4期。

抗战时期周恩来与英国驻华大使的交往,杜俊华,四川统一战线(增刊),2004年。

抗战时期资源委员会特种矿产统制述评,张燕萍,江苏社会科学,2004年第3期。

抗战文学中的新人形象与苏联文学,刘勇,华中科技大学学报(社科版),2004年第6期。

抗战与中国共产党思想的变化,卫金桂,兰州学刊,2004年第5期。

抗战语境下文学选择的再思考,袁桂娥,平顶山师专学报,2004年第3期。

抗战中日机空袭西安的几个问题,王民权,陕西史志,2004年第5期。

科学地认识和把握红岩精神的丰富内涵,周勇,红岩春秋,2004年第4期。

李士珍和抗战后期的五年建警计划,孟奎,民国档案,2004年第1期。

李士珍拟改进中国警政建议计划三种,虞亚梅,民国档案,2004年第1期。

理想与现实的两难:论国民政府的地方自治与保甲制度,肖如平,福建论坛(社科版),2004年第12期。

两种文化对接后的奇葩效应——读余斌《西南联大·昆明记忆》,陈辽,滇池,2004年第10期。

鹿子亘与国统区在华日人反战活动,杜玉芳,石油大学学报(社科版),2004年第4期。

论《文艺阵地》对"抗战八股"的消解,宋秋盛,湘潭大学学报(哲社版),2004年第3期。

论重庆抗战文化资源的特点、价值及开发思路,潘洵,重庆社会科学,2004年第1期。

论滇军,谢本书,云南师范大学学报(哲社版),2004年第1期。

论郭沫若抗战时期历史剧的创作理念与风格,宋嘉扬,重庆师范大学学报(哲社版),2004年第6期。

论郭沫若新诗创作的得失及成因,杜春海,四川职业技术学院学报,2004年第4期。

论国防设计委员会,王卫星,学海,2004年第6期。

论国民政府的法币价值稳定政策及其在抗战中的作用,〔韩〕金正贤,抗日战争研究,2004年第4期。

论国民政府时期贵州的民众教育,李良品,贵州文史丛刊,2004年第4期。

论抗日战争与中国国际地位的变化,曹学恩,陕西师范大学继续教育学报,2004年第4期。

论抗战后期国民政府的对苏政策,郭秋光,南昌大学学报(社科版),2004年第2期。

论抗战胜利前夕收复台湾的教育准备,吴仁华,福建论坛(社科版),2004年第10期。

论抗战时期重庆木刻运动的特征及其进步性,钱华欣,重庆工商大学学报(社科版),2004年第5期。

论抗战时期甘肃工矿业开发成效不高的原因,尚季芳,开发研究,2004年第6期。

论抗战时期广西政府文化政策,兰献,中共桂林市委党校学报,2004年第2期。

论抗战时期国民政府的对日经济战,齐春风,历史档案,2004年第2期。

论抗战时期国民政府的盐税政策,董振平,抗日战争研究,2004年第3期。

论抗战时期国民政府专卖政策对财政危机的影响,卿树涛,江西财经大学学报,2004年第6期。

论抗战时期国统区地方军事教育,季鹏,社会科学研究,2004年第1期。

论抗战时期基督教大学与国民政府之关系,刘家峰,史林,2004年第3期。

论抗战时期蒋介石民族主义思想的渊源和特点,张丰清,学海,2004年第1期。

论抗战时期民盟的政治思想,李萍,党史文苑,2004年第4期。

论抗战时期自贡盐业的发展,彭红碧,康定民族师专学报,2004年第2期。

论抗战文学的政治阐释与理性冲突,石世明,湘潭师范学院学报(社科版),2004年第4期。

论老舍1941年前后的文学回归——兼及《四世同堂》的写作准备,孙洁,江苏大学学报(社科版),2004年第6期。

论老舍的旧体诗,陈友康,中央民族大学学报(哲社版),2004年第6期。

论老舍抗战时期的话剧创作,孔焕周,文艺理论与批评,2004年第5期。

论老舍抗战时期的通俗文艺创作,李卉,宁夏大学学报(社科版),2004年第3期。

论老舍喜剧的文化意蕴,胡德才,三峡大学学报(社科版),2004年第5期。

论马宗融对伊斯兰文化的翻译、介绍和研究,马丽蓉,回族研究,2004年第4期。

论西南联大人文主义教育管理,封海清、黄海涛,学术探索,2004年第1期。

论战时西南商品市场发展的特性,肖良武,金筑大学学报,2004年第3期。

论中国抗战对世界反法西斯战争的作用,谢西川,山西广播电视大学学报,2004年第4期。

论中国现代文学的重庆视野——由纪念老舍及抗战文学所想到的,李怡,红岩,2004年第2期。

略论国民党的战时体制,陈雷,历史档案,2004年第4期。

略论抗战时期贵州的禁政,莫子刚,求索,2004年第2期。

略论抗战时期内地省区企业公司的制度特征,张忠民,上海经济研究,2004年第9期。

略论南京国民政府行政督察专员制,张红芳,成都教育学院学报,2004年第2期。

民国的西北开发及其教训,李君甫、邹德秀,陕西青年管理干部学院学报,2004年第2期。

民国后期新疆省临时参议会述论,高健,新疆大学学报(社科版),2004年第3期。

民国时期"西康农事试验场"的设置及其实际成效,王川,西藏大学学报,2004年第1期。

民国时期的学生免费公费制,凌兴珍,四川师范大学学报(社科版),2004年第6期。

民国时期甘肃藏区新式学校教育述评,何先鹰,武汉大学学报(人文科学版),2004年第5期。

民国时期回族农业经济概述,答振益,中南民族大学学报(社科版),2004年第2期。

民国时期西藏地方代表参政议政活动述略:再驳"民国时期西藏独立"论,陈崇凯,青海民族学院学报(社科版),2004年第2期。

民国时期壮族地区农业现代的启动,袁丽红,广西民族研究,2004年第3期。

民族解放意识与文学现代化的双向突进——对抗战时期的重庆文学现象的思考,石世明,重庆工商大学学报(社科版),2004年第4期。

那不是一群小"精神贵族"么?——《沙坪岁月——重庆南开校园回忆录》评述,刘鹤守,博览群书,2004年第5期。

批判与眷恋——重读老舍的《四世同堂》,柏桦,零陵学院学报,2004年第4期。

评《借鉴与融合:留美学生抗战前教育活动研究》,商丽浩,徐州师范大学学报(哲社版),2004年第2期。

契理当机的"今菩萨行"理念及实践——太虚大师与抗战时期的重庆佛教,杨孝容,宗教学研究,2004年第1期。

浅析抗战时期艾青散文的艺术特点,徐莹,华中师范大学研究生学报,2004年第1期。

浅析史迪威解职的原因,宫炳成,北华大学学报(社科版),2004年第6期。

浅议抗战时期民主进程中的几个问题,王建朗,史学月刊,2004年第1期。

让"红岩精神"代代相传,周勇,求是杂志,2004年第13期。

日军大轰炸中的重庆教育探析,胡振京,教育史研究,2004年第1期。

施蛰存和他的《路南游踪》,余斌,今日民族,2004年第2期。

试论国民时期中央政府对西藏的文化教育政策,徐中林,中国藏学,2004年第2期。

试论国民政府基层组织:区署建制在四川的推行及其影响,王春英,四川大学学报(哲社版),2004年第6期。

试论抗日战争时期中国共产党的干部政策,周妤,党史文苑,2004年第6期。

试论抗战时期四川糖料酒精工业的兴衰,刘春,四川师范大学学报(社科版),2004年第4期。

试论抗战时期西南城市民众生活习俗的变迁,徐杨,贵州师范大学学报

(社科版),2004年第3期。

试论政治与国统区抗战文艺运动的互动关系,詹永媛,广西民族学院学报(哲社版),2004年第6期。

试谈抗战时期三峡地区精神文明的繁荣,沈双一,重庆师范大学学报(哲社版),2004年第6期。

试析国际传播在抗战外交中的作用,赵鸿燕,现代传播,2004年第2期。

试析抗战时期中国红十字会的救护活动,李微,贵州师范大学学报(社科版),2004年第4期。

蜀山再见二雄具——张善子、张大千在抗战中,吴继金,文史杂志,2004年第3期。

四联总处与西南区域金融网络,王红曼,中国社会经济史研究,2004年第4期。

童小鹏与周恩来研究,巩玉闽,漳州职业大学学报,2004年第4期。

文化分析与"出走"模式——老舍抗战剧作的思想和艺术表现,孔焕周,学术交流,2004年第4期。

文学路向的两次调整:抗战文学的勃兴与分流,刘增杰,江海学刊,2004年第1期。

我与林基路相识在新疆学院,赵明,百年潮,2004年第9期。

西北地区经济开发之历史探究,钟银梅,西部论坛,2004年第4期。

西南联大与云南现代高等教育,杨绍军,云南社会科学,2004年第6期。

西南联合大学八百学子从军记——1944届从军学生的译员生涯,何宇整理,近代史资料(总109号),2004年。

西南联合大学学人轶闻录,郭岭松,炎黄春秋,2004年第11期。

现实主义,不能"那么"现实——对曹禺戏剧美学思想的反思,易红霞,暨南学报(人文科学与社科版),2004年第3期。

新桂系广西警政史略,唐国军,广西地方志,2004年第3期。

行政院经济会议第三十三次会议记录,耿军,民国档案,2004年第4期。

徐悲鸿在桂林(上)(下),何开粹,中共桂林市委党校学报,2004年第3—

4期。

血与火的艺献,陈可之,美术观察,2004年第9期。

雅尔塔协议、中苏条约与重庆谈判,秦立海,安徽史学,2004年第6期。

一部全面系统客观科学的抗战史著作——张宪文《中国抗日战争史》,江苏社会科学,2004年第2期。

忆抗日战争时期新疆各族人民的捐献活动,阿不都热依木·亚库甫,新疆地方志,2004年第3期。

忆昨日成就,创明朝辉煌——四十余年来重庆市档案馆发展纪实,唐润明,档案与史学,2004年第5期。

援华抗日的美国"飞虎队",徐康明,云南大学学报,2004年第3期。

云南在中国革命史中的地位,左永平、孟端星,思茅师专学报,2004年第2期。

战时四联总处侨汇经营管理政策分析,王红曼,贵州工业大学学报(社科版),2004年第1期。

战时知识青年从军述评,江沛、张丹,抗日战争研究,2004年第1期。

张治中不解的新疆情缘,刘向晖,湘潮,2004年第1期。

中国工业生产力变动初探(1933—1946),汪敬虞,中国经济史研究,2004年第1期。

中国共产党加强对桂林抗战文化运动领导的原因探析,詹永媛,桂林师专学报,2004年第4期。

中国共产党历史上的南方局,李蓉,党的文献,2004年第3期。

中国红十字会救护总队部的"林可胜时期"(上)(下),池子华,南通工学院学报(社科版),2004年第2—3期。

中国红十字会救护总队抗战救护的几个断面,池子华,苏州大学学报(哲社版),2004年第4期。

中国现代美术的抉择与转型——评黄宗贤教授的《大忧患时代的抉择》,彭彤,天府新论,2004年第2期。

中国远征军出兵缅甸的美国因素,陈家晶,延安大学学报(社科版),2004

年第4期。

抓住机遇,取得成功——抗战时期的贵州企业公司的成就及社会影响,何长凤,贵阳师专学报(社科版),2004年第2期。

2005年

"暴露与讽刺"论争中的郭沫若和茅盾,白永吉,郭沫若学刊,2005年第3期。

"滇西抗战"史迹一瞥,蒋元重、蒋凌云,潍坊教育学院学报,2005年第12期。

"妇指会"旗帜下中国妇女对抗战的贡献,焦建新,中共宁波市委党校学报,2005年第5期。

"革命文化的班头":抗战赋予郭沫若的历史角色,蔡震,郭沫若学刊,2005年第3期。

"郭沫若与中国知识分子在民族解放战争中的文化选择"国际学术研讨会综述,谢保成,郭沫若学刊,2005年第3期。

"纪念抗日战争胜利60周年暨抗战文学学术研讨会"综述,郝明工,文学评论,2005年第5期。

"纪念抗日战争胜利六十周年、韩国光复六十周年"国际学术研讨会综述,孙科志,抗日战争研究,2005年第4期。

"纪念抗日战争胜利六十周年暨抗战文学"学术研讨会,郝明工、潘成菊,重庆师范大学学报,2005年第4期。

"近十年抗日战争史研究述评"学术研讨会述要,高中华,中共党史研究,2005年第6期。

"救亡与发展:抗日战争时期的中国文化"国际学术研讨会综述,陈言,抗日战争研究,2005年第3期。

"抗建文艺"与国民党的民族主义,倪伟,社会科学,2005年第8期。

"抗日战争与文艺"研讨会纪要,方闻,文艺理论与批评,2005年第6期。

"抗战无底论"与"不降必胜论"想说什么?——抗日战争期间蒋介石集团对日政策剖析,王桧林,学术月刊,2005年第9期。

"抗战戏剧"与"戏剧抗战"刍议——纪念抗日战争胜利六十周年有感,王晓明,黑龙江史志,2005年第8期。

"民主之家"特园,吴婷婷,公民导刊,2005年第9期。

"七月"诗派与抗战文学,刘扬烈,重庆社会科学,2005年第12期。

"沙坪岁月"与公民教育,张耀杰,山西文学,2005年第4期。

"上马杀贼,下马学佛"——湖南宗教界抗战纪实,张检明,湘潮,2005年第8期。

"五四"至抗战:中国现代文学"大众化"趋势的嬗变,许江,海南师范学院学报(社科版),2005年第1期。

"夕惕朝乾还自奋和平崛起正当时"——中国人民抗日战争暨世界反法西斯战争胜利60周年国际抗战文学研讨会综述,王鸣剑,重庆工商大学学报(社科版),2005年第6期。

"云南王"龙云与汪精卫叛逃的关系,孙武,钟山风雨,2005年第3期。

"中国人民抗日战争暨世界反法西斯战争胜利60周年研讨会"综述,张志勇,抗日战争研究,2005年第3期。

"中美关系史的人物"学术讨论会综述,刘辉,美国研究,2005年第3期。

"重国轻共":苏联援助中国抗战的双重政策,万玲,湖北行政学院学报,2005年第6期。

《大公报》在抗日战争中的迁移,郑连根,炎黄春秋,2005年第7期。

《救亡日报》桂林版的言论特色,邓艳君,江西社会科学,2005年第8期。

《鲁迅风》的风骨,王国绶,中国现代文学研究丛刊,2005年第4期。

《蜕变》之"变",刘艳坤,重庆社会科学,2005年第5期。

《新华日报》抗战通讯的特色,周婷,新闻爱好者,2005年第12期。

1940年成都"抢米"由民变转化为政治事件的考察,昌文彬,西南民族大学学报(社科版),2005年第10期。

1941—1945年中国收回香港主权努力的历史透视,陈橹,社会科学辑刊,2005年第6期。

2004年海内外中日关系研究述评,柯惕,抗日战争研究,2005年第4期。

2004年抗日战争史论文目录索引,刘丽,抗日战争研究,2005年第4期。

2004年中国近代史论著目录,刘丽,近代史研究,2005年第5期。

20世纪30—40年代中央与地方的金融关系——以广西为例,李琴,广西师范大学学报(哲社版),2005年第1期。

20世纪40年代以来中国大陆"四大家族官僚资本"问题研究,李少兵,史学月刊,2005年第3期。

20世纪上半叶中国史学的流程与流派,盛邦和,学术月刊,2005年第5期。

20余年来大陆学者关于华侨华人与抗日战争研究述评,赵文亮,东南亚研究,2005年第6期。

爱国画家对中国抗战的贡献,吴继金,抗日战争研究,2005年第4期。

爱国进步的旗帜,战火中涅槃的凤凰——记中国青年记者学会在抗战中的历史作用,王大龙,新闻三昧,2005年第9期。

安全的最高要求(1939年5月10日),卢作孚研究,2005年第3期。

八年抗战国共双方的合作与斗争,袁丽,贵阳文史,2005年第3期。

八年抗战中的周恩来,叶任涛,中华魂,2005年第8期。

巴韵金声——巴金在重庆,甘犁,红岩,2005年第6期。

把我们的血肉筑成我们新的长城——论抗战歌曲与民族精神,童庆炳,思想理论教育导刊,2005年第8期。

保护好抗战遗迹,高国春,四川统一战线,2005年第8期。

保山人民对滇西抗战的贡献,黄玉萍,云南档案,2005年第4期。

毕节地区抗战轶事:纪念抗战胜利60周年,人生,史志林,2005年第3期。

碧血洒松山,抗战垂青史:松山攻坚大战中的贵州部队,齐赤军,贵州文史丛刊,2005年第4期。

冰心在重庆,卓如,红岩,2005年第3期。

兵力与粮食:四川省第三行政督察区人民在抗战中的主要贡献,杨玉林,四川档案,2005年第5期。

不在日寇刺刀下出一张报——《大公报》六迁其址见"报格",郑连根,同舟共进,2005年第7期。

曾经的伤痛,难泯的记忆——抗战时期的成都人口疏散情况,龚克,四川档案,2005年第3期。

长沙基督教青年会抗战时期的难民救济工作,李陵,船山学刊,2005年第3期。

长沙基督教青年会与湖南抗日救亡运动,李陵,求索,2005年第3期。

长沙临时大学湘黔滇"小长征"述论,闻黎明,抗日战争研究,2005年第1期。

陈独秀的抗战思想,司冬梅,南阳师范学院学报,2005年第7期。

成都八年抗战的特点及贡献,张鹤鸣,成都大学学报(社科版),2005年第4期。

充分发挥抗战文物在重庆旅游经济中的作用,钟汝贤,重庆教育学院学报,2005年第6期。

重估抗战胜利的历史意义,陈勤,中国改革,2005年第8期。

重庆大轰炸及其遗留问题,潘洵,光明日报,2005年8月23日。

重庆大轰炸在红岩精神形成中的作用,王进,重庆邮电学院学报(社科版),2005年第3期。

重庆对中国人民抗日战争的历史贡献,周勇,重庆日报,2005年8月15日。

重庆对中国人民抗日战争的历史贡献,周勇,西部时报,2005年9月2日。

重庆抗战时期的电影艺术,汪太伟,重庆社会科学,2005年第4期。

重庆抗战时期的文学地理学问题,冯宪光,社会科学研究,2005年第6期。

重庆抗战时期文学的文学史意义,易光,涪陵师范学院学报,2005年第6期。

重庆抗战时期新闻研究活动及其贡献,贺晓兰,江西社会科学,2005年第5期。

重庆抗战文学的通俗化和大众化——兼论中共南方局的文艺策略,张明平,重庆社会科学,2005年第1期。

重庆抗战小说中的女性形象,李丹丹,重庆社会科学,2005年第9期。

重庆市档案馆馆藏民国档案概况,唐润明,民国档案,2005年第1期。

重庆市委副书记邢元敏:大力弘扬中华民族在抗日战争中表现出的伟大民族精神,中国统一战线,2005年第10期。

重庆在抗日战争史上的历史地位和重大贡献,周勇,红岩春秋,2005年第5期。

川帮银行的首脑——聚兴诚银行简论,张守广,民国档案,2005年第1期。

川江三段航行的成功实施及对四川社会经济发展的影响和历史地位,项锦熙,卢作孚研究,2005年第2期。

传统文化与中国知识分子——再读《四世同堂》,赵静语,河南理工大学学报(社科版),2005年第4期。

从"兼济天下"到"独善其身"——试论梁实秋其人其文,周善斌,湖南科技学院学报,2005年第10期。

从"文以载道"看抗战文学,瞿毅,涪陵师范学院学报,2005年第6期。

从《棠棣之花》看郭沫若创作主旨的转变兼及日本影响,曹丹丹,重庆社会科学,2005年第8期。

从《蜕变》的审改看抗战时期国家认同的歧义性,马俊山,中国现代文学研究丛刊,2005年第4期。

从《鸭嘴涝》到《山洪》的版本修改演化看吴组缃文学思想的发展,谢昭新,中国现代文学研究丛刊,2005年第3期。

从大后方变为最前线——滇西抗战正式打响,云南教育(视界版B),2005年第7期。

从共同抗战到和平统一——国共合作的新发展,李翔,南京工程学院学报(社科版),2005年第3期。

从抗日战争时期的学术个案看全民族的思想启蒙,侯且岸,教学与研究,2005年第8期。

从抗战文化城到现代化国际旅游名城——桂林建党79周年历史回眸,王清荣,广西党史,2005年第6期。

从田汉看抗战文艺的伟大精神,董健,文艺研究,2005年第11期。

从辛亥到抗战——陈独秀社会经济思想的演变,邓文金,涪陵师范学院学报,2005年第6期。

错位中的夹生——对老舍抗战话剧创作中矛盾心态的还原分析,彭玉斌,重庆师范大学学报(哲社版),2005年第6期。

大力弘扬"抗战精神",何学元,四川统一战线,2005年第8期。

当代文献研究中心等"纪念中国人民抗日战争暨世界反法西斯战争胜利60周年"学术座谈会综述,张长江,党的文献,2005年第5期。

档案与抗战史学术研讨会暨《民国档案》创刊20周年座谈会纪要,戚如高,民国档案,2005年第3期。

地方实力派与全国团结抗战局面的形成,王旸,北京党史,2005年第6期。

滇缅公路在抗日战争中的历史地位,程利,曲靖师范学院学报,2005年第4期。

滇西抗战多民族战事考说,耿德铭,保山师专学报,2005年第6期。

滇西抗战中的云南少数民族,张竹邦,今日民族,2005年第6期。

滇西抗战中多民族战事考述,耿德铭,云南民族大学学报(哲社版),2005年第6期。

电影史上的光辉篇章——三、四十年代中国电影发展之鸟瞰,陈锐锋,安顺师专学报,2005年第4期。

东方主战场:论中国人民抗日战争在世界反法西斯中的地位和作用,钟思祖,光明日报,2005年8月29日。

东南亚华侨与抗日运动,黄明焕、周聿峨,湖北社会科学,2005年第10期。

读《战时美国大战略与中国抗日战场(1941—1945年)》,黄正柏,世界历史,2005年第6期。

对《四川的抗战美术宣传》一文的补遗,张海山,文史杂志,2005年第5期。

对1943年9月—1945年8月国际政治与中国抗战局势的历史反思,闫玉田,河北大学成人教育学院学报,2005年第1期。

二十世纪四十年代重庆背景下的抗战文学风貌,李祖军,思茅师专学报,

2005年第4期。

二战时期的中美友谊,谢本书,学术探索,2005年第3期。

二战时期美国供给中国政府的租借物资流向,赵先明,西南交通大学学报(社科版),2005年第5期。

二战时期美国援华租借物资未用于抗日物资问题研究,赵先明,西昌学院学报(社科版),2005年第1期。

二战中日军对四川的空中大屠杀,常崇宣,巴蜀史志,2005年第3期。

范旭东:用实业挑战侵略,商务周刊,2005年第15期。

冯玉祥在民生公司,赵晓铃,卢作孚研究,2005年第3期。

刚烈雄强:战时中国文学的一种审美走向,黄万华,山东师范大学学报(社科版),2005年第4期。

高举全民族团结抗战的旗帜——抗日民族统一战线的战略指针浅析,漆畹生,上海市社会主义学院学报,2005年第5期。

隔阂与融合——抗战时期重庆"上下江人"的求同存异,朱丹彤,广西社会科学,2005年第1期。

各省实施新县制推行地方自治成绩总检讨(1942年5月),忻知选辑,民国档案,2005年第3期。

共产党人论民主——20世纪40年代中共关于民主问题的讨论,韩锴,浙江学刊,2005年第5期。

共同的守望——《送报伕》和《四世同堂》艺术视角比较,施修蓉,广西教育学院学报,2005年第3期。

关于"抗战时期中国文化损失"研究的回顾与思考,孟国祥,江汉大学学报(社科版),2005年第4期。

关于蒋介石利用抗战实现个人独裁的原因分析,张华梅,山东科技大学学报(社科版),2005年第1期。

关于抗战文学研究的几点建议,石天河,重庆社会科学,2005年第11期。

关于新疆公众对抗日战争及中日关系问题的调查与分析,贾友军,党史文苑,2005年第24期。

广西抗日回顾,黄珍平,广西教育,2005年第30期。

广西师范大学出版社出版的抗战著作、文献,图书情报工作,2005年第8期。

贵州各族人民对抗日战争的贡献,韩义义,贵州档案,2005年第4期。

贵州抗日救亡运动中的民众教育馆,董有刚,贵州文史丛刊,2005年第4期。

贵州抗日救亡运动中的文艺大军,董有刚,贵阳文史丛刊,2005年第6期。

贵州企业公司研究(1939—1949),莫子刚,近代史研究,2005年第1期。

贵州人民救助援华盟军飞行员,欧阳峰,贵州档案,2005年第4期。

贵州学联及"二·一九"事件——纪念抗战胜利六十周年之二,杨建光,当代贵州,2005年第14期。

桂林抗战文化城的翻译活动,袁斌业,广西师范大学学报(哲社版),2005年第3期。

桂林抗战文化的地位和作用,邓群,广西党史,2005年第3期。

郭沫若《屈原》分析,李艳,语文教学与研究,2005年第29期。

郭沫若抗战时期历史剧的宣传作用,李媛,重庆社会科学,2005年第7期。

郭沫若抗战史剧昭示的人权真理,陈鉴昌,西华大学学报(哲社版),2005年第5期。

郭沫若文化抗战的历史评价,杨胜宽,郭沫若学刊,2005年第4期。

郭沫若之女山城忆父,郭虹,重庆与世界,2005年第6期。

国宝·功臣,抗日英雄——抗战时期战斗在兵工战线上的李承干,郑洪泉,红岩春秋,2005年第5期。

国共合作与抗日战争,王乃群,齐齐哈尔师专学报,2005年第1期。

国共两党两种持久抗战指导思想浅议,董长贵,长白学刊,2005年第4期。

国立剧专在江安,孙洪,四川统一战线,2005年第12期。

国民参政会的重要影响,周勇,重庆日报,2005年8月31日。

国民参政会与人民政协:兼论国民参政会之性质,詹松,重庆社会主义学院学报,2005年第3期。

国民参政会与中国各党派关系研究:1938—1948,周勇,重庆社会科学,2005年第9期。

国民政府改革基层参政制度的努力与成效——以20世纪40年代四川县政议事机关的设立及其运作为例,王春英,社会科学研究,2005年第2期。

国民政府十年(1939—1949)基层民意机关建设数量分析,周玉玲,江南社会学院学报,2005年第3期。

国民政府时期县国家财政与自治财政的整合,魏光奇,首都师范大学学报(社科版),2005年第3期。

国民政府西部建设重点的嬗变与原因,王广义,重庆社会科学,2005年第4期。

国统区进步知识分子抗战贡献刍论,张红,经济与社会发展,2005年第10期。

红岩精神:抗战时期重庆土地上民族精神和时代精神的光辉结晶,周勇,重庆日报,2005年9月2日。

胡风对《七月》作者群的培育,金得存,南通大学学报(社科版),2005年第2期。

湖南抗战时期的漫画宣传,霍修勇,湘潮,2005年第9期。

湖南抗战与中国抗日战争,钟声,光明日报,2005年5月24日。

湖南民众抗战的伟大贡献与牺牲,王晓天,求索,2005年第7期。

华侨对祖国抗日战争的重大贡献,耿相魁,南昌市委党校学报,2005年第4期。

华侨对祖国抗战经济的贡献,诸葛达,浙江师范大学学报(社科版),2005年第6期。

华侨与抗战关系研究述评,李先伦,福建省社会主义学院学报,2005年第4期。

黄姚:广西民盟的发祥地,韦东,文史春秋,2005年第3期。

徽章述说抗战史——抗战时期贵州徽章选萃,周继厚,贵州文史丛刊,2005年第4期。

回顾抗战史,贵州贡献多:纪念中国人民抗日战争胜利60周年,邓宗岳,贵州文史丛刊,2005年第4期。

回顾新疆抗日民族统一战线历史,巩固和发展新时期爱国统一战线:纪念抗日战争胜利60周年,新疆维吾尔自治区党委统战部,新疆日报,2005年8月16日。

回旋历史的声音(中篇)——第二次世界大战中的中外广播,国民党中央广播电台的抗战宣传,李佳佳,中国广播,2005年第11期。

活跃于抗战中的重庆校园文艺社团——突兀社,李文平,重庆师范大学学报(哲社版),2005年第6期。

纪念中国人民抗日战争暨世界反法西斯战争胜利60周年"重庆抗战文化研讨会"述要,凌孟华,重庆师范大学学报(哲社版),2005年第5期。

纪念中国人民抗日战争暨世界反法西斯战争胜利60周年专题学术研讨会,张杰,武汉大学研究生学报(社科版),2005年第3期。

简论抗战时期重庆小说的史诗建构,郝明工,涪陵师范学院学报,2005年第6期。

简论抗战时期后方企业的历史贡献,张守广,重庆社会科学,2005年第8期。

简论抗战为文学史分界的两个问题,陈思和,社会科学,2005年第8期。

简论佤族在抗日战争中的贡献,周家瑜,保山师专学报,2005年第4期。

简评《抗战时期国民政府盐务政策研究》,金普森,山东师范大学学报(社科版),2005年第3期。

简述中国西部科学院和中国西部博物馆,曹幼枢,卢作孚研究,2005年第4期。

简析《新华日报》抗战通讯的选题,孙坤明,华夏文化,2005年第4期。

简析全面抗战时期国统区里的电影,王德旺,当代经理人(下半月),2005年第2期。

见证贵州抗战现实的贵州散文,陈锐锋,黔南民族师范学院学报,2005年第5期。

教育史上的壮烈篇章——抗战时期武汉学校内迁纪实,皮明庥,中南民族大学学报(社科版),2005年第4期。

近二十年来四联总处研究综述,吴永光,广西右江民族师专学报,2005年第4期。

近十年来抗日战争史研究新进展述评,郭德宏等,党史研究与教学,2005年第6期。

近十年来抗日战争研究述评,荣维木,教学与研究,2005年第8期。

近十年来西方对中国抗日战争研究述评,王爱云,中共党史研究,2005年第5期。

近十年中国近代金融史研究综述,潘晓霞,江海月刊,2005年第6期。

救亡与启蒙的二重奏——对抗战文学的一点认识,严家炎,河北学刊,2005年第5期。

抗敌"文协"成都分会始末,邬萌,西南民族大学学报(社科版),2005年第9期。

抗日爱国文学的重要一翼,陈青生,社会科学,2005年第8期。

抗日经济战探析,张克难、曹雷,军事历史研究,2005年第2期。

抗日民族统一战线:抗战胜利的决定性因素——"抗日民族统一战线与抗日战争胜利学术研讨会"述要,周勇,人民日报,2005年9月21日。

抗日民族统一战线时期的国共谈判,季鸿生,上海市社会主义学院学报,2005年第5期。

抗日民族统一战线是抗日战争胜利之本,杜舟平,上海市社会主义学院学报,2005年第5期。

抗日民族统一战线是取得抗战胜利的重要法宝,中共中央统战部,求是,2005年第17期。

抗日民族统一战线是团结胜利的旗帜,蒋术,上海市社会主义学院学报,2005年第5期。

抗日民族统一战线与九三学社,潘庆云,上海市社会主义学院学报,2005年第5期。

抗日民族统一战线与抗战胜利,张素云,辽宁大学学报(哲社版),2005年第5期。

抗日民族统一战线中政策和策略的制定和运用,张献生,群言,2005年第

11期。

抗日统一战线话语下的文学空间——重庆《新蜀报》副刊《蜀道》研究,孙倩,中国现代文学研究丛刊,2005年第6期。

抗日文学中的几个理论问题,房福贤,东岳论丛,2005年第5期。

抗日战争的胜利充分展现了中华民族的凝聚力,冯淑文,广东省社会主义学院学报,2005年第4期。

抗日战争的胜利与中华民族凝聚力——在"纪念抗战胜利六十周年学术研讨会"上的发言,朱晓明,中央社会主义学院学报,2005年第5期。

抗日战争的伟大意义,胡锦涛,高校理论战线,2005年第9期。

抗日战争对我国西部高等教育发展的影响,樊明成,高教发展与评估,2005年第1期。

抗日战争对云南思想文化的影响,何斯民,中国西南文化研究(总第9辑),2005年。

抗日战争历史的影像记忆——以战后中国电影为中心,汪朝光,学术研究,2005年第6期。

抗日战争配合了盟军作战,朱姝璇,军事历史研究,2005年第2期。

抗日战争期间中国人国际观念的变化,王桧林,史学月刊,2005年第9期。

抗日战争取得胜利的主要原因,祁兵,党史天地,2005年第8期。

抗日战争让世界更多地了解中国,蔡宏俊,军事历史研究,2005年第2期。

抗日战争时期爱国主义的特点及启示,高文锦、王永风,武警学院学报,2005年第4期。

抗日战争时期党的统一战线在新疆的实践,陈国裕,新疆社会科学,2005年第4期。

抗日战争时期的爱国侨胞,聂皖辉,党史纵览,2005年第8期。

抗日战争时期的度量衡划一,孙毅霖,中国计量,2005年第10期。

抗日战争时期的国民政府警察,周章琪,湖北警官学院学报,2005年第6期。

抗日战争时期的三峡盐业,任桂园,盐业史研究,2005年第3期。

抗日战争时期的史家与史学,洪认清,史学史研究,2005年第3期。

抗日战争时期的四川期刊,徐登明,新闻界,2005年第5期。

抗日战争时期的西北国际交通线,侯风云,江苏社会科学,2005年第4期。

抗日战争时期的中国文人——以胡适、周作人、陈寅恪、范文澜为例,程美东,百年潮,2005年第10期。

抗日战争时期的中间党派,商桂珍,哈尔滨工业大学学报(社科版),2005年第6期。

抗日战争时期的中美关系,薛磊,党史文苑,2005年第14期。

抗日战争时期冯玉祥的抗战思想论析,李朝阳,晋阳学刊,2005年第3期。

抗日战争时期广西农业发展的原因及特点,侯宣杰、陈炜,广西师范大学学报(哲社版),2005年第3期。

抗日战争时期国民党的三民主义政策对其政治合法性的影响,王亚嘉,安徽史学,2005年第6期。

抗日战争时期国民政府工业政策评析,张燕萍,江海学刊,2005年第6期。

抗日战争时期国统区民主宪政运动述评,吴恒心,安徽教育学院学报,2005年第1期。

抗日战争时期立法院的立法工作述论,陈书梅,苏州科技学院学报(社科版),2005年第4期。

抗日战争时期民主党派发祥在重庆的成因探析,曹蓉,中央社会主义学院学报,2005年第5期。

抗日战争时期西部开发的理论,唐润明,历史档案,2005年第4期。

抗日战争时期新民主主义民族区域自治新探——《建设回民自治区》的意义及其史料价值,周昆云,广西民族研究,2005年第3期。

抗日战争时期云南盐业发展研究,赵小平,盐业史研究,2005年第3期。

抗日战争时期中共中央南方局的历史功绩,李茗,中共党史资料,2005年第3期。

抗日战争时期中国共产党与美国的接触,张传庚,河池学院学报(增刊),2005年。

抗日战争时期中华民族凝聚力特点刍议,彭德志,湖南第一师范学报,

2005年第3期。

抗日战争时期中美关系中的西藏问题,胡岩,中共中央党校学报,2005年第3期。

抗日战争提升了民族凝聚力,陈冬红,军事历史研究,2005年第2期。

抗日战争推动了中国民主运动,张自勉,军事历史研究,2005年第2期。

抗日战争研究浅议,陈铁健,南京大学学报,2005年第4期。

抗日战争与爱国主义精神,韩同友,淮阴师范学院学报(哲社版),2005年第6期。

抗日战争与二战期间国际战略的转变,孙建松,中共中央党校学报,2005年第4期。

抗日战争与贵州近代化,崔海雷,贵州大学学报(社科版),2005年第4期。

抗日战争与中国社会变迁——纪念抗日战争胜利60周年学术研讨会综述,曾成贵,江汉论坛,2005年第9期。

抗日战争与中国文学地理变迁,王维国,河北学刊,2005年第4期。

抗日战争与中国文艺的现代化进程,虞和平,抗日战争研究,2005年第4期。

抗日战争与中国政治进程的根本性转折——抗日战争新论之四,李丽娜,党史文汇,2005年第6期。

抗日战争与中国致公党,陈昌福,上海社会主义学院学报,2005年第5期。

抗日战争与中华民族主义的崛起,李岩,陕西教育学院学报,2005年第3期。

抗日战争在世界反法西斯战争中的地位,金冲及,党的文献,2005年第5期。

抗日战争中的假钞战,陆安,黄埔,2005年第4期。

抗日战争中的宁波商人,乐承耀,中共宁波市委党校学报,2005年第4期。

抗日战争中的新疆,刘江海,今日新疆,2005年第8期。

抗日战争中的中国社会变动——抗日战争新论之七,江沛,党史文汇,2005年第9期。

抗日战争中国损失调查述略,刘立峰,集美大学学报(哲社版),2005年第3期。

抗日战争中西北地区的地位和作用,刘俊凤,咸阳师范学院学报,2005年第3期。

抗战爆发后国民政府档案转移经过史料一组,孙武选辑,民国档案,2005年第4期。

抗战初期党在国统区的妇女统一战线工作(上)(下),李东明,中国统一战线,2005年第8—9期。

抗战初期湖南的救亡图书室,李龙如,图书馆,2005年第5期。

抗战初期民生公司撤退运输物质和旅客及支前运兵资料一组,卢作孚研究,2005年第3期。

抗战反思文学思潮的独特品格,刘增杰,河北学刊,2005年第5期。

抗战烽火中的报春花——简述周恩来在《新华日报》中的贡献,董小玉,新闻界,2005年第5期。

抗战后的教育募捐运动,王长生,文史月刊,2005年第9期。

抗战后期国民政府制定收购储销西藏羊毛办法史料一组,夏军,民国档案,2005年第1期。

抗战后期四川节约献金救国运动评述,陈翔,四川档案,2005年第5期。

抗战经典歌曲背后的故事,曹欣欣,湘潮,2005年第5期。

抗战精神及其当代价值,李吉庆,西南师范大学学报(社科版),2005年第6期。

抗战美术的史学再现——评黄宗贤教授史学新著《抗日战争美术图史》,李振宇,艺术探索,2005年第4期。

抗战期间的湘潭地下党领导人张忠廉,黎风,湘潮,2005年第9期。

抗战期间在华苏联军事顾问,刘志青,党史博览,2005年第8期。

抗战期间中加关系的突破与发展——兼论两国政治方面的合作与交涉,潘兴明,杭州师范学院学报(社科版),2005年第4期。

抗战期间周恩来在重庆的题词,赵玉明,红岩春秋,2005年第5期。

抗战前后黔西北苗族文化认同模式的转变,王曼,山东省农业管理干部学院学报,2005年第6期。

抗战生活与知识分子精神气质——论《寒夜》并兼及《围城》,邵宁宁,甘肃社会科学,2005年第5期。

抗战胜利后中国发展趋向,魏宏运,史学月刊,2005年第9期。

抗战胜利前后国共日三方互动关系研究,汪朝光,史学月刊,2005年第3期。

抗战胜利前后美国对华政策对国共两党关系转折的影响,谢军,黑龙江省社会主义学院学报,2005年第1期。

抗战胜利时的西部文化界,唐正芒,百年潮,2005年第9期。

抗战胜利与九三学社的诞生,穆建民,中国统一战线,2005年第11期。

抗战胜利在重庆,田苗,红岩春秋,2005年第4期。

抗战诗歌:民族解放战争中的时代精灵,郝遥,湘潮,2005年第8期。

抗战诗歌一组,卢作孚研究,2005年第3期。

抗战时国立剧专在江安的戏剧活动,段绪懿,西南民族大学学报(社科版),2005年第9期。

抗战时期"长三角"实业的内迁,张秀芹,江南论坛,2005年第8期。

抗战时期"陪都"重庆的报业竞争及其启示,王炬,新闻导刊,2005年第3期。

抗战时期《大公报》与蒋介石的四次摩擦,董锦瑞,党史纵览,2005年第7期。

抗战时期兵役制转变与四川农民对兵源的贡献,刘一民,成都大学学报(社科版),2005年第4期。

抗战时期成渝两地文化氛围的差异,李莹,西南民族大学学报(社科版),2005年第9期。

抗战时期重庆大轰炸的损失及其遗留问题,潘洵、彭兴华,战争责任研究(冬季号)(总第50号),2005年。

抗战时期重庆大轰炸对重庆城市社会变迁的影响,潘洵,西南师范大学学报(社科版),2005年第6期。

抗战时期重庆的文学中心地位,冯宪光,现代中国文化与文学,2005年第2期。

抗战时期重庆第一个集邮组织,蔡绍忠,集邮博览,2005年第10期。

抗战时期重庆工业的外引内联述论,张国镛,西南师范大学学报(社科版),2005年第4期。

抗战时期重庆马克思主义史家对古代社会史和思想史的研究,黄静,史学史研究,2005年第3期。

抗战时期重庆文学理论批评概观,朱丕智,重庆社会科学,2005年第6期。

抗战时期大后方的内河航运建设,谭刚,抗日战争研究,2005年第2期。

抗战时期大后方的农田水利建设,刘一民,求索,2005年第9期。

抗战时期大后方的三种语文刊物,陆哨林,出版史料,2005年第3期。

抗战时期大后方的戏剧理论与戏剧批评,何云贵,戏剧文学,2005年第7期。

抗战时期大后方的戏剧组织,何云贵,戏剧文学,2005年第10期。

抗战时期的《中国妇女》的贡献,李九伟,出版发行研究,2005年第3期。

抗战时期的八路军驻甘办事处,杨志刚,丝绸之路,2005年第8期。

抗战时期的成都美术,李孟曦,文史杂志,2005年第5期。

抗战时期的重庆诗坛,刘静,江西社会科学,2005年第3期。

抗战时期的地图出版,陈潮,地图,2005年第5期。

抗战时期的反空袭活动,刘阳华,中国人民防空,2005年第7期。

抗战时期的高校内迁对中国高校地域性发展的影响,张燕,延安大学学报(社科版),2005年第6期。

抗战时期的高校内迁及其意义,胡瑛,文史杂志,2005年第4期。

抗战时期的广播演讲,艾红红,中国广播电视学刊,2005年第8期。

抗战时期的桂林美术教育,帅民风,美术观察,2005年第12期。

抗战时期的国共关系与三民主义论战,程舒伟,沈阳工程学院学报(社科版),2005年第3期。

抗战时期的国民参政会与中共统战策略,王启华,上海市社会主义学院学报,2005年第5期。

抗战时期的国民参政员对海外华侨的统战思想,黄利新,华侨华人历史研究,2005年第3期。

抗战时期的漫画家及漫画创作,朱蕙,文艺理论与批评,2005年第4期。

抗战时期的漫画宣传活动,刘椿,湖南师范大学社会科学学报,2005年第6期。

抗战时期的民盟与中共统战政策,许增纮,重庆社会科学,2005年第11期。

抗战时期的陕西近代纺织工业,曹敏,西安工程科技学院学报,2005年第4期。

抗战时期的四川交通述论,龙汉武,武汉交通职业学院学报,2005年第3期。

抗战时期的桐梓海军学院,胡大宇,史志林,2005年第3期。

抗战时期的文艺大众化论争,金安利,重庆社会科学,2005年第11期。

抗战时期的文艺逃亡之旅,蒋锡金,新文学史料,2005年第1期。

抗战时期的云南交通,蒲元华,今日民族,2005年第9期。

抗战时期的云南军邮,华熹,上海集邮,2005年第7期。

抗战时期的债券初探,马谋星,西安金融,2005年第10期。

抗战时期的张澜,张茂延,四川统一战线,2005年第10期。

抗战时期的中国电影和戏剧,陈犀禾,社会科学,2005年第8期。

抗战时期的中国留学教育,孔繁岭,抗日战争研究,2005年第3期。

抗战时期的中国摄影,鲍昆,艺术评论,2005年第4期。

抗战时期的中国图书馆,刘小云,钟山风雨,2005年第1期。

抗战时期的中美日苏四国关系,刘江永,哈尔滨工业大学学报(社科版),2005年第5期。

抗战时期的中日"货币战",王积建,环球军事,2005年第7期。

抗战时期的中苏外交,杨耀健,文史精华,2005年第12期。

抗战时期对外译介的中国抗战歌曲,袁斌业,上海翻译,2005年第3期。

抗战时期鄂西后方国统区政权组织的职能和作用,徐旭阳,湖北民族学院学报(哲社版),2005年第2期。

抗战时期发起第一次宪政运动的一段内幕,闻黎明,百年潮,2005年第1期。

抗战时期翻译文学述论,陈言,抗日战争研究,2005年第4期。

抗战时期甘肃防空及救济组织机构概况,王艾邦,档案,2005年第2期。

抗战时期高校内迁对西南教育的影响,袁源,金筑大学学报,2005年第3期。

抗战时期共产党对国民党土地政策的影响,刘一民,社会科学辑刊,2005年第4期。

抗战时期广西的职业教育,吴文华,张家口职业技术学院学报,2005年第3期。

抗战时期广西各图书馆受损基本情况分析,覃静,广西社会科学,2005年第10期。

抗战时期广西境内难民的安置及其由此所付出的代价,唐凌,广西地方志,2005年第6期。

抗战时期贵州苗族特种初等教育,吴文华,黔东南民族师专学报,2005年第5期。

抗战时期桂林教育运动概说,崖远培,河池学院学报,2005年第3期。

抗战时期郭沫若的政治抉择,贾振勇,郭沫若学刊,2005年第4期。

抗战时期郭沫若史剧创作情感论,宋嘉扬,重庆师范大学学报(哲社版),2005年第6期。

抗战时期国共两党在土地政策上的合作与互动,刘一民,湖南师范大学社会科学学报,2005年第6期。

抗战时期国共两个政权的关系及其对祖国统一的启示,赵丽,岱宗学刊,2005年第4期。

抗战时期国民党国际广播电台节目的构成及其特色,胡耀亭,中国广播,2005年第11期。

抗战时期国民党军队政治工作述论,仲华,南京社会科学,2005年第4期。

抗战时期国民政府"战时应作平时看"方针的实施和影响,陈钊,河西学院学报,2005年第1期。

抗战时期国民政府初等教育政策述评,余子侠,河北师范大学学报(教育科学版),2005年第4期。

抗战时期国民政府的税制改革,严云强,重庆社会科学,2005年第8期。

抗战时期国民政府对云南边疆民族地区的治理,张文芝,云南档案,2005年第3期。

抗战时期国民政府给卢作孚颁布的奖状及嘉奖民生公司船舶、人员名单,卢作孚研究,2005年第3期。

抗战时期国民政府工业政策评析,张燕萍,江海学刊,2005年第6期。

抗战时期国民政府食盐产制政策述论,董振平,盐业史研究,2005年第3期。

抗战时期国民政府西北工业建设政策与绩效,王广义,西北第二民族学院学报(哲社版),2005年第2期。

抗战时期国民政府盐务管理体制的变迁,刘经华,盐业史研究,2005年第3期。

抗战时期后方地区大中型企业的兴起与发展,张守广,云南师范大学学报(哲社版),2005年第1期。

抗战时期湖南教育发展述论,暨爱民,抗日战争研究,2005年第1期。

抗战时期划一度量衡之重要性,郑礼明,中国计量,2005年第10期。

抗战时期蒋介石对日外交思想解析,杨凤霞,黑龙江省社会主义学院学报,2005年第3期。

抗战时期经济事业内迁及其对西南区域的影响,张颖华,湖南省社会主义学院学报,2005年第2期。

抗战时期崛起于重庆的复旦大学"复新社",吴阳红,重庆社会科学,2005年第5期。

抗战时期开阳文化活动,周亚林,贵阳文史,2005年第4期。

抗战时期昆明亲历记,程君礼,文史春秋,2005年第1期。

抗战时期卢作孚的经营战略思想,龙汉武,卢作孚研究,2005年第3期。

抗战时期毛泽东、蒋介石民族主义思想之比较——兼论二者对战后中国政局的影响,张丰清,武汉理工大学学报(社科版),2005年第3期。

抗战时期民国政府的边疆教育政策,孙懿,中国边疆史地研究,2005年第4期。

抗战时期民生公司的经营战略,龙汉武,卢作孚研究,2005年第3期。

抗战时期民生公司牺牲人员名单,卢作孚研究,2005年第3期。

抗战时期民主宪政运动中的党派合作,任世红,江苏省社会主义学院学报,2005年第4期。

抗战时期内迁高等学校对贵州的影响,戴政洪,贵阳文史,2005年第1期。

抗战时期内迁文化与云南社会的演进,王晓丹,曲靖师范学院学报,2005年第4期。

抗战时期迁渝高等院校的考证,张成明,抗日战争研究,2005年第1期。

抗战时期全球化视野下的中国国际地位,李传兵、姜术俊,江苏省社会主义学院学报,2005年第4期。

抗战时期日机轰炸西安记录,冰星,陕西审计(增刊),2005年。

抗战时期日军两次入侵对广西工业生产力的破坏,唐凌,广西师范大学学报(哲社版),2005年第2期。

抗战时期日军两次入侵广西造成的图书损失初探,唐咸明,广西地方志,2005年第4期。

抗战时期世界历史背景下的中国国际地位,姜术俊,长白学刊,2005年第4期。

抗战时期四川粮食动员研究,汤梓军,求索,2005年第10期。

抗战时期四川省粮食调查统计工作,胡震亚,四川档案,2005年第5期。

抗战时期王芸生与蒋介石的四次摩擦,董锦瑞,党史文汇,2005年第6期。

抗战时期西安工商业的繁荣及其原因浅析,张雨新,西安文理学院学报(社科版),2005年第4期。

抗战时期西安韩国光复军事略,王梅,文博,2005年第3期。

抗战时期西部民族地区学校教育的发展及其历史反思,冉春,民族教育研究,2005年第4期。

抗战时期西部农垦事业的发展,陆和健,民国档案,2005年第2期。

抗战时期戏曲珍籍的浩劫,苗怀明,出版史料,2005年第1期。

抗战时期宪政运动的博弈分析,祝天智,福建论坛(社科版),2005年第6期。

抗战时期新疆蓬勃兴起的新文化运动,张文学,新疆地方志,2005年第4期。

抗战时期徐悲鸿在渝美术活动述评,钱华欣,重庆大学学报(社科版),2005年第5期。

抗战时期演剧:民族国家话语的舞台建构,张艳梅,文艺理论与批评,2005年第4期。

抗战时期永佃权制度对现行土地承包权制度之借鉴意义,周双辉,武汉理工大学学报(社科版),2005年第3期。

抗战时期于斌主教述论,徐畅,历史档案,2005年第3期。

抗战时期语言学家对云南语言的调查研究,聂蒲生,学术研究,2005年第9期。

抗战时期云南经济的发展机遇,汪涛,创造,2005年第7期。

抗战时期在甘肃的部分著名人士,党的建设,2005年第8期。

抗战时期浙江大学的音乐活动,雷道炎,浙江艺术职业学院学报,2005年第4期。

抗战时期中法在越军事交涉之考察,李建国,军事历史研究,2005年第4期。

抗战时期中共对三民主义之论评,曾成贵,湖北省社会主义学院学报,2005年第5期。

抗战时期中共南方局在渝对外工作述评,刘志远,重庆大学学报(社科版),2005年第5期。

抗战时期中共与国民党地方实力派统战关系的历史经验与启示,陈雪峰,党史文苑,2005年第20期。

抗战时期中国共产党对桂系的统战工作及其成功经验,范红,广西师范大学学报(哲社版),2005年第3期。

抗战时期中国民主政治研究——纪念抗战胜利60周年,高兴成,重庆工商大学学报(社科版),2005年第4期。

抗战时期中国西部开发的理论,唐润明,历史档案,2005年第4期。

抗战时期中国西部开发的历史梗概,唐润明,四川档案,2005年第5期。

抗战时期中国沿海工厂的内迁及对内地经济的影响,曾长秋,文史博览,2005年第12期。

抗战时期中国远征军两次入缅作战的历史意义,岳玮,信阳师范学院学报(哲社版),2005年第5期。

抗战时期中华民族精神的凝聚与升华,朱兆华,理论建设,2005年第4期。

抗战时期中间力量发挥的作用及启示,肖红,重庆社会主义学院学报,2005年第3期。

抗战时期中日"货币战",王积建,文史博览,2005年第15期。

抗战时期中苏关系的一个侧面——孙科与中苏文化协会,李玉贞,广州大学学报(社科版),2005年第11期。

抗战时期中学西迁及西部教育的发展,冉春,河北师范大学学报(教育科学版),2005年第4期。

抗战时期周恩来对英国驻华大使的统战工作,杜俊华,中国统一战线,2005年第1期。

抗战时西安工商业的繁荣及原因试析,张雨新,西安文理学院学报(社科版),2005年第4期。

抗战文化、抗战文学与郭沫若研究,李怡,涪陵师范学院学报,2005年第6期。

抗战文化发展述论,朱敏彦,探索与争鸣,2005年第9期。

抗战文化氛围中的《野玫瑰》,肖宁遥,西南民族大学学报(社科版),2005年第9期。

抗战文化统战工作的堡垒——三厅和文工会,曾禾,红岩春秋,2005年第4期。

抗战文学的精神品格,王文英,社会科学,2005年第8期。

抗战文学语境中的战国策派文论,王学振,重庆社会科学,2005年第10期。

抗战文艺口述史,胡月平,文艺理论与批评,2005年第4期。

抗战文艺轻骑兵——记抗敌演剧队在湖南,王文珍,湘潮,2005年第5期。

抗战武汉与新文学中心的西移,王应平,湖北社会科学,2005年第3期。

抗战戏剧之忆,刘厚生,群言,2005年第8期。

抗战与中国在国际体系中的地位变迁及角色转变,王建朗,史学月刊,

2005年第9期。

抗战运输线上的"神行太保"——记抗战时期的南洋华侨机工,陈惠芳,福建党史月刊,2005年第6期。

抗战中重庆兵器工业基地的形成及意义,戚厚杰、奚霞,抗日战争研究,2005年第2期。

抗战中代表日期的数字由来,季凉,政府法制,2005年第15期。

抗战中的《广西日报》昭平版,朱其现,广西地方志,2005年第4期。

抗战中的爱国画家,吴继金,百年潮,2005年第9期。

抗战中的八路军贵阳交通站——纪念抗日战争胜利六十周年之八,杜黔,当代贵州,2005年第20期。

抗战中的杜月笙与中国红十字会,唐涤尘,海内与海外,2005年第7期。

抗战中的广西学生军与工农结合的特点、作用及原因——纪念抗日战争胜利60周年,龙润忠,广西地方志,2005年第4期。

抗战中的华侨机工,陈克振,政协天地,2005年第6期。

抗战中的民族企业家,吴金勇,商务周刊,2005年第15期。

抗战中的宋氏三姐妹,王存福,四川统一战线,2005年第9期。

抗战中的文学与文学中的抗战——对上世纪中华民族解放战争文学的向度分析,范玉刚,中共中央党校学报,2005年第4期。

抗战作为中国文学的资源——主持人语,李怡,西南民族大学学报(社科版),2005年第9期。

柯灵、艾芜、田涛、魏绍昌、吴朗西、李采臣等谈巴金的书信,丹晨,新文学史料,2005年第4期。

客观、真实反映十四年民族抗战的优秀之作——评萧一平、郭德宏主编《中国抗日战争全史》,李庆刚,高校社科信息,2005年第6期。

狂奔、狂叫、狂舞、狂欢——重庆人民欢庆抗战胜利纪实,敬业,四川档案,2005年第3期。

兰州空战大捷——记抗战时期击落敌机最多的一次战役,李志跃,文史春秋,2005年第9期。

老舍与端木蕻良抗战小说之比较——以《四世同堂》、《大地的海》和《大江》为例,阎秋红,民族文学研究,2005年第1期。

李新与抗战时期的重庆学生运动,李元林,红岩春秋,2005年第6期。

历史画廊——不能忘却的滇西抗战,沈坚,历史教学问题,2005年第4期。

联合政府的提出及其宪政意义,刘山鹰,江苏行政学院学报,2005年第3期。

两条抗战路线的比较与启示,代文辉,康定民族师专学报,2005年第5期。

廖尚果(青主,1893—1959)先生的生平、业绩,廖乃雄,上海音乐学院学报,2005年第2期。

烈火中永生——抗战时期的抗战故事影片,闻华,电影,2005年第10期。

林语堂在陕西,侯蔼奇,华夏文化,2005年第4期。

流动的大学,时瑞刚,河南教育(高校版),2005年第7期。

六十年前欢庆抗战胜利情景重放,陈荣德,贵阳文史,2005年第6期。

龙陵:滇西抗战的主战场,于海涛、何德尊,军事历史,2005年第6期。

卢作孚和他的长江船队(1944年6月),卢作孚研究,2005年第3期。

卢作孚物流思想与实践及其历史地位,蒋啸冰,卢作孚研究,2005年第2期。

卢作孚研究的重大进展——读增订版《卢作孚年谱》,严家炎,博览群书,2005年第12期。

卢作孚与战时军粮的筹办,简笙簧,卢作孚研究,2005年第3期。

卢作孚与中国生物学家,胡宗刚,卢作孚研究,2005年第4期。

鲁迅传统和战时中国文学,黄万华,东岳论丛,2005年第4期。

路在何方——夏衍三部曲浅析,陈小玲,戏剧文学,2005年第8期。

论艾青抗日战争时期的诗歌创作——谨以此文纪念中国人民抗日战争胜利六十周年,来华强,河南教育学院学报(哲社版),2005年第5期。

论艾青抗战诗歌的绘画美,尹燕,重庆社会科学,2005年第10期。

论艾青诗歌的悲剧精神,马丽,中国文学研究,2005年第4期。

论艾青新时期的诗歌艺术,来华强,语文学刊,2005年第1期。

论川军出川抗战的成因及其意义,龙雅芳,四川经济管理学院学报,2005年第4期。

论滇缅公路的伟大功绩：纪念抗日战争胜利60周年,杨立鑫,保山师专学报,2005年第4期。

论广西人民在全国抗战中的重要贡献与地位,何成学,广西地方志,2005年第4期。

论桂林抗战文化精神,刘春燕,社会科学家,2005年第5期。

论郭沫若抗战时期诗歌的艺术风格,吴小华,重庆社会科学,2005年第8期。

论郭沫若与川端康成的死亡意识,吴小华,重庆工学院学报,2005年第10期。

论国共重庆谈判的政治性质,邓野,近代史研究,2005年第1期。

论国民参政会在抗日战争时期的地位与作用,周勇,探索,2005年第5期。

论国民政府对中国通商、四明和中国实业三银行业的改组,陈礼茂,中国社会经济史研究,2005年第3期。

论国民政府抗战时期的交通运输管理体制,贾国雄,西南师范大学学报(社科版),2005年第4期。

论国民政府战时关金政策的演变——兼论抗日战争时期中日财政金融的斗争,龚辉,军事历史研究,2005年第2期。

论湖南抗战文化的历史地位和作用,萧栋梁,文史博览,2005年第14期。

论蒋介石与抗战期间的军事会议,杨菁,史学月刊,2005年第7期。

论抗日民族统一战线建立的军事意义,张云,上海市社会主义学院学报,2005年第4期。

论抗日民族文化统一战线的形式与在抗战中的作用,刘绍卫,楚雄师范学院学报,2005年第6期。

论抗日战争对中国先进文化建设的贡献,李建平,当代广西,2005年第17期。

论抗日战争期间党派合作的形成及其历史意义,李铁强,党政干部论坛,2005年第8期。

论抗日战争时期党的民族政策,陈夕,求是,2005年第17期。

论抗日战争时期的民主政治建设,王荣科,安徽大学学报(哲社版),2005

年第4期。

论抗日战争时期国民政府的国际舆论动员,古琳晖,江海学刊,2005年第5期。

论抗日战争时期日本空袭与中国反空袭斗争,古琳晖,南京社会科学,2005年第6期。

论抗日战争时期四川工业的发展,何宁,西华大学学报(哲社版),2005年第3期。

论抗日战争时期我国广告传播的区域特色,苏士梅,河南大学学报(社科版),2005年第5期。

论抗日战争时期新疆文化救亡运动的特点,刘继绵,实事求是,2005年第5期。

论抗日战争时期中国共产党积极争取中间力量的统一战线思想,曹振鹏,贵州社会主义学院学报,2005年第4期。

论抗日战争中的中国农民,秦兴洪,学术研究,2005年第8期。

论抗战敌后战场的历史地位,刘庭华,求是,2005年第17期。

论抗战精神:写在中国人民抗日战争胜利60周年之际,李向军、危兆盖,光明日报,2005年8月30日。

论抗战精神及其时代意义——纪念抗日战争胜利60周年,龙立军,楚雄师范学院学报,2005年第6期。

论抗战漫画,曹欣欣,抗日战争研究,2005年第4期。

论抗战美术在中国现代美术史上的意义,黄宗贤,文艺研究,2005年第7期。

论抗战期间的妇女动员,唐秀平,南京邮电学院学报(社科版),2005年第3期。

论抗战时的民族凝聚力及现实意义,袁绍光,福建党史月刊,2005年第12期。

论抗战时期重庆文学的现代语境,石世明,贵州社会科学,2005年第1期。

论抗战时期党对资产阶级的统战政策及其影响,凌芳,重庆社会主义学院学报,2005年第2期。

论抗战时期党在国统区的斗争与历史地位,陈洪,重庆师范大学学报(哲社版),2005年第5期。

论抗战时期的新生活运动,乔兆红,天府新论,2005年第5期。

论抗战时期的中华民族精神,萧栋梁,求索,2005年第7期。

论抗战时期桂林人口伤亡,唐凌,中共桂林市委党校学报,2005年第4期。

论抗战时期国共合作的思想基础,韩隆福,湖南文理学院学报(社科版),2005年第4期。

论抗战时期国共合作中诸因素的作用,徐方,山西高等学校社会科学学报,2005年第7期。

论抗战时期国民党的民众精神动员工作,焦以爽,沧州师专学报,2005年第2期。

论抗战时期后方的企业家群体,张守广,中国经济史研究,2005年第3期。

论抗战时期毛泽东统战思想与南方局的统战实践,陈全等,重庆社会科学,2005年第10期。

论抗战时期文学中的道德精神变异,贺仲明,学术研究,2005年第9期。

论抗战时期宪政运动兴起的体制背景:合法性不足的弱势独裁,祝天智,重庆社会科学,2005年第12期。

论抗战时期医学高校的迁川,黄茂,抗日战争研究,2005年第1期。

论抗战时期云南的开放意识,吉永生,云南行政学院学报,2005年第4期。

论抗战时期中国共产党的经济工作办法,范小方,中共党史研究,2005年第2期。

论抗战时期中国民主同盟的宪政观,李先伦,深圳职业技术学院学报,2005年第4期。

论抗战文坛对史诗创作的呼唤与理论引导,刘勇,湖北大学学报(哲社版),2005年第5期。

论抗战中文化知识界的农民动员,何友良,江西社会科学,2005年第8期。

论老舍新诗的叙事性嬗变——作为抗战诗人、讽刺诗人的老舍,朱力,淮北煤炭师范学院学报(哲社版),2005年第4期。

论临沧各族人民在抗日战争中的贡献,段世琳,临沧教育学院学报,2005年第3期。

论卢作孚的"计划经济"思想,黄立人,卢作孚研究,2005年第1期。

论民国社会救济中的传统因素,朱林豪,株洲工学院学报,2005年第3期。

论民国时期的中学西传,郑大华,吉首大学学报(社科版),2005年第1期。

论民国时期政治发展中的政治妥协,祝天智,江苏社会科学,2005年第3期。

论民生公司企业文化精神的内涵及其意义,龙汉武,卢作孚研究,2005年第2期。

论民生公司职工教育的特色及其意义,张胤昌,卢作孚研究,2005年第2期。

论陪都重庆文化与文学的地理性,郝明工,重庆工商大学学报(社科版),2005年第6期。

论七月派小说的美学意境,程晓芝,淮阴师范学院学报(哲社版),2005年第3期。

论上海"孤岛"与大后方的贸易,张赛群,玉林师范学院学报,2005年第4期。

论四川人民对全民族抗战的伟大贡献,谭晓钟,文史杂志,2005年第5期。

论台静农抗战时期的文学创作,朱丽婷,阜阳师范学院学报(社科版),2005年第6期。

论田汉战时戏剧思想及成就,高音,湖南人文科技学院学报,2005年第6期。

论中国的抗战精神,李孝纯,社会科学辑刊,2005年第5期。

论中国共产党在抗日战争中争取中间势力努力,郭群英,云南行政学院学报,2005年第4期。

论中国共产党在抗战时期对桂系的统战工作,邓群,广西党史,2005年第4期。

论中国抗日战争的历史地位及其作用,何腊生,渝西学院学报(社科版),2005年第5期。

论中国抗日战争对世界反法西斯战争的突出贡献,沈建钢,唯实(增刊),2005年。

论中国抗日战争在世界反法西斯战争中的贡献,李文萍,西藏大学学报

(汉文版),2005年第2期。

论中国抗战文论中的现实主义之深化,靳明全,文学评论,2005年第3期。

论中国抗战在世界反法西斯战争中的历史地位,刘琦,佛山科学技术学院学报(社科版),2005年第6期。

论重庆大轰炸对重庆市民社会心理的影响,潘洵,重庆师范大学学报(哲社版),2005年第4期。

论重庆抗战文化地图中的"文协",彭玉斌,重庆社会科学,2005年第1期。

论重庆在抗日战争时期的地位,罗尚义,探索,2005年第8期。

略论国民党抗日时期的教育策略,李静,河南师范大学学报(教育科学版),2005年第2期。

略论华侨对抗战时期战时经济的贡献,佘湘,内蒙古农业大学学报(社科版),2005年第4期。

略论抗日战争时期的广西粮政,陈炜,古今农业,2005年第2期。

略论抗日战争时期华侨的经济支援,李砂砂,阴山学刊,2005年第4期。

略论抗日战争时期中国史学的学术趋向,牛润珍,中共党史研究,2005年第6期。

略论抗战时期国民党民众动员政策,申燕,湖北社会科学,2005年第9期。

略论抗战时期重庆美术活跃的原因,钱华欣,重庆教育学院学报,2005年第5期。

略论民国时期的区级政权建设,李巨澜,史林,2005年第1期。

略论中国共产党的抗战文化思想,朱汉国、李小尉,北京师范大学学报(社科版),2005年第4期。

略论中国近代区域城市间的经济联系,陈炜,广西右江民族师专学报,2005年第1期。

漫议中国抗战文学的世界性,章绍嗣,中南民族大学学报(社科版),2005年第4期。

煤油大王孙越崎与天府煤矿,李萱华,卢作孚研究,2005年第4期。

蒙、藏、回、满等少数民族对抗日战争的杰出贡献,周锡银,西藏研究,

2005年第3期。

民国后期"西康省农业改进所"的设立始末及其意义：四川藏区农业近代化起源研究之一,王川,西藏大学学报,2005年第1期。

民国时期成都同业公会的行业管理,李柏槐,四川大学学报(哲社版),2005年第2期。

民国时期的中国防空观察及启示,宋楠,中国人民防空,2005年第6期。

民国时期贵州农村高利贷盛行原因分析,戴文武,贵州文史丛刊,2005年第1期。

民国时期天水图书文化事业的发展及其影响述论,聂大受,天水师范学院学报,2005年第3期。

民国时期钨砂走私现象探析,肖自力,近代史研究,2005年第4期。

民生公司战时船舶、重要设施及物资损失表,卢作孚研究,2005年第3期。

民生实业公司如何在战时服务(1943年10月),卢作孚研究,2005年第3期。

民主党派对抗日民族统一战线的贡献和作用,李玲,广西社会主义学院学报,2005年第4期。

民主党派与抗日战争时期的民主宪政运动,宋连胜、牟广东,史学集刊,2005年第4期。

民族救亡与民族统一战线纲领,周文玖,河北学刊,2005年第3期。

民族凝聚与抗战胜利,黄振位,广东省社会主义学院学报,2005年第4期。

名人谈卢作孚和民生公司,黄炎培等,卢作孚研究,2005年第2期。

铭记历史伤痛,创造艺术精品"重庆大轰炸艺术群雕"再现历史,王远林,红岩春秋,2005年第3期。

莫忘四川抗战,岱峻,巴蜀史志,2005年第2期。

南方局与红岩精神,官丽珍,广东党史,2005年第1期。

南侨机工——抗战史上最悲壮的群体,林卫国,文史月刊,2005年第10期。

农工民主党在抗战时期的积极作用评述,彭卫,重庆社会主义学院学报,2005年第1期。

女性视野中的抗战文学,傅晓燕,中国科技信息,2005年第23期。

女子在抗日战争中的地位与作用,郭海文,中华女子学院学报,2005年第4期。

陪都重庆的"建墓铸逆"运动,唐润明,四川档案,2005年第3期。

陪都重庆的现实剧与历史剧,郝明工,重庆师范大学学报(哲社版),2005年第4期。

陪都重庆庆祝抗战胜利纪实,杨耀健,文史精华,2005年第8期。

彭桂萼的抗战诗歌研究,杨宝康,临沧教育学院学报,2005年第3期。

评胡适的抗战观,李衡,重庆邮电学院学报(社科版),2005年第6期。

七月派的救亡姿态与启蒙精神,周燕芬,中国现代文学研究丛刊,2005年第4期。

奇山秀水间的呐喊——抗战时期桂林的音乐创作述评,王小昆,人民音乐,2005年第9期。

浅谈抗日文化的时代先进性,程大为,大连干部学刊,2005年第8期。

浅谈抗战时期中国西部博物馆英才荟萃的意义,侯江,卢作孚研究,2005年第4期。

浅谈民国时期民防的形成,王颖华等,中国人民防空,2005年第6期。

浅议郭沫若抗战时期的文化选择,秦川,郭沫若学刊,2005年第3期。

浅议中华女性对抗日战争的伟大贡献,林苹,经济与社会发展,2005年第12期。

亲历大轰炸,上篇——访重庆"6·5隧道大惨案"幸存者高键文,阿敏,新西部,2005年第8期。

亲历重庆大隧道惨案,高键文,世纪,2005年第5期。

青年运动在抗日战争时期的历史地位,徐锋,徐州教育学院学报,2005年第3期。

全面抗战时期国民政府的难民救济工作,吴捷,历史教学,2005年第5期。

全面抗战与中国社会变迁特征述论,江沛,历史教学,2005年第9期。

全民抗战时期国民政府的难民救济工作,吴捷,历史教学,2005年第5期。

全民族抗战形成的基础与保障,王频,淮阴师范学院学报(哲社版),2005

年第6期。

日军轰炸兰州及甘肃各地实录,王禄明,档案,2005年第2期。

三民主义:整合近代中国民主革命政治资源的一面旗帜,王侃,历史教学问题,2005年第3期。

沙驼:抗日救亡宣传的新团体——纪念抗日战争胜利六十周年之四,余福仁,当代贵州,2005年第16期。

上海工厂内迁支持抗战,陈正卿,文史博览,2005年第17期。

少数民族与抗日战争,陈国裕,中央民族大学学报(哲社版),2005年第6期。

沈从文进入西南联大任教及被聘为教授时间考证,吴世勇,上海交通大学学报(哲社版),2005年第1期。

十年来中国抗战在世界反法西斯战争中的地位和作用研究综述,谭幼萍,党的文献,2005年第6期。

时代的反映与"失真的镜子"——四十年代大后方重庆报纸电影广告的抗战诉求分析,崔丽,涪陵师范学院学报,2005年第3期。

史迪威:叱咤风云的援华抗战司令,倪良端,四川统一战线,2005年第10期。

始于怒吼——抗战期间的重庆戏剧,王鸣剑,上海戏剧,2005年第10期。

世界历史视野下的中国抗日战争,徐蓝,光明日报,2005年5月10日。

试论桂林抗日文化运动的历史地位与现实意义,王清莱,社会科学家,2005年第5期。

试论国民参政会在战时民主宪政运动中的作用,陈雷,历史档案,2005年第4期。

试论国民政府对云南少数民族的调查,马玉华,思想战线,2005年第2期。

试论华侨对抗日战争的贡献,张冰,云南财贸学院学报(社科版),2005年第4期。

试论抗日战争胜利与中华民族凝聚力的提升,张英琦,西安石油大学学报(社科版),2005年第4期。

试论抗日战争时期苏联援华政策,张雪梅,四川教育学院学报,2005年第3期。

试论抗战时期的"一国两制"——论国共合作的法制基础,程鸿勤,北京政法职业学院学报,2005年第3期。

试论抗战时期国民政府的工矿行政,张守广,安徽史学,2005年第4期。

试论抗战时期老舍的通俗文艺观,李冬媛,重庆社会科学,2005年第2期。

试论抗战时期民盟成立初期的内部纷争,杜俊华,重庆社会主义学院学报,2005年第3期。

试论民国政府对贵州少数民族的调查,马玉华,贵州民族研究,2005年第2期。

试论南方局的党员先进性教育,许先立、李重华,重庆三峡学院学报,2005年第6期。

试论陪都重庆现代诗歌发展的多样化,郝明工,涪陵师范学院学报,2005年第1期。

试论战时贸易统制实施的阶段及其特点,郑会欣,民国档案,2005年第3期。

试析抗日战争时期中共的宣传工作,吴正,党史文献,2005年第9期。

试析抗战时期重庆中短篇小说的叙事特征,郝明工,重庆社会科学,2005年第2期。

试析抗战时期国共两党对中间势力的政策,崔创,陕西师范大学继续教育学报,2005年第4期。

试论抗战时期中国共产党积极争取中间力量的统一战线思想,曹振鹏,贵州社会主义学院学报,2005年第4期。

试析卢作孚与民生公司的企业文化精神,刘重来、周鸣鸣,卢作孚研究,2005年第2期。

誓覆河山歼倭奴——读刘楚湘《滇缅公路歌》,金承德,云南档案,2005年第4期。

收集地方文献须责任与识见并驾而行——抗战时期北平图书馆收集西南文献述论,张廷银,国家图书馆学刊,2005年第1期。

书刊作刀枪,出版也抗战——抗战时期广西出版界的作为和贡献,龙谦,广西党史,2005年第4期。

斯诺夫妇与抗战中的"中国工业合作社",冯琳,百年潮,2005年第12期。

四川的抗战美术宣传,吴继金,文史杂志,2005年第4期。

四川回族对抗日战争的贡献,马尚林,西南民族大学学报(社科版),2005年第9期。

四川人民的抗日精神,林红,四川档案,2005年第3期。

四川省档案馆馆藏抗战史料介绍,马小彬,四川档案,2005年第5期。

四大国如何看中国抗战,晋咏,招商周刊,2005年第34期。

四联总处与战时西南地区的金融业,王红曼,贵州社会科学,2005年第3期。

宋美龄与抗日战争时期的中美关系述论,刘娟娟,求索,2005年第6期。

宋庆龄对中国抗战的贡献,徐莉君,中国统一战线,2005年第4期。

苏联对华援助实录,董栋,决策与信息,2005年第7期。

他们战斗在国际主义的旗帜下——抗战时期国际援华医疗队纪实,王砚,健康大视野,2005年第10期。

塔城民众在抗日民族救亡中的历史贡献,蔺茂奎,新疆地方志,2005年第3期。

太平洋战事前后国民政府救济难侨的活动,贺金林,华侨华人历史研究,2005年第3期。

太平洋战争时期重庆韩国独立运动团体与苏联的关系,〔韩〕金东吉、廉仁镐,抗日战争研究,2005年第4期。

唐纵日记中的卢作孚解决粮食问题,何蜀,卢作孚研究,2005年第3期。

陶行知与抗日战争,储朝晖,抗日战争研究,2005年第1期。

腾冲一缕剧人魂,张述,上海戏剧,2005年第11期。

田汉抗战戏曲的创新特色与实践精神,曹树钧,艺海,2005年第5期。

通俗文学与抗日,袁进,社会科学,2005年第8期。

桐油贸易与抗战初期美国对华政策的变化,刘玄启,玉林师范学院学报,

2005年第6期。

铜琶铁板胜干戈——抗战时期的楚剧演出,余文祥,戏剧之家,2005年第4期。

团结就是力量——记抗战时期桂林文化城的一次大型联合公演,彭梅玉,广西地方志,2005年第4期。

驼峰空运:为中国抗战输送"血液",马毓福,空军装备,2005年第8期。

汪精卫投敌后蒋介石的策略及其影响,张生,南京邮电学院学报(社科版),2005年第3期。

为纪念抗日战争胜利60周年东京国际集会综述,刘宝辰,抗日战争研究,2005年第3期。

围绕"生命线"的争夺——日寇进犯滇西的缘由,云南教育,2005年第7期。

文化与自由的火种——抗战时期的文化人生活侧面,伍立杨,海燕,2005年第10期。

文山地区的抗战防御和反攻,黄启良,云南史志,2005年第3期。

文艺策略与文化进步——抗战时期中国共产党文艺策略的文化解读,刘忱,中共中央党校学报,2005年第4期。

翁文灏《中国西部经济近期发展备忘录》:英驻华使馆函送英外交部复制件,许茵译,民国档案,2005年第2期。

我国少数民族在抗战中的重要贡献和伟大的爱国主义精神,林祥庚,中共福建省委党校学报,2005年第11期。

我们要"变",要"不断地赶快变",卢作孚,卢作孚研究,2005年第1期。

西部开发的先声:抗战时期西部农业科技之推广,陆和健,中国矿业大学学报(社科版),2005年第3期。

西部抗战文化与西部文化开发——写在抗战胜利60周年,唐正芒,宁夏社会科学,2005年第4期。

西南联大的成功教育给当前创新型人才教育的启示,李慧勤,中国地质教育,2005年第2期。

西南联大的早期文学社团,李光荣,新文学史料,2005年第3期。

现实主义理论的深化与重庆抗战文学,靳明全,重庆社会科学,2005年第6期。

湘黔铁路与湘西社会经济发展,刘长英,怀化学院学报,2005年第1期。

携手共救国难,团结同争民主——抗战胜利前夕中共与民主党派在联合政府运动中的合作,李超,文史杂志,2005年第4期。

新疆抗日民族统一战线的历史性贡献,陈国裕,今日新疆,2005年第11期。

新闻记者与剧作家——试析夏衍抗战时期的话剧创作,陈虹,中国戏剧,2005年第4期。

兴教救国的民族精神——记马松亭大阿訇在桂林的抗日救亡活动,常启明,中国穆斯林,2005年第4期。

学潮与教授:抗战前后政治与学术互动的一个考察,王晴佳,历史研究,2005年第4期。

学界一帜,教师楷模——张汝舟教授的教学与治学生涯,郭仁怀,滁州学院学报,2005年第5期。

血与火的中日空中较量,王万春,中国人民防空,2005年第7期。

血与火铸就的历史警示——走近《重庆大轰炸》半景画和《大隧道惨案》群雕,凌承纬,美术,2005年第8期。

也谈民国时期西藏的历史地位,陈柏萍,青海民族学院学报(社科版),2005年第1期。

也谈与"抗战无关论"的论争,李静,西南民族大学学报(社科版),2005年第9期。

一家民营的救国公司,赵晓铃,卢作孚研究,2005年第3期。

一首深沉而悲怆的歌——艾青诗《雪落在中国的土地上》解读,陶晓跃,师道,2005年第12期。

一种题材,别样风采——中国"抗战题材"电影述评(1932—2005),史博公,当代电影,2005年第5期。

宜昌抢运,中国的敦刻尔克:纪念抗日战争胜利六十周年,王世赏、王卫东,理论月刊,2005年第8期。

以拷问世界的长鞭拷问自我——战时中国文学中的知识者形象,黄万华,内蒙古师范大学学报(哲社版),2005年第3期。

以史为鉴,面向未来:中国佛教界抗日护国活动的启示,学诚,福州党校学报,2005年第4期。

以史为鉴　面向未来——"救亡与发展:抗日战争时期的中国文化"国际学术研讨会综述,胡鹏,江汉大学学报(社科版),2005年第4期。

殷白与抗战文艺,敖忠,重庆社会科学,2005年第10期。

用抗战精神研究抗战文化——桂林文化城研究专家魏华龄先生访谈录,师小玲,广西党史,2005年第3期。

有多少国际友人来华参加抗战,张注洪,四川统一战线,2005年第9期。

云南抗战中的李根源,赵勇,昆明师专学报,2005年第3期。

再论闻一多的"文化国家主义",孙德高,贵州社会科学,2005年第2期。

再论西南联大外文系的文化精神——外文系与中文系,王燕,廊坊师范学院学报,2005年第1期。

再现历史的警示——记《重庆大轰炸·大隧道惨案》青铜群雕,郭选昌,美术,2005年第8期。

在抗战现实与艺术追求之间——夏衍抗战时期的戏剧创作,陈小玲,戏文,2005年第2期。

在历史和现实的交汇点拓展——论阳翰笙的历史剧创作,凌受勋,四川戏剧,2005年第1期。

在民族革命中民生公司所尽的任务,卢作孚研究,2005年第3期。

怎样以现代化的视角解读抗日战争,荣维木,史学月刊,2005年第9期。

战地墨痕——一个女大学生抗战烽火中的求学经历,王德懿,文史博览,2005年第9期。

战国策派的歧路,伍国,书屋,2005年第3期。

战国策派思想述评,王学振,重庆师范大学学报(哲社版),2005年第1期。

战火中升华的新的"中国精神"——抗日战争新论之六,党彦虹,党史文汇,2005年第8期。

战区经济委员会经济抗战述略,任荣,民国档案,2005年第3期。

战时川康烟类专卖与战时财政(1942—1945),黄友良,巴蜀史志,2005年第3期。

战争、文学和个人记忆,吴福辉,河北学刊,2005年第5期。

战争与20世纪中国文学——纪念抗日战争胜利60周年,周晓风,重庆师范大学学报,2005年第4期。

战争与中国抗战文学——"纪念抗日战争胜利60周年暨抗战文学学术研讨会"综述,宋嘉扬,重庆社会科学,2005年第7期。

张笃伦与解放碑,李勇,重庆与世界,2005年第12期。

张恨水抗战作品学术研讨会综述,谢家顺,文学评论,2005年第6期。

张恨水抗战作品研究述评,谢家顺,中国现代文学研究丛刊,2005年第5期。

张君劢与抗战时期的民主宪政运动,郑大华,绥化学院学报,2005年第1期。

张中晓致胡风书信,路莘,新文学史料,2005年第2期。

争取中间势力:记周恩来等中共领导人在重庆与第三党的交往,杨力,重庆社会主义学院学报,2005年第3期。

峥嵘岁月之抗战四大名旦,王楠,电影,2005年第8期。

正义的战争　关键的时期,王桧林,中国党政干部论坛,2005年第8期。

芷江军民抗日防空纪事,蒋国经等,中国人民防空,2005年第2期。

中共广西省工委在抗日战争中的重大贡献,吴忠才,广西地方志,2005年第4期。

中共中央南方局在抗日民族统一战线中的使命与贡献,陈全,重庆社会科学,2005年第9期。

中共驻共产国际代表团与中国抗日战争——以抗日民族统一战线的形成和发展为线索,黄一兵,中共党史研究,2005年第5期。

中国当代抗战口述史学的发展和研究内容,徐国利,学术研究,2005年第6期。

中国的猪鬃与抗战,李琴芳,档案春秋,2005年第8期。

中国第二历史档案馆有关抗战时期四川省档案概述,马振犊,四川档案,

2005年第5期。

中国第一家官办征信机构联合征信所的兴衰,庄志龄,民国档案,2005年第2期。

中国纺织建设公司的民营化与股票发行探析,金志焕,近代史研究,2005年第2期。

中国共产党与抗战时期民主宪政运动,刘辉,沧桑,2005年第5期。

中国抗日战场宏观问题研究综述,叶智美,党史文献,2005年第3期。

中国抗日战争的世界意义,丁家栋,南京政治学院学报,2005年第4期。

中国抗日战争史研究动态,曾景忠,中学历史教学(增刊),2005年。

中国抗日战争为世界作出的重大贡献,王晓东,中国太原市委党校学报,2005年第4期。

中国抗日战争与20世纪国际社会进步,杨春龙,淮阴师范学院学报(哲社版),2005年第6期。

中国抗日战争与美国远东政策的演变,韩永利,武汉大学学报(人文科学版),2005年第4期。

中国抗日战争与世界反法西斯战争,武克全,上海市社会主义学院学报,2005年第4期。

中国抗日战争与世界历史进程,胡德坤,外国军事学术,2005年第9期。

中国抗日战争在世界反法西斯战争中的历史地位,解放军军事科学院人民日报,2005年8月15日。

中国抗战的主要国际通道,宋祖兵,党史纵览,2005年第8期。

中国抗战对世界反法西斯战争的贡献,刘发国,济宁师范专科学校学报,2005年第4期。

中国抗战史料国内图书馆收藏概况,吴敏,上海党史与党建,2005年第7期。

中国抗战与世界反法西斯战争,荣维木,学习月刊,2005年第7期。

中国抗战与世界反法西斯战争的相互支援与互动,汤重南,群言,2005年第7期。

中国抗战在世界反法西斯战争中的地位,刘家富,阜阳师范学院学报(社科版),2005年第5期。

中国美术馆藏抗战时期版画简论,安雪,中国美术馆,2005年第6期。

中国民主党派与抗战胜利,陈抗甫,中国统一战线,2005年第11期。

中国民族解放战争中的重要政治资源:多党合作在抗战时期的萌生及发展,康民,高校理论战线,2005年第9期。

中国人民抗日战争胜利暨世界反法西斯战争胜利60周年全国研讨会综述,李颖,抗日战争研究,2005年第3期。

中国实业界的"敦克尔克大撤退",卢国纪,卢作孚研究,2005年第3期。

中国西部科学院创建的缘起与经过,潘洵,中国科技史杂志,2005年第1期。

中国西部科学院旧址保护与发展构想,侯江,卢作孚研究,2005年第1期。

中国现代戏剧的黄金时代——抗战时期重庆的戏剧运动与创作,王鸣剑,重庆社会科学,2005年第11期。

中华民族认同与全民抗战,宋黎明,华中科技大学学报(社科版),2005年第5期。

中华民族在世界反法西斯战争中的地位与作用,陈达明,广东省社会主义学院学报,2005年第4期。

中华全国文艺界抗敌协会——抗战时期最广泛的统一战线组织,徐志福,文史杂志,2005年第5期。

中美合作开发三峡的构想与实践——以资源委员会与美国垦务局的合作为背景,张维缜,暨南学报(人文科学与社科版),2005年第2期。

中英美三国战略利益与中国军队远征缅甸,季荣臣,党史研究与教学,2005年第5期。

终极回顾抗战中的"驼峰空运"飞越巅峰,马毓福,军事历史,2005年第9期。

周恩来与抗战初期的政治部第三厅,徐行,南开学报(哲社版),2005年第4期。

周恩来在抗战时期的统战工作,马力,黑龙江省社会主义学院学报,2005年第1期。

壮丽的升腾——论艾青30、40年代诗歌中的死亡意识,刘康,重庆职业技术学院学报,2005年第2期。

壮声破敌奴肝胆——试论桂林抗战歌咏运动的特点与历史经验,王小昆,武汉音乐学院学报,2005年第3期。

追忆贵阳大夏歌咏队——纪念抗日战争胜利六十周年之六,冯霞,当代贵州,2005年第18期。

资源委员会与抗战初期东部地区企业内迁,薛毅,武汉大学学报(人文科学版),2005年第5期。

资源委员会与人才培养(上)(下)——关于抗战期间"三一会派"人员赴美实习前后的追踪调查,郑会欣,徐州师范大学学报(哲社版),2005年第1—2期。

自贡盐场的抗战文化活动,黄健,盐业史研究,2005年第3期。

走向民族复兴的重要标志——论抗日战争胜利的历史意义,张海鹏,抗日战争研究,2005年第3期。

2006年

"桂林文化城"戏剧运动与中国现代戏剧传统,李江,南方文坛,2006年第6期。

"七月派"笔下的抗日叙事,闻兵,长春大学学报,2006年第3期。

"握着文化的火炬反抗侵略":简评《中国西部抗战文化史》,郭汉民、张静,党的文献,2006年第1期。

"政党与近现代中国社会"学术讨论会综述,兼士,安徽史学,2006年第5期。

《长江大撤退》若干史实正误,张守广、卢晓蓉,卢作孚研究,2006年第4期。

《大公报》的抗日宣传与舆论谋略,冯国雄,军事记者,2006年第4期。

《大公报》重庆版简论,王学振,重庆师范大学学报(哲社版),2006年第3期。

《黄河》与西北大后方抗战文学,卢洪涛,西北大学学报(哲社版),2006年第6期。

《抗战前后之中英西藏交涉(1935—1947)》评介,郭永虎,中国藏学,2006年第2期。

《屈原》——用戏剧构筑意识形态,高音,文艺理论与批评,2006年第3期。

《沙磁文化》的政治文化研究,陈菊,涪陵师范学院学报,2006年第2期。

《戏剧岗位》:战时文化武器,付海鸿,涪陵师范学院学报,2006年第2期。

《中国抗战与世界反法西斯战争》评介,林利民,世界历史,2006年第5期。

101作战计划与重庆大轰炸,孙仁中,重庆大学学报(社科版),2006年第3期。

10年来华侨支援祖国抗战研究述评,任贵祥,安徽史学,2006年第6期。

1921年—1949年高校党建史研究的几个问题,周良书,北京党史,2006年第6期。

1935—1940年英国对藏政策与中国西藏门、珞、察地区边界危机,张永攀,四川大学学报,2006年第1期。

1937—1945年:中共在高校中的建设,周良书,北京党史,2006年第4期。

1939—1940年知识界关于"宪政与抗战"的讨论及其价值体现,李翠艳,抗日战争研究,2006年第4期。

1941年美日谈判与国民政府的对策,李文娟,北京档案史料,2006年第2期。

1943年中国思想文化领域的一场论战,刘会军,长白学刊,2006年第2期。

1949年以前国共思想理论及其宣传比较研究论纲,胡大牛,探索,2006年第6期。

2005年《中国近代史》论著目录,刘丽,近代史研究,2006年第5期。

2005年郭沫若研究综述,钱晓宇,郭沫若学刊,2006年第4期。

2005年近代经济史研究述评,高超群,中国经济史研究,2006年第2期。

2005年抗日战争史论文目录索引,抗日战争研究,2006年第4期。

2005年现代文学研究述评,段美乔,中国现代文学研究丛刊,2006年第4期。

2005年中国现代经济史研究述评,之恺,中国经济史研究,2006年第2期。

20世纪20至30年代的中德贸易条件及价格变动趋势分析,周建明,中国社会经济史研究,2006年第2期。

20世纪30年代的中德技术贸易,周建民,深圳大学学报,2006年第5期。

20世纪30年代西北边疆地区的农村问题:以《中国的西北角》和《西北考察日记》为中心的考察,杨军民,兰州学刊,2006年第7期。

20世纪40年代川北盐场盐工保险述论,李琼,民国档案,2006年第4期。

20世纪40年代的国统区讽刺文学,陆衡,广西社会科学,2006年第8期。

20世纪40年代蒋介石和国民政府的原子弹之梦,王士平等,中国科技史杂志,2006年第3期。

20世纪40年代女性作家的世俗化审美心态,沐金华,扬州大学学报,2006年第4期。

20世纪40年代在中央研究院和北平研究院流产的原子弹科学研究,李艳平等,自然科学史研究,2006年第3期。

20世纪40年代知识分子小说纵论:中国现代知识分子小说史论之一,王卫平,辽宁师范大学学报,2006年第5期。

20世纪名人大师的成都生活,王锐,青年作家,2006年第7期。

20世纪前半期的中国社会变迁(1900—1949),张玉法,史学月刊,2006年第3期。

20世纪三四十年代西北地区宗教生活的变迁,刘俊凤、李云峰,西北大学学报,2006年第5期。

白崇禧的抗日战略思想初探,徐守勤,哈尔滨学院学报,2006年第4期。

笔枪抗战,壮怀诗心——彭桂萼抗战诗歌集《沧江号角》试说,单汝鹏,临沧教育学院学报,2006年第1期。

笔谈抗日战争与中国现代化进程,袁成毅,抗日战争研究,2006年第3期。

财权与庶政:抗战后期国民政府自治财政的困局(1941—1945),尹红群,云梦学刊,2006年第6期。

超越雅俗　融汇中西:论20世纪40年代新市民小说代表作家的创作经

验,范伯群,西北大学学报,2006年第6期。

陈独秀抗战思想的多维解读,钱和辉,党史纵览,2006年第5期。

陈光甫与中美英平准基金委员会,宋佩玉,社会科学研究,2006年第4期。

陈果夫与侍从室第三处的组建,冯启宏,"国史馆"学术集刊,2006年第10期。

陈立夫与抗战时期的中国教育,张珊珍,抗日战争研究,2006年第3期。

陈铨抗战时期的文学批评,王学振,重庆师范大学学报(哲社版),2006年第5期。

成都社会科学发展概述,林成西,西南交通大学学报(社科版),2006年第3期。

重庆大轰炸涉讼问题的宏观探讨,张正德,重庆社会科学,2006年第11期。

重庆大轰炸调查与研究工作综述(2006.1—6),黄坦,思考与运用,2006年第7期。

重庆大隧道惨案始末,张守广,历史教学问题,2006年第4期。

重庆的崛起与重庆现代文学发展浅论,张耀谋,涪陵师范学院学报,2006年第2期。

重庆抗战教育博物馆的功能优化与市场运营,贾志敏,重庆工商大学学报(西部经济)(增刊),2006年。

重庆抗战文学研究的新开拓——评《重庆抗战文学与外国文化》,周勇,重庆师范大学学报(哲社版),2006年第5期。

重庆早期新兴版画和版画家——抗日战争时期大后方新兴版画运动史研究(一),凌承纬,美术,2006年第11期。

刍议抗日战争时期党的私营工商业政策,唐祯熹,重庆社会主义学院学报,2006年第2期。

川军出川抗战述评,蒲自林,四川理工学院学报(社科版),2006年第3期。

从《上游集》看抗战时期顾颉刚的学术活动及思想,刘俐娜,抗日战争研究,2006年第3期。

从国民会议到国民参政会:职业代表制的持续与变化,柳镛泰,南京大学学报,2006年第3期。

从花溪档案馆所藏之民国档案看抗战时期青岩佛教的六个特点,陈晓毅,贵州文史丛刊,2006年第1期。

从抗日战争精神看中华民族凝聚力,杨建华,陕西社会主义学院学报,2006年第1期。

从抗战诗歌看当代诗歌的精神缺失,杨永贵,铜仁师专学报,2006年第4期。

从民族凝聚力看抗日战争和中华民族觉醒,蔺熙民,陕西社会主义学院学报,2006年第1期。

从圈内到圈外:论抗日战争前后李广田思想的嬗变,秦林芳,思想战线,2006年第5期。

从社会互动论视角看陶行知的生活教育思想,申丽娟,和田师范专科学校学报,2006年第2期。

从审美解读到民族精神的建构——郭沫若对儒家文化的阐释,陈晓春,四川师范大学学报(社科版),2006年第2期。

大中华民族观的展现——论郭沫若抗战史剧的民族观,朱英姿,四川戏剧,2006年第5期。

第二次国共合作与中华民族精神的弘扬,李赫亚,青海社会研究,2006年第1期。

第二次世界大战时期的中印关系及其影响因素,韩枫,南亚研究季刊,2006年第2期。

第二次世界大战中的苏联与中国,〔俄〕弗·斯·米亚斯尼科夫,学习与探索,2006年第1期。

滇缅路上建奇功——南洋华侨机工回国抗战纪实,麦群忠,文史春秋,2006年第11期。

电影、战争、革命、知识分子四重奏——大后方电影发生论,安燕,贵州民族学院学报(哲社版),2006年第1期。

对缅甸东吁抗战文化现象的思考,禹志云,云南师范大学学报(哲社版),2006年第2期。

对张恨水小说的传播学透视,周林妹,学术交流,2006年第4期。

躲警报,是为了保存中国文化——抗战时期文化人的生活侧面,伍立扬,视野,2006年第8期。

二十世纪三四十年代新疆民众团体与新疆戏剧文化的发展,左红卫,新疆艺术学院学报,2006年第3期。

二十世纪四十年代美国西藏政策述评,程早霞,历史教学问题,2006年第3期。

二战期间中德关系破裂原因探析,蔡胜,西南交通大学学报(社科版),2006年第3期。

丰子恺:大众文艺的热心提倡者,徐型,湖州师范学院学报,2006年第4期。

冯玉祥、张公权、何北衡演讲录,卢作孚研究,2006年第4期。

冯玉祥为加强中苏邦交致蒋介石函(1944.10.4),中国第二历史档案馆,民国档案,2006年第2期。

讽刺文学在《文艺阵地》,陆衡,海南师范学院学报(社科版),2006年第1期。

甘以血躯筑长城:中国人民的抗战精神在史学家中的表现,牛润珍、杜学霞,高校理论战线,2006年第1期。

高宗武在蒋介石、汪精卫之间充当的角色问题辨析,孟端星,学术探索,2006年第1期。

关于重庆新闻史研究的几点思考,姚瑾,重庆交通学院学报(社科版),2006年第3期。

关于建立桂林抗战文献资源数据库的思考,郭志高,社会科学家,2006年第1期。

关于抗日战争研究中的几个问题,岳思平,近代中国与文物,2006年第2期。

关于再认识中国抗日战争历史地位应该强调的几个重要观点,戴孝庆,陕西社会主义学院学报,2006年第1期。

关于中国抗日战争口述史研究的几个问题,徐国利,抗日战争研究,2006年第3期。

关注抗战,回顾历史,面对现实——评梁家贵博士著《抗日战争与中国社会史论》,于文善,郧阳师专学报,2006年第1期。

关注抗战文学研究中被忽视的现象——抗战时期西南大后方文学·文化活动研讨会综述,黄葵,中国现代文学研究丛刊,2006年第1期。

官与民:对《中央日报》《大公报》七七社论的文本分析,徐思彦,学术界,2006年第6期。

闺阃救国与人同——中国妇女与抗日战争,乌尼日,广西党史,2006年第11期。

桂林抗战损失程度及调查研究工作的基本估计,唐凌,桂林师专学报,2006年第1期。

桂林抗战文化城文艺期刊与翻译的互动,袁斌业,钦州学院学报,2006年第5期。

郭沫若抗战诗歌及所谱抗战歌曲之历史作用和艺术风格,郭云翔,郭沫若学刊,2006年第2期。

郭沫若抗战时期的五彩人生,税海模,郭沫若学刊,2006年第1期。

郭沫若抗战时期历史剧的情感特征透视,周志艳,沙洋师专学报,2006年第2期。

郭沫若抗战时期历史剧中的诗情诗意,熊金星,怀化学院学报,2006年第9期。

郭沫若抗战史剧奉献的救国策略,陈鉴昌,西华大学学报(哲社版),2006年第5期。

郭沫若在重庆,韩西芹,今日重庆,2006年第10期。

国共两次合作的历史经验及对第三次合作的展望,刘慧,党史文苑,2006年第5期。

国共两党第二次合作蕴含的民族精神,胡水华,党史文苑,2006年第9期。

国立西北大学自汉中迁回西安60周年感言,孙勇,西北大学学报(哲社版),2006年第6期。

国民参政会与战时第一次民主宪政运动,陈雷,贵州社会科学,2006年第2期。

国民政府对陪都外国记者的态度,李重华,浙江师范大学学报(社科版),2006年第2期。

国民政府十年(1939—1949)基层民意机关调查,周玉玲、陆建红,齐齐哈尔大学学报,2006年第2期。

国民政府资源委员会研究述评,薛毅,商丘师范学院学报,2006年第1期。

国难中的乡村事业:抗战时期四川的乡村建设运动——以平教会为中心的考察,李在全,天府新论,2006年第2期。

合作共赢:试论旧政协会议期间的中共与民盟,杜俊华,重庆社会主义学院学报,2006年第4期。

胡厥文抗战时期组织工厂内迁,王子韩,世纪,2006年第2期。

怀念二哥卢作孚,卢子英,卢作孚研究,2006年第1期。

黄炎培与抗日战争,黄敏,经济与社会发展,2006年第7期。

回忆抗战时期的中央卫生实验院,金大勋,营养学报,2006年第2期。

基督教女工夜校的抗战爱国活动,周蕾,世界宗教文化,2006年第3期。

记抗战时期的旧体诗杂志《民族诗坛》,〔日〕岩佐昌暲,重庆师范大学学报(哲社版),2006年第6期。

既为黄金时代,何来右倾之说——抗日大后方戏剧史上一个重大问题,石曼,红岩,2006年第2期。

简论初期国民参政会的性质与作用,辛葆青,焦作师专学报,2006年第3期。

简论抗战时期国民政府惩治腐败的监察工作,范连生,黔东南民族师专学报,2006年第1期。

简论抗战时期国民政府的教育及其成败,胡洋,法制与社会,2006年第21期。

简评抗战时期的四川公路交通,钟平,时代文学(双月版),2006年第6期。

简析抗战时期国民党推行的道德修养,荣晓燕,东岳论丛,2006年第5期。

蒋介石、周恩来与海明威会晤内幕,寒冬,文史月刊,2006年第9期。

蒋介石对方先觉投敌案的裁决,邓野,历史研究,2006年第5期。

蒋介石对孔祥熙谋和活动的阻遏——抗战时期中日关系再研究之二,杨天石,历史研究,2006年第5期。

蒋介石日记三则介绍,曾景忠,近代中国与文物,2006年第2期。

蒋介石为新疆境内中苏经济合作事宜致经济部代电(1944.12—1945.1),夏军,民国档案,2006年第2期。

近代华侨国内参政议政权探讨,张赛群,八桂侨刊,2006年第3期。

近代中国科学救国思潮研究述评,朱华,史学月刊,2006年第3期。

近年来关于抗战时期难民研究的综述,谷秀青,江汉大学学报(人文科学版),2006年第1期。

近十年来资源委员会研究综述,高海萍,历史教学问题,2006年第3期。

救亡图存:近代西北开发思想的价值核心——兼与杨才林同志商榷,杨红伟,西北第二民族学院学报(哲社版),2006年第4期。

抗日民族统一战线的历史启示,安瑞,陕西社会主义学院学报,2006年第1期。

抗日民族统一战线的主要经验及其现实意义,王晓鸣,陕西社会主义学院学报,2006年第1期。

抗日民族统一战线与爱国主义精神,薛山,陕西社会主义学院学报,2006年第1期。

抗日民族统一战线与中共执政资源的获取,张明霞,重庆社会主义学院学报,2006年第1期。

抗日民族统一战线与中华民族的大团结,张志杰,陕西社会主义学院学报,2006年第1期。

抗日战争:八年还是十四年,张振鹍,抗日战争研究,2006年第1期。

抗日战争并非是一次完全胜利的民族解放战争,黄爱军,上饶师范学院学报,2006年第1期。

抗日战争的胜利与中华民族崛起,常家树,理论研究,2006年第1期。

抗日战争对战后中国政治格局的影响,王克峰,探求,2006年第1期。

抗日战争胜利所体现的人文主义精神,姜宏波,沈阳师范大学学报(社科版),2006年第4期。

抗日战争时期重庆新闻事业发展综论,郝明工,重庆师范大学学报(哲社版),2006年第1期。

抗日战争时期的贵州秘密社会,梁家贵,贵州师范大学学报(社科版),2006年第6期。

抗日战争时期的国民参政会,廖继红,陕西社会主义学院学报,2006年第1期。

抗日战争时期国共两党在土地政策上的合作与互动,刘一民,贵州社会科学,2006年第3期。

抗日战争时期国民政府难民移垦政策研究,李爽,吉林师范大学学报(社科版),2006年第3期。

抗日战争时期科技发展的模式转换和道路分野,刘宝东,唐都学刊,2006年第1期。

抗日战争时期民族团结意识探析,郜世奇,世纪桥,2006年第2期。

抗日战争时期宪政运动若干问题的再研究,闻黎明,近代史研究,2006年第5期。

抗日战争时期中国西北地区工业化思想述论,杨红伟,史学月刊,2006年第1期。

抗日战争时期中国西北工业合作运动述论,张哲,延安大学学报,2006年第2期。

抗日战争时期中华民族精神论析,郜世奇,辽宁教育行政学院学报,2006年第7期。

抗日战争时期中间势力宪政思想与孙中山五权宪法思想之比较,蒋国海,西华大学学报(哲社版),2006年第4期。

抗日战争时期中美经济关系研究述评,杨雨青,历史研究,2006年第3期。

抗日战争时新闻评论的大众化特色,徐新平、黄爱,湖南大学学报,2006年第3期。

抗日战争是中华民族的历史丰碑,胡和勤,西北师大学报,2006年第3期。

抗日战争有关问题的再认识,郭秀芬,邯郸学院学报,2006年第1期。

抗日战争与中国国家民族的双重统一,赵惠民,山东行政学院学报,2006年第12期。

抗日战争与中华民族凝聚力,史玉萍,邯郸学院学报,2006年第1期。

抗日战争在世界反法西斯战争中的作用,唐海玲,无锡商业职业技术学院学报,2006年第3期。

抗日战争中的漫画宣传运动,刘椿,学术研究,2006年第4期。

抗日战争中的中华民族精神,于媛媛,理论界,2006年第3期。

抗日战争中美国对华政策,王和杰,池州师专学报,2006年第2期。

抗战:郭沫若的不归路,蔡震,涪陵师范学院学报,2006年第3期。

抗战:中国文化的资源与重庆文化的资源,李怡,涪陵师范学院学报,2006年第2期。

抗战"时评"的特点与局限性析,苑银和,首都师范大学学报(社科版),2006年第6期。

抗战爆发与文学观的变移,朱丕智,重庆师范大学学报,2006年第4期。

抗战初期川东南农家生活消费述评,汪辉秀,四川文理学院学报,2006年第1期。

抗战初期的陕西省各界抗敌后援会事略,阎朦,西安文理学院学报(社科版),2006年第6期。

抗战初期广西省临时参议会述评,詹朝东,社会科学家(增刊),2006年。

抗战歌曲歌词:开拓为时代所用新品种、新体式的歌词——歌词形态浅析之六,苗菁,词刊,2006年第8期。

抗战歌曲及其对八年抗战之影响,苗向阳,广州社会主义学院学报,2006年第1期。

抗战后期的通货膨胀与大后方知识分子的转变——以大后方的教授学者群体为论述中心,严海建,重庆社会科学,2006年第8期。

抗战名剧《蜕变》风波,曹树钧,红岩春秋,2006年第2期。

抗战内迁大移民,张瑾,红岩春秋,2006年第3期。

抗战陪都电影市场的好莱坞景观,余纪,电影艺术,2006年第5期。

抗战期间八路军贵阳交通站,龚大明,贵阳文史,2006年第2期。

抗战期间的档案工作——以国民政府交通部为中心,廖建夏,民国档案,2006年第1期。

抗战期间的一种非理性爱国主义——论"战国策"派的战争观,周若清,湖南农业大学学报(社科版),2006年第4期。

抗战期间的疫病救治述论,张海梅,历史档案,2006年第2期。

抗战期间妇女动员的历史考察,王国红,广西社会科学,2006年第12期。

抗战期间国民参政会中女参政员群体的考察,郭昭昭,安徽大学学报(哲社版),2006年第6期。

抗战期间蒋介石一度兼理川政,曾景忠,炎黄春秋,2006年第9期。

抗战期间美国医学界对中国的关注——以《美国医学会杂志》为例,史如松,中国科技史杂志,2006年第3期。

抗战期间中国共产党关于中国民主宪政的思考及斗争策略,刘秋阳,党史文苑(学术版),2006年第6期。

抗战期间中国政府对苏易货偿债相关史料(1939.2—1945.6),李琴芳,民国档案,2006年第2期。

抗战前和抗战时期国民政府对西北的开发建设,阚玉香,法制与社会,2006年第17期。

抗战前后:民族意识的强化与返本开新的困顿——中华民族精神的现代转型研究之四,黄岭峻,吉首大学学报(社科版),2006年第1期。

抗战前期国统区的南方外贸运输线,张晓辉,民国档案,2006年第4期。

抗战前期美国外交官对华政策的分歧,王纲领,社会科学研究,2006年第5期。

抗战胜利前后中国共产党与民主党派开展多党合作的历史经验探析,孙金伟,探索,2006年第5期。

抗战时国民政府与前苏联关系中的三件大事,金伯雄,纵横,2006年第11期。

抗战时期《新疆日报》的传播活动,米尔孜古丽·胡达拜尔迪,当代传播,

2006年第4期。

抗战时期成都的"伤兵之友"运动,苟兴朝,文史杂志,2006年第3期。

抗战时期大后方的农业改良,郑起东,古今农业,2006年第1期。

抗战时期大后方期刊介绍(续),马勇、刘丽,近代史资料(总第112号),2006年。

抗战时期党的政治制度建设的实践与启示,邵宁、白莹,党史文苑,2006年第7期。

抗战时期的"中国化"思潮与马克思主义中国化,张立慧,郑州大学学报(哲社版),2006年第6期。

抗战时期的爱国主义现代嬗变与实践表达,高巍翔,云南社会科学,2006年第1期。

抗战时期的北碚全国度量衡局,张烈文,中国计量,2006年第8期。

抗战时期的陈独秀,张丽璇,广州大学学报(社科版),2006年第5期。

抗战时期的贵阳市政建设,吴光俊,黔东南民族师专学报,2006年第5期。

抗战时期的贵州文化与文学,朱伟华,中国现代文学研究丛刊,2006年第3期。

抗战时期的桂林:难民悲惨命运的见证及承载者,唐凌,玉林师范学院学报,2006年第1期。

抗战时期的国民参政会——兼论抗日民族统一战线中各派政治力量的关系,周勇,光明日报,2006年1月24日。

抗战时期的农民节——以四川为例,石攀峰,和田师专学报,2006年第5期。

抗战时期的侨务政策与华侨的历史作用,武菁,安徽大学学报(哲社版),2006年第1期。

抗战时期的四川精神,朱丹彤,西南交通大学学报(社科版),2006年第6期。

抗战时期的新疆省中央运输委员会,李嘉谷,北京档案史料,2006年第1期。

抗战时期的疫病救治述论,张海梅,历史档案,2006年第2期。

抗战时期的中国蚕桑研究所,王福海,中国蚕业,2006年第2期。

抗战时期的中国科学社,范铁权,西南交通大学学报(社科版),2006年第

6期。

抗战时期鄂西地区手工业的兴衰,徐凯希,江汉论坛,2006年第10期。

抗战时期发生在陪都重庆的两大惨案揭秘,徐志福,文史杂志,2006年第3期。

抗战时期妇女动员的历史考察,王国红,广西社会科学,2006年第12期。

抗战时期妇女与宪政关系思想论析,关静杰,理论观察,2006年第3期。

抗战时期高校内迁对西南地区现代化的影响,张成洁,贵州社会科学,2006年第3期。

抗战时期广西蔗糖业损失初探,莫长胜,广西教育学院学报,2006年第2期。

抗战时期贵阳工业资本的特征及成因——兼论商业资本畸形扩张的危害,黄沛骊,贵州师范大学学报(社科版),2006年第4期。

抗战时期贵州文化与五四新文化的历史性相遇——在西南大后方文学活动与文化建设学术讨论会上的发言,钱理群,贵州师范大学学报(社科版),2006年第2期。

抗战时期国共关系与《新华日报》中的工农女性形象,方红姣,求索,2006年第8期。

抗战时期国共两党外交政策之共性,高鸣,江苏社会科学,2006年第2期。

抗战时期国民参政会对东北问题的关注:以关于东北问题的提案为中心,黄利新,辽宁大学学报,2006年第4期。

抗战时期国民参政会中女参议员群体的考察,郭昭昭,安徽大学学报,2006年第6期。

抗战时期国民党的党员监察网,李强,西南师范大学学报,2006年第2期。

抗战时期国民党对日政策的变化及其原因,徐德莉,南华大学学报(社科版),2006年第1期。

抗战时期国民党军队的风纪问题——读国民政府军事执法要员何成浚的日记,李重华,长白学刊,2006年第4期。

抗战时期国民党宪政建设评析,李先伦,长江论坛,2006年第3期。

抗战时期国民党中统特务的对英合作,马振犊、邱锦,抗日战争研究,

2006年第3期。

抗战时期国民政府的儿童福利政策述评,董根明,抗日战争研究,2006年第4期。

抗战时期国民政府的军人社会保障,任同芹,许昌学院学报,2006年第3期。

抗战时期国民政府缉私署述论,孙宝根,学术界,2006年第6期。

抗战时期国内公众舆论与国民党对日政策,王强,社会科学战线,2006年第6期。

抗战时期国内学者对红河流域的调查研究,杨绍军,红河学院学报,2006年第3期。

抗战时期国统区的农产品对外贸易研究,樊瑛华,人文杂志,2006年第3期。

抗战时期国统区高等教育发展述论,余晓峰,攀枝花学院学报,2006年第4期。

抗战时期国统区中等教育发展述论,余晓峰,电子科技大学学报(社科版),2006年第3期。

抗战时期海外的"伤兵之友"运动,苟兴朝,西南交通大学学报(社科版),2006年第2期。

抗战时期胡适对中日现代化进程的历史反思,陆发春,抗日战争研究,2006年第3期。

抗战时期湖南的乡村建设运动——以平教会为中心,李在全,湖南师范大学教育科学学报,2006年第2期。

抗战时期基督教在华西的文字事工,陈建明,四川大学学报(哲社版),2006年第3期。

抗战时期李伯球两广活动片断,蒙少宁,前进论坛,2006年第8期。

抗战时期美国飞虎队在桂活动大事记,唐凌,广西地方志,2006年第4期。

抗战时期美国援华及美中合作之研究20年述评,赵文亮,湖南文理学院学报(社科版),2006年第4期。

抗战时期民主党派与国共两党的关系变化内因探析,宋春华,科技信息,2006年第12期。

抗战时期民主宪政运动中的党派合作,陈源泉,陕西社会主义学院学报,2006年第1期。

抗战时期怒江战争的若干思考,魏宏运,历史教学问题,2006年第3期。

抗战时期陪都新闻教育钩沉,赵中颉,西南政法大学学报,2006年第2期。

抗战时期钱穆的文化复兴思想及评价,郑大华,齐鲁学刊,2006年第2期。

抗战时期人口流迁状况研究,张根福,中国人口科学,2006年第6期。

抗战时期人口内迁与广西的教育和文化,唐仁郭,广西师范大学学报(哲社版),2006年第2期。

抗战时期日军对中国的货币战,王永进,柳州师专学报,2006年第4期。

抗战时期日军入侵广西对农业造成的破坏,唐凌,广西师范大学学报(哲社版),2006年第2期。

抗战时期入陕移民群体的人口学分析,李丽霞,西北人口,2006年第3期。

抗战时期陕西民营工业起落的原因及其历史启示,曹敏,西安工程科技学院学报,2006年第4期。

抗战时期陕西文化艺术界爱国人士的贡献,张应超,陕西社会主义学院学报,2006年第1期。

抗战时期上海文化人在新疆,赵彦恒,历史教学问题,2006年第4期。

抗战时期社会服务述略,姜春燕,山东省农业管理干部学院学报,2006年第3期。

抗战时期四川公路建设述论,余晓峰,乐山师范学院学报,2006年第9期。

抗战时期四川社会教育发展成效不大原因初探,后开亮,天府新论(增刊),2006年。

抗战时期四川省农业改进所对川省粮食作物之改良述略,李俊,天府新论(增刊),2006年。

抗战时期四川省职业教育的发展,王嫒,成都大学学报(社科版),2006年第1期。

抗战时期文化内迁与三峡地区社会发展,黎见春,重庆教育学院学报,2006年第2期。

抗战时期我党对美外交实践及其启示,李邦松,党史文苑,2006年第3期。

抗战时期我国的图书及图书馆事业,冯志,四川图书馆学报,2006年第2期。

抗战时期西北地区新闻报刊事业发展述论,韩凤玲,理论导刊,2006年第1期。

抗战时期西北工业合作运动述论,张哲,延安大学学报(社科版),2006年第2期。

抗战时期西部农村金融业发展述评,周春英,中南财经政法大学学报,2006年第1期。

抗战时期西部农业发展略论,周春英,济南大学学报(社科版),2006年第2期。

抗战时期西南大后方科技发展的特殊篇章,唐正芒,广州大学学报(社科版),2006年第5期。

抗战时期西南大后方职业教育快速发展之原因初探,吴文华,中国职业技术教育,2006年第5期。

抗战时期宪政运动研究述评,李先伦,西安文理学院学报(社科版),2006年第2期。

抗战时期宪政运动与第三种力量——读闻黎明《第三种力量与抗战时期的中国政治》,严泉,书屋,2006年第10期。

抗战时期新疆库车县县长共产党人林基路,谢贵平,塔里木大学学报,2006年第2期。

抗战时期新闻评论的大众化特色,徐新平,湖南大学学报(社科版),2006年第3期。

抗战时期在四川的《田家半月报》,王京强,宗教学研究,2006年第4期。

抗战时期知识界对中国现代化的探讨,游国斌,温州大学学报,2006年第4期。

抗战时期中共对三民主义的论说与社会心理的内在关联,黄志高,安徽教育学院学报,2006年第1期。

抗战时期中共与新疆实力派建立的抗日民族统一战线之特点,艾那吐拉·哈力克,湖北省社会主义学院学报,2006年第4期。

抗战时期中国共产党的国际交往活动新模式,莫志斌,江西师范大学学报(哲社版),2006年第1期。

抗战时期中国共产党关于中国民主宪政的思考及斗争策略,刘秋阳,党史文苑,2006年第3期。

抗战时期中国国民党内外政策调整的主观因素分析,冀霁,长春理工大学学报(综合版),2006年第3期。

抗战时期中国国民党中央的人事结构域派系变动,〔日〕土田哲夫,民国研究(总第10辑),2006年。

抗战时期中国科学技术的一次盛会——中国工程师学会第12届年会在桂林,唐凌,华南理工大学学报(社科版),2006年第5期。

抗战时期中国特矿运输研究,李建国,南京社会科学,2006年第2期。

抗战时期中国图书事业的损失,秦洪芳,科技情报开发与经济,2006年第13期。

抗战时期中国文化精英的生活状况及其报国途径——以迁滇文化精英为分析案例,何斯民,学术探索,2006年第6期。

抗战时期中国政党关系的演变与国家发展道路的抉择,王树林,首都师范大学学报(社科版),2006年第3期。

抗战时期中国驻印军的教育训练(1943—1945),杨晨光,中华军史学会会刊,2006年第11期。

抗战时期中间力量发挥的作用及启示,陈洪金,陕西社会主义学院学报,2006年第1期。

抗战时期中间势力宪政思想与孙中山五权宪法思想比较,蒋国海,重庆大学学报(社科版),2006年第3期。

抗战时期资源委员会电厂迅速发展原因探析,刘文丰,湖北职业技术学院学报,2006年第1期。

抗战时期左翼诗人群的诗体探索,刘静,重庆工商大学学报(社科版),2006年第5期。

抗战文学对正面战场问题的表现——抗战文学与正面战场研究,秦弓,陕西师范大学学报(哲社版),2006年第2期。

抗战文学中"救亡压倒启蒙"之再认识——以"桂林文化城"小说为例,雷锐,南方文坛,2006年第6期。

抗战文学中的重庆主题,李蕾,涪陵师范学院学报,2006年第2期。

抗战文艺艺术形象的塑造与民族凝聚力,陈晨,陕西社会主义学院学报,2006年第1期。

抗战相持阶段南方局对国民党上层的统战工作,肖红,重庆社会主义学院学报,2006年第4期。

抗战中的第一届戏剧节,张海山,文史杂志,2006年第2期。

抗战中推进民主:青年党与抗战时期的民主宪政运动,陈正茂,传记文学,2006年第4期。

孔祥熙的战时财政理论和战时财政政策,蔡志新,历史档案,2006年第1期。

孔祥熙在国民党五届五中全会上的财政报告(1939.1),喻春生,民国档案,2006年第1期。

苦难土地的深情吟唱——艾青的诗《我爱这土地》细读,姚家育,社科纵横,2006年第5期。

老舍的文化理想与《大地龙蛇》,吴小美,中国现代文学研究丛刊,2006年第4期。

老舍与重庆,魏洪丘,涪陵师范学院学报,2006年第5期。

李根源对云南教育的五大贡献,杨志稳,云南电大学报,2006年第1期。

历史地理学视野下的中国近代社会史研究,吴玉岐,学术月刊,2006年第3期。

历史在这里凝固——论张恨水小说中抗日军人形象的崇高美,燕世超,湖北师范学院学报(哲社版),2006年第2期。

历史主题的不同审美视点——以抗战美术为例谈当下重大历史题材创作的审美转换,尚辉,中国美术馆,2006年第9期。

联共还是容共,秦立海,党的文献,2006年第2期。

另类社会空间:中国边疆移民社会主要特征性透视(1644—1949),张世明、龚胜泉,中国边疆史地研究,2006年第1期。

刘鸿生与抗战时期后方火柴专卖事业,张守广,宁波职业技术学院学报,2006年第6期。

卢作孚北碚模式与20世纪二三十年代重庆城市变迁,张瑾,卢作孚研究,2006年第1期。

卢作孚先生关于人的训练思想在民生公司的实践,杨睿,卢作孚研究,2006年第3期。

论"抗战文学"的特点,何休,重庆三峡学院学报,2006年第2期。

论1940年中国文坛的纪德热与知识分子的精神境遇,段美乔,徐州师范大学学报,2006年第3期。

论1941年美国总统特使居里访华的起因和由来,周乾,抗日战争研究,2006年第1期。

论1941年中国政府及舆论对美日谈判的反应,周乾,安徽大学学报,2006年第3期。

论20世纪40年代小说理论的"典型化",李丽,殷都学刊,2006年第1期。

论20世纪40年代中国自由主义知识分子的苦闷与恐慌:对中国现代自由主义知识分子政治抉择的再认识,林建华,学习与探索,2006年第3期。

论边地诗人彭桂萼的抗战诗歌,杨宝康,云南民族大学学报(哲社版),2006年第3期。

论川滇桂回胞在抗战中的救亡活动,周正龙,宜宾学院学报,2006年第1期。

论大后方文学叙事的两面性,李文平,文学评论,2006年第5期。

论国共合作的利益基础,向婷,重庆社会主义学院学报,2006年第2期。

论国共两次合作与分裂的外在原因,杨汉强,党史文苑,2006年第9期。

论国民政府关于农业金融制度建设的四种模式,陈霖、韩丽娟,中国经济史研究,2006年第4期。

论国民政府时期甘宁青的边疆教育,刘兰妮,兰州大学学报,2006年第3期。

论国民政府时期关于农业金融制度建设的四种模式,程霖,中国经济史研究,2006年第4期。

论国统区与解放区的两种话剧模式,宋林生,艺术百家,2006年第3期。

论蒋介石持久抗战思想,郑红岩,绥化学院学报,2006年第4期。

论抗日救亡思潮在广西传播的基本主张,蒋勇军,玉林师范学院学报,2006年第2期。

论抗日战争的时代特征及其现实意义,卢筦刚,毛泽东思想研究,2006年第1期。

论抗日战争时期中国共产党的社会动员方法,刘颖,兰州学刊,2006年第4期。

论抗日战争胜利的决定力量,田伯优,河北师大学报(哲社版),2006年第4期。

论抗日战争时期民族意识的空前觉醒,刘新华,湖北社会科学,2006年第4期。

论抗战后期国民政府的侨教救济运动,张赛群,江苏社会科学(增刊),2006年。

论抗战后期联合政府运动中的民主党派,白莉莉,世纪桥,2006年第2期。

论抗战期间文化内迁与贵州社会的迁变,张永民,贵州教育学院学报,2006年第6期。

论抗战期间藏川滇少数民族上层的救亡捐助活动,周正龙,乐山师范学院学报,2006年第1期。

论抗战胜利前后国统区的民主政治思潮,季荣臣,郑州大学学报(哲社版),2006年第4期。

论抗战胜利在民族复兴中的地位和作用,韩梅,理论界,2006年第10期。

论抗战诗作马君玠的《北望集》,魏洪丘,重庆三峡学院学报,2006年第5期。

论抗战时期的街头诗和朗诵诗运动,季臻,理论学刊,2006年第9期。

论抗战时期甘肃种植业发展的必要及绩效,喻泽文,兰州石化职业技术学院学报,2006年第4期。

论抗战时期高校内迁对贵州的影响,田筠,黔东南民族师专学报,2006年第2期。

论抗战时期国共合作的思想基础,牧超,重庆交通学院学报(社科版),2006年第2期。

论抗战时期国民党的党员监察网,李强,西南大学学报(社科版),2006年第2期。

论抗战时期国民政府与云南地方政府的金融博弈,唐云锋,云南财贸学院学报(社科版),2006年第1期。

论抗战时期海外华侨的抵制日货运动,张学强,求索,2006年第9期。

论抗战时期中国共产党对地方实力派的统战工作,赵兴银,沧桑,2006年第1期。

论抗战时期中间势力的参政轨迹,李先伦,重庆社会主义学院学报,2006年第3期。

论抗战文化及其对中国社会之影响,韦庆儿,桂海论丛,2006年第1期。

论老舍在文协中的领导地位之建立,段从学,中国现代文学研究丛刊,2006年第4期。

论刘鸿生的同业合并思想及其实践,江满情,安徽史学,2006年第3期。

论民国时期民族经济融合的政府力量:对广西边疆稳定基本构成要素的新认识,唐凌,中国边疆史地研究,2006年第2期。

论南京国民政府财政体系的历史演变,叶凤刚,内蒙古农业大学学报(社科版),2006年第3期。

论彭桂萼与郭沫若臧克家等人的交往,杨宝康,曲靖师范学院学报,2006年第1期。

论全面抗战时期海外华侨的抵制日货运动,张学强,求索,2006年第9期。

论日军对桂林的轰炸,唐凌,百色学院学报,2006年第4期。

论陶行知的民主政治思想——纪念陶行知诞辰115周年暨逝世60周年,涂雪峰,前沿,2006年第8期。

论团结抗日政策的历史作用,周锡银,青海民族研究,2006年第1期。

论西方大国对国民政府币制改革的反响及其成因,李家智,西华师范大学学报,2006年第3期。

论西南回民在抗日宣传中的贡献,周正龙,四川理工学院学报(社科版),2006年第6期。

论中国共产党与国民精神总动员运动,周韬,湖南师范大学社会科学学报,2006年第6期。

略论1930—1940年代中国现代小说观念,冒建华,郑州大学学报,2006年第3期。

略论1941年国民政府国家财政系统改制,尹红群,中国社会经济史研究,2006年第2期。

略论抗日战争时期华侨的航空救国运动,张永汀,辽宁行政学院学报,2006年第3期。

略论抗战后期重庆长篇小说的史诗性,郝明工,重庆社会科学,2006年第11期。

略论抗战后期的知识青年从军运动,侯德础,民国档案,2006年第2期。

略论抗战时期郭沫若历史剧中民族精神的重建,何瑶,重庆社会工作职业学院学报,2006年第2期。

略论抗战时期内迁及其对西部地区的影响,宫炳成,社会科学辑刊,2006年第2期。

略论抗战时期四川兵力动员,汤梓军,人文杂志,2006年第1期。

略论吕思勉的民族主义史学思想——以抗战时期为中心,田亮,同济大学学报(社科版),2006年第6期。

略论南京国民政府时期甘宁青社会变迁之特点,戴巍,开发研究,2006年第1期。

民国"开发西北"中一次未竣的移民计划:1942年至1944年的新疆移民,阎东凯、张莉,民国档案,2006年第3期。

民国年间(1912—1949)汉藏佛教文化交流:内地僧人赴藏求法,索南才让,西藏研究,2006年第4期。

民国时期的国学教育及价值解读,熊贤君,民国档案,2006年第1期。

民间立场：文学话语霸权的解构——论抗战文学的大众化诉求，王小平，天府新论，2006年第3期。

民生实业公司概况（1938），卢作孚研究，2006年第3期。

民生实业股份有限公司章程（1944年），卢作孚研究，2006年第4期。

民团体制与抗战时期广西的军事动员，刘文俊，学术论坛，2006年第9期。

民主党派对抗日战争胜利的贡献，王小鸿，陕西社会主义学院学报，2006年第1期。

民主党派发祥在重庆及成因探析，曹蓉，陕西社会主义学院学报，2006年第1期。

民主改革与抗日胜利的相互关系及其启示，欧阳奇，福建党史月刊，2006年第8期。

民主革命时期施复亮政治思想述论，宋亚文，徐州师范大学学报（哲社版），2006年第2期。

民族精神光耀千秋——论中国抗战文学对中华民族凝聚力的推动，温朝霞，广东青年干部学院学报，2006年第2期。

民族危难时刻的集体记忆——漫谈抗战文学，季红真，南方文坛，2006年第2期。

欧洲变局与国民政府的因应——试析二战爆发前后的中国外交（英文），王建朗，中国社会科学（英文版），2006年第2期。

陪都重庆文化与文学的战时性论略，郝明工，重庆三峡学院学报，2006年第5期。

浅谈抗战中国民党的金融政策得失，马睿宏，山西财经大学学报（高等教育版）（增刊），2006年。

浅析1924—1949年中国国民党意识形态层面的劣势，严海建，民国档案，2006年第2期。

浅析广西抗日救亡宣传活动的基本特点，盛争波，陇东学院学报（社科版），2006年第3期。

浅析抗战时期唐现之在广西的办学思想，宋永忠，广西地方志，2006年第

6期。

浅议抗日战争时期广西土产的损失,刘方富,张家口职业技术学院学报,2006年第3期。

全国禁烟密查总报告(1940.9第二期),陈晓敏,民国档案,2006年第1—3期。

萨凡奇与中美合作开发三峡——以萨凡奇与资源委员会的交往为中心,张维缜,贵州社会科学,2006年第3期。

三民主义与抗战时期的国共两党,周凤,唐山师范学院学报,2006年第6期。

沙汀与重庆抗战文学中客观主义倾向问题,郭屈,涪陵师范学院学报,2006年第2期。

商人团体与抗战时期国统区的经济体制,魏文亭,中国经济史研究,2006年第1期。

邵力子与第二次国共合作,陈国庆,广西师范大学学报(哲社版),2006年第2期。

史迪威事件与战时中美英三角关系,顾莹惠,苏州大学学报,2006年第1期。

史迪威与缅甸战场之一,杜云峰,贵阳文史,2006年第1期。

世界反法西斯战争暨中国抗日战争胜利60周年研讨会综述,简妮,世界历史,2006年第1期。

试论回族妇女的抗日活动,李安辉,黑龙江民族丛刊,2006年第1期。

试论近代西藏昌都地区的外来移民(1840—1960年),王川,思想战线,2006年第5期。

试论抗日时期桂林教育的短暂兴盛、特点及产生原因,黄明光,社会科学家,2006年第1期。

试论抗日战争对民族心态的影响,游国斌,漳州师院学报(哲社版),2006年第4期。

试论抗日战争对西北地区灾荒之影响,温艳,甘肃社会科学,2006年第2期。

试论抗日战争时期国民政府的限价政策,赵莉莎,唐山师范学院学报,

2006年第1期。

试论抗日战争时期民族精神的几个新特征,葛洪骏,社科纵横,2006年第3期。

试论抗日战争时期中国的废约外交,马芸芸,中华文化论坛,2006年第3期。

试论抗战时期的广西农贷,侯宣杰,古今农业,2006年第3期。

试论抗战时期国民党军队的兵员征补,仲华,南京政治学院学报,2006年第3期。

试论抗战时期中国西部工业之进步,叶春红,民国档案,2006年第3期。

试论民国时期卢作孚在北碚的卫生建设对乡村现代化的意义,龙海,卢作孚研究,2006年第1期。

试论民主党派在抗日战争中的作用和贡献,何虹,陕西社会主义学院学报,2006年第1期。

试论陪都重庆的文化建构两维度,郝明工,重庆师范大学学报(哲社版),2006年第3期。

试论四川工合运动在抗战中的作用,孙志爽,唐山师范学院学报,2006年第4期。

试论皖南事变对国共合作产生的冲击,王哲,重庆社会主义学院学报,2006年第2期。

试论新民主主义宪政的人权意蕴,石培玲,宁夏社会科学,2006年第6期。

试析回族妇女的抗日活动,李安辉,黑龙江民族丛刊,2006年第1期。

收藏"陪都档案"的重庆市档案馆,唐润明,档案春秋,2006年第12期。

四联总处与战时西南地区的通货膨胀,王红曼,中国社会经济史研究,2006年第4期。

宋子文与陈嘉庚为在新、马募集救国捐款事往来电函(1937年12月—1939年7月),中国第二历史档案馆,民国档案,2006年第3期。

宋子文与战时中国国际学术研讨会综述,万立明,民国档案,2006年第3期。

宋子文与战时中国研究——"宋子文与战时中国:1937—1945"国际学术会议综述,李强,社会科学,2006年第9期。

宋子文与中国国防供应公司,杨雨清,抗日战争研究,2006年第4期。

孙科与抗日战争,肖际唐,广东社会科学,2006年第5期。

他山之石,可以攻玉——论抗战时期西方戏剧在中国,谭雪凌,安徽文学(下半月),2006年第11期。

太平洋战事发生后国统区金融经济变动情形,唐润明,民国档案,2006年第4期。

太平洋战争爆发后国民政府对英外交政策的调整,王立新,北华大学学报(社科版),2006年第2期。

太平洋战争爆发前中德军事和经贸合作关系的若干史事述评,吴景平,民国档案,2006年第4期。

探究抗战时期旧体诗词曲的"沉郁",陈忻,重庆社会科学,2006年第1期。

体验·关怀·直接的时代感——由1937—1945年电影的现实表现看中国电影现实主义传统的文化趋向,丁亚平,当代电影,2006年第5期。

同根而生的两支奇葩——浅谈南方局领导下的重庆抗战文学与圣地延安的关系,刘莺,重庆社会科学,2006年第2期。

统制经济与国营贸易:太平洋战争爆发后复兴商业公司的经营活动,郑会欣,近代史研究,2006年第2期。

外间人士游览北碚观感一束,卢作孚研究,2006年第2期。

外债与抗日战争的胜利,金普森,抗日战争研究,2006年第1期。

王世杰关于改进中苏关系意见签呈(1944.7.10),周宁,民国档案,2006年第2期。

王统照抗战时期诗歌创作述评,余世静,重庆社会科学,2006年第1期。

威权主义政治下政党话语的双重性分析——以抗战时期的国共两党为例,王建华,江苏社会科学,2006年第2期。

伟大的四川抗战,郑光路,四川党的建设(城市版),2006年第11期。

未来的民生公司(1938),卢作孚研究,2006年第4期。

文化产业的又一资源宝库——《抗战遗踪——广西抗战文化遗产图集》评介,曾祁,沿海企业与科技,2006年第12期。

文化抗战:战时中国的高等教育,张生,河南教育(高校版),2006年第1期。

文化空间的形成与知识分子的互动——以战时北碚的文化生态为考察中心,王本朝,红岩,2006年第1期。

文化视阈中的抗战时期桂林文化城,李江,广西师范大学学报(哲社版),2006年第4期。

吴鼎昌与贵州抗战,刘学洙,当代贵州,2006年第13期。

吴鼎昌与抗战时期的贵州禁政(1938—1944年),莫子刚,抗日战争研究,2006年第4期。

吴忠信与古德赴藏:1940年中国与英国在西藏问题上的角逐,张永攀,社会科学研究,2006年第1期。

西藏地方政府阻挠修筑康印公路与抗战期间的中英关系,蒋耘,中国藏学,2006年第1期。

西南大后方抗战文学研究的一次盛会——记"抗战时期西南大后方文学·文化活动研讨会",朱伟华,贵州师范大学学报(社科版),2006年第2期。

西南联大的后期文学社团,李光荣,新文学史料,2006年第1期。

西南联大的教育奇观,贺祥麟,决策与信息,2006年第9期。

西南联大的转系VS今日教育自由精神的式微,吴武洲,粤海风,2006年第6期。

西南联大研究述评,王喜旺,中国文化月刊,2006年第8期。

小说家张恨水在抗战中,陈岚山,纵横,2006年第2期。

谢六逸抗战时期的文化活动,康文,中国现代文学研究丛刊,2006年第3期。

心诚则灵:三论中国学者的中国气派——冯友兰先生在西南联大校务活动考略,雷希,甘肃社会科学,2006年第2期。

新桂系十年建设与现代桂林的草创,唐凌,百色学院学报,2006年第2期。

新时期重庆文学理论与批评概说,朱丕智,涪陵师范学院学报,2006年第6期。

行政三联之考察,陈雷、汪增相,历史档案,2006年第4期。

徐柏园在四联总处中的经济金融思想与实践,王红曼,贵州大学学报,

2006年第5期。

学术中心与边缘互动中的典范融会:四川大学历史学科的发展(1924—1949),王东杰,四川大学学报,2006年第4期。

训政前期中国国民党地方党政体制剖析,田湘波,上饶师范学院学报,2006年第1期。

研究桂林文化城的报刊与报人,商娜红,传媒观察,2006年第2期。

要解决当前的问题(1938.1.17),卢作孚,卢作孚研究,2006年第1期。

也谈抗战胜利的伟大历史意义,朱明,社科纵横,2006年第5期。

一部开创性的云南抗日战争史研究著作——《云南抗日战争史》评介,袁国友,学术探索,2006年第6期。

一部研究抗战时期四川及周边地区情况的力作,段丽,文史杂志,2006年第1期。

一部研究中美关系的潜心之作:读《中美关系史(1911—1949)》,耿瑞涛,河南师范大学学报(教育科学版),2006年第2期。

以史为鉴,面向未来:抗日战争留给我们的深刻启示,黄敬才,山东教育学院学报,2006年第3期。

殷鉴不远:抗战时期国民政府的腐败惩治,赵春华,沧桑,2006年第4期。

云南抗战与知识分子,李慧,云南师范大学学报(哲社版),2006年第1期。

再论民主党派在抗日战争中的作用及特点,宋连胜,社会科学战线,2006年第2期。

在创新中前进:谈抗日战争时期党的建设,罗平,东南烽火,2006年第3期。

在自由与公道之间:1940年自由知识分子的社会民主主义思潮,陈永忠,社会科学战线,2006年第1期。

战乱年代的读书生活,宁可,纵横,2006年第11期。

战时大学校园中的国民党:以西南联大为中心,王奇生,历史研究,2006年第4期。

战时东南文化运动成因探析,王嘉良,福建论坛,2006年第2期。

战争本质的国族叙事与个人体验——中国、西方战争文艺"历史记忆"的差异性,孟繁华,山东社会科学,2006年第4期。

战争烽火中的重庆大学"乡村宣传团",吴阳红,重庆三峡学院学报,2006年第5期。

战争与文化:近十年抗战时期文化史的研究回顾,冯启宏,"中研院"近代史研究所集刊,2006年第53期。

张恨水抗战小说中的国家意识及其评价,汤哲声,中国现代文学研究丛刊,2006年第4期。

张群对日外交观评析,吴蓓,社会科学战线,2006年第1期。

张治中与湖南民训,黄加来,档案时空,2006年第1期。

珍珠港事件后国民政府的经济调整,黄金凤,重庆社会科学,2006年第5期。

整体观:研究抗战文学的一个重要问题,邵国义,兰州学刊,2006年第7期。

中共与抗战末期的知识青年从军运动,孙玉芹,党史博采(理论),2006年第10期。

中国大西南抗战音乐运动回眸,陈文红,艺术教育,2006年第5期。

中国共产党与抗战时期第二次民主宪政运动,陈雷,长白学刊,2006年第2期。

中国共产党与民主党派合作的历史经验及其今后走向,李瑗,理论学刊,2006年第11期。

中国共产党与西部抗战文化的繁荣,吴珏,学术界,2006年第4期。

中国抗日战争对世界反法西斯战争的历史贡献,葛东升,军事历史,2006年第11期。

中国抗战损失研究的回顾与思考,孟国祥,抗日战争研究,2006年第4期。

中国抗战文学研究的新的可能,吴伟强、李怡,西南大学学报(社科版),2006年第6期。

中国抗战与世界反法西斯战争的胜利,王德新,潍坊学院学报,2006年第1期。

中国科学院接收中国西北科学考察团的经过,张九辰,中国科技史杂志,2006年第3期。

中国戏剧:抗战洪流中的"五四"启蒙主题,王勇,戏剧文学,2006年第3期。

中国学者关于中国抗战在第二次世界大战中地位研究述评,韩永利,武汉大学学报(人文科学版),2006年第4期。

中国藏族聚居区的抗战与新闻传播,周德仓,西藏大学学报(汉文版),2006年第2期。

中国战时儿童保育会述略,古为明,抗日战争研究,2006年第4期。

中国政府对抗日战争之善后处置,曾景忠,许昌学院学报,2006年第6期。

中华民族振兴的转折点——论抗战胜利的历史意义,郭林,陕西社会主义学院学报,2006年第1期。

中间力量在抗日民族统一战线中的历史角色,魏方,陕西社会主义学院学报,2006年第1期。

中美关系史上围绕最惠国待遇问题的三次缔约谈判,金卫星,江海学刊,2006年第4期。

资金构成与合作社的异化:基于20世纪三四十年代中国乡村社会变迁的考察,赵泉民,华东师范大学学报(哲社版),2006年第1期。

资源委员会续办1945—1946年度对苏易货偿债事宜相关史料,张海梅,民国档案,2006年第2期。

2007年

"1940年代的中国"国际学术研讨会综述,张静,南京大学学报(哲社版),2007年第5期。

"滇缅公路"及其文学想象,易彬,中国现代文学研究丛刊,2007年第4期。

"甘与吾民共死生"——田汉旅桂时期戏剧活动中的民族精神,申燕,戏剧,2007年第1期。

"抗战劳军瓷"追忆,曲立氏,陶瓷研究,2007年第3期。

"朗诵诗"的文体形式及诗学阐释——抗战诗歌朗诵运动的诗学反思之

二,赵心宪,河北学刊,2007年第6期。

"跑警报"的大学生涯,汪曾祺,文史博览,2007年第7期。

"七月诗派"抗战时期在桂林的诗歌创作,卓光平,绵阳师范学院学报,2007年第4期。

"清明前后"无"芳草天涯"——1945年重庆左翼文学界的内部整肃,郭建玲,重庆社会科学,2007年第4期。

"史诗"与"剧诗"的融合,论章泯的剧作艺术,陈山,北京电影学院学报,2007年第3期。

"书生何以报国"——傅斯年在国民参政会中言行评析,王凤青,聊城大学学报(社科版),2007年第3期。

"驼峰"航线与美国对华援助,谭刚,长白学刊,2007年第2期。

"文协北碚分会说"考辨,段从学,重庆师范大学学报(哲社版),2007年第1期。

"我手写我心"——抗战时期赵望云的国画艺术,李丹,艺术探索,2007年第2期。

"以农立国"与"以工立国"之争——20世纪40年代关于中国发展道路论争的再认识,罗朝晖,长春师范学院学报(社科版),2007年第1期。

"制苏保印"与英属印度的西藏政策(1935—1947),胡菡、张永攀,云南师范大学学报(哲社版),2007年第4期。

"抓壮丁"的历史探析,孙跃中,文史杂志,2007年第4期。

《边疆服务》与服务边疆——基督教边疆服务运动的历史记录,邓杰,重庆师范大学学报(哲社版),2007年第1期。

《大公报》总编辑王芸生轶事,吴晓帆,党史文苑,2007年第2期。

《甲申三百年祭》主题思想再析,唐正芒,马克思主义研究,2007年第2期。

《蒋介石日记》的史料价值,薛念文,民国档案,2007年第3期。

《七月》与《呐喊》(《烽火》)周刊合评,吴永平,江汉论坛,2007年第11期。

《死在战场以外的中国兵》:一首特殊的"抗战诗"——纪念杨明先生逝世二周年,李光荣,云南社会主义学院学报,2007年第4期。

《陶行知日记》中有关卢作孚与北碚建设的史料记载,孙丹年,卢作孚研究,2007年第4期。

《新华日报》有关金九报道述评,傅德华,韩国研究论丛,2007年第4期。

1912—1940年西藏地方与中央政府关系研究,刘德川,西藏民族学院学报(哲社版),2007年第5期。

1933—1941年南京政府与国联技术合作述论,洪岚,广东社会科学,2007年第6期。

1934—1945年间国民政府的国民兵组训述评,孙玉芹,军事历史研究,2007年第4期。

1937年四川"救国公债"发行初探,汪小琴,文史杂志,2007年第6期。

1939年重庆国民政府"全国生产会议"述论,蒋国宏,广西社会科学,2007年第1期。

1940年代的中国国际学术研讨会综述,张静,南京大学学报(哲社版),2007年第5期。

1942—1943年宋美龄访美新探,俞国,苏州大学学报(哲社版),2007年第6期。

1944年举办的抗战后方工矿产品展览会,薛毅,湖北文史,2007年第1期。

1945:波茨坦与重庆的外交内幕,李辉,同舟共进,2007年第3期。

1980年代以来中国大陆蒋介石研究述评,黄道炫,近代史研究,2007年第1期。

1995年以来中国民众抗战研究述评,李庆刚,高校社科动态,2007年第3期。

2006年度中国现代文学研究评述,程凯,中国现代文学研究丛刊,2007年第4期。

2006年抗日战争史论文目录索引,刘丽,抗日战争研究,2007年第4期。

2006年中国近代经济史研究述评,徐卫国,中国经济史研究,2007年第2期。

2006年中日关系史研究述评,李仲明,抗日战争研究,2007年第4期。

20世纪30—40年代的实业界星五聚餐会,张守广,近代史研究,2007年第4期。

20世纪30年代国人开发新疆述论,侯风云,新疆社会科学,2007年第1期。

20世纪40年代国民党新疆省党部活动述论,王中新,中国边疆史地研究,2007年第4期。

20世纪三四十年代陕西知名企业的企业精神,汪永平,价格与市场,2007年第3期。

20余年来中国学术界关于中国抗战在二战中的地位和作用问题的研究,赵文亮,抗日战争研究,2007年第3期。

60年前的民生公司职员日记(下),冉云飞,文史杂志,2007年第2期。

艾青抗战诗组的整体美感,常崇光,电影评介,2007年第10期。

巴蜀文化的杰出代表——郭沫若,王昌平,四川省社会主义学院学报,2007年第3期。

北碚地方当局抗战事略,葛向荣,卢作孚研究,2007年第4期。

边疆服务运动对川西羌族地区教育发展的影响,汪洪亮,阿坝师专学报,2007年第1期。

不同历史时期的中缅铁路议案,朱昭华,东南亚研究,2007年第2期。

不应贬低"中国化"和"民族形式"——对抗战文化研究中一种观点的商榷,唐正芒,历史教学(高校版),2007年第3期。

踩踏出诗歌大众化的荆棘之路——试论抗战时期的朗诵诗运动,章绍嗣,抗战文化研究,2007年。

朝鲜义勇队抗日宣传及其形式述论,郑龙发,安徽教育学院学报,2007年第5期。

陈白尘与重庆,陈虹,红岩春秋,2007年第5期。

成都市工商同业公会的组织管理(1929—1949),李柏槐,社会科学研究,2007年第1期。

重庆大轰炸中的难民救济(1938—1943),谭刚,西南大学学报(社科版),

2007年第6期。

重庆大轰炸中鲜为人知的防空黑幕,刘向上,文史博览,2007年第12期。

重庆的地域文化资源,代金平,重庆邮电大学学报(社科版),2007年第6期。

重庆抗战陪都文化旅游开发探讨,罗能,商场现代化,2007年第3期。

重庆抗战文化特点及其现实价值新论——兼论新重庆如何打好"陪都牌",邓义胜,重庆社会主义学院学报,2007年第3期。

重庆抗战文化中心的形成及其历史地位,张凤琦,抗战文化研究,2007年。

重庆抗战文艺论争的当代思考二题,宋嘉扬,当代文坛,2007年第4期。

重庆市档案馆馆藏卢作孚北碚乡村建设档案资料综述,杨玉林,卢作孚研究,2007年第2期。

重庆直辖以来抗战文化旅游资源开发和保护的研究,宋艳,重庆工学院学报(社科版),2007年第4期。

川灾救济会与抗战前夕的四川旱灾救济,杜俊华,四川档案,2007年第1期。

从"雪中送炭"到"架设桥梁"——竺可桢20世纪40年代日记中的李约瑟,潘涛,广西民族大学学报(自科版),2007年第3期。

从《七月》《希望》透视胡风的启蒙思想,张玲丽,现代语文(文学研究版),2007年第6期。

从《四阿罗汉》获民国第三届全国美展第一奖看当时绘画评价标准,范建华,文艺评论,2007年第3期。

从郭沫若抗战历史剧的叙事母题看其创作心理,杨永庆,乐山师范学院学报,2007年第4期。

从抗日民族统一战线看中国共产党执政资源的获取,张明霞,四川统一战线,2007年第3期。

从民国档案看抗战末期知识青年从军运动,蔡宏俊,兰台世界,2007年第19期。

从邮票上看抗战时期国共合作,常增书,集邮博览,2007年第9期。

从组织角度看南方局不在桂林成立,胡大牛,探索,2007年第5期。

大后方基督宗教界的抗日救亡运动,东旻,重庆文理学院学报(社科版),2007年第2期。

大西迁抗战中的金陵兵工厂,三土,现代兵器,2007年第11期。

档案中所见的部聘教授,曹天忠,学术研究,2007年第1期。

第二次宪政运动时期小党派的政治诉求初探:以中国民主党为例,高永昌,湖北成人教育学院学报,2007年第2期。

第一届戏剧节纪盛,吕贤汶,神州,2007年第5期。

滇越铁路与近代云南社会观念变迁,车辚,云南师范大学学报,2007年第3期。

东南亚广西籍华侨在抗日战争中的卓越贡献,杨建党,东南亚纵横,2007年第1期。

斗争的艺术——浅析抗战时期《新华日报》与国民党斗争的策略,吴扬,广西大学学报(哲社版)(增刊),2007年。

独辟蹊径,自成一家——《抗日战争与中国社会史论》评介,徐修宜,安徽史学,2007年第3期。

独特的童真美感——论"桂林文化城"儿童诗歌创作,韦林池,安阳师范学院学报,2007年第6期。

读《伟大的四川抗战》有感,梁远青,四川党的建设(城市版),2007年第5期。

对抗战时期美国对华借款的比较研究,杨雨青,史学月刊,2007年第6期。

二十世纪三四十年代国民党基层控制政策的新趋势——兼论中共相关政策对其的影响,曹成建,民国档案,2007年第4期。

二战结束前后美国对华政策问题再探讨,赵入坤,广西师范大学学报(哲社版),2007年第6期。

二战期间美国对中国西藏政策新论,杜凡一,社会科学战线,2007年第5期。

丰富的抗战文化资源与桂林红色旅游的开发,文丰义,抗战文化研究,

2007年。

丰子恺的抗战散文创作简论,王茂建,重庆文理学院学报(社科版),2007年第2期。

丰子恺与重庆,魏洪丘,长江师范学院学报,2007年第6期。

冯友兰先生为西南联大撰写的爱国主义颂歌——西南联大的校训、校歌、进行曲、碑文,沈素珍,南阳师范学院学报,2007年第11期。

拂尽尘封始见金——大后方《每周电影》研究笔记,虞吉,电影艺术,2007年第1期。

父亲黄炎培的黔诗黔情,黄方毅,文史天地,2007年第11期。

革命"灯塔"——新华日报,新闻采编,2007年第1期。

关于抗战时期建立后方证券市场之论争,刘志英,西南大学学报(社科版),2007年第4期。

关于抗战时在成、渝两地去世的影剧人下葬地,杨泽平,文史杂志,2007年第5期。

广西抗战文化研究书目(1982—2006年),李建平,抗战文化研究,2007年。

广西抗战文化资源调查与文学利用,李建平,抗战文化研究,2007年。

广西民团与抗日战争——从两份档案文献说起,刘文俊,民国档案,2007年第3期。

贵州企业公司第二任总经理陶桓棻,何长凤,贵阳文史,2007年第2期。

桂柳会战前后的美国"飞虎队",唐凌,抗日战争研究,2007年第3期。

郭沫若抗战史剧表现的生死观,陈鉴昌,西华大学学报(哲社版),2007年第2期。

国共两党抗日持久战略方针比较研究,王凤君,绥化学院学报,2007年第4期。

国际视野下的广西抗战文化研究,盘福东,抗战文化研究,2007年。

国家情怀:现代知识分子的成年镜像——论苏雪林的战时创作,方维保,淮北煤炭师范学院学报(哲社版),2007年第2期。

国民参政会川康建设期成会述论,黄天华,四川师范大学学报(社科版),

2007年第2期。

国民参政会研究述评,王凤青,山东省农业管理干部学院学报,2007年第2期。

国民政府战时教育方针在大学中的反响,陈钊,南京理工大学学报(社科版),2007年第3期。

国民政府战时西部煤矿业管制述论,张燕萍,档案与建设,2007年第1期。

国权与商利:抗战时期贵阳商会初探,周石峰,浙江万里学院学报,2007年第6期。

国统区妇女运动在抗日战争中的作用,杨纯,传承,2007年第8期。

国统区抗战音乐的社会影响力分析,宋洋,乐府新声(沈阳音乐学院学报),2007年第4期。

国外卢作孚研究前景,〔美〕罗安妮著,张瑾翻译,卢作孚研究,2007年第1期。

和顺人的爱国情怀,鲁兴勇,保山师专学报,2007年第6期。

花溪——抗战时期有名的民族复兴园地,莫子刚,贵州文史丛刊,2007年第1期。

黄炎培与"特种委员会",王凤青,理论月刊,2007年第7期。

黄炎培与第一届国民参政会,王凤青,安庆师范学院学报(社科版),2007年第1期。

回顾共同抗战历史,探索合作发展前景:记抗日历史问题国际学术研讨会,董丹,黑龙江社会科学,2007年第6期。

回忆抗战内迁贵州的往事,张云乔,贵阳文史,2007年第4期。

回族人民在抗日战争中的贡献,李穆玲,满族研究,2007年第2期。

记忆两首抗日老歌,杨正纯,民族音乐,2007年第2期。

简论抗日战争对重庆人文精神的影响,彭星霖,长江师范学院学报,2007年第5期。

简论抗战时期的湖南钨锑特矿,李颖,株洲师专学报,2007年第3期。

简论抗战时期西北开发思潮形成的表现,杨红伟,新疆社会科学,2007年第1期。

简论陆华柏创作时期的划分,丁卫萍,常熟理工学院学报(哲社版),2007年第3期。

简论夏衍抗战时期的剧作,张道才,中国戏剧,2007年第9期。

江苏文教机构抗战内迁,孙宅巍,档案与建设,2007年第6期。

近百年三峡音乐文学文化综论(上),杨尚梅,三峡文化研究,2007年。

近代西北地区高等教育发展探析——以1927至1949年为中心,田正平,高等教育研究,2007年第1期。

近二十年关于抗战期间我国高校内迁问题研究综述,刘韦,芜湖职业技术学院学报,2007年第4期。

近年来国内有关民国时期保甲制度研究的新趋势,冉绵惠,民国档案,2007年第2期。

近十年抗战文化研究述评,唐正芒,湘潭大学学报(哲社版),2007年第4期。

抗日民族文化统一战线的精神内涵与其在抗战中的作用,刘绍卫,抗战文化研究,2007年。

抗日时期的中国青年党,彭叶飞,知识经济,2007年第9期。

抗日战火中的女人风采——论中国现代女性抗战文学,王晓琴,淮北职业技术学院学报,2007年第2期。

抗日战争初期国共关系评析,朱柏清,法制与社会,2007年第9期。

抗日战争期间的国立中学,张颂甲,百年潮,2007年第10期。

抗日战争期间国统区的粮食危机及其影响,罗玉明,江西社会科学,2007年第5期。

抗日战争时期工厂内迁以及对大后方工业的影响,逯静静,大众科学(科学研究与实践),2007年第5期。

抗日战争时期广西的粮食经济政策,陈炜,柳州师专学报,2007年第3期。

抗日战争时期国民政府的西北开发,申晓云,浙江大学学报(社科版),2007年第5期。

抗日战争时期回族同胞的抵抗运动,刘运动,云梦学刊,2007年第5期。

抗日战争时期南京国民政府西北开发的历史考评,张寿彭,调研世界,2007年第7期。

抗日战争时期彭桂萼对澜沧江流域的研究——以《西南边疆》载文为例,杨宝康,思茅师专学报,2007年第5期。

抗日战争时期苏联对华政策解读,赵士国,世界历史,2007年第1期。

抗日战争时期西南大后方职业教育成就综述,吴文华,职业技术教育,2007年第22期。

抗日战争时期云南的史学研究,杨绍均,中国西南文化研究(总第11辑),2007年。

抗日战争时期中共中央南方局党的组织建设,杨红艳、徐娅,世纪桥,2007年第11期。

抗日战争时期中美合作所论析,洪小夏,抗日战争研究,2007年第3期。

抗日战争与近代中日关系——纪念抗日战争全面爆发70周年学术研究讨论会综述,徐志民,抗日战争研究,2007年第3期。

抗日战争与中国大国地位确立的双重性,刘新宇,历史教学(中学版),2007年第12期。

抗日战争中贵阳职教社的活动,包中、徐长林,贵阳文史,2007年第2期。

抗战初期党在国统区的妇女统战工作述略,刘蓉宝,广东省社会主义学院学报,2007年第3期。

抗战初期的成都电影文化(1937年7月—1938年10月),汤彦,电影艺术,2007年第5期。

抗战初期国民参政会遴选制度述评,李庆峰,山东省农业管理干部学院学报,2007年第3期。

抗战大后方的图书事业建设,李群,档案与建设,2007年第5期。

抗战电影:弘扬民族正气,展现热血忠魂,郭学勤,纵横,2007年第11期。

抗战烽火中的中国青年新闻记者学会,王大龙,纵横,2007年第10期。

抗战后期国民政府扶植自耕农运动初探,卢伟明,牡丹江师范学院学报(哲社版),2007年第5期。

抗战后期国统区"论主观"问题的发生,黄晓武,文艺研究,2007年第1期。

抗战后期苏联对华政策转变原因探析,傅义强,福建党史月刊,2007年第4期。

抗战后期中共对美援的争取,刘中刚、孟俭红,抗日战争研究,2007年第1期。

抗战精神研究综述,李连中,中国抗战研究动态,2007年第6期。

抗战救亡中的中国世界语者,侯志平,纵横,2007年第8期。

抗战历史研究的新成果——记"重庆大轰炸暨日军侵华暴行国际学术讨论会",小枚,红岩春秋,2007年第6期。

抗战末期知识青年从军动机考论,孙玉芹,安庆师范学院学报(社科版),2007年第1期。

抗战期间的重大考古发现——尘封半个多世纪的考古档案诉说究竟,李泽民,中国档案,2007年第11期。

抗战期间国民政府社会部的儿童福利工作述论,陈竹君,乐山师范学院学报,2007年第9期。

抗战期间昆明报刊的民族史研究,张雷,云南社会科学,2007年第6期。

抗战期间日华秘密谈判中的"姜豪工作"——近世名人未刊函电过眼录,杨天石,近代史研究,2007年第1期。

抗战期间四川九年,李先闻,书屋,2007年第8期。

抗战期间中美的战略合作与驼峰空运的发展,刘莲芬,军事历史研究,2007年第4期。

抗战期间中英围绕中印交通问题之西藏交涉,郭永虎,西藏民族学院学报(哲社版),2007年第1期。

抗战前后中美英西藏问题的交涉,张植荣,抗日战争研究,2007年第1期。

抗战全局视野下的桂林文化抗战,文丰义,抗战文化研究,2007年。

抗战时的重庆南开中学,山西教育(教育管理),2007年第11期。

抗战时的汽车传奇,伍立杨,文史天地,2007年第8期。

抗战时期《文艺阵地》戏剧译论述评,熊飞宇,重庆广播电视大学学报,2007年第2期。

抗战时期《新华日报》的纸张从何而来,刘立群,党史博览,2007年第2期。

抗战时期爱国学人的史学经世思想,皮晖,淮北煤炭师范学院学报(哲社版),2007年第6期。

抗战时期陈独秀对民主的再解读,叶光雄,西南交通大学学报(社科版),2007年第2期。

抗战时期重庆传媒与诗坛新秀,刘静,重庆师范大学学报(哲社版),2007年第6期。

抗战时期重庆的防空卫生,黄虹,时代文学(理论学术版),2007年第6期。

抗战时期重庆的人口变动及影响,朱丹彤,重庆交通大学学报(社科版),2007年第3期。

抗战时期重庆人寿保险业述论,吴静,经济导刊(增刊),2007年。

抗战时期川康两省的社情与民情(1939—1942),黄天华,民国档案,2007年第1期。

抗战时期大后方科技事业的"诺亚方舟"——中国西部科学院与大后方北碚科技文化中心的形成,潘洵,西南大学学报(社科版),2007年第6期。

抗战时期大后方省营企业公司经营活动研究——以川康兴业公司为例,高远,社会科学家,2007年第4期。

抗战时期大后方书刊出版概览,吴永贵,出版发行研究,2007年第7期。

抗战时期党对中间党派的统战工作及其历史启示,罗振建,重庆社会主义学院学报,2007年第2期。

抗战时期的"时评"与作用,苑银和,首都师范大学学报(社科版),2007年第6期。

抗战时期的宝鸡近代工业,张敏,西安工程科技学院学报,2007年第2期。

抗战时期的兵役制度——以四川为例,冉绵惠,四川师范大学学报(社科版),2007年第5期。

抗战时期的贵阳城市近代化,吴光俊,贵州文史丛刊,2007年第4期。

抗战时期的湖南募捐,王斌,株洲师专学报,2007年第6期。

抗战时期的湖南铁路建设述论,李声满,湖南工程学院学报(社科版),2007年第4期。

抗战时期的空战大捷,文春秋,新闻世界,2007年第6期。

抗战时期的历史教育与徐文珊的《历史教育论》,尤学工,史学史研究,2007年第1期。

抗战时期的内债史研究与档案史料,潘国旗,民国档案,2007年第1期。

抗战时期的农林杂志介绍,刘根泉,农业图书情报学刊,2007年第9期。

抗战时期的情境剧,张洪霞,戏剧艺术,2007年第4期。

抗战时期的物价与教授生活——以昆明为例,李丽华,作家,2007年第14期。

抗战时期的西部公路建设,谭刚,历史档案,2007年第1期。

抗战时期的知识分子与中国共产党——以闻一多、韦君宜、邹韬奋、李鼎铭为例,程美东,北京科技大学学报(社科版),2007年第1期。

抗战时期滇南防守的地位与作用,孟端星,求索,2007年第2期。

抗战时期高校爱国主义音乐教育对现代教育的启示,李娟,音乐天地,2007年第11期。

抗战时期高校内迁对中西部教育发展的影响,阎秋凤,中国成人教育,2007年第13期。

抗战时期公众舆论的历史贡献,王强,长白学刊,2007年第5期。

抗战时期广西人口变迁及其对社会的影响,常云平,重庆师范大学学报(哲社版),2007年第1期。

抗战时期贵阳的宣传画展(之一)——国立艺专抗敌宣传画展,陈泽渊,贵阳文史,2007年第3期。

抗战时期贵阳市工业资本发展的特点及其原因——兼论同时期商业资本畸形扩张的危害,黄沛骊,贵州社会科学,2007年第1期。

抗战时期桂林文化城戏剧家群的主体条件与历史特征,李江,抗战文化研究,2007年。

抗战时期国际援助之力量分析——以桂林抗战为例,朱凤林,新学术,2007年第3期。

抗战时期国立第一华侨中学,程国恩,贵阳文史,2007年第2期。

抗战时期国民党军队的走私活动,齐春风,安徽史学,2007年第6期。

抗战时期国民党军事优抚评析,沈阳,党史文苑,2007年第2期。

抗战时期国民政府的交通立法与交通管理,谭刚,抗日战争研究,2007年第3期。

抗战时期国民政府的利用外资政策及其措施,曹均伟,财经研究,2007年第6期。

抗战时期国民政府的社会救济行政,李桂芳,法制与社会,2007年第3期。

抗战时期国民政府的统治经济政策与国家资本企业,张忠民、朱婷,社会科学,2007年第4期。

抗战时期国民政府的邮件检查制度述论——以湖南为中心的考察,廖发堂,株洲师专学报,2007年第6期。

抗战时期国民政府对高校学生的经济救济,王朝辉,乐山师范学院学报,2007年第4期。

抗战时期国民政府对四川哥老会的查禁,王方,社会科学家(增刊),2007年。

抗战时期国民政府发起的节约建国储蓄运动初探,方霞,中国教师(增刊),2007年。

抗战时期国民政府监犯调服军役法制之述评,李晓社,南京社会科学,2007年第10期。

抗战时期国民政府军粮供应评析,张燕萍,江苏社会科学,2007年第4期。

抗战时期国民政府开发西北地区矿产资源活动述论,杨红涛,西安文理学院学报(社科版),2007年第4期。

抗战时期国民政府难童救济述论——以赈济委员会儿童教养院为例,苏新有,贵州社会科学,2007年第7期。

抗战时期国民政府迁移对抗战局势的影响,张根福,浙江师范大学学报(社科版),2007年第5期。

抗战时期国民政府人口政策研究,冉志,重庆师范大学学报(哲社版),2007年第1期。

抗战时期国民政府战时货运管理局述论,孙宝根,社会科学战线,2007年第3期。

抗战时期国民政府战争动员评述,吕晓勇,南京政治学院学报,2007年第5期。

抗战时期国统区"三农"问题研究,郑立柱,重庆社会科学,2007年第4期。

抗战时期国统区的文化政策,粟孟林,吉林广播电视大学学报,2007年第2期。

抗战时期国统区的学者从政潮流与《新经济》半月刊的创办,阎书钦,清华大学学报(哲社版),2007年第4期。

抗战时期国统区解决"师荒"问题的政策与措施,吴会蓉,西华大学学报(哲社版),2007年第5期。

抗战时期后方节约建国储蓄运动的宣传形式,方霞,时代人物,2007年第11期。

抗战时期后方手工业研究——以湖北、湖南为例,徐凯希,华中师范大学学报(社科版),2007年第1期。

抗战时期湖北地区的军邮,张人权,湖北文史,2007年第1期。

抗战时期湖北文化重心的区域迁移,张笃勤,学习与实践,2007年第5期。

抗战时期湖南的商业和贸易,刘国武,衡阳师范学院学报,2007年第4期。

抗战时期湖南人口变迁及其社会影响,何多奇,重庆师范大学学报(哲社版),2007年第3期。

抗战时期技术工人培训中的职业能力测验,刘建华,中国职业技术教育,2007年第2期。

抗战时期举办的战时兵险及其影响,赵珂,唐山师范学院学报,2007年第

4期。

抗战时期昆明报刊的史学研究特色初探,张雷,昆明理工大学学报(社科版),2007年第2期。

抗战时期刘鸿生企业发展探析,郭立明,决策探索(上半月),2007年第7期。

抗战时期毛泽民在新疆财经战线上的贡献,任俊宏,党史文苑,2007年第22期。

抗战时期美术家的角色意识与审美心态,王泽,四川文理学院学报,2007年第4期。

抗战时期民族自信心重振原因探析,游国斌,历史教学问题,2007年第5期。

抗战时期南方局派往甘肃油矿的党支部,孙丹年,红岩春秋,2007年第2期。

抗战时期内迁高等院校对贵州教育的影响,何幼兰,贵阳学院学报(社科版),2007年第2期。

抗战时期迁建云南的军事工业研究,晁丽华,大理学院学报,2007年第5期。

抗战时期迁建云南的民用工业研究,晁丽华,昆明大学学报,2007年第3期。

抗战时期迁居西南的民族语言学家和体质人类学家对民族学研究的重要贡献,聂蒲生,广西民族研究,2007年第2期。

抗战时期人口西迁对西部地区社会生活的影响,张根福,深圳大学学报(社科版),2007年第6期。

抗战时期三大区域抗战史学概况简述,赵亮,理论界,2007年第11期。

抗战时期陕西田赋征实之研究,郝银侠,兰台世界,2007年第20期。

抗战时期盛世才政治立场变化的原因探析,谢贵平,塔里木大学学报,2007年第3期。

抗战时期四川的度量衡标准化工作,杜俊华,四川档案,2007年第3期。

抗战时期四川的邮政通讯建设,苏丽萍,重庆邮电大学学报(社科版),2007年第5期。

抗战时期四川儿童保育事业概述,范蕾蕾,商丘职业技术学院学报,2007年第1期。

抗战时期四川国防工程建设征用民工的待遇,张莉,重庆工商大学学报(社科版),2007年第6期。

抗战时期四联总处在西南地区的工业投资,王红曼,贵阳学院学报(社科版),2007年第1期。

抗战时期外国军事援助述评,仲华,军事历史研究,2007年第1期。

抗战时期文化人西迁对西部地区新闻出版事业的影响,吴月芽,浙江师范大学学报(社科版),2007年第2期。

抗战时期文学期刊的文化增殖传播,赵凌河,文艺争鸣,2007年第10期。

抗战时期文艺家在华裕农场,胡甫臣,红岩春秋,2007年第4期。

抗战时期吴泽霖教授对云南丽江么些人的田野调查研究,聂蒲生,广西民族研究,2007年第4期。

抗战时期西北近代工业的发展及启示,曹敏,理论探索,2007年第3期。

抗战时期湘桂铁路股票发行成效及其原因评析,唐凌,桂海论丛,2007年第1期。

抗战时期新疆培训特种兵始末,峥嵘,文史月刊,2007年第6期。

抗战时期影响最大的独幕剧:《放下你的鞭子》,任动,四川戏剧,2007年第6期。

抗战时期在川的生活书店,高峰,文史杂志,2007年第4期。

抗战时期浙江大学西迁与遵义社会文化之发展,黄群,中共贵州省委党校学报,2007年第3期。

抗战时期知识分子写作的话语指向——解读钱钟书《围城》与巴金《寒夜》,刘青,名作欣赏,2007年第16期。

抗战时期中共对湖南国民党乙派的统战工作,杨秀春、宋耕春,湖南工程学院学报(社科版),2007年第1期。

抗战时期中共对华侨的统战工作,杜俊华,四川统一战线,2007年第1期。

抗战时期中共领导文化建设路径探析,温勇,东岳论丛,2007年第6期。

抗战时期中共提出人权问题动因初探,黄南平,中共党史资料,2007年第3期。

抗战时期中国的三大政治思潮,李先伦,中共四川省委党校学报,2007年第3期。

抗战时期中国工业合作运动的特点,钱和辉,安徽教育学院学报,2007年第2期。

抗战时期中国共产党处理国共关系的政策、方法及原则初探,江茂森,西南农业大学学报(社科版),2007年第6期。

抗战时期中国共产党人对新疆教育事业的贡献,耿铎文,实事求是,2007年第1期。

抗战时期中国三大经济势力的并存及启示,李先伦,贵州师范大学学报(社科版),2007年第4期。

抗战时期中华民族精神成因探析,邰世奇,思想理论教育,2007年第23期。

抗战时期中日金融战的回顾及思考,童振华,沧桑,2007年第6期。

抗战时期驻华美军部署及作战概况——兼谈中国战区在美国战略棋盘上的地位,阮家新,抗日战争研究,2007年第3期。

抗战时期资源委员会重工业建设的资金动员,郭红娟,中国经济史研究,2007年第4期。

抗战时期作家与正面战场的关系,秦弓,南都学坛,2007年第4期。

抗战史的另种"版本",林夏,河南教育(高校版),2007年第7期。

抗战史学与民族精神——作为抗战文化的史学及其历史贡献,田亮,抗日战争研究,2007年第4期。

抗战文化——重庆的财富,杨辉隆,中国三峡建设,2007年第1期。

抗战文学的别一种风姿——论西南联大文学,李光荣,西南民族大学学报(社科版),2007年第2期。

抗战文学研究的概况与问题,秦弓,抗日战争研究,2007年第4期。

抗战文学中的风景描写与民族认同,厉梅,山东师范大学学报(社科版),2007年第3期。

抗战与中国共产党外交思想的发展,卫金桂、王章维,甘肃社会科学,2007年第3期。

抗战之初的川军形象,黄辛建,文史杂志,2007年第5期。

抗战中的资源委员会,赖继年,科教文汇(上旬刊),2007年第12期。

抗战中江苏地区工厂的内迁,孙宅巍,江苏地方志,2007年第5期。

抗战中我在四川当县长,罗宗文,世纪,2007年第5期。

孔祥熙与抗战时期的通货膨胀,蔡志新,西南大学学报(社科版),2007年第5期。

老舍《四世同堂》中的国民政府抗战,史承钧,上海师范大学学报(哲社版),2007年第4期。

李抱忱与英文版《中国抗战歌曲集》,向延生,中央音乐学院学报,2007年第4期。

李公朴,熊大海,档案与建设,2007年第3期。

历史的悲剧与人性的悲剧——抗战时期的历史剧叙论,解志熙,中国现代文学研究丛刊,2007年第2期。

历史学家的民族意识和文化关怀——读《抗战时期史学研究》,陈勇,抗日战争研究,2007年第2期。

卢作孚乡村建设研究文献目录索引,龙海,卢作孚研究,2007年第3期。

卢作孚与中国的"敦刻尔克",徐文杰,世界知识,2007年第20期。

论1937—1941年国民政府的盐税政策,董振平,历史档案,2007年第1期。

论1945年前后国统区进步文艺界的内部整合,郭建玲,中国现代文学研究丛刊,2007年第3期。

论重庆大轰炸期间的人口变迁,常云平,重庆师范大学学报(哲社版),2007年第6期。

论重庆人民抗战精神的内涵,冉庆,邵阳学院学报(社科版),2007年第3期。

论滇西抗战的特点,何光文,保山师专学报,2007年第3期。

论桂林抗战文化活动时间的下限问题,魏华龄,桂林师专学报,2007年第4期。

论郭沫若文化身份的嬗变——从《女神》到《屈原》,魏红珊,现代中国文化与文学,2007年第1期。

论国民政府"苦撑待变"外交战略,关培凤,兰州学刊,2007年第1期。

论近代中国城市规划法律制度的转型,何流,城市规划,2007年第3期。

论抗日战争时期"工合"运动中的指导员,高海萍,贵州社会科学,2007年第9期。

论抗战初期的"新运妇指会",李红梅,西南大学学报(社科版),2007年第2期。

论抗战期间国民政府的国防体育政策,陈彩祥,体育文化导刊,2007年第12期。

论抗战时期的第三届广西学生军,王恒,广西民族大学学报(哲社版)(增刊),2007年。

论抗战时期的傅斯年:以国民参政会为中心,王凤青,绵阳师范学院学报,2007年第4期。

论抗战时期国民政府对猪鬃的外贸统制,陈岗,临沂师范学院学报,2007年第4期。

论抗战时期湖南粮食品种的改良与推广,李圣菊,华南农业大学学报(社科版),2007年第2期。

论抗战时期黄炎培调解国共争端的努力:以国民参政会为中心,王凤青,牡丹江师范学院学报(哲社版),2007年第5期。

论抗战时期美国的援华政策及其实质,周韬,史学月刊,2007年第8期。

论抗战时期云南的社会教育,张研,云南民族大学学报(哲社版),2007年第2期。

论抗战时期战争题材作品译介情况及特点,何洋,科技信息,2007年第8期。

论抗战时期中共中央南方局与大后方文化人的觉醒,彭星霖,乐山师范学院学报,2007年第7期。

论抗战时期中国三大政治思潮的交锋,李先伦,新疆社科论坛,2007年第4期。

论抗战时期中国新兴木刻的"民族化",谢春,四川师范大学学报(社科版),2007年第3期。

论抗战文化中的民族主义思潮,付广华,抗战文化研究,2007年。

论老舍抗战时期的文艺大众化经验,孙洁,盐城师范学院学报(社科版),2007年第1期。

论宋之的剧作的悲剧色彩,张莹,凯里学院学报,2007年第2期。

论陶行知的抗战建国教育思想,廖其发,河北师范大学学报(教育科学版),2007年第4期。

论田仲济的杂文创作——纪念田仲济先生诞辰100周年,王力,齐鲁学刊,2007年第5期。

论文协的历史特征,段从学,社会科学研究,2007年第3期。

论西北诸马军阀的抗日活动——民族危亡时刻一个舍利取义的话题,许宪隆,黄冈师范学院学报,2007年第2期。

论新桂系统治广西时的乡村行政建设,许中继,南宁师专学报,2007年第2期。

论战时教育思潮与战时教育的发展,熊贤君,民国档案,2007年第3期。

论张申府的战时教育思想,胡门祥,教育评论,2007年第5期。

论中国现代文学论争与史料研究,杨剑龙,河南大学学报(社科版),2007年第2期。

论中华民族在全面抗战中的重新崛起,肖爱树,济宁学院学报,2007年第4期。

论资源委员会的人才政策,俞丽君,河南理工大学学报(社科版),2007年第1期。

略论重庆人文精神,李恬,重庆行政,2007年第1期。

略论抗战境遇下的民族文化反思,杨龙,内蒙古农业大学学报(社科版),2007年第6期。

略论抗战时期广西的田赋征实,陈炜,广西地方志,2007年第2期。

略论西南少数民族上层人士的武装抗日活动,周正龙,乐山师范学院学报,2007年第6期。

略述抗战时期温江乡村建设及其与农会的关系——由《温江乡村建设》(创刊号)观之,程秀梅,和田师范专科学校学报,2007年第1期。

民国时期重庆市的保甲编查探析,李慧宇,四川师范大学学报(社科版),2007年第3期。

民国时期的中德贸易(1919—1941),周建明,中国经济史研究,2007年第1期。

民国时期西北地区交通建设与分布,王永飞,中国历史地理论丛,2007年第4期。

民盟与第二次民主宪政运动,付云燕,沧桑,2007年第4期。

民生公司职员六十年前的日记(三),冉云飞,书屋,2007年第3期。

民生公司组织机构的演变,龙海,卢作孚研究,2007年第1期。

民生实业公司人事管理委员会办事细则(1943.10),卢作孚研究,2007年第4期。

民生实业公司人事管理委员会组织大纲(1943.10),卢作孚研究,2007年第4期。

民主联合政府政治战略主张提出的背景探析,赵晓宇,传承,2007年第5期。

民族主义视野下的桂林抗战戏剧运动,韦步轩,边疆经济与文化,2007年第8期。

民族主义与第二次国共合作,张丰清,湖北社会科学,2007年第12期。

民族主义与桂林抗战文化,韦步轩,传承,2007年第6期。

名人学者对卢作孚乡建观感(1931年—1940年),卢作孚研究,2007年第3期。

穆旦在南荒文艺社的创作,李光荣,西南民族大学学报(社科版),2007年第11期。

难忘重庆岁月:在中苏文化协会,孙绳武,新文学,2007年第4期。

难忘的《慰劳伤兵歌》,唐鹤龄,黄埔,2007年第6期。

难忘岁月　珍贵史料,周勇,重庆晚报,2007年6月18日。

宁波帮企业家胡西园在后方的经济政治活动,乔丽,宁波经济(三江论坛),2007年第9期。

潘光旦先生居滇生涯,何斯民,学术探索,2007年第5期。

陪都重庆小说叙事的审美特征试析,郝明工,涪陵师范学院学报,2007年第2期。

陪都的中国设立与陪都文化的重庆建构,郝明工,现代中国文化与文学,2007年第1期。

陪都电影传播战时机制的确立与理论导向,冯清贵,绵阳师范学院学报,2007年第1期。

陪都及陪都制度,孙更旭,历史学习,2007年第10期。

陪都时期的胡风文论与抗战文论,王开国,当代文坛,2007年第2期。

陪都文学与"重庆形象"变迁,郝明工,重庆师范大学学报(哲社版),2007年第4期。

品《雅舍》之雅,沈虹,好家长,2007年第5期。

评二战中的"驼峰"航运,蒋新红,曲靖师范学院学报,2007年第2期。

启蒙与救亡的碰撞与变奏——"七月派"文学简论,李丹,河南师范大学学报(哲社版),2007年第5期。

浅论抗战时期国民政府对四川汽车燃料的管理,赖伟,内江师范学院学报,2007年第5期。

浅谈《鼓书艺人》反映重庆抗战现实的重大意义生成,李新,康定民族师专学报,2007年第2期。

浅谈《孔雀胆》的创新,郭念文,郭沫若学刊,2007年第2期。

浅谈抗战后期知识青年从军,郝俊琴,双语学习,2007年第9期。

浅谈抗战时期的高等教育贷金制和公费制,李靖,河南教育(高校版),2007年第12期。

浅谈抗战时期的经济现代化历程,朱丽娜,科技经济市场,2007年第4期。

浅谈新记《大公报》抗日战争时期的办报艺术,曹小芳,广西大学学报(哲社版)(增刊),2007年。

浅析抗战前后"整体经营"模式下的内江蔗糖业,胡丽美,内江师范学院学报,2007年第5期。

浅析抗战时期移民入陕对陕西社会的影响,李丽霞,西北人口,2007年第3期。

浅析林语堂抗战小说的写作特色,郑远新,福建商业高等专科学校学报,2007年第4期。

浅析受降名城芷江抗战文化遗产的特殊性和传承性,张艳,理论界,2007年第1期。

浅析意识形态对抗战后期中美关系的影响,王丽霞,临沧师专学报,2007年第1期。

浅议抗战时期云南社会教育,张研,中国地方志,2007年第3期。

亲历抗战迁校,李绳武,世纪,2007年第3期。

全面抗战时期灾荒状况与农村人口迁移,孟丽,时代文学(学术版),2007年第1期。

确立多重视野,深入推进桂林文化城研究——《桂林文化城文学研究》丛书评介,李江,抗战文化研究,2007年。

日军空袭重庆及国民政府对重庆难民的救济,肖寒、谭彩霞,衡阳师范学院学报,2007年第1期。

儒学的重光——谈抗战时期的儒学研究,文天行,抗战文化研究,2007年。

锐意求新,独标一帜——评张全之《火与歌——中国现代文学、文人与战争》,陈代,现代语文(文学研究版),2007年第3期。

史迪威与杜聿明在缅甸战场上的恩怨纠葛(上)(下),王楚英、张明金,军事历史,2007年第1—2期。

史蒋矛盾冲突与美中战时利益分析,陈国清,武汉大学学报(人文科学版),2007年第1期。

事与愿违的援助:国民政府与韩国光复军之组建,魏兵兵,延边大学学报(社科版),2007年第1期。

试论滇西抗战,何光文,保山师专学报,2007年第1期。

试论郭沫若抗战时期历史剧现实战斗性的实现,张豫,河南机电高等专科学校学报,2007年第6期。

试论国民党实力在新疆的消长:1944年及其以前国民党在新疆的活动,王中新,西域研究,2007年第2期。

试论抗日战争对昆明地区社会文化的影响,何斯民,云南师范大学学报(哲社版),2007年第4期。

试论抗战时期的难民迁徙,邓春丰,沧桑,2007年第3期。

试论抗战时期的邮政储金汇业局,徐琳,社科纵横,2007年第11期。

试论抗战时期东南亚华侨对广西的援助,劳家全,东南亚纵横,2007年第8期。

试论抗战时期国民政府的社会服务工作,陈竹君,重庆社会科学,2007年第11期。

试论抗战时期国民政府对四川汽车燃料的管理,赖伟,内江师范学院学报,2007年第5期。

试论抗战时期林基路对新疆文化教育的贡献,谢贵平,新疆社会科学,2007年第2期。

试论抗战时期咸同铁路的修建与同官地区煤炭业的发展,张雨新,西安文理学院学报(社科版),2007年第1期。

试论抗战时期资源委员会的水力电力建设,刘文丰,湖北职业技术学院学报,2007年第1期。

试论浙南华侨对抗日战争的贡献,郭剑波,浙江师范大学学报(社科版),2007年第6期。

试论中国知识女性在抗战时期的重要作用,刘慧娟,文教资料,2007年第26期。

试述抗战期间日机对文山地区的几次轰炸,何廷明,文山师专学报,2007年第2期。

试析重庆时期国民政府的标准化事业,杜俊华,重庆社会科学,2007年第

8期。

试析桂林文化城戏剧家群的影响与启示,朱大喜,韶关学院学报,2007年第11期。

试析抗战期间日军轰炸重庆的主要背景和战略意图,任学丽,党史文苑,2007年第24期。

试析陪都重庆文化与文学的主导性,郝明工,重庆三峡学院学报,2007年第2期。

四川抗战时期的工业发展述评,谭晓钟,文史杂志,2007年第4期。

四川人民的抗战精神,王晓春,四川省情,2007年第9期。

四联总处与战时西南地区工业,王红曼,贵州社会科学,2007年第1期。

陶行知与北碚志愿兵运动,孙丹年,卢作孚研究,2007年第4期。

淘档案　觅飞虎——抗战时期镇沅人民救助美军失事飞行员考,杨学武,云南档案,2007年第6期。

腾冲:滇缅驿路上的梦乡,陈洪金,延安文学,2007年第3期。

统战策略的成功典范:毛泽东与阎锡山的合作与较量,裴建平,重庆社会主义学报,2007年第4期。

统制经济与抗日战争,陈雷、戴建兵,抗日战争研究,2007年第2期。

晚年陈独秀的民主思想形成过程探析,林家虎,安徽大学学报(哲社版),2007年第4期。

晚期《文讯》月刊的历史性转变,杨若飞、张中奎,贵阳文史,2007年第3期。

皖南事变后的周恩来,李林,贵阳文史,2007年第6期。

危机时代的西南联大,谢泳,中国新闻周刊,2007年第40期。

为了抗战精神的传承——广西抗战文化研究述评,李建平,抗战文化研究,2007年。

文艺界的抗日统一战线和南方局的区域文化策略,邓静,福建党史月刊,2007年第4期。

翁文灏与抗战期间的西南大开发,乐承耀,中共宁波市委党校学报,2007

年第1期。

我的抗战记忆,袁克成,黄埔,2007年第6期。

我国现代生理学的重要奠基人——纪念冯德培先生百年诞辰,徐科,生理学报,2007年第6期。

我怎能保持沉默《重庆大轰炸档案文献史料丛书》总序,章开沅,红岩春秋,2007年第6期。

无法完成的叙事努力——对战时抗战小说的一种理解,邵国义,宁夏大学学报(社科版),2007年第1期。

吴文藻 冰心伉俪抗战居滇生活素描,何斯民,学术探索,2007年第1期。

五十年来民国救灾史研究的回顾与展望,武艳敏,郑州大学学报(社科版),2007年第3期。

五四到抗战时期:中国女性小说中的男性形象研究,张毅,求索,2007年第11期。

西南联大:"国统区"现代诗歌的发源地,杨立德,抗战文化研究,2007年。

西南联大的精神,张颐武,中关村,2007年第12期。

析抗战诗歌的表情方式,陈忻,当代文坛,2007年第2期。

夏衍抗战时期的戏剧与契诃夫的戏剧比较,王晓燕,乐山师范学院学报,2007年第2期。

写实剧与浪漫剧的新变——抗战及40年代话剧叙论之二,解志熙,贵州社会科学,2007年第8期。

寻访民利制革厂——记抗战时期"解委会"在重庆兴办实业的往事,杨力,前进论坛,2007年第10期。

寻访七十年前的西南联大,秦轩,云南教育(视界综合版),2007年第12期。

叶挺抗战时期艰难曲折的战斗历程——从叶挺五次重庆之行说起,郑洪泉,重庆师范大学学报(哲社版),2007年第3期。

一部系统探索抗战时期中美军事关系的力作——《抗日战争时期的中美军事合作》简评,张军贤,军事历史,2007年第2期。

一个抗日城市灾难与战斗的文学记忆——1937年以来中国作家笔下的

桂林抗战文化城兴亡图像及战争记忆,李建平,抗战文化研究,2007年。

宜昌抢运中国实业界的"敦克尔克",邵振伟,装备制造,2007年第2期。

移民垦荒与广西经济转型(1644—1949),李闰华,中国社会经济史研究,2007年第3期。

以开放的视野从事抗战文化研究——"国际视野下的广西抗战文化研究学术研讨会"综述,李建平,抗战文化研究,2007年。

云南:犹太难民的希望之乡,曹晓飞,云南行政学院学报,2007年第3期。

云南抗战文学园圃漫步散记,蒙树宏,抗战文化研究,2007年。

再论《十批判书》的撰著动机与论学宗旨,戚学民,历史研究,2007年第3期。

在黑暗中举起一盏灯笼向前走:茅盾在重庆的战斗纪事,谢荣忠,党史信息报,2007年1月17日。

战火中的江苏工业内迁,孙宅巍,档案与建设,2007年第2期。

战时国民政府争取中国大国地位的外交努力,余本兰,淮北煤炭师范学院学报(哲社版),2007年第3期。

战时燃料主要供应基地——天府煤矿,牟莉,卢作孚研究,2007年第2期。

战争政治与1940年代的中国诗歌,贺仲明,江汉大学学报(人文科学版),2007年第1期。

张道藩与西部文化开发,李晓兰,贵州文史丛刊,2007年第4期。

真实再现滇西多民族抗战史——读耿德铭先生的《滇西抗战史证》,张波,全国新书目,2007年第2期。

政治与文学:双重身份的分裂与重合——论郭沫若抗战时期的历史剧创作,倪海燕,贵州师范大学学报(社科版),2007年第4期。

知识的宝库——北碚图书馆,项锦熙,卢作孚研究,2007年第2期。

中共中央南方局指导湖南抗战写真,胡锦昌,档案时空,2007年第5期。

中国"抗战文学"特点之再思考,曹万生,四川师范大学学报(社科版),2007年第2期。

中国第一所民办科学院——中国西部科学院,侯江,卢作孚研究,2007年第2期。

中国妇女慰劳自卫抗战将士总会八年工作总报告,李宁,民国档案,2007年第1期。

中国工业合作运动研究综述,高海萍,贵州工业大学学报(社科版),2007年第4期。

中国共产党是如何推动地方实力派走向抗日战场的:以四川为例的统战史考察,邓前程、徐学初,四川师范大学学报(社科版),2007年第5期。

中国近代人文精神在抗日战争时期的重要发展——以战时首都重庆的抗战及其精神为例,胡彦旭,重庆职业技术学院学报,2007年第4期。

中国抗战电影的大后方——四川,郑光路,四川党的建设(城市版),2007年第3期。

中国人自创的我国第一个综合性自然科学博物馆——中国西部博物馆,侯江,卢作孚研究,2007年第2期。

中国为抗日寻求外国军事援助与合作的经历,章百家,中共党史研究,2007年第5期。

中国西部科学院的档案及其评价,唐润明,卢作孚研究,2007年第3期。

中国西部乡村建设的先驱卢作孚——民国时期卢作孚主持嘉陵江三峡乡村建设运动述略,刘重来,卢作孚研究,2007年第3期。

中国西部最大的现代纺织企业——大明纱厂,牟莉,卢作孚研究,2007年第2期。

中国现当代文学学科发展报告(2005年),晏红,现代中国文化与文学,2007年第1期。

中国在世界反法西斯联盟建立中的地位和作用,胡德坤,世界历史,2007年第3期。

中美合作所是一个抗日军事合作机构,洪小夏,历史教学,2007年第8期。

中美英战略分歧对缅甸战役的影响,王小民,广西社会科学,2007年第3期。

周恩来领导下的南方局在争取中间势力中的统战艺术探析,黄云超,社科纵横,2007年第9期。

周恩来与《大公报》的"笔墨交锋",李筱春,中国统一战线,2007年第7期。

周恩来与抗战时期的华侨领袖,杜俊华,中国统一战线,2007年第4期。

周恩来与张伯苓在抗战时期的交往,梁吉生,人民政协报,2007年5月31日。

资源委员会高级职员角色分析——以抗战时期为核心的考察,郭红娟,河南科技大学学报(社科版),2007年第4期。

资源委员会和民族装备制造业,装备制造,2007年第2期。

综合研究的典范,令人折服的力作——《中国抗战与世界反法西斯战争》评介,彭训厚,军事历史,2007年第2期。

走进时代歌者——简析李劫夫抗日时期的音乐作品,王永杰,辽宁师专学报(社科版),2007年第6期。

走入抗战的历程——论七月派小说人物的精神变异,姚淼,乐山师范学院学报,2007年第3期。

族群振兴与国家建设——广西回族抗战活动的历史人类学分析,杜树海,西北第二民族学院学报(哲社版),2007年第4期。

尊重历史,实事求是,推进抗战文学研究,陈青生,抗战文化研究,2007年。

2008年

"重庆抗战文化研讨会"述要,熊飞宇,重庆师范大学学报(哲社版),2008年第4期。

"复员"时期的红十字周,吕志茹,历史教学(高校版),2008年第5期。

"兼善公司送瓜运动"媒体报道集锦(1941年7月),卢作孚研究,2008年第4期。

"描写着荒原的图画"——西南联大现代主义诗人群现实生活题材创作研究,黄葵,时代文学(下半月),2008年第1期。

"七月诗派"诗人抗战时期在桂林的创作活动,卓光平,广西地方志,2008

年第1期。

"文协"的社群形态与抗战文学文化研究的视阈,杨洪承,当代作家评论,2008年第3期。

"知心同骨肉":老舍与吴组缃——读《吴组缃先生日记摘抄》,张菊玲,北京大学学报(哲社版),2008年第5期。

《北京人》:发生于1940年代的异变与整合——对其抗战、传统与悲剧主题的再认识,张婷婷,兰州交通大学学报,2008年第5期。

《七月》与主编胡风的文艺思想,李小燕,安徽文学(下半月),2008年第4期。

《新华日报》:版面上的相对自由与版面后的不自由,蔡尚伟,淮海工学院学报(社科版),2008年第3期。

《新华日报》的抗战——以批判汪精卫为例的分析,俞国,湖北师范学院学报(哲社版),2008年第6期。

《新华日报》对国民党五届五中全会的斗争策略,俞国,广西社会科学,2008年第10期。

《新华日报》在文艺统战中的多重身份,邓静,中共成都市委党校学报,2008年第1期。

1995—2005:抗日战争时期经济研究述评,郑起东,抗日战争研究,2008年第3期。

2007年抗日战争史论文目录索引,刘丽,抗日战争研究,2008年第4期。

2007年中国近代经济史研究述评,高超群,中国经济史研究,2008年第2期。

艾青与《广西日报·南方》,梁颖涛,南方文坛,2008年第4期。

北碚旧游,梁实秋,卢作孚研究,2008年第3期。

被湮没的抗争:抗战时期国民政府的对敌宣传,易振龙,湖北广播电视大学学报,2008年第8期。

笔谈抗日战争与近代中国社会变迁,袁成毅,抗日战争研究,2008年第2期。

筚路蓝缕,以启山林——记刘国钧先生与国立西北图书馆,罗康泰,宝鸡文理学院学报(社科版),2008年第4期。

博弈论视阈中的抗战时期宪政运动研究,祝天智,重庆科技学院学报(社科版),2008年第9期。

参议员候选人的实力差异与竞争方式选择:以民国时期重庆第一届参议员选举为例,向中银,西南大学学报(社科版),2008年第2期。

长征战士　红岩村人　重庆老乡——我所认识的童小鹏,周勇,红岩春秋,2008年第6期。

陈独秀晚年的民主政治思想,侯玉,社会科学家,2008年第10期。

穿越黑暗的飞翔——论巴金桂林文化城时期的散文创作,刘铁群,东方丛刊,2008年第4期。

重庆1938—1946:老舍的文化分水岭,胡登全,文艺理论与批评,2008年第3期。

重庆抗战遗址的保护与利用研究,杜春兰,重庆建筑大学学报,2008年第5期。

重庆商场与兼善实业公司签订西瓜包销合同来往函件(1940年),卢作孚研究,2008年第4期。

重庆育才学校被查封始末,孙丹年,南京晓庄学院学报,2008年第1期。

重庆战时工业区踏勘记,萧小红,卢作孚研究,2008年第2期。

从《川魂——四川抗战档案史料选编》析1940年日军空袭重庆,李赫亚,北京理工大学学报(社科版),2008年第2期。

从《周佛海日记》看汪精卫集团的通敌活动,罗毅,中华文化论坛(增刊),2008年。

从蒋介石日记看抗战后期的中英美关系,王建朗,民国档案,2008年第4期。

从乞援到争援再到要援——抗战时期蒋介石美援外交思想探析,高小亮,长江师范学院学报,2008年第3期。

大国意识与大国作为——抗战后期的中国国际角色定位与外交努力,王建朗,历史研究,2008年第6期。

第二战区战动评析,张丽梅、栾雪飞,东北师大学报(哲社版),2008年第

2期。

滇军入越受降的前前后后,王伟,文史春秋,2008年第4期。

喋血湘伶——抗战中不屈的湘剧艺术家,孙文辉,文史博览,2008年第8期。

东北籍抗日救亡人士在重庆,张洪军,理论学刊,2008年第5期。

东北抗日义勇军入新后对新疆社会的影响,张德瑞,新疆大学学报,2008年第3期。

东方的"诺亚方舟",卢晓蓉,卢作孚研究,2008年第3期。

发祥于重庆的中国民主党派,隆准,红岩春秋,2008年第2期。

丰子恺在广西的抗战宣传,吴继金,传承,2008年第17期。

共产党参政员与国民参政会,吴海金,武汉交通职业学院学报,2008年第4期。

关于编撰《中国抗战文艺史》的思考,李建平,抗战文化研究,2008年。

关于桂林抗战新闻史研究的几点思考,靖鸣,经济与社会发展,2008年第2期。

关于抗日战争期间昆明天主教活动的认识,秦和平,西北民族论丛,2008年。

关于中国抗战财产损失研究中的几个问题,袁成毅,抗日战争研究,2008年第2期。

官营化·教育化·普及化:抗战时期后方电影的发展路径转向,汪朝光,江海学刊,2008年第1期。

广西抗战和"二战"遗址保护与旅游开发互动关系研究,李建平,沿海企业与科技,2008年第12期。

广西抗战文化遗产与旅游开发学术研讨会综述,王绍辉,抗战文化研究,2008年。

贵州抗战损失初探,秦坤,贵州社会科学,2008年第9期。

桂林抗战美术研究:范围、意义、现状、途径与方法,李普文,艺术探索,2008年第4期。

桂林抗战时期新闻史研究措施与前瞻,靖鸣等,新闻知识,2008年第3期。

桂林抗战文化城期间主要国画家研究,黄国乐,抗战文化研究,2008年。

桂林抗战文化研究30年,魏华龄,桂林师专学报,2008年第3期。

桂林抗战遗产的保护与利用价值,文丰义,抗战文化研究,2008年。

桂林文化城诗坛:豪歌铸造民族英雄形象,黄绍清,贺州学院学报,2008年第2期。

郭沫若抗战佚诗五首,曾建戎供稿(原诗为手迹由曾建戎提供,编辑部自行整理),郭沫若学刊,2008年第4期。

郭沫若文化抗战论与中日文化启蒙的话语关联,陈俐,中华文化论坛,2008年第3期。

国际法视角下的中国抗日战争研究,祁怀高,历史教学(高校版),2008年第12期。

国民党在抗战时期中华民族精神形成中的历史作用,郑欣,黑龙江史志,2008年第22期。

国民党政府在抗战胜利后迅速崩溃的原因分析,舒文,清华大学学报(哲社版)(增刊),2008年。

国民政府对欧战及结盟问题的应对,鹿锡俊,历史研究,2008年第5期。

国民政府抗战时期军事优抚评析——以四川地区为中心的考察,沈阳,抗日战争研究,2008年第2期。

国民政府三挫"藏独"阴谋,党史纵览,2008年第5期。

国内抗战时期社会史研究的回顾与展望:1995—2006,江沛、迟晓静,抗日战争研究,2008年第2期。

韩国光复军征募三分处抗日活动史略,王世新,当代韩国,2008年第2期。

和谐语境之桂林版《救亡日报》办报特色探析,徐健,新闻知识,2008年第12期。

红岩村中见精神,周勇,红岩春秋,2008年第1期。

华侨汇款与抗日战争,易棉阳,玉林师范学院学报,2008年第6期。

羁縻与渗透:抗战时期国民党政权处理西北民族问题策略透视——以1937年甘肃卓尼事变为例,刘进,青海民族研究,2008年第4期。

疾风知劲草,岁寒见后凋——周恩来和郭沫若,曹应旺,党史博采(纪实),2008年第3期。

纪念性空间的塑造——记重庆抗战文化研究中心创作实践,雍蓓蕾,室内设计,2008年第1期。

夹缝中的《中央日报》"芷江版"副刊《新路》,蒋国经等,档案时空,2008年第3期。

兼善实业公司史料,卢作孚研究,2008年第4期。

兼善中学的前尘往事,赵晓铃,卢作孚研究,2008年第4期。

蒋介石日记披露对日密谈内幕,杨天石,文史博览,2008年第4期。

蒋介石推行行政三联制的原因探析,陈宏明,历史教学(高校版),2008年第3期。

蒋介石与资源委员会,郭红娟,史学月刊,2008年第12期。

近10年来中国抗日战争的地位和作用研究述评,李东朗,民国档案,2008年第1期。

近20年来中国近代慈善事业史研究述评,曾桂林,近代史研究,2008年第2期。

近代民族关系史上的西康建省及其历史意义,王川,西藏大学学报(社科版),2008年第1期。

近代市政研究的回顾与评估,任放,近代史研究,2008年第2期。

近二十年来关于抗战期间我国高校内迁问题研究综述,刘韦,河北理工大学学报(社科版),2008年第3期。

近十年抗日战争时期重要人物研究述评,李仲明,史学月刊,2008年第9期。

旌旗名城映千阳——桂林文化城戏剧运动与中国现代戏剧的文化旨归,李江,抗战文化研究,2008年。

军委会军令部第二厅厅长郑介民赴印洽商中英情报合作事宜史料一组,

中国第二历史档案馆,民国档案,2008年第1期。

抗日民族统一战线——抗战胜利的重要保证,许国荣,党史博采(理论),2008年第12期。

抗日民族统一战线形成后国民党对我党海外工作的打压,陈国威,党史文苑,2008年第10期。

抗日战争进入全面抗战后国共关系的变化,梁爽,云梦学刊(增刊),2008年。

抗日战争期间华侨在国内投资分析,张赛群,八桂侨刊,2008年第4期。

抗日战争胜利前后国统区的民主政治思潮,庞虎,焦作师专学报,2008年第4期。

抗日战争时期成都的疫病与国民政府的应对,郭京湖,经营管理者,2008年第16期。

抗日战争时期的反假币斗争,杨燕,金融经济,2008年第19期。

抗日战争时期的国民外交,印少云,东岳论丛,2008年第5期。

抗日战争时期的美国对华政策浅述,杨淑英,延边教育学院学报,2008年第1期。

抗日战争时期的思想理论研究述评,张太原,党史研究与教学,2008年第2期。

抗日战争时期的四川盐业,鲁子健,盐业史研究,2008年第2期。

抗日战争时期的天主教和基督教略论,韩荣钧,江苏科技大学学报(社科版),2008年第4期。

抗日战争时期的乡村建设运动——以平教会为中心的考察,李在全、游海华,抗日战争研究,2008年第3期。

抗日战争时期的中国共产党与民主党派的关系演变,万理、赵国江,重庆社会主义学报,2008年第2期。

抗日战争时期桂林新闻生态初探,靖鸣等,新闻与传播研究,2008年第1期。

抗日战争时期国统区的粮食危机及其原因,罗玉明,安徽史学,2008年第

1期。

抗日战争时期立法院的调整,陈红民,江苏行政学院学报,2008年第3期。

抗日战争时期四川匪患治理研究,高远,西南大学学报(社科版),2008年第2期。

抗日战争时期四川农垦业的发展,韩昌盛,乐山师范学院学报,2008年第6期。

抗日战争时期灾荒状况及其对人口迁移的影响,张瑞静,绥化学院学报,2008年第1期。

抗日战争时期中共南方局的文化统一战线工作及其成效,扶小兰,重庆社会科学,2008年第12期。

抗日战争时期中国共产党对改革国统区保甲制度的主张,冉绵惠,中共党史研究,2008年第2期。

抗日战争与民众意识的现代化,成林萍,党史研究与教学,2008年第2期。

抗日战争中的启蒙文学思潮,张高杰,阜阳师范学院学报(社科版),2008年第1期。

抗日战争中沦陷区青年学生投奔大后方的回顾,张振鹍,抗日战争研究,2008年第3期。

抗战爆发后国民党的组织危机及其应对措施,彭敦文,民国档案,2008年第2期。

抗战初期四川省教育视导网制度之建立,周茂江,民国档案,2008年第3期。

抗战后期知识青年从军运动研究中存在的几个问题,孙玉芹,南京政治学院学报,2008年第6期。

抗战军运中的兰州皮筏,西迪,发展,2008年第9期。

抗战内迁北碚的中央地质调查所与中国西部科学院,侯江,地质学刊,2008年第4期。

抗战陪都时期峨眉武术考证,吴必强,四川体育科学,2008年第1期。

抗战期间国定本发行体制的出台与困境,曾凡菊,湖南工业大学学报(社科版),2008年第1期。

抗战期间国民政府的人力管制,江红英,抗日战争研究,2008年第4期。

抗战期间云南省紧急救侨委员会初探,凌彦,广东社会科学,2008年第4期。

抗战前期黄炎培在国民参政会调解国共争端的努力,王凤青,抗日战争研究,2008年第2期。

抗战时期(1931—1945)外国儿童文学的译介及其影响,文军,中国比较文学,2008年第4期。

抗战时期"三区"音乐发展特点之评述,邵帅,乐府新声(沈阳音乐学院学报),2008年第1期。

抗战时期成都市全民体育健康教育探微,李光泉,成都体育学院学报,2008年第6期。

抗战时期重庆文化发展对重庆人文精神的影响,李再强,重庆科技学院学报(社科版),2008年第8期。

抗战时期大后方的体育运动——以陪都重庆为考察中心,甄京博,乐山师范学院学报,2008年第3期。

抗战时期大后方开发与"三线建设"之比较,张赛群,成都大学学报(社科版),2008年第4期。

抗战时期大后方文学典型理论的美学思考,冉思玮,重庆文理学院学报(社科版),2008年第1期。

抗战时期大后方新兴木刻的起始,凌承纬,红岩春秋,2008年第2期。

抗战时期大后方与沦陷区间的经济关系,齐春风,中国经济史研究,2008年第4期。

抗战时期的第三届广西学生军,黄优,中共桂林市委党校学报,2008年第1期。

抗战时期的贵州灾荒特点及原因研究,莫子刚,贵州民族学院学报(哲社版),2008年第2期。

抗战时期的桂林史学研究——兼评田亮著《抗战时期史学研究》,魏华龄,抗战文化研究,2008年。

抗战时期的国民参政会是多党合作制的渊源,刘俊杰,中共南昌市委党校学报,2008年第4期。

抗战时期的国民党对外宣传及美国记者群,张威,杭州师范大学学报(社科版),2008年第5期。

抗战时期的衡阳经济,萧平汉,长沙理工大学学报(社科版),2008年第3期。

抗战时期的清华无线电研究所,陈家新,哈尔滨工业大学学报(社科版),2008年第6期。

抗战时期的社会服务事业刍论,王颖,重庆科技学院学报(社科版),2008年第8期。

抗战时期的王芃生与国际问题研究所,万发真,山东理工大学学报(社科版),2008年第1期。

抗战时期的乡村建设运动——以平教会为中心的考察,李在全,抗日战争研究,2008年第3期。

抗战时期的辛弃疾形象和辛词研究,吴中胜,中国韵文学刊,2008年第1期。

抗战时期的移民潮对西北社会的影响,李建国,西北师大学报(社科版),2008年第1期。

抗战时期甘南藏区畜牧业开发刍议,毛光远,西藏研究,2008年第3期。

抗战时期甘肃农贷及对河西农业的扶持,裴庚辛,中南民族大学学报(社科版),2008年第4期。

抗战时期工矿业内迁对云南的影响初探,吴国健,山西高等学校社会科学学报,2008年第11期。

抗战时期关于创建联合国的舆论因应与朝野互动,刘宝东,党史研究与教学,2008年第5期。

抗战时期广西各图书馆受损基本情况及其思考,覃静,抗战文化研究,2008年。

抗战时期贵阳的宣传画展——沈逸千画展,陈泽渊,贵阳文史,2008年第1期。

抗战时期贵州役政之初探,莫子刚,抗日战争研究,2008年第4期。

抗战时期贵州遭受日军空袭及损失研究,秦坤,遵义师范学院学报,2008年第5期。

抗战时期郭沫若宣传活动综述,苟兴朝,郭沫若学刊,2008年第2期。

抗战时期国共关系史研究的一部力作——读《皖南事变史论》有感,何世芬,哈尔滨市委党校学报,2008年第2期。

抗战时期国共两党关于难民安置的态度及措施之比较研究,刘俊斌,山西高等学校社会科学学报,2008年第4期。

抗战时期国民党举办党政训练班原因探析,孙桂珍,经济与社会发展,2008年第8期。

抗战时期国民党农民动员问题评析,张丽梅、栾雪飞,历史教学(高校版),2008年第6期。

抗战时期国民政府兵役制度研究综述,蔡海林,军事历史研究,2008年第1期。

抗战时期国民政府兵员动员述评,张燕萍,抗日战争研究,2008年第4期。

抗战时期国民政府的土地陈报,陈丹丹,郑州航空工业管理学院学报(社科版),2008年第5期。

抗战时期国民政府对四川汽车燃料管理考略,杜乐秀,民国档案,2008年第4期。

抗战时期国民政府开发西部的重大政治举措,马烈,江苏教育学院学报(社科版),2008年第1期。

抗战时期国民政府陆军抚恤机构初探,李翔,抗日战争研究,2008年第1期。

抗战时期国民政府强化军人抚恤制度原因之分析,李翔,军事历史,2008年第1期。

抗战时期国民政府与韩国独立运动,武菁,安徽大学学报(哲社版),2008

年第3期。

抗战时期国民政府与西藏热振摄政的关系,王海燕,云南民族大学学报(哲社版),2008年第1期。

抗战时期国统区关于国、民营经济的论争,阎书钦,天津师范大学学报(社科版),2008年第2期。

抗战时期国统区后方生产竞赛运动之初探,莫子刚,安徽史学,2008年第2期。

抗战时期国统区农业生产力问题探析,林志彬,河南师范大学学报(哲社版),2008年第1期。

抗战时期国统区文化出版及产业发展调查分析,沈旻,艺术百家,2008年第3期。

抗战时期湖南工矿业发展动因探析,王安中,求索,2008年第8期。

抗战时期华侨机工支援抗战运输档案,湖北档案,2008年第11期。

抗战时期话剧《凤凰城》流行原因初探,段绪懿,四川戏剧,2008年第5期。

抗战时期旧体诗词对古代战争诗词纪实性之继承,陈忻,重庆师范大学学报(哲社版),2008年第4期。

抗战时期空中打击力量的建设及其重要历史价值,温玉堂,北京党史,2008年第5期。

抗战时期兰州金融组织的发展及影响,裴庚辛,青海民族研究,2008年第2期。

抗战时期美国对华第一笔借款的由来,李传玺,江淮文史,2008年第6期。

抗战时期民国政府边疆教育政策在绥境的实施,丁平,内蒙古师范大学学报(哲社版),2008年第2期。

抗战时期南方局对国民党群团组织的团结和争取,肖红,重庆社会主义学院学报,2008年第1期。

抗战时期内迁高校与西南边疆教育的发展,张永民,内江师范学院学报,2008年第11期。

抗战时期农村经济浅述,田志飞,康定民族师专学报,2008年第4期。

抗战时期陪都体育赛事,李重华,抗战文化研究,2008年。

抗战时期黔北工商业发展探究,方步安,铜仁学院学报,2008年第6期。

抗战时期青海蒙藏牧区畜疫防治述论,毛光远,青海民族研究,2008年第4期。

抗战时期人口内迁对陕西民众社会生活的影响,张颖,西安社会科学(哲社版),2008年第4期。

抗战时期人口迁移及对西部开发影响的全景展示——评张根福著《抗战时期的人口迁移——兼论对西部开发的影响》,谭刚,中国历史地理论丛,2008年第4期。

抗战时期书刊报的出版及利用,徐寿芝,盐城师范学院学报(社科版),2008年第6期。

抗战时期四川国防工程建设征用民工的经费,张莉,重庆工商大学学报(社科版),2008年第6期。

抗战时期四川国防工程建设征用民工情况探析,张莉,西南交通大学学报(社科版),2008年第2期。

抗战时期四川民工的待遇和伤亡探析,童燕,四川档案,2008年第4期。

抗战时期宋庆龄在重庆,牛瑞芳,红岩春秋,2008年第2期。

抗战时期苏联援华的主要方式——中苏易货借款,孙月华,泰山学院学报,2008年第4期。

抗战时期外省过客眼中的贵阳和贵州,李华年,贵州文史丛刊,2008年第3期。

抗战时期文化运动的历史贡献,郜世奇,党政干部学刊,2008年第5期。

抗战时期文学中的重庆书写——以巴金、张恨水、路翎的小说为例,尹莹,福建论坛(社科教育版),2008年第12期。

抗战时期我国出版业的后方大转移,吴永贵,出版科学,2008年第2期。

抗战时期我国民族语言学和民族学研究综述——以西南地区少数民族研究为个例,聂蒲生,黑龙江民族丛刊,2008年第2期。

抗战时期吴泽霖对贵州少数民族民风民俗的调查研究,聂蒲生,民俗研究,2008年第4期。

抗战时期吴泽霖教授在云南开展的民族田野调查研究,聂蒲生,青海民族研究,2008年第1期。

抗战时期西部地区银行地域分布的变化与西部开发,张根福,中央民族大学学报(哲社版),2008年第5期。

抗战时期西迁重庆高校办学历程的启示,张晓玲,重庆科技学院学报(社科版),2008年第11期。

抗战时期湘西地区体育事业的发展,刘鹤,文史博览(理论),2008年第9期。

抗战时期新疆戏剧运动研究,张映姝,新疆艺术学院学报,2008年第1期。

抗战时期新考据学派的学术转向,董恩强,求索,2008年第9期。

抗战时期章乃器经济思想经世性探微——一位非学院派经济学家的学术取向,马陵合,浙江工商大学学报,2008年第3期。

抗战时期中共的中间势力政策初探,赵海方,和田师专学报,2008年第6期。

抗战时期中共新闻媒体对重庆大轰炸的反应,秦文志,西南大学学报(社科版),2008年第3期。

抗战时期中国文学地理的重新划分——战时中国文学地理研究之一,王维国,江海学刊,2008年第6期。

抗战时期中国知识阶层的中华民族观,高翠莲,烟台大学学报(哲社版),2008年第3期。

抗战时期驻重庆外国新闻机构的发展及历史作用,董谦,重庆社会科学,2008年第6期。

抗战文化价值的普世性,盘福东,抗战文化研究,2008年。

抗战文学功能的美学思考,徐茂,重庆科技学院学报(社科版),2008年第7期。

抗战文学中的重庆形象和作家的创作心态,李蕾,重庆科技学院学报(社科版),2008年第2期。

抗战文学中的滇缅公路,秦弓,抗战文化研究,2008年。

抗战音乐家张曙研究综述,陆璎,抗战文化研究,2008年。

抗战音乐文化特征解析,刘小林,文化学刊,2008年第4期。

抗战语境下新疆歌曲歌词创作的特征,左红卫,新疆艺术学院学报,2008年第1期。

抗战中"舍予"的宗教感,傅光明,抗战文化研究,2008年。

抗战中的昆明广播电台与西南联大(一),戴美政,云南档案,2008年第8期。

抗战中的老舍:"士"的精神与"国家至上",傅光明,西南民族大学学报(社科版),2008年第4期。

抗战中后期日本的"重庆工作"述论(1941—1945),藏运祜,抗日战争研究,2008年第2期。

孔祥熙否认通货膨胀的思想动机,蔡志新,山西师大学报(社科版),2008年第1期。

昆仑关战役遗址保护和建设概况,方建诠,抗战文化研究,2008年。

老舍的昆明讲演与"抗战文学"纷争——从老舍致孙伏园的一封佚信说起,周红,新文学史料,2008年第2期。

老舍作品中的去理想化人物小议——从《四世同堂》谈起,柳婷婷,牡丹江大学学报,2008年第5期。

李乐元先生,赵晓铃,卢作孚研究,2008年第3期。

历史剧《虎符》的版本与修改,李畅,四川戏剧,2008年第3期。

联大时期沈从文的知识分子观,凌宇,湖南师范大学社会科学学报,2008年第1期。

梁思成夫妇在李庄,王凯,党史纵横,2008年第9期。

陇海铁路与陕西城镇的兴衰(1932—1945),谭刚,中国经济史研究,2008年第1期。

卢汉为云南省政与蒋介石孔祥熙等来往函电,杨斌编选,民国档案,2008年第1期。

卢作孚题写的三幅挽联,龙世和,卢作孚研究,2008年第3期。

论20世纪40年代西北羊毛改进处,毛光远,中国农史,2008年第3期。

论国民政府国营与民营经济范围之划分,赵兴胜,山东大学学报(哲社版),2008年第5期。

论华莱士1944年访华,俞国,扬州大学学报(社科版),2008年第3期。

论近代广西的农贷,许中继,贺州学院学报,2008年第1期。

论抗战美术在新疆的发展,孟楠,新疆艺术学院学报,2008年第3期。

论抗战期间西南地区和关内沦陷区工矿业发展,闫亚平,甘肃社会科学,2008年第2期。

论抗战时期大后方的木刻艺术教育,谢春,艺术百家,2008年第5期。

论抗战时期的第二次民主宪政运动,胡颖群,景德镇高专学报,2008年第1期。

论抗战时期的电影与农村,李智辉,福建论坛(社科教育版)(增刊),2008年。

论抗战时期国民党对中间势力的政策及特点,崔创,吉林省社会主义学院学报,2008年第1期。

论抗战时期国民政府捐款献金收支管理与奖励办法,付文武,绵阳师范学院学报,2008年第9期。

论抗战时期湖南的交通,刘国武,衡阳师范学院学报,2008年第4期。

论抗战时期宁夏和新疆的工矿业开发,韩蓓蓓,全国商情(经济理论研究),2008年第7期。

论抗战时期周恩来对三民主义认识的逻辑演进,宋进,江西师范大学学报(哲社版),2008年第3期。

论路翎小说中的重庆下江人形象,陈广根,重庆城市管理职业学院学报,2008年第4期。

论民国时期新疆的军屯(1935—1943),王利中、岳珑,新疆社会科学,2008年第2期。

论七月诗派的抗争精神,宋梅,文学教育(上),2008年第7期。

论石瑛的民主思想,苏全有,新乡学院学报(社科版),2008年第1期。

论无政府主义信仰对巴金抗战文学的潜在影响——兼谈《火》三部曲的价值取向,晓行,中国文学研究,2008年第1期。

论西南联大的历史贡献,周本贞,云南师范大学学报(哲社版),2008年第2期。

论新闻媒体在"伤兵之友"运动中的作用,苟兴朝,西南交通大学学报(社科版),2008年第3期。

论严杰人抗战题材的诗创作,黄泽佩,抗战文化研究,2008年。

论演讲活动对老舍的影响,刘虎,枣庄学院学报,2008年第4期。

论章乃器的战时经济思想,李晓翼,湖南工业大学学报(社科版),2008年第4期。

略论抗日战争时期中国进步知识分子的历史贡献,肖利江,传承,2008年第12期。

略论抗战时期国民政府的反腐败斗争,范连生,兰州学刊,2008年第2期。

略论田汉的代言体抗战诗歌,方育德,艺术评论,2008年第12期。

略述抗战时期湖南邮工的历史贡献,于忠元,长沙大学学报,2008年第1期。

马寅初的"对四开",汪烈九,文史春秋,2008年第9期。

贸易委员会函送驻英使馆之《缅甸运输路线亟应开禁理由节略》,姚勇,民国档案,2008年第2期。

蒙疆政权在文化方面的反共活动,任其怿,内蒙古大学学报,2008年第1期。

民国"康藏航空"中转站玉树巴塘(三江源)机场述论,桑丁才仁,中国藏学,2008年第2期。

民国时期成都市民的都市生活——以饮水卫生与公共厕所卫生为例,米晓燕,文史杂志,2008年第2期。

民国时期甘肃河西地区的水利建设,裴庚辛,西北民族大学学报(哲社版),2008年第2期。

民国时期广西社会思想观念的变迁,李成生,广西地方志,2008年第5期。

民国时期国民党高层政治女性的政治取向与身份认同——以宋庆龄、何香凝为叙述中心,方红姣,社会科学辑刊,2008年第3期。

民国资源委员会与中国的重工业建设,严海建,装备制造,2008年第4期。

民族意识与抗战文化——林语堂抗战期间文化活动的思想检讨,陈煜斓,山东师范大学学报(社科版),2008年第4期。

南京国民政府时期地方参议会研究综述,孙冬梅,兰台世界,2008年第5期。

陪都"中华交响乐团"之始末考评,孙伟,中国音乐学,2008年第3期。

浅论中共南方局在统战工作中所取得的宝贵经验,周艺,广西社会主义学院学报,2008年第5期。

浅谈抗战时期藏族僧俗群众救国难,巴桑次仁,军事历史,2008年第3期。

浅析"重庆大轰炸"中国民政府的防卫对策及法制措施,汪荣,重庆师范大学学报(哲社版),2008年第1期。

浅析抗战时期浙江大学内迁对遵义的影响,曹心宝,遵义师范学院学报,2008年第3期。

浅析权力之争——史蒋矛盾的核心,王乐平,康定民族师专学报,2008年第4期。

青海近代的农业垦殖与环境变迁(1840—1949),张保见、郭声波,中国历史地理论丛,2008年第2期。

缺席的在场:大后方视野中的国民党教育电影,安燕,贵州民族学院学报(哲社版),2008年第5期。

日本的南进政策与英国封闭滇缅公路事件,余予道,军事历史研究,2008年第1期。

深掘民族灵魂的源泉——论《时与潮文艺》创作小说,陈尧尧,贵州大学学报(社会科学版),2008年第2期。

试论"重庆大轰炸"中的卫生应急机制,黄虹,重庆师范大学学报(哲社版),2008年第1期。

试论广西学生军在抗战中的作用,刘国平,传承,2008年第10期。

试论国共两党战后谈判中的美国因素,宋广伟,商丘师范学院学报,2008年第8期。

试论抗日战争时期的广西侨务工作,熊志灵,八桂侨刊,2008年第2期。

试论抗日战争时期湖北后方国统区交通业建设,俞国、徐旭阳,理论月刊,2008年第2期。

试论抗战期间难民西迁的促进作用,韩文具,知识经济,2008年第3期。

试论抗战时期广西难童救济教养工作,熊志灵,传承,2008年第12期。

试论抗战时期国民政府发展"民众教育"的政策与措施——以贵州为例,莫子刚,贵州社会科学,2008年第2期。

试论抗战时期中国女性解放运动的新发展,刘慧娟,宁波教育学院学报,2008年第3期。

试论民主党派在抗日战争中的历史地位,杨荟娟,和田师专学报,2008年第3期。

试论全面抗战时期的民族复兴思潮,张可荣,长沙理工大学学报(社科版),2008年第4期。

试论西部抗战文化的地位和作用,刘世忠,陇东学院学报,2008年第3期。

试论邮政储金汇业局的经营活动——以抗战时期为例,徐琳,重庆邮电大学学报(社科版),2008年第2期。

试论中国远征军在缅甸战场的作用,王晓华,云南民族大学学报(社科版),2008年第3期。

试述抗战时期防护团的发展历程,王建国,阿坝师专学报,2008年第1期。

试析1943年宋美龄访美访英之取舍,李淑苹,江西社会科学,2008年第7期。

试析抗战时期国民党民众动员能力不足的主要原因,索秋平,黑龙江史志,2008年第2期。

试析抗战时期国民政府田赋征实之弊端,潘红石,邵阳学院学报(社科版),2008年第1期。

试析抗战时期湖南的军邮,黄小用,苏州科技学院学报(社科版),2008年第1期。

试析抗战时期西南航空运输的两次飞跃,陈雯,四川理工学院学报(社科版),2008年第3期。

试析周恩来的抗日持久战思想,梁罡,常熟理工学院学报,2008年第7期。

束缚也是一种美——闻一多的新诗美学原则及实践再探,王宏玮,时代文学(下半月),2008年第5期。

宋美龄与抗战期间的伤兵救助,崔节荣,史学月刊,2008年第6期。

宋子文与战时西藏问题交涉,蒋耘,民国档案,2008年第1期。

谈抗战时期四川国防工程建设征用民工的经费来源,张莉,乐山师范学院学报,2008年第6期。

透析抗战时期国民政府对西北及甘肃交通运输业的开发,石慧玺,开发研究,2008年第3期。

外资外贸与中国工业化——抗战后期国统区知识界关于战后建设问题的讨论,阎书钦,近代史研究,2008年第3期。

文化互补与审美映照:老舍与端木蕻良抗战小说之比较,任延东,哈尔滨市委党校学报,2008年第2期。

文化研究与知识分子的形成与互动——以战时北碚的文化生态为考察中心,王本朝,卢作孚研究,2008年第3期。

文化与文学——从重庆抗战文学的文化研究谈起,朱丕智,重庆师范大学学报(哲社版),2008年第4期。

文系时代,情系祖国——台静农及其小说创作,江琼,皖西学院学报,2008年第4期。

闻一多与《楚辞校补》及其他,闻立树,首都师范大学学报(社科版),2008年第1期。

我读兼善中学,胡鸿猷,卢作孚研究,2008年第4期。

我和美国飞虎队队员的一段往事,余群,文史博览,2008年第3期。

无奈的选择:孔祥熙与抗战时期的增发货币政策,吕志茹,山西师大学报

（社科版），2008年第1期。

吴泽霖与贵州少数民族研究，聂蒲生，黑龙江民族丛刊，2008年第4期。

吴组缃小说艺术论，袁良骏，中国现代文学研究丛刊，2008年第4期。

西方主流媒体对重庆大轰炸的报道分析——以《时代》周刊为例，张谨、陈微，重庆大学学报（社科版），2008年第3期。

西南联大的办学思想及其对我国现代大学改革的启示，叶通贤、周鸿，高等教育研究，2008年第30期。

西南联大的校园氛围与闻一多精神之养成，周棉，北京大学学报（哲社版），2008年第1期。

西南联大的学生兵，魏得胜，传承，2008年第23期。

西南联大对我国创建世界一流大学的启示，齐东，清华大学教育研究，2008年第2期。

西南联大文学与香港《大公报·文艺》，李光荣，抗战文化研究，2008年。

现代著名剧作家与战时重庆剧坛，陈未，湘潮（下半月），2008年第8期。

新县制"政教合一"的演进和背景，曹天忠，近代史研究，2008年第4期。

行走在路上的戏剧——"流动性"与抗战时期的民众戏剧，何吉贤，艺术评论，2008年第4期。

性别视野下的重庆抗战电影，周晶，时代文学（双月上半月），2008年第6期。

学人荟萃　共襄盛举——试述陪都时期重庆的比较文学研究，向天渊，重庆文理学院学报（社会科学版），2008年第1期。

寻觅廖家花园——抗战时期文华图专重庆办学旧址廖家花园考，李彭元，图书情报知识，2008年第6期。

研究中国共产党领导桂林抗战文化运动的最新成果——《中国共产党在桂林抗战文化形成和发展中的作用》读后，魏华龄，传承，2008年第2期。

晏阳初公民教育思想的形成与发展，蒋舟，华中师范大学研究生学报，2008年第2期。

阳太阳抗战时期的艺术创作与活动，李永强，艺术探索，2008年第4期。

也谈第二次国共合作的形式,杨东海,新乡教育学院学报,2008年第4期。

一本抗战时期的国剧专著,许文霞,上海戏剧,2008年第7期。

一个基督徒的民主追求,荆世杰,广西师范大学学报(哲社版),2008年第6期。

一路坎坷,一路凯歌——抗战时期的货币战争,孔祥毅,中国金融,2008年第18期。

一位远征印缅老兵的回忆,孟庆宇,文史精华(增刊),2008年。

忆西南联大学生服务处,李储文,中共党史资料,2008年第4期。

音乐与政治:音乐中的民族主义——以抗战歌曲为中心的考察,王续添,抗日战争研究,2008年第3期。

由《力报》副刊看抗战时期的湖南现代文学,赖斯捷,南华大学学报(社科版),2008年第4期。

于细微中见精神——教育家张博和校长杂忆,艾白水,卢作孚研究,2008年第3期。

云南公路运输在抗战时期的战略地位,蒋新红,楚雄师范学院学报,2008年第2期。

再论抗战后期甘肃经济的严重萎缩及其原因,石慧玺,新西部(下半月),2008年第10期。

战火中的戏剧黄金时代,陈未,文学教育(下),2008年第8期。

战时重庆"有机知识分子"及其阶级道德基础研究:以余祖胜为例,何稼书,近代史研究,2008年第1期。

战时军地联合实施城市管控问题浅探,邱克楠等,国防,2008年第3期。

战时新华日报的新闻宣传策略,侯磊,青年记者,2008年第33期。

张君劢抗日思想述论,陈先初,湖南大学学报(社科版),2008年第3期。

张澜——促进团结抗战的"川北圣人",夔剑,重庆社会主义学院学报,2008年第2期。

张治中与抗战初期湘西民族地区的教育发展,刘鹤,怀化学院学报,2008年第4期。

章乃器经济思想述评,李晓翼,求索,2008年第7期。

政治的底层与生命的底层——谈抗战文学对"底层写作"的启示,周维东,内江师范学院学报,2008年第9期。

中共南方局对少数民族的统战工作述论,周艺,学术论坛,2008年第5期。

中国电影事业在抗战时期的发展,张波,科技创新导报,2008年第4期。

中国抗日战争与民众,齐德学,军事历史,2008年第5期。

中国抗战美术作品专题数据库建设与应用研究,李学静,民族艺术,2008年第2期。

中国抗战与世界反法西斯战争格局的形成,韩永利,武汉大学学报(人文科学版),2008年第4期。

中国民主同盟在抗战后期的作用,罗大正,历史教学(高校版),2008年第8期。

中国现代化征程的艰难跋涉,纪辛,中国经济史研究,2008年第3期。

中国现代长篇叙事诗(1937—1949)研究的历史和现状,王汉林,中国诗歌研究动态,2008年第2期。

中国与世界反法西斯联盟的巩固,关培凤,武汉大学学报(人文科学版),2008年第2期。

中国驻印军、远征军反攻缅北滇西胜利的原因,刘咏涛,成都大学学报(社科版),2008年第2期。

中国最早的核计划:蒋介石筹造原子弹始末,贞虎,民防苑,2008年第4期。

中华全国基督教协进会与抗战时期难童救济,党洁,安庆师范学院学报(社科版),2008年第5期。

周恩来与抗战剧作家二三事,石曼,红岩春秋,2008年第3期。

周恩来与抗战时期中共—英国关系的嬗变——以中共南方局与英国驻华大使馆为中心的考察,杜俊华,中共党史研究,2008年第1期。

驻印抗日远征军译员生活忆趣,卢国维,卢作孚研究,2008年第2期。

转向联德,还是继续亲英美?——滇缅路事件后国民党内曾谋划调整外交路线,左双文,近代史研究,2008年第2期。

庄静与中国战时儿童保育会,程荣华,钟山风雨,2008年第4期。

资源委员会的事业认知,郭红娟,晋阳学刊,2008年第2期。

资源委员会与美国西屋公司技术贸易合作略论,张维缜、吴布林,民国档案,2008年第1期。

2009年

"2008重庆'抗战文学与文献'国际学术研讨会"综述,郝明工,重庆师范大学学报(哲社版),2009年第1期。

"抗建"声中的国民政府荒政考析——以贵州为例,莫子刚,贵州社会科学,2009年第9期。

"抗战"时期迁渝"海派"与西南美术的发展,蔡敏,文艺研究,2009年第12期。

"抗战文学与文献"国际学术研讨会述要,周毅,文学评论,2009年第2期。

"联合政府"口号的博弈论分析,祝天智,长白学刊,2009年第2期。

"民族形式"论争的起源与话语形态论析,段从学,社会科学研究,2009年第5期。

"有限内迁"与经营扩张——战时大后方刘鸿生企业(1937—1945),蒋宝麟,民国研究(总第15辑),2009年。

"真宗教家必爱国"——论抗战时期的马相伯,薛玉琴,抗日战争研究,2009年第3期。

《丰碑——桂林抗战纪实文物史料图集》的历史文化价值,盘福东,抗战文化研究,2009年。

《今日评论》与抗战时期第一次宪政运动,谢慧,抗日战争研究,2009年第1期。

《新华日报》的兴衰:1937—1939,盛魁,青年记者,2009年第17期。

《周佛海日记》中的陈独秀解读,李寅初,铜陵职业技术学院学报,2009年第4期。

1931年—1945年宁夏粮食生产稳步增长的原因探析,庄可荣,宁夏社会科学,2009年第5期。

1939—1941年间蒋介石对德态度之演变,张智丹,许昌学院学报,2009年第6期。

1941—1945年贵阳城市管理体制述评——以《贵阳市政》为文本依据,黄沛骊,贵州社会科学,2009年第1期。

1943年向蒋介石铸献九鼎的流产与非议,邓野,近代史研究,2009年第2期。

2008年重庆"抗战文学与文献"国际学术研讨会综述,熊飞宇,抗战文化研究,2009年。

2008年中国近代史论著目录,刘丽,近代史研究,2009年第5期。

2008年中日关系史研究述评,荣维木,抗日战争研究,2009年第4期。

2009年重庆"文学史料与抗战文学"学术研讨会暨中华文学史料学学会近现代史料学分会年会综述,王学振,重庆师范大学学报(哲社版),2009年第4期。

2009年重庆"文学史料与抗战文学"研讨会暨中华文学史料学学会近现代史料学分会年会综述,李文平,文学评论,2009年第5期。

八年抗战中的中华图书馆协会,李彭元,图书馆论坛,2009年第5期。

报纸三"工具"论——1942年以前范长江对于报纸性质和作用的认识,蒋晓丽,西南民族大学学报(社科版),2009年第10期。

笔谈"抗日战争与中日关系史研究",步平,抗日战争研究,2009年第1期。

变动时局中的中国基督教会——基于中华基督教会边疆服务运动的历史考察,汪洪亮,历史教学(高校版),2009年第11期。

朝鲜义勇队的产生与发展,马长林,韩国研究论丛,2009年第1期。

朝鲜义勇队的抗日活动及其历史作用,朴英姬,韩国研究论丛,2009年第1期。

陈独秀江津写文章又惹风波,庞国翔,江淮文史,2009年第4期。

陈行可与新都实验县,程世平,成都大学学报(社科版),2009年第1期。

重庆:远东反法西斯战场的新闻中心,董谦,红岩春秋,2009年第1期。

重庆"文学史料与抗战文学"学术研讨会综述,王学振,中国现代文学研究丛刊,2009年第6期。

重庆大轰炸,从都邮街说起,徐光煦,红岩春秋,2009年第1期。

重庆大轰炸对重庆城市近代化影响刍论,吕洁,黑龙江史志,2009年第15期。

重庆大轰炸中防空军队的腐败,刘向上,党史纵横,2009年第11期。

重庆地方小报在抗战中的舆论地位,张育仁,新闻导刊,2009年第1期。

重庆旧城改造中的历史文化保护研究,刘更,艺术与设计(理论),2009年第10期。

重庆抗战文化旅游资源开发的SWOT分析,叶楠,重庆教育学院学报,2009年第6期。

重庆陪都文学及其话语空间,苏光文,重庆社会科学,2009年第4期。

重庆图书馆抗战文献收藏与建设,王志昆,湖南人文科技学院学报,2009年第5期。

重庆雾与中国抗战文学,张武军,西南大学学报(社科版),2009年第2期。

重拾山河铸画魂——抗战时期的中国画艺术,李振宇,荣宝斋,2009年第4期。

传播目的是服务——桂林版《救亡日报》传播过程要素分析,刘晓慧,广西大学学报(哲社版),2009年第6期。

从《苏日中立条约》的签订看抗战时期的中苏外交,陈涛,理论界,2009年第11期。

从抗战时期的西南联大和云南大学看通才教育与专才教育,张璐,湖北函授大学学报,2009年第2期。

从战地救护到社会服务——简论抗战后期中国红十字会的"复员"构想,吴佩华,民国档案,2009年第1期。

当今仍颇具启示价值的抗战诗作——评严杰人的《这世纪的风》等三首诗,黄泽佩,抗战文化研究,2009年。

地方实力派对第二次国共合作形成的贡献,王武志,沧桑,2009年第4期。

第二届海峡两岸抗日战争史学术研讨会综述,李鑫,抗日战争研究,2009年第3期。

反帝会与新疆抗战美术的发展,左红卫,喀什师范学院学报,2009年第1期。

丰子恺抗战时期散文创作简论,郭磊,湖州师范学院学报,2009年第4期。

风雨沧桑解放碑,尹凌,红岩春秋,2009年第1期。

妇女指导委员会与抗战时期的妇女动员,夏蓉,抗日战争研究,2009年第4期。

傅斯年在国民参政会揭露孔祥熙贪污的议案,王凤青,世纪桥,2009年第1期。

富华贸易公司始末,郑会欣,民国研究(总第15辑),2009年。

关于《嘉陵江日报》,郭昭华,卢作孚研究,2009年第2期。

关于对桂林抗战时期刊登译作文艺期刊的整理,韦幼青,桂林师专学报,2009年第2期。

关于抗日正面战场文学的问题,秦弓,重庆师范大学学报(哲社版),2009年第1期。

关于抗战时期在大后方的作家生活保障运动,〔日〕杉本达夫,重庆师范大学学报(哲社版),2009年第1期。

关于在重庆建立中国抗战文献中心的思考,王宁远,四川图书馆学报,2009年第5期。

广西大事记(中华民国之二十九),广西地方志,2009年第4期。

广西抗战和二战遗址保护与旅游开发互动关系研究,李建平,抗战文化研究,2009年。

贵阳的抗日救亡运动,黄亦君,兰台世界,2009年第3期。

桂林抗战教育成就略论——兼谈雷沛鸿的作用和贡献,蒋桂珍,中共桂林市委党校学报,2009年第4期。

桂林抗战时期关于文艺大众化、民族形式的讨论,李永强,艺术探索,2009年第4期。

桂林抗战时期美术文化功能简论,刘俊,边疆经济与文化,2009年第11期。

桂林抗战文化与中国现代文学,郭继毅,西南农业大学学报(社科版),2009年第3期。

桂林图书馆抗战文献征集整理及研究利用,覃静,抗战文化研究,2009年。

郭沫若抗战历史剧女性形象浅析,李畅,四川戏剧,2009年第5期。

郭沫若与抗战戏剧理论,苟兴朝,文史杂志,2009年第6期。

郭沫若与苏联各界往来函电(1941年—1946年),郭沫若学刊,2009年第4期。

国共两党在国统区的文化策略,朱猷武,潍坊学院学报,2009年第3期。

国际法视野下中国对日"宣战"问题分析,杨炎辉,柳州师专学报,2009年第5期。

国民参政会性质研究述评,陈一容,抗日战争研究,2009年第2期。

国民参政会与汪精卫叛国投敌,阎玉田,河北大学学报(哲社版),2009年第4期。

国民政府行政督察专员制的演变及特点,谢晓鹏,首都师范大学学报(社科版),2009年第2期。

国民政府与抗战时期的劳工福利,江红英,四川师范大学学报(社科版),2009年第1期。

国民政府战时公费教育制的创立及其成效,刘海军,安庆师范学院学报(社科版),2009年第9期。

国营招商局概况(1943年11月),卢作孚研究,2009年第2期。

河南大学藏丰子恺漫画的史料价值,肖丽,河南科技学院学报,2009年第2期。

红岩精神研究的几个基本问题,周勇,党的文献,2009年第2期。

胡风对老舍的阶段性评价,吴永平,新文学史料,2009年第3期。

胡风在"国际宣传处"任职情况考,吴永平,江汉论坛,2009年第9期。

胡适在"救亡"运动中,郑万鹏,海南广播电视大学学报,2009年第1期。

华岗与《新华日报》,徐畅,福建党史月刊,2009年第11期。

回族抗日歌曲与国家认同,敏俊卿,北方民族大学学报(哲社版),2009年第5期。

纪念朝鲜义勇队创建70周年国际学术研讨会综述,蒋建忠,韩国研究论丛,2009年第1期。

继续为国家为公司效力(1938年11月),卢作孚,卢作孚研究,2009年第4期。

坚持奋斗在抗战大后方——中华民族解放行动委员会在陪都重庆活动纪实(上)(下),杨力,前进论坛,2009年第8—9期。

简论陆华柏抗战时期的群众歌曲创作,丁卫萍,南京艺术学院学报(音乐与表演版),2009年第3期。

蒋介石日记披露抗战期间对日密谈内幕,杨天石,党史文苑,2009年第12期。

蒋介石与刘文辉的西康之争,王祖远,湖北档案,2009年第6期。

近代重庆金融中心的形成和发展(1891—1949),周勇,重庆渝中区文史资料·渝中金融史话专辑,2009年。

近代甘肃定西地区经济发展的特点,唐永霞,甘肃高师学报,2009年第6期。

近年来关于党在抗战时期知识分子政策的研究综述,张诚,铜仁学院学报,2009年第1期。

抗日统一战线是党在抗战局部执政时期开发的最丰厚的政治资源,曹丰汉,重庆社会主义学院学报,2009年第1期。

抗日战争胜利后华侨机工尚存人数,陈达娅,八桂侨刊,2009年第2期。

抗日战争时期的兵险,方勇,安徽史学,2009年第6期。

抗日战争时期的云南商人与对外民间商贸,周智生,抗日战争研究,2009

年第2期。

抗日战争时期广西当局的社会总动员策略,袁玉芳,桂林师专学报,2009年第1期。

抗日战争时期国统区粮食库券述略,蔡慧敏,重庆科技学院学报(社科版),2009年第8期。

抗日战争时期难童救济工作,王艺儒,忻州师范学院学报,2009年第5期。

抗日战争时期西北战地服务团几个问题研究,周峰,南京政治学院学报,2009年第6期。

抗日战争史研究综述,李日升,湖南工程学院学报(社科版),2009年第1期。

抗日战争与犍乐盐业的相互关联探析,张汝,生产力研究,2009年第14期。

抗日战争与中国工业近代化,薛毅,抗日战争研究,2009年第2期。

抗战初期成都的救亡空气略谈,谢春燕,科教文汇(上旬刊),2009年第2期。

抗战初期重庆社会生活"百科全书"《西南日报》,张育仁,新闻导刊,2009年第5期。

抗战大后方难民移垦对生态环境的影响,常云平,西南大学学报(社科版),2009年第5期。

抗战工业内迁与重庆钢铁工业重组,赵勇,经济研究导刊,2009年第34期。

抗战经济史研究的一部力作——评《经济与战争——抗日战争时期的统制经济》,郭从杰,高校社科动态,2009年第2期。

抗战期间工厂内迁对西部发展的作用,史文龙,法制与社会,2009年第10期。

抗战期间贵州现代医疗卫生事业的发展,李娇娇,徐州师范大学学报(哲社版),2009年第5期。

抗战期间内迁移民的结构特点,常云平,西南农业大学学报(社科版),2009年第4期。

抗战期间日、美两国对中国图书馆事业影响比较,刘劲松,图书馆界,2009年第2期。

抗战期间中加军事关系评析,潘兴明,史学集刊,2009年第1期。

抗战前后甘肃区域市场研究——以水烟、羊毛的运销为例,裴庚辛,商丘师范学院学报,2009年第8期。

抗战前后西北农田水利建设探析,杜军辉,河西学院学报,2009年第1期。

抗战前期四川国防工程建设征用民工的经费来源,张莉,西南交通大学学报(社科版),2009年第4期。

抗战胜利前后湖北青年学生参加青年军的概况,谭定远,湖北文史,2009年第2期。

抗战时期"西进运动"对西北地区人口影响探究,李丽霞,兰台世界,2009年第23期。

抗战时期"重庆大轰炸"几个基本问题的探讨,周勇,重庆大学学报(社科版),2009年第1期。

抗战时期《新华日报》对大后方工人的政治动员,王永恒,新闻爱好者,2009年第22期。

抗战时期《中国妇女》的内容与版面特色,井春野,新闻世界,2009年第7期。

抗战时期朝鲜义勇队在桂林等地新闻宣传活动初探,靖鸣,抗战文化研究,2009年。

抗战时期重庆《文艺阵地》对外国文学的译介,徐惊奇,外国语文,2009年第6期。

抗战时期重庆的园林建设,欧阳桦,重庆建筑,2009年第2期。

抗战时期重庆防空洞管理处述论,罗玲,西南大学学报(社科版),2009年第5期。

抗战时期重庆民众对日军轰炸的意识演变——以1938—1943年《国民公报》等报刊为主体的考察,鲁克亮,西南大学学报(社科版),2009年第1期。

抗战时期重庆市道路交通建设与管理初探,郑涛,重庆交通大学学报(社科版),2009年第6期。

抗战时期川康区食糖专卖政策对内江糖业的影响,覃玉荣,西南交通大学学报(社科版),2009年第3期。

抗战时期大后方的诗歌观念及其艺术价值,熊辉,重庆社会科学,2009年第5期。

抗战时期大后方的物价及国民政府的政策应对,吕洁,改革与开放,2009年第8期。

抗战时期大学生活的另类书写——《未央歌》中的西南联大记事,田正平,高等教育研究,2009年第7期。

抗战时期的北泉慈幼院,张丽萍,邢台学院学报,2009年第3期。

抗战时期的成都乞丐教养所,孙荣,文史杂志,2009年第6期。

抗战时期的国家与大学政治文化:中央大学"易长"研究,蒋宝麟,史林,2009年第3期。

抗战时期的湖南烟草,邓东林,湖南烟草,2009年第3期。

抗战时期的黄陵祭祀典礼,李俊领,扬州大学学报(社科版),2009年第5期。

抗战时期的街头剧与大众政治行为,傅学敏,戏剧,2009年第1期。

抗战时期的农工党·农工党在武汉的抗日活动,余天武,前进论坛,2009年第1期。

抗战时期的女子师范教育——以成都女子师范学校为例,任春艳,历史档案,2009年第4期。

抗战时期的文人流徙与文化传播——以老舍为考察中心,陈建宁,福建论坛(社科版),2009年第12期。

抗战时期的中央博物馆文物西迁,李荔,中国文化遗产,2009年第2期。

抗战时期甘南藏区医疗卫生建设研究,毛光远,西藏大学学报(社科版),2009年第4期。

抗战时期甘肃工业的崛起,杨兴茂,发展,2009年第11期。

抗战时期高校内迁述论,戴现华,许昌学院学报,2009年第6期。

抗战时期工业内迁对陕西经济的影响,杜欢,传承,2009年第22期。

抗战时期广西的农贷政策及其实施成效,宾长初,抗日战争研究,2009年第4期。

抗战时期广西农事试验对近代农业的贡献,潘桂仙,柳州师专学报,2009年第5期。

抗战时期广西学生军报刊的媒介生态分析及其启示,曹爱民,东南传播,2009年第11期。

抗战时期广西艺术师资训练班的发展历程,李晨辉,艺术探索,2009年第5期。

抗战时期贵州人口变迁对社会的影响,黄文,贵州文史丛刊,2009年第3期。

抗战时期桂剧改革中文化战略思维的转换及其启示,李江,抗战文化研究,2009年。

抗战时期桂林文化城的舞蹈活动,覃国康,抗战文化研究,2009年。

抗战时期国家金融机构在陕西的农贷,张天政,抗日战争研究,2009年第2期。

抗战时期国家资源委员会在西北建设中的主要业绩及启示,付春锋,信阳农业高等专科学校学报,2009年第3期。

抗战时期国立大学教师生计探微——以西南联大教师生计为中心,黄晓通,延边党校学报,2009年第3期。

抗战时期国立中正大学的学生社团特点研究,黄文保,法制与社会,2009年第26期。

抗战时期国民参政员调解国共争端的首次尝试:以黄炎培为例,王凤青,山东省农业管理干部学院学报,2009年第1期。

抗战时期国民党对图书出版业的控制与管理评析,庄廷江,国际新闻界,2009年第12期。

抗战时期国民政府的合作社经济政策,李玉敏,兰州学刊,2009年第1期。

抗战时期国民政府的军人优抚安置制度述评,兰雪花,长春师范学院学报(社科版),2009年第1期。

抗战时期国民政府的农业推广政策,陈雷,阜阳师范学院学报(社科版),2009年第3期。

抗战时期国民政府对甘肃农业的开发及成就,石慧玺,西北民族大学学报(哲社版),2009年第1期。

抗战时期国民政府对韩国独立运动派系矛盾的调处及其影响,张玉红,东疆学刊,2009年第4期。

抗战时期国民政府高等教育战时体制探析,胡晓婷,黑龙江史志,2009年第6期。

抗战时期国民政府迁都重庆后政治导向对区域经济的影响,武端利,牡丹江教育学院学报,2009年第1期。

抗战时期国民政府水利建设述论,李俊,求索,2009年第12期。

抗战时期国民政府田赋征实中的利益集团关系,郝银侠,南京师大学报(社科版),2009年第6期。

抗战时期国民政府土地税收政策的调整,陈国庆,广西师范大学学报(哲社版),2009年第5期。

抗战时期国民政府西北经济开发特征浅议,王广义,大庆师范学院学报,2009年第5期。

抗战时期国民政府行政院的机构调整与改革,刘大禹,抗日战争研究,2009年第3期。

抗战时期国人对国家医疗卫生事业的评议——以抗战时期卫生期刊上的言论为例,张玲,北方民族大学学报(哲社版),2009年第2期。

抗战时期国统区"抓壮丁"现象剖析,冉绵惠,史林,2009年第4期。

抗战时期国统区粮价波动规律浅析,罗玉明,石河子大学学报(哲社版),2009年第3期。

抗战时期汉中教育的发展、贡献与启示,王学成,陕西理工学院学报(社科版),2009年第3期。

抗战时期后方的节约建国储蓄运动,方霞,抗日战争研究,2009年第3期。

抗战时期胡志明与桂林的特殊情缘,文丰义,抗战文化研究,2009年。

抗战时期湖南安化茶叶发展原因初探,余志君,传承,2009年第18期。

抗战时期湖南的工矿业,刘国武,抗日战争研究,2009年第2期。

抗战时期湖南农业述论,刘国武,抗日战争研究,2009年第4期。

抗战时期教会卫生力量参与公共卫生事业考察——以四川省为例,张玲,医学与哲学(人文社会医学版),2009年第2期。

抗战时期经济思潮的演进——从计划经济、统制经济的兴盛到对自由经济的回归,阎书钦,南京大学学报(社科版),2009年第5期。

抗战时期陕西传统农业向近代农业的转变,赵喜军,西北农林科技大学学报(社科版),2009年第6期。

抗战时期四川公共卫生事业述论,张玲,史学集刊,2009年第1期。

抗战时期四川内江蔗糖业的长项债务纠纷,胡丽美,内江师范学院学报,2009年第11期。

抗战时期四川省长途电话事业初探,赵博,安徽文学(下半月),2009年第1期。

抗战时期宋庆龄的募捐活动述论,丁留宝,江汉大学学报(人文科学版),2009年第4期。

抗战时期苏联援华飞机数量及机型,赵广军,军事历史,2009年第1期。

抗战时期西北地区的公路运输管理,杨洪,长安大学学报(社科版),2009年第2期。

抗战时期西康经济建设述论,张践,贵州社会科学,2009年第3期。

抗战时期西南联大的民族学人类学研究及其意义——以云南为中心的田野调查为例,杨绍军,贵州民族研究,2009年第4期。

抗战时期西南实业协会的成立及其主要活动,耿密,重庆社会科学,2009年第3期。

抗战时期新疆群众俱乐部和影剧院的发展,左红卫,新疆艺术学院学报,2009年第4期。

抗战时期新疆舞蹈的发展,王泳舸,新疆艺术学院学报,2009年第1期。

抗战时期学者散文的自由诉求,范卫东,南京师大学报(社科版),2009年第1期。

抗战时期音乐家林路在桂林的生活与创作,陆璎,抗战文化研究,2009年。

抗战时期玉林的"通道经济"及其启示,石维有,学术论坛,2009年第9期。

抗战时期战区教育员生之救济考论,孙玉芹,南京政治学院学报,2009年第4期。

抗战时期中共对国统区知识分子的统战工作,王锋,重庆社会主义学院学报,2009年第6期。

抗战时期中国经济的三个特点,易棉阳,江西财经大学学报,2009年第2期。

抗战时期中国科学化进路,李丽,江苏大学学报(社科版),2009年第5期。

抗战时期中国文学地理的基本格局——战时中国文学地理研究之二,王维国,学习与探索,2009年第1期。

抗战时期中国文学地理的艺术表征——战时中国文学地理研究之三,王维国,人文杂志,2009年第2期。

抗战时期周恩来对桂林文化人的保护,曹裕文,党史文汇,2009年第1期。

抗战时期左翼文化精英群体与对外舆论宣传,张夷弛,新闻导刊,2009年第2期。

抗战文化研究书信往来中的情缘和友谊,魏华龄,抗战文化研究,2009年。

抗战文学作品的若干历史性与思想性问题,逄增玉,文艺争鸣,2009年第3期。

抗战相持阶段国民政府行政院的机构调整,刘大禹,江西社会科学,2009年第1期。

抗战新闻教育:复旦大学的地位及办学特色,张育仁,新闻导刊,2009年第6期。

抗战语境中的阐释策略——论建国前华威形象的阐释,陈晓燕,湖北广播电视大学学报,2009年第9期。

抗战中的"菩萨行"与太虚法师,房林,文史杂志,2009年第6期。

科学地研究"红岩精神"是对南方局最好的纪念,周勇,红岩联线,2009年第4期。

苦难中的繁荣:抗战时期三峡地区经济发展散论,田强,三峡论坛,2009年第1期。

李任仁与抗战时期的桂林文化,刘宗惠,文史春秋,2009年第11期。

历史的悖论与民族国家想象——论战国策派的民族国家表达及其意义和局限,徐勇,浙江学刊,2009年第4期。

历史与现实:郭沫若史剧叙述意图的追问,黄科安,文艺研究,2009年第2期。

联大八年体育记,李晓华,贵州体育科技,2009年第4期。

梁平机场:战鹰浴血冲天飞,杨光君,红岩春秋,2009年第4期。

林同济的文艺观,尹小玲,湖南医科大学学报(社科版),2009年第2期。

麟天凤涯——桂林抗战时期丰子恺的文化交汇影响,张景鸿,广西师范大学学报(哲社版),2009年第4期。

流亡中的日常意义沉思——源自抗战时期丰子恺的经历,朱小田,抗日战争研究,2009年第4期。

陇海铁路与"秦宝工业区"的崛起:1937—1945年,张雨新,西安文理学院学报(社科版),2009年第3期。

卢作孚对重庆大轰炸粮价高涨的因应措施(1940—1941年),简笙簧,中国经济史研究,2009年第4期。

卢作孚——中国实业家的榜样,刘重来,卢作孚研究,2009年第4期。

陆华柏研究述评,丁卫萍,天津音乐学院学报,2009年第4期。

路翎小说中重庆底层民众形象浅论,陈广根,重庆城市管理职业学院学报,2009年第3期。

论"十五年中日战争"与"八年抗战",王桧林,抗日战争研究,2009年第1期。

论重庆大轰炸的当代启示,谢赐余,理论学刊,2009年第7期。

论川康食糖专卖局设立与机构运行特征,胡琦,现代商贸工业,2009年第

24期。

论桂林抗战戏剧与受众接受关系,刘小林,南宁师专学报,2009年第1期。

论郭沫若1937—1949年间的自传写作,袁祺,齐齐哈尔大学学报(哲社版),2009年第6期。

论国民参政会对抗战经济的贡献,陈国勇,学理论,2009年第19期。

论红岩精神,周勇,探索,2009年第3期。

论近代四川油气工业的发展,肖鸿今,知识经济,2009年第3期。

论抗战初期英美民众援华制日运动,韩永利,民国档案,2009年第1期。

论抗战大后方文学研究的观念与方法,朱丕智,重庆师范大学学报(哲社版),2009年第1期。

论抗战时期的第一次宪政运动及其历史地位,韦玉凤,民营科技,2009年第12期。

论抗战时期的金融监管,易棉阳,中国经济史研究,2009年第4期。

论抗战时期的民族主义体育思想,邹政,军事体育进修学院学报,2009年第4期。

论抗战时期桂林文化城的诗歌创作,杨路宏,桂林师专学报,2009年第3期。

论抗战时期国民政府的滑翔运动,张平,军事体育进修学院学报,2009年第4期。

论抗战时期湖南的金融,刘国武,衡阳师范学院学报,2009年第4期。

论抗战时期话剧图书出版潮,丁芳芳,首都师范大学学报(社科版),2009年第6期。

论抗战时期沈钧儒的宪政思想与政治主张,蔡浩明,嘉兴学院学报,2009年第1期。

论抗战时期四川地方建设征用民工,张莉,重庆工商大学学报(社科版),2009年第5期。

论抗战时期四川征用民工——以地方建设为中心的探析,张莉,乐山师范学院学报,2009年第10期。

论抗战时期新疆的战略地位及其贡献,阿布都克尤木,黑龙江史志,2009年第4期。

论抗战时期中国国际地位的变化及其局限,聂俊华,天中学刊,2009年第1期。

论抗战时期中间力量发挥的作用及启示,韩春梅,太原城市职业技术学院学报,2009年第8期。

论抗战文艺报刊研究的发展路向及其理论缺失,刘增杰,抗战文化研究,2009年。

论抗战文艺批评观发生的自主性,刘静,安徽文学(下半月),2009年第1期。

论抗战戏剧舞台上的两部《家》,胡叠,艺海,2009年第6期。

论柯仲平抗战时期的短诗创作——文艺上的游击战,洪何苗,文山师专学报,2009年第3期。

论卢作孚先生的伟大人格,姜铎,卢作孚研究,2009年第4期。

论民主党派与国防参议会、国民参政会的成立——学习闻黎明的《第三种力量与抗战时期的中国政治》一文有感,林昉,黑龙江史志,2009年第8期。

论七月诗派的"生活一元"说,赵作元,齐齐哈尔大学学报(哲社版),2009年第2期。

论丘东平抗战文本的文体特征,邓姿,南华大学学报(社科版),2009年第4期。

论文协在抗战时期的历史形象变迁——以历届常务理事为中心,段从学,重庆师范大学学报(哲社版),2009年第4期。

论郁达夫在抗战中所表现出来的爱国主义精神,陶小模,江西科技师范学院学报,2009年第6期。

论战国策派的尚力思想,尹小玲,重庆科技学院学报(社科版),2009年第8期。

论中国抗战初期美国民众抵制日货与终止对日贸易运动,方长明,武汉科技大学学报(社科版),2009年第1期。

论周恩来的新闻宣传活动与传播思想,邓涛,湖北第二师范学院学报,2009年第1期。

略谈抗战时期四川省所得税的征收,韩昌盛,文史杂志,2009年第1期。

毛泽东重庆谈判轶事,赵英秀,党史文苑,2009年第3期。

缅印远征军汽车兵的故事,夏蒙,安全与健康,2009年第14期。

民国教育电影之归因分析,冉源懋,科教文汇(上旬刊),2009年第6期。

民国时期的西部开发,刘萍,中国报道,2009年第12期。

民国时期西安城市建设与发展初探,王萌萌,重庆科技学院学报(社科版),2009年第12期。

民主联合政府政治主张的背景探析,陈学峰,江西师范大学学报(哲社版),2009年第4期。

木刻与中国抗战宣传:20世纪三四十年代的中外木刻艺术交流,谢春,西南大学学报(社科版),2009年第6期。

耐人寻味的数字诗,周保林,文史月刊,2009年第8期。

南方局历史研究的进展及成果,周勇,人民日报,2009年7月27日。

南京国民政府的国联外交(1937—1941),洪岚,华南师范大学学报(社科版),2009年第4期。

尼特之变——抗战前后倪贻德现代绘画理论探析,谢明星,艺术探索,2009年第2期。

怒放的"野玫瑰"——陈铨戏剧创作简论,李扬,抗战文化研究,2009年。

女性与抗战——试论大后方话剧中的女性生存,吴楠,艺术广角,2009年第5期。

陪都时期重庆报纸评论倾向性分析,韩江雪,青年记者,2009年第18期。

评析1931—1945年苏联对华政策,易新涛,党史文苑,2009年第6期。

前无古人,后启来者——论田仲济《中国抗战文艺史》对中国现代文学的学术贡献,赵树勤,中国文学研究,2009年第3期。

浅谈抗战时期高校内迁,饶俊,传承,2009年第6期。

浅析抗战时期的滇西反攻,田志飞,湖州师范学院学报,2009年第3期。

浅析抗战时期国民政府对甘肃农业科技的开发,李晶晶,内蒙古农业大学学报(社科版),2009年第6期。

浅议《大公报》文艺副刊,郑晖,大众文艺(理论),2009年第15期。

浅议抗战爆发后国家对巴县积谷的控制,黄河,经营管理者,2009年第20期。

浅议抗战期间国民政府的出版法规的实施,刘娜,科技信息,2009年第16期。

秦瘦鸥在陪都重庆的日子,颜坤琰,文史春秋,2009年第6期。

深藏在黔东南大山里的日军战俘营——兼记抗战时期反战和平运动,姜龙飞,档案春秋,2009年第12期。

深化国统区抗战文学研究之我见,靳明全,文学评论,2009年第5期。

诗与政治的共鸣:1940年代的郭沫若及其抗战历史剧,贾振勇,东岳论丛,2009年第8期。

世界贸易公司与抗战时期中美商业借款,易伟新,求索,2009年第8期。

试论桂林抗战漫画运动兴起的历史背景,刘俊,传承,2009年第6期。

试论抗战期间中共与美国的军事情报合作,方小强,军事历史研究(增刊),2009年。

试论抗战前的民间防空建设,谭备战,抗日战争研究,2009年第3期。

试论抗战时期重庆市人口变迁对社会的影响,朱海嘉,重庆科技学院学报(社科版),2009年第2期。

试论抗战时期的桂林儿童音乐活动,周振宇,传承,2009年第4期。

试论抗战时期四川物价管制的实施,曹发军,西南大学学报(社科版),2009年第2期。

试论抗战时期西南旅行记的勃兴,段美乔,现代中国文化与文学,2009年第2期。

试论陪都重庆文学的审美特征嬗变,郝明工,抗战文化研究,2009年。

试论全面抗战时期中国国民党对抗战领导力量的认识,罗艳梅,成都理工大学学报(社科版),2009年第3期。

试析抗战胜利后自由主义知识分子的学潮观——以《观察》周刊为中心,宁文晓,东北师大学报(哲社版),2009年第5期。

试析抗战胜利前后苏联对华政策对国共两党关系转折的影响,闫兴德,世纪桥,2009年第19期。

试析抗战时期《新华日报》的经营管理,刘洪,广西大学学报(哲社版),2009年第1期。

试析抗战时期通成公司的投机经营,陈妍,首都师范大学学报(社科版)(增刊),2009年。

试析陪都重庆的文学期刊,郝明工,重庆师范大学学报(哲社版),2009年第4期。

试析太平洋战争爆发后国民党的外交政策,王玉全,史学集刊,2009年第5期。

四川抗战期刊文艺的传播,黄群英,新闻爱好者,2009年第12期。

四川田赋研究述论:1935—1941,龚燕杰,科教文汇(上旬刊),2009年第12期。

宋美龄与战时儿童保育会,肖如平,晋阳学刊,2009年第5期。

宋美龄在抗日战争中的贡献,谢萍,兰台世界,2009年第19期。

宋庆龄的爱国主义思想及其对抗战的贡献,朱明,兰台世界,2009年第5期。

台儿庄大战中的云南妇女战地服务团,鲁南,党史纵横,2009年第9期。

谈八年抗战中四川位居全国之冠的捐躯捐粮捐钱——四川精神之抗战救国篇,蒲秀南,才智,2009年第26期。

谈抗战时期爱国主义精神的弘扬,王春华,辽宁师专学报(社科版),2009年第5期。

外国记者在华活动回顾,陶建杰,青年记者,2009年第28期。

危机管理视角下新桂系的社会动员——以抗战时期为考察中心,袁玉芳,黑龙江史志,2009年第24期。

文本裂隙与女性配角的艺术光彩——从一个角度谈郭沫若抗战时期的

历史剧,倪海燕,中国现代文学研究丛刊,2009年第4期。

文华图书馆学专科学校学生生活点滴,张明星,图书情报知识,2009年第2期。

文聚社的出版物,宣淑君,西南民族大学学报(社科版),2009年第8期。

文聚社的诗歌创作初论,李光荣,西南民族大学学报(社科版),2009年第8期。

文坛巨擘,报界宗师——张季鸾办报思想初探,黎林红,广西大学学报(哲社版)(增刊),2009年。

我为抗战戏剧鼓与呼,石曼,四川戏剧,2009年第1期。

我总是希望大家为国家为公司效力(1939年10月),卢作孚研究,2009年第1期。

武昌艺专在抗战大后方的艰难八年,庞国翔,红岩春秋,2009年第5期。

西方主流媒体对重庆大轰炸的报道分析——以《基督教科学箴言报》为例,张瑾,西南大学学报(社科版),2009年第1期。

西南联大《文聚》杂志与云南40年代文学,明飞龙,红河学院学报,2009年第6期。

细数黔军抗战——齐赤军与黔军抗战史研究,梁茂林,贵阳文史,2009年第6期。

现代抗战词与宋代南渡词情感基调之比较,陈忻,重庆师范大学学报(哲社版),2009年第5期。

现代四川期刊文学的价值探析,黄群英,重庆科技学院学报(社科版),2009年第7期。

现代四川期刊中的抗战诗歌探究,黄群英,重庆文理学院学报(社科版),2009年第1期。

现实性与虚幻性——影响抗战时期中国大国地位的若干因素,郝银侠,晋中学院学报,2009年第4期。

现实与传统张力下的民族诉求——浅谈抗战时期民族主义文学力量的发展,王晓伟,安徽文学(下半月),2009年第4期。

新疆回族的抗日救国活动述略,杨磊,昌吉学院学报,2009年第4期。

新生活运动在抗战中的作用,张学才,黑龙江史志,2009年第21期。

新探汪精卫叛逃与龙云,李兴祥,求索,2009年第12期。

信任的流失:从蒋介石日记看抗战后期的中美关系,王建朗,近代史研究,2009年第3期。

修筑滇缅铁路的沧桑历程,朱寿清,临沧师专学报,2009年第3期。

徐中玉先生抗战时期的民族文学理论,王学振,文艺理论研究,2009年第6期。

许君武忧国忧民的报人人生,王淼,世纪桥,2009年第6期。

血与火铸就历史的审美印记——"首届中国抗战大后方美术文化研究高层学术论坛"对抗战美术的深度研究,凌承纬,美术,2009年第4期。

晏阳初与卢作孚,苟翠屏,卢作孚研究,2009年第2期。

液体燃料管理委员会与战时液体燃料管制(1938—1945),吴志华,抗日战争研究,2009年第2期。

一部新疆抗战史研究的力作——《抗日战争时期新疆各民族民众抗日募捐档案史料》读后,盖金伟,西域研究,2009年第4期。

以史为鉴　勿忘前人——《汪秋逸纪念集》序,戴鹏海,人民音乐,2009年第9期。

艺术与国运:抗战时期桂林美术界的文化救亡行动,柴刚,广西师范大学学报(哲社版),2009年第2期。

音乐巨擘吴伯超生平略忆,芮文元,南京艺术学院学报(音乐与表演版),2009年第3期。

运动航业化零为零(1943年10月),卢作孚研究,2009年第1期。

在国际交流中认识中日战争,刘志平,红岩春秋,2009年第5期。

在南洋华侨机工回国抗战档案史料图片展开幕式上的讲话,黄凤平,云南档案,2009年第8期。

在南洋华侨机工回国抗战档案史料图片展开幕式上的致辞,顾伯平,云南档案,2009年第8期。

怎样唤起我们的精神(1939年11月1日),卢作孚研究,2009年第4期。

战时"暴露与讽刺"抗日小说的叙事特点——以《文艺阵地》为中心,罗建周,西北农林科技大学学报(社科版),2009年第2期。

战时重庆报纸拾零,乔廷斌,新闻导刊,2009年第4期。

战时工厂内迁择址的因素分析——以重庆为例,付源,黑龙江史志,2009年第17期。

战时刊物——《青年文艺》创作风格小论,周金香,安徽文学(下半月),2009年第10期。

张承志散文中的"文化抗战"思想探析,牟泽雄,学理论,2009年第4期。

张群与抗战时期的川政,韩永适,成都大学学报(社科版),2009年第1期。

中国红十字会会史上的"红十字周"综论,吕志茹,河北大学学报(哲社版),2009年第4期。

中国回教救国协会在抗日救亡运动中的历史作用,王德才,中国穆斯林,2009年第5期。

中国基督教会本色化的边疆实践——基于西康地区基督教边疆服务的历史考察,汪洪亮,贵州民族研究,2009年第5期。

中国境内韩国独立运动的重要史料《东方战友》,孙科志,韩国研究论丛,2009年第2期。

中国抗日战争与国际政治格局的变迁,阎玉田,河北学刊,2009年第1期。

中国抗战初期美国教士阶层的援华运动,方长明,理论月刊,2009年第1期。

中国抗战时期西南大后方人口变迁的缘由,沈双一,重庆师范大学学报(哲社版),2009年第5期。

中国抗战与日本西进战略的破产,胡德坤,世界历史,2009年第4期。

中华诗坛汉藏交流的不朽篇章——从卢前诗作回顾喜饶嘉措抗战期间在内地传播藏族诗学的重要史实,卢偓,西北民族大学学报(哲社版),2009年第6期。

中苏文化协会桂林分会述评,王锦辉,广西地方志,2009年第3期。

周恩来:多党合作制度形成雏形的推动者,萧苏,四川统一战线,2009年第9期。

周恩来的军事秘书雷英夫,赵英秀,文史天地,2009年第11期。

周恩来与抗战美术,吴继金,抗战文化研究,2009年。

自相矛盾的政党——以抗战时期中国青年党的两面性为视角的考察,汪海清,西南民族大学学报(社科版),2009年第10期。

邹韬奋为何愤然辞去国民参政员,王凤青,文史春秋,2009年第7期。

2010年

"笛声号声夹着战鼓"——老舍歌词的美学特征,陈煜斓,长江学术,2010年第2期。

"蒋介石与近代中国国际学术研讨会"综述,肖如平,近代史研究,2010年第6期。

"全国第二届区域文化与文学学术研讨会"述要,何瑶,重庆师范大学学报(哲社版),2010年第1期。

"世界屋脊"上的抗战物资跨国大运输,张百顺,文史春秋,2010年第8期。

"为教育招兵,为民主募马"——论抗战胜利前后陶行知的民主教育思想,陈建华,大学教育科学,2010年第5期。

"新诗的再解放":抗战及40年代新诗理论中的抒情与叙事之争,张松建,中国现代文学研究丛刊,2010年第1期。

"一二·九"精神在抗战时期的继承和发扬——以《新华日报》为考察中心,龚艳平,科教导刊(中旬刊),2010年第10期。

"有田—克莱琪协定"在中国的反响——以西南联大国际问题专家的观察与评析为中心,闻黎明,史学月刊,2010年第2期。

"与抗战无关"论论争的实质,管颖超,前沿,2010年第18期。

《国立湘雅医学院院刊》的创刊及其科技史价值,谭秀荣,西北大学学报

（自然科学版），2010年第2期。

《马伯乐》：抗战背景下对国民劣根性的批判，刘超，北方文学（下半月），2010年第5期。

《戏剧春秋》杂志与抗战戏剧运动，佘爱春，戏剧，2010年第3期。

1940年代川西羌族地区的教会教育——以中华基督教会全国总会边疆服务为例，汪洪亮，抗日战争研究，2010年第3期。

1940年代知识分子的"建国"想象——以西南联大诗人群为中心，赵丽苗，理论与创作，2010年第5期。

1942年蒋介石访问印度之分析，段瑞聪，民国研究（总第16辑），2010年。

20世纪30—40年代工业分散化思想述论，向明亮，华中科技大学学报（社科版），2010年第3期。

20世纪40年代美国驻迪化领事馆的建立及其活动，闫佼丽，新疆社会科学，2010年第4期。

20世纪40年代南京国民政府县参议会的行为实践，周玉玲，学术界，2010年第12期。

30年来中国大陆汪精卫研究述评，谢晓鹏，安徽史学，2010年第5期。

百年山城见证民族命运，第二次国共合作遗址记事，尚道，台声，2010年第11期。

悲戚！抗战时期流徙后方的难民图，龚义龙，红岩春秋，2010年第5期。

笔锋涉世，趣味犹存——漂游于硝烟中的丰子恺抗战散文，李庆雯，前沿，2010年第18期。

陈铨先生在西南联大，杨绍军，学术探索，2010年第4期。

陈垣与抗战时期爱国主义史学——纪念陈垣先生诞辰130周年，陈其泰，淮阴师范学院学报（哲社版），2010年第5期。

充分发挥报纸刊物的宣传作用，激发大后方人民的抗战积极性——论周文抗战初期对成都报刊文化事业做出的贡献，王莹，新闻界，2010年第2期。

重庆　那尘封而闪耀的历史——纪念抗日战争胜利65周年，杨吉，重庆与世界，2010年第9期。

重庆"母城"文物保护刍议,李重华,重庆文理学院学报(社科版),2010年第6期。

重庆大轰炸的防空黑洞,刘向上,湖北档案,2010年第4期。

重庆大轰炸中国民党政府的腐败,高峰,党史纵横,2010年第6期。

重庆大同乐会考(上),冯雷,音乐艺术,2010年第4期。

重庆复旦大学蒙难日亲历记,曹越华,红岩春秋,2010年第2期。

重庆抗战版画艺术图像研究,袁宙飞,艺术探索,2010年第2期。

重庆抗战时期建筑遗存考察纪略:老建筑背后的故事,舒莺,建筑创作,2010年第5期。

重庆抗战时期书法发展的文化背景与原因,姜贤俊,艺术探索,2010年第4期。

重庆图书馆对抗战文献的保护整理研究,傅晓岚,理论界,2010年第9期。

重庆图书馆抗战文献利用状况调查分析,王祝康,科技情报开发与经济,2010年第35期。

重庆在中国人民抗日战争史上的历史地位和重大贡献,周勇,社科界,2010年第3期。

从《虎符》看历史的真实与艺术的真实,冯异,文史杂志,2010年第5期。

从《新华日报》看抗战时中共在国统区的政治宣传,李迪,学习月刊,2010年第11期。

从繁荣到衰落:抗战时期四川煤炭业发展轨迹探析,张强,宜宾学院学报,2010年第3期。

从桂林抗战文学研究看史料发掘和思路拓展,李建平,中国现代文学研究丛刊,2010年第6期。

从国民精神总动员看战时新生活运动的积极性,乔兆红,历史档案,2010年第2期。

从媒介生态视角看抗战时期广西学生军报刊活动,曹爱民,玉林师范学院学报,2010年第4期。

从三个角度看"抗战演剧"的实践,何吉贤,艺术评论,2010年第5期。

从戏剧广告看大后方戏剧的市场策略,傅学敏,文艺争鸣,2010年第10期。

从政治地位变迁看抗战时期桂林文化城的图书出版业,唐咸明,桂林师专学报,2010年第3期。

村镇电影与父权话语:抗战时期大后方电影中的农妇形象,慈祥,南京艺术学院学报(音乐与表演版),2010年第1期。

地域文化与区域文学史的建构——试评周晓风主编的《20世纪重庆文学史》,熊辉,重庆师范大学学报(哲社版),2010年第2期。

第二次国共合作背景下的庐山妇女谈话会和国统区妇女界抗日统一战线,周少玲,党史文苑,2010年第2期。

第三节抗战时期陕西国统区高等教育发展与《国立西北大学校刊》《西北农专周刊》等报刊,王继武,新闻知识,2010年第4期。

滇缅公路的奇迹及其历史意义,张红,兰台世界,2010年第15期。

滇西抗战对滇西土司的影响,李永,唐山师范学院学报,2010年第6期。

滇西抗战与潞江安抚司土司制度的延续,朱进彬,保山学院学报,2010年第1期。

颠沛流离,生生不息——抗战内迁绵阳的国立第六中学校纪实,陈波,四川档案,2010年第5期。

跌宕起伏的大后方抗战漫画运动,凌承纬,红岩春秋,2010年第5期。

对抗战时期中国机器工业"繁荣"的思辨,黄江泉,兵团教育学院学报,2010年第5期。

对抗战新诗的反思,郭小聪,文艺研究,2010年第3期。

多元激荡的中国现代文学——(三)民族主义文学,郑万鹏,佳木斯大学社会科学学报,2010年第4期。

分析中国抗战时期动画片的作用,刘涛,网络财富,2010年第2期。

冯玉祥与白沙镇献金大会,庞国翔,传承,2010年第1期。

傅斯年国民参政会提案评析,王凤青,聊城大学学报(社科版),2010年第4期。

戈叔亚的滇缅抗战情结,尹鸿伟,南风窗,2010年第8期。

共襄盛会,谋求共识——记"海峡两岸中国抗战大后方历史文化学术研讨会",杨山山,红岩春秋,2010年第5期。

关于《扫荡报》(桂林版)对昆仑关战役报道的研究,茅维亦,理论导报,2010年第7期。

广西桂东地区抗战时期旧体诗创作的文化考察,覃勇霞,贺州学院学报,2010年第1期。

广西桂林图书馆在城市文化建设中的作用,周碧蓉,晋图学刊,2010年第4期。

桂林抗战美术家生存状态一瞥,李普文,艺术探索,2010年第3期。

桂林抗战期刊的封面设计,王媛,艺术探索,2010年第3期。

桂林抗战书籍的封面设计,王媛,艺术探索,2010年第2期。

桂林抗战书刊的开本、版式及插图运用等,王媛,艺术探索,2010年第4期。

桂师任教时期丰子恺艺术教育思想的发展与完善,陈立红,桂林师专学报,2010年第4期。

郭沫若、茅盾、巴金、胡风佚简五封,李斌,新文学史料,2010年第3期。

国际交往与中国建设(1944年10月1日),卢作孚研究,2010年第2期。

国民精神总动员会述论,罗亨江,大众文艺,2010年第18期。

国民政府社会救济立法研究——以1943年《社会救济法》为中心,岳宗福、吕伟俊,民国研究(总第16辑),2010年。

国民政府与抗战时期的职业介绍,江红英,抗日战争研究,2010年第1期。

国民政府争取成为"租借法案"受援国,郭倩,黑龙江史志,2010年第1期。

国如用我何妨死——张恨水的民族意识,陈广士,池州学院学报,2010年第5期。

海峡两岸中国抗战大后方历史文化学术研讨会综述,李仲明,抗日战争研究,2010年第3期。

合作运动中的"不合作"——抗战时期的川省合作指导室与县合作金库之间的矛盾,成功伟,西南民族大学学报(社科版),2010年第11期。

黄炎培与《中华复兴十讲》,王凤青,文史春秋,2010年第4期。

激情满怀话乐教——析李抱忱的抗战音乐教育思想,王南,音乐艺术,2010年第4期。

纪念中国人民抗日战争胜利65周年学术研讨会综述,李鑫、罗存康,抗日战争研究,2010年第3期。

肩负起历史的责任,周勇,红岩春秋,2010年第5期。

简析抗战时期陕西金融近代化的发展,武宏伟,大舞台,2010年第9期。

见证:重庆市档案馆抗战历史档案介绍,唐润明,红岩春秋,2010年第5期。

见证:重庆市抗战大后方历史文献一瞥,王志昆,红岩春秋,2010年第5期。

蒋介石与抗战胜利前夕国民党的行宪决策,郑率,民国档案,2010年第3期。

蒋介石与抗战时期"联美制日"目标的实现,张祖夔,江海学刊,2010年第3期。

借古喻今,以古励今——论苏雪林《南明忠烈传》的创作目的,马凤,和田师专学报,2010年第6期。

巾帼从戎,不让须眉——谢冰莹的《抗战日记》,尹均生,郧阳师专学报,2010年第2期。

近代甘肃工商业发展的困境浅析,吴晓军,社科纵横,2010年第7期。

近五年来民国社会救济史研究综述,黄庆庆,安庆师范学院学报(社科版),2010年第10期。

近现代中国新音乐教育的启蒙,郎立夫,长春大学学报,2010年第11期。

九三学社在重庆抗战时期的活动,汪守军,重庆社会主义学院学报,2010年第6期。

君问归期未有期——记孙伏园在四川十年(1940—1949),孙惠连,鲁迅研究月刊,2010年第9期。

康心如和四川美丰银行,郑仲兵,中国改革,2010年第5期。

抗日救亡文艺战线上的先锋队——抗战时期重庆的木刻运动,凌承纬,美术教育研究,2010年第6期。

抗日时期国民政府组织难民西北垦荒问题述略,张颖,唐都学刊,2010年第3期。

抗日战争时期"工合"运动衰落的原因研究——基于制度经济学视角,宋超英,中国集体经济,2010年第3期。

抗日战争时期的青年心理探析,万来志,重庆科技学院学报(社科版),2010年第21期。

抗日战争时期贵州省赈济会的难民救济活动及其社会影响,周术槐,抗日战争研究,2010年第3期。

抗日战争时期国民政府的儿童福利政策——以重庆北碚儿童福利实验区为例,胡小京,西南农业大学学报(社科版),2010年第2期。

抗日战争时期国民政府的战时驿运,肖雄,云南民族大学学报(哲社版),2010年第1期。

抗日战争时期新疆的演剧募捐和文化劳军活动,左红卫,郑州航空工业管理学院学报(社科版),2010年第4期。

抗日战争时期中共南方局在重庆争取舆论话语权的技巧(上)(下),周定泰,新闻研究导刊,2010年第1—2期。

抗日战争时期中国政府外债摊存及偿债基金之演变,张侃,中国社会经济史研究,2010年第3期。

抗日战争与边疆服务运动——中华基督教会全国总会边疆服务的缘起,邓杰,史学月刊,2010年第10期。

抗战对昆明城市发展影响述论,贾林东,云南档案,2010年第10期。

抗战后期的择都之争,王明德,甘肃社会科学,2010年第2期。

抗战漫画运动和"八人漫画联展"抗战大后方美术研究(之一),凌承纬,美术,2010年第8期。

抗战末期的"十万知识青年从军"运动述评,孙玉芹,抗日战争研究,2010年第3期。

抗战陪都重庆"巴社"篆刻艺术家探考之乔大壮,李友昌,新闻界,2010年第2期。

抗战陪都对外交往历史文化资源的保护利用,邓平,科学咨询(科技·管理),2010年第11期。

抗战期间重庆地位的变化与其人文精神的传承和发扬,罗玉兰,党史文苑,2010年第12期。

抗战期间广西艺术师资训练班的美术教育活动,李晨辉,艺术探索,2010年第2期。

抗战期间贵州的贡献与损失,陈泽渊,贵阳文史,2010年第5期。

抗战期间国共两党持久战略比较,林茂红,南昌教育学院学报,2010年第5期。

抗战期间国民党的党风问题及其启示,王兆宇,忻州师范学院学报,2010年第3期。

抗战期间华侨与国内的垦殖事业,贺金林,抗日战争研究,2010年第1期。

抗战期间以御灾防卫为契机的陪都重庆旧市区改造,谢璇,华中建筑,2010年第6期。

抗战期间竺可桢主持浙大的一个侧面——解读竺可桢与朱家骅的几封往来函件,陈红民,晋阳学刊,2010年第5期。

抗战前后章士钊的政党梦与实业救国,丁仕原,湖湘论坛,2010年第2期。

抗战时重庆学人书画,王厚宇,收藏家,2010年第3期。

抗战时期重庆国民政府对外国记者的管理刍议,敦枫,东南传播,2010年第10期。

抗战时期重庆话剧繁荣原因探析,张晶,重庆邮电大学学报(社科版),2010年第1期。

抗战时期重庆劳军募捐的形式,罗玉兰,黑龙江史志,2010年第13期。

抗战时期重庆劳军募捐运动的主要作用,罗玉兰,学理论,2010年第24期。

抗战时期重庆市民的日常生活,谭刚,重庆社会科学,2010年第5期。

抗战时期重庆文艺报刊述略,林郁,重庆社会科学,2010年第2期。

抗战时期重庆作家的生存状态,敦枫,重庆社会科学,2010年第10期。

抗战时期大后方话剧与政党政治,廖全京,四川戏剧,2010年第3期。

抗战时期大后方科技社团的发展及其影响,潘洵,西南大学学报(社科版),2010年第5期。

抗战时期大学内迁与高等教育的布局调整,王荔,云南师范大学学报(哲社版),2010年第4期。

抗战时期的"学术中国化"——以重庆马克思主义史家为视角,于文善,华东师范大学学报(哲社版),2010年第3期。

抗战时期的《大公报》评论,刘娜,采写编,2010年第4期。

抗战时期的防空学校,黄辛建,文史杂志,2010年第4期。

抗战时期的贵州县政建设,欧阳恩良,贵州社会科学,2010年第4期。

抗战时期的蒋介石与斯大林,李玉贞,社会科学研究,2010年第5期。

抗战时期的劳军运动,何志明,文史天地,2010年第4期。

抗战时期的民族文艺运动,王学振,重庆师范大学学报(哲社版),2010年第1期。

抗战时期的陕西非银行金融机构,武宏伟,合作经济与科技,2010年第19期。

抗战时期的四川高等院校,李平,长春工程学院学报(社科版),2010年第1期。

抗战时期的四川民族学研究,聂蒲生,黑龙江民族丛刊,2010年第2期。

抗战时期的西北工学院组成分析——兼论私立焦作工学院扮演的角色和作用,杨玉东,焦作师专学报,2010年第1期。

抗战时期的一次"宪政"讨论——兼谈连震东先生"宪政",桑叶,书屋,2010年第12期。

抗战时期的自由主义:以王赣愚为中心,〔日〕水羽信男,学术研究,2010年第3期。

抗战时期电影在新疆的传播与发展,左红卫,昌吉学院学报,2010年第3期。

抗战时期儿童保育事业的理论贡献,向春,深圳大学学报(社科版),2010

年第5期。

抗战时期妇女指导委员会的性质探析,夏蓉,中山大学学报(社科版),2010年第3期。

抗战时期妇女指导委员会与妇女职业运动,夏蓉,贵州社会科学,2010年第4期。

抗战时期甘肃省社会教育发展概论,赵宏林,教育评论,2010年第3期。

抗战时期甘肃水烟的运销,裴庚辛,发展,2010年第2期。

抗战时期甘肃水烟羊毛的输出线路变迁,裴庚辛,甘肃社会科学,2010年第3期。

抗战时期广告业的特征与作用——以具有抗日性质的广告为视角,梁新堂,边疆经济与文化,2010年第10期。

抗战时期广西公费留学研究,周棉,民国档案,2010年第1期。

抗战时期广西民众图书馆探析,廖晓云,广西地方志,2010年第3期。

抗战时期广西难民群体构成管窥,万东升,广西地方志,2010年第2期。

抗战时期广西农事试验场的科研活动,张晓明,沧桑,2010年第10期。

抗战时期广西艺术师资训练班美术教育活动特点及美术活动纪事,李晨辉,艺术探索,2010年第4期。

抗战时期桂林版《救亡日报》经营管理研究,刘晓慧,传媒观察,2010年第12期。

抗战时期桂林的报刊与广西的社会总动员,覃静,河池学院学报,2010年第4期。

抗战时期桂林教育发展的社会环境,覃卫国,教育评论,2010年第6期。

抗战时期郭沫若在重庆的史学研究,孙旭红,重庆社会科学,2010年第3期。

抗战时期国共两党民族政策之比较,潘华,社科纵横,2010年第4期。

抗战时期国民党"抗战建国"理论初探,刘长明,文史博览(理论),2010年第2期。

抗战时期国民党社会动员指导思想研究,张丽梅,前沿,2010年第22期。

抗战时期国民政府兵工企业内迁组织与管理,熊杏林,湖南社会科学,2010年第6期。

抗战时期国民政府的反文化侵略活动,张体,安顺学院学报,2010年第2期。

抗战时期国民政府的监犯调服军役,赵金康,抗日战争研究,2010年第3期。

抗战时期国民政府的粮食统制,陈雷,抗日战争研究,2010年第1期。

抗战时期国民政府的粮食统制政策述论,罗玉明,湘潭大学学报(哲社版),2010年第2期。

抗战时期国民政府的银行监理体制探析,王红曼,抗日战争研究,2010年第2期。

抗战时期国民政府对敌金融作战的措施与办法,王红曼,东疆学刊,2010年第4期。

抗战时期国民政府高校教育质量下滑原因,冯成杰,温州大学学报(自然科学版),2010年第6期。

抗战时期国民政府开发西部的重大经济举措,马烈,江苏教育学院学报(社科版),2010年第3期。

抗战时期国民政府粮政研究——田赋征实弊失分析,郝银侠,历史档案,2010年第2期。

抗战时期国民政府棉田征实制度研究,郝银侠,抗日战争研究,2010年第2期。

抗战时期国民政府战费筹措评析,张燕萍,军事经济研究,2010年第9期。

抗战时期国民政府中央信托局述论,李俊,兰州学刊,2010年第11期。

抗战时期汉中教育的精神特质,袁栋洋,陕西理工学院学报(社科版),2010年第1期。

抗战时期河南的人口迁移,郑发展,史学月刊,2010年第4期。

抗战时期湖南经济损失研究,萧栋梁,文史博览(理论),2010年第5期。

抗战时期黄炎培先生来四川,陈明本,四川统一战线,2010年第6期。

抗战时期嵇文甫对文化思想史研究的贡献,于文善,首都师范大学学报(社科版),2010年第4期。

抗战时期蒋介石手令制度评析,秋浦,南京大学学报(哲社版),2010年第3期。

抗战时期教授政治参与评析,吴锦旗,吉林师范大学学报(社科版),2010年第6期。

抗战时期盟国对四川的医药援助问题研究,张玲,四川档案,2010年第2期。

抗战时期农业机构的迁建与湘西农业的发展,刘鹤,农业考古,2010年第4期。

抗战时期迁居昆明的民族语言学家对云南各民族语言的调查研究,聂蒲生,学术探索,2010年第4期。

抗战时期迁居昆明的语言学家对地方民族语言的调查研究,聂蒲生,云南民族大学学报(哲社版),2010年第6期。

抗战时期迁渝海派与西南美术教育,蔡敏,美术教育研究,2010年第5期。

抗战时期羌族地区的人类学研究,王田,西华大学学报(哲社版),2010年第1期。

抗战时期商务印书馆的外国文学译作出版,陈传芝,编辑之友,2010年第9期。

抗战时期四川的社会学研究和人口学研究,聂蒲生,贵州师范大学学报(社科版),2010年第4期。

抗战时期四川农村合作金融体系初探,成功伟,社会科学研究,2010年第6期。

抗战时期四川省书刊审查机构的建立及其改组,张忠,民国档案,2010年第1期。

抗战时期四川营业税的沿革与发展,郭士礼,重庆与世界,2010年第13期。

抗战时期四联总处农贷研究,易棉阳,中国农史,2010年第4期。

抗战时期苏联对华政策的演变及其影响,王瑜瑾,福建党史月刊,2010年第4期。

抗战时期西安的城市防空建设论述,李宗海,华北水利水电学院学报(社科版),2010年第3期。

抗战时期西北农民银行的农贷,王志芳,抗日战争研究,2010年第2期。

抗战时期西南地区体育师资培养状况分析,肖建,体育文化导刊,2010年第1期。

抗战时期西南联大散记,任继愈,江淮文史,2010年第6期。

抗战时期西南联大与云南大学关系探究,万永林,学园,2010年第1期。

抗战时期西南民族神话研究,徐德莉,贵州民族研究,2010年第2期。

抗战时期西南民族学"一枝独秀"现象探析,徐勤山,贵州民族学院学报(哲社版),2010年第2期。

抗战时期夏衍在桂林的办报活动研究,曹正文,广西社会科学,2010年第7期。

抗战时期宪政运动再评价,祝天智,长白学刊,2010年第3期。

抗战时期湘西教育大众化的进程,刘鹤,教育评论,2010年第1期。

抗战时期湘西现代传媒的发展及其对民众生活的影响,刘鹤,吉首大学学报(社科版),2010年第6期。

抗战时期萧一山历史观的跃进,陈其泰,人文杂志,2010年第1期。

抗战时期新疆的民间社火研究,左红卫,连云港师专学报,2010年第3期。

抗战时期新疆的戏剧理论与戏剧批评,左红卫,艺术探索,2010年第2期。

抗战时期新疆的戏剧演出团体及戏剧组织,左红卫,新疆大学学报(哲社版),2010年第3期。

抗战时期于右任与国内外妥协思潮的抗争,郝建云,西南农业大学学报(社科版),2010年第2期。

抗战时期张澜民主政治思想综述,郝熙美,科教导刊(中旬刊),2010年第11期。

抗战时期张治中民众动员思想初探,李亮,黑龙江史志,2010年第19期。

抗战时期浙大等迁驻遵义院校对遵义教育的影响,刘务,法制与社会,2010年第35期。

抗战时期浙江大学西迁办学及其启示,裴恒涛,温州大学学报(自然科学版),2010年第3期。

抗战时期知识精英的话语动员形式论析,徐彬,党史研究与教学,2010年第5期。

抗战时期中共在国统区高校的力量发展,王锋,江苏大学学报(社科版),2010年第1期。

抗战时期中国"农都"形成诸因素,潘桂仙,安徽农业科学,2010年第23期。

抗战时期中国兵工界的国宝和里程碑——李承干与抗战时期中国最大兵工厂,郑洪泉,重庆师范大学学报(哲社版),2010年第6期。

抗战时期中国广播事业在重庆的传播特点与历史贡献,张育仁,新闻研究导刊,2010年第1期。

抗战时期中国文化思想的演变探析,胡显洪,湖南行政学院学报,2010年第6期。

抗战时期中美易货贸易概论,杨雨青,晋阳学刊,2010年第2期。

抗战时期周恩来与曹禺的交往,石曼,红岩春秋,2010年第3期。

抗战文化遗存的保护与利用——以抗战时期桂林文化城为例,孟祥凤,中共桂林市委党校学报,2010年第1期。

抗战文化资源与重庆城市精神的凝练,郭海成,学习月刊,2010年第17期。

抗战文学的重庆主题与现代文学的北京、上海主题之比较,李蕾,长江师范学院学报,2010年第2期。

抗战戏剧研究的现状、问题与深化的可能,韩传喜,吉林师范大学学报(社科版),2010年第6期。

抗战新闻教育版图上复旦的地位及办学特色,张育仁,新闻研究导刊,2010年第5期。

抗战中诞生在重庆"海孔飞机厂"的第一架国产运输机,张仲,重庆与世界,2010年第12期。

抗战中的"云南妇女战地服务团",鲁南,湖北档案,2010年第3期。

老画报中的抗战记忆,黎霞,档案春秋,2010年第8期。

老舍抗战佚文考,刘涛,新文学史料,2010年第2期。

李公仆抗战教育思想略论,王向文,教育评论,2010年第5期。

梁实秋在抗战前后关于文学与政治之关系的言论,李新,通化师范学院学报,2010年第7期。

林伯渠与抗日民族统一战线,汪洪斌,湘潮,2010年第6期。

卢作孚致熊式辉函(1945年),卢作孚研究,2010年第4期。

论"文协"对抗战文艺的贡献,杨茜,传奇·传记文学选刊(理论研究),2010年第1期。

论郭沫若抗战时期剧作中的女性形象,王永慧,中华文化论坛,2010年第3期。

论国民政府抗战时期的学术建国与国学运动的兴盛,张承凤,重庆师范大学学报(哲社版),2010年第5期。

论抗日战争时期中国电影的舆论动员,黄国升,北方文学(下半月),2010年第8期。

论抗战初期中间党派抗战主张及其党派合作局面的形成,姜宏大,黑龙江省社会主义学院学报,2010年第1期。

论抗战初期中间党派在国民参政会上的合作及其影响,李萍,哈尔滨学院学报,2010年第8期。

论抗战时期《新华日报》广告的政治社会功能,黄月琴,淮海工学院学报(社科版),2010年第7期。

论抗战时期重庆的难童救助,王利霞,河南广播电视大学学报,2010年第1期。

论抗战时期重庆作家的生存状态,敦枫,科技信息,2010年第20期。

论抗战时期的韩国光复军官兵消费合作社,石建国,军事历史研究,2010年第3期。

论抗战时期的湖南赈灾,王斌,湖南工业大学学报(社科版),2010年第1期。

论抗战时期的政治参与机构——国民参政会,赵祖平,江西社会科学,2010年第7期。

论抗战时期教授政治参与的动力机制和形式选择,吴锦旗,重庆师范大学学报(哲社版),2010年第1期。

论抗战时期民族演剧形式探索,丁芳芳,戏剧艺术,2010年第1期。

论抗战时期四川酒精业在公路运输中的作用,刘春,江汉论坛,2010年第1期。

论抗战时期文化普及读物的出版与新启蒙运动的兴起,张育仁,重庆师范大学学报(哲社版),2010年第4期。

论抗战时期谢觉哉在兰州的统战思想,周爱香,福建党史月刊,2010年第10期。

论抗战时期中共南方局的知识分子统战工作,扶小兰,贵州社会科学,2010年第4期。

论林森的建国理念,张莉,重庆工商大学学报(社科版),2010年第2期。

论民国四川档案的史料价值,张晓霞,西南民族大学学报(社科版),2010年第9期。

论王世杰与抗战时期的中共问题——以《王世杰日记》为中心,林绪武,开放时代,2010年第12期。

论夏衍抗战时期的戏剧批评,高文波,解放军艺术学院学报,2010年第2期。

论战时国民政府开发西部取得的成效及其不足,尚季芳,四川文理学院学报,2010年第4期。

论战时民营工厂内迁中的国民政府与企业主,江满情,抗日战争研究,2010年第2期。

论中共中央南方局对知识分子的统战工作,吴映梅,重庆社会主义学院学报,2010年第2期。

论中国共产党与抗战时期的国民政府政治部第三厅,周韬,湖南科技大学学报(社科版),2010年第2期。

论资源委员会与抗战时期的工矿企业内迁,姜石剑,辽宁教育行政学院学报,2010年第1期。

罗明佑的"战都行"与《战都行》,余纪,电影艺术,2010年第3期。

略论抗日战争时期的广西省临时参议会,王晓军,广西社会科学,2010年第1期。

略论抗战时期贵州国民政府发展师范教育的政策与措施,莫子刚,黔南民族师范学院学报,2010年第4期。

民国时期部聘教授制度及其历史意义,涂文记,教育与考试,2010年第1期。

民国时期广西高等教育的演进及影响因素,贺金林,社会科学家,2010年第11期。

民国时期庆阳农村经济研究——以20世纪30—40年代的国统区为中心,黄正林,宁夏师范学院学报,2010年第2期。

民国中国农民银行"5元"纸币——记我国抗战时期"献金救国"运动,赵丽娟,江苏钱币,2010年第3期。

浅析"战国策"派的领袖观,周若清,社科纵横,2010年第2期。

浅析抗战前后川军形象,汤小军,大庆师范学院学报,2010年第2期。

浅析抗战时期甘肃工业的发展,张郁萍,和田师专学报,2010年第2期。

浅析抗战时期社会各界的难童救助,邓云,兰台世界,2010年第13期。

强虏灰飞烟灭——中国抗战时期的招贴艺术,王丽红,西北美术,2010年第2期。

权力与监督:抗战时期四川省县长权责的扩增与民意的运用,黄小彤,抗日战争研究,2010年第3期。

全面抗战时期文人论兵的背景思考,赵欣,军事历史研究,2010年第3期。

如何支持长期抗战(1942年10月31日),卢作孚,卢作孚研究,2010年第4期。

三民主义同志联合会在重庆,张成明,重庆社会主义学院学报,2010年第5期。

沙清泉的抗战木刻,毛本华,美与时代(中),2010年第5期。

山城记忆:大轰炸下的英雄之城,吴佳佳,红岩春秋,2010年第3期。

沈从文笔下的云南社会,张永杰,云南民族大学学报(哲社版),2010年第6期。

时代的独特书写——《文艺阵地》考辨,黄群英,当代文坛,2010年第6期。

史迪威:与中国士兵并肩抗战的美国将军,吕德润,传承,2010年第25期。

试论20世纪三、四十年代成都副食种类的变化——基于《新新新闻》报的考察,梁刚,四川烹饪高等专科学校学报,2010年第4期。

试论国民政府的歌咏宣传,陈惠惠,安庆师范学院学报(社科版),2010年第2期。

试论抗战期间基督教青年会的青年救助,邓云,赤峰学院学报(汉文哲社版),2010年第10期。

试论抗战胜利后青岛基础教育的复建,陆安,青岛职业技术学院学报,2010年第6期。

试论抗战时期国民政府的教育政策,冯成杰,哈尔滨学院学报,2010年第3期。

试论抗战时期国民政府的粮食供应与配给,陈雷,安徽史学,2010年第6期。

试论抗战时期国民政府的中等教育,巴杰,鸡西大学学报,2010年第2期。

试论抗战时期户口统计中的壮丁调查与征兵,郑发展,齐鲁学刊,2010年第1期。

试论抗战文化遗产的定义分析及其他,范松,贵州社会科学,2010年第8期。

试论我国抗战音乐的历史作用,聂朋胜,兰台世界,2010年第7期。

试析"大轰炸"中苦难重庆得以生存的原因,向华娇,科技信息,2010年第10期。

试析陪都重庆的报告文学书写,郝明工,重庆师范大学学报(哲社版),2010年第6期。

守护城市经典文化:重庆抗战遗址的抢救与保护,幸军,红岩春秋,2010

年第5期。

守望历史,章开沅,红岩春秋,2010年第5期。

斯坦尼体系中国化——抗战时期对建立中国的现实主义演剧体系的探索,徐萍,北方文学(下半月),2010年第3期。

宋美龄抗战时期的中国妇女职责思想及其实践,曾静,江西社会科学,2010年第11期。

他们也是战士——从《地质论评》看抗战烽火中我国地质学科的发展及对抗战的贡献,段晓微,地质论评,2010年第4期。

塘田战时讲学院与湖南抗战文化运动,伍卓琼,湖南工程学院学报(社科版),2010年第2期。

陶云逵先生在西南联大,杨绍军,学术探索,2010年第3期。

调适、规划与重建:抗战时期的中华基督教教育会,张龙平,抗日战争研究,2010年第3期。

皖南事变与中国共产党应对突发事件能力论析,汪杰,西南大学学报(社科版),2010年第3期。

为抗战助威,为民族呐喊——记浙大西迁遵义后的抗日救亡宣传活动,李懋君,教育文化论坛,2010年第6期。

为历史作证:重庆大轰炸诗歌的钩沉拾零,熊飞宇,四川档案,2010年第5期。

文坛究竟座落在何处——论文协同人对"与抗战无关论"的批判,段从学,晋阳学刊,2010年第1期。

文协与抗战时期的保障作家生活运动,段从学,江汉大学学报(人文科学版),2010年第3期。

无法忘却的记忆——日机轰炸秀山的暴行与秀山各界的抗日救亡活动,秀山土家苗族自治县党史研究室,红岩春秋,2010年第3期。

无言里程碑——小议中印公路的修筑,杨刚,保山学院学报,2010年第3期。

西北艺术文物考察团与卢浚西北画展,刘庆功,收藏,2010年第3期。

西方主流媒体对重庆大轰炸的报道分析——以《纽约时报》为例,张谨、王爽,重庆大学学报,2010年第5期。

西南联大文学作品中的昆明书写——昆明的城市空间对40年代内迁文人创作的影响,张多,消费导刊,2010年第1期。

希望的曙光——抗日战争时期的中小学教师服务团,龙琛,邢台学院学报,2010年第1期。

系统研究民国时期四川保甲制度的新成果——评《民国时期四川保甲制度与基层政治》,谢放,四川师范大学学报(社科版),2010年第4期。

现代作家任教四川大学摭谈,熊飞宇,四川档案,2010年第1期。

小议重庆、桂林、昆明抗战文化运动之特色,伍琳,科技信息,2010年第29期。

新诗与新诗人的时代焦虑——从艾青的《时代》谈起,袁继锋,东岳论丛,2010年第9期。

新史料的发掘与抗战文学史观之变革,张武军,中国现代文学研究丛刊,2010年第2期。

徐志富抗战剧坛轶事:《野玫瑰》主演秦怡等"罢演"始末,徐志福,文史杂志,2010年第4期。

学术选择与国家建构——论抗战时期大夏大学对西南少数民族的调查与研究,郭士礼,贵州民族研究,2010年第4期。

盐都抗战记忆,张国钢,四川档案,2010年第5期。

叶圣陶居川时期的旧体诗词创作,邓陶钧,重庆文理学院学报(社科版),2010年第4期。

一部把中国与世界融为一体的二战史巨著——九卷本《反法西斯战争时期的中国与世界研究》评介,彭训厚,军事历史研究,2010年第3期。

一部具有多重纪念意义的版画集——《抗战八年木刻选集》,王久安,出版史料,2010年第4期。

以国际物资解决物价问题(1945年),卢作孚研究,2010年第4期。

应用人类学视野中的民国边疆服务运动——以李安宅的相关论述为中

心,汪洪亮,思想战线,2010年第5期。

用文字抗日的巴金,莫列义,湖北档案,2010年第7期。

用血肉之躯捍卫民族尊严——读《贵州草鞋兵》,张祥光,贵州文史丛刊,2010年第1期。

又见话剧《苏武牧羊》的史料,苏永祁,世纪,2010年第4期。

云贵回族对抗日战争的贡献,马尚林,民族学刊,2010年第2期。

云南各族军民在抗日战争中的突出贡献,陈明富,保山学院学报,2010年第1期。

云南抗战文化的繁荣及其历史作用,谢溶,昆明学院学报,2010年第4期。

再论抗战文学中的重庆城市形象塑造,王学振,文学评论,2010年第2期。

在现实和历史之间——《戏剧春秋》月刊上的戏剧文学,佘爱春,戏剧文学,2010年第8期。

战时国民政府歌咏宣传方式考察,陈惠惠,宜宾学院学报,2010年第9期。

战时生活经验与现代国民意识的凝成——以《四世同堂》为中心,邵宁宁,甘肃社会科学,2010年第6期。

战时西部地区银行业的崛起及国民政府的作用,孙建华,学理论,2010年第5期。

战争中的人文关怀——谈巴金和他的《废园外》,张高杰,长江大学学报(社科版),2010年第1期。

张恨水笔下的重庆形象,陈永万,重庆三峡学院学报,2010年第1期。

张恨水抗战小说中重庆知识分子的日常生活,杨惠,重庆社会科学,2010年第7期。

张雪岩与抗战时期的节约献金救国运动,王京强,社会科学研究,2010年第2期。

浙大西迁遵义的历史地理思考,闵廷均,遵义师范学院学报,2010年第5期。

中共南方局文化史研究述评,庞虎,中共党史研究,2010年第4期。

中共南方局与重庆的抗战话剧,张正霞,党史博览,2010年第10期。

中共中央南方局及其与重庆抗战文学研究现状述略,熊飞宇,广播电视大学学报(哲社版),2010年第2期。

中国共产党与国民精神总动员运动问题再探讨,莫子刚,四川师范大学学报(社科版),2010年第3期。

中国抗战在世界反法西斯战争中的地位和作用,刘静,南京工程学院学报(社科版),2010年第2期。

中国西部科学院参访纪,简笙簧,卢作孚研究,2010年第2期。

中国在抗战中的大国崛起及其历史启示,廖大伟,探索与争鸣,2010年第10期。

中华剧艺社"连演制"与中国话剧的成熟,吴彬,戏剧艺术,2010年第4期。

中华民族的解放之声——读陈志昂《抗战音乐史》,屠金梅,福建论坛(社科版)(增刊),2010年。

中间势力在抗日战争中历史作用辨析,李波,北方论丛,2010年第6期。

资金来源结构与合作金库的发展——基于抗战时期农村金融的考察,李顺毅,民国档案,2010年第2期。

走出象牙塔,在西部荒漠之地洒注科技甘霖——抗战时期大后方科技社团的形成、发展和贡献,潘洵,红岩春秋,2010年第5期。

2011年

"纪念世界反法西斯战争胜利65周年暨中国抗战文史研究国际学术研讨会"综述,王碧萍,重庆师范大学学报(哲社版),2011年第1期。

"抗战文艺"的历史特征及其终结——从文协同人的检讨和反思说起,段从学,南京师范大学文学院学报,2011年第3期。

"抗战元首"林森,张加龙,文史天地,2011年第1期。

"缺失美学":"共名"时代的派生物——大后方纪实性故事片美学观,安燕,当代电影,2011年第8期。

"文协":中国现代文学史上最大的文学社团,熊辉,天府新论,2011年第

4期。

"中央研究院"在李庄的岁月,赵永桂,东方收藏,2011年第10期。

《大公报》(桂林版)的广告经营特色,张雷,新闻与写作,2011年第1期。

《大公报》(桂林版)新闻专电的特色,靖鸣,新闻与写作,2011年第4期。

《大公报》纪念抗战胜利言论浅析,顾亚欣,兰台世界,2011年第1期。

《文艺阵地》对中国抗战文学的丰富拾英,熊飞宇,重庆城市管理职业学院学报,2011年第3期。

《新华日报》对重庆抗战剧作的批评举隅,汪保忠,四川戏剧,2011年第4期。

《新华日报》战时新闻宣传的几点经验,侯磊,军事记者,2011年第4期。

《野玫瑰》的人物原型初探,张许平,北方文学(下半月),2011年第4期。

1937—1945年国统区农村金融研究综述,冯航空,商业文化(下半月),2011年第5期。

20世纪三四十年代成都饮食业与现代川菜菜系发展述论,梁刚,郑州航空工业管理学院学报(社科版),2011年第3期。

朝鲜义勇队在重庆,甘露,重庆科技学院学报(社科版),2011年第7期。

陈独秀的抗战思想研究,贾立臣,大庆师范学院学报,2011年第1期。

成都工人抗敌宣传团成立原因探析,张致森,成都大学学报(社科版),2011年第3期。

重论大后方文学发展的阶段性,李文平,理论学刊,2011年第2期。

重庆城市建设中的历史文化保护研究,胡攀,城市观察,2011年第3期。

重庆抗战大后方文献中心建设思考——基于重庆市抗战文献保存状况调研,王宁远,德州学院学报(增刊),2011年。

重庆抗战文化遗产的保护对策,葛雅兰,重庆行政(公共论坛),2011年第4期。

重庆市现存抗战大后方文献及其特点,王志昆,图书馆界,2011年第3期。

重庆谈判——中国两种命运、两种前途的斗争,新长征,2011年第8期。

重庆图书馆馆藏抗战童谣探析,万华英,内蒙古科技与经济,2011年第

12期。

重庆新闻传播史研究述评,刘成文,新闻研究导刊,2011年第1期。

川渝:抗战复兴的基地,张仲,重庆与世界,2011年第18期。

穿越风霜的"民主之家",王君宏,公民导刊,2011年第7期。

从抗战时期《中央日报》看其"党、政、报"的关系,范紫轩,内蒙古农业大学学报(社科版),2011年第3期。

从西北到西南:抗战大后方战略地位的形成与演变,潘洵,红岩春秋,2011年第4期。

大后方电影视域内孙明经教育电影活动的历史意义与作用,虞吉,艺术百家,2011年第11期。

大后方抗战文学的兵役题材,王学振,中国现代文学研究丛刊,2011年第7期。

大后方文学的双城记——《寒夜》与《天魔舞》异质同构的悲剧叙事,张义奇,当代文坛(增刊),2011年。

第二次国共合作的历史贡献及其启示,潘洵,光明日报,2011年11月24日。

第二次国共合作视阈下的中苏文化协会,蒋娜,西南农业大学学报(社科版),2011年第5期。

第三厅工作报告,郭沫若学刊,2011年第3期。

滇西抗战与日军进攻中国的第二条战线,程利,前沿,2011年第10期。

滇西土司在滇西抗战中的影响及其贡献,朱进彬,曲靖师范学院学报,2011年第4期。

读书问题之研究(1938年3月1日),卢子英,卢作孚研究,2011年第2期。

对保山抗战资源的保护与利用的思考,王黎锐,保山学院学报,2011年第3期。

对抗战时期开展滑翔运动的组织机构研究,于蓉,西北民族大学学报(哲社版),2011年第1期。

歌咏宣传与"抗战建国"——抗战时期国民政府歌咏宣传目的分析,陈惠惠,通化师范学院学报,2011年第7期。

关于"国立西北联合大学"研究的现状及分析,李巧宁,陕西理工学院学报(社科版),2011年第2期。

关于抗战"速胜论"的几点辨析,卢毅,抗日战争研究,2011年第3期。

关于西南联合大学战时从军运动的考察,闻黎明,中国抗战研究动态,2011年第2—3期。

广西抗日战争文化遗产保护与利用研究,席钦钦,传承,2011年第22期。

广西学生军北上抗日,谢汉俊,文史春秋,2011年第8期。

桂林抗战美术理论形成原因分析,周国柱,艺术探索,2011年第4期。

桂林抗战时期出版物调查分析,覃静,图书馆界,2011年第5期。

桂林时期的《救亡日报》研究,陶龙超,陕西广播电视大学学报,2011年第3期。

国立桂林师范学院与中国现代文学,佘爱春,广西社会科学,2011年第1期。

国立中央大学抗战救亡运动刍议,罗玲,重庆师范大学学报(哲社版),2011年第4期。

国民政府防空建设史料整理与研究述评,袁成毅,抗日战争研究,2011年第3期。

国内抗战时期难童救助研究综述,丁戎,抗日战争研究,2011年第2期。

海明威夫妇"蜜月"中的重庆之行,杨开显,红岩春秋,2011年第4期。

红岩精神与中国革命精神,周勇,重庆社会科学,2011年第7期。

胡愈之抗战时期报刊活动及新闻思想,方婷,新闻世界,2011年第10期。

黄炎培在国民参政会中言行评析,王凤青,淮北师范大学学报(哲社版),2011年第3期。

活跃在滇缅公路上的华侨汽车驾驶员——纪念南洋华侨机工回国抗战72周年,姚永平,汽车运用,2011年第2期。

汲取地域风貌精髓,诠释民主党派历史——中国民主党派历史陈列馆设计方案介绍,李秉奇,重庆建筑,2011年第5期。

嘉陵江三峡乡村建设实验区廿八年纪念国情事物联合检阅大会报告

（1939年11月），卢子英，卢作孚研究，2011年第2期。

坚持广西团结抗战胜利的中流砥柱，庾新顺，文史春秋，2011年第3期。

简论"文协"的抗战诗歌译介活动，熊辉，文艺理论与批评，2011年第2期。

蒋介石与战时美国对华财经援助，吴景平，史学月刊，2011年第1期。

近代重庆城市史研究：一个文献综述，谢丹，重庆社会科学，2011年第8期。

近代回族报刊对回族妇女的抗战动员与宣传——以《中国回教救国协会会刊》为例，刘莉，北方民族大学学报（哲社版），2011年第5期。

经济一体化、民族主义与抗战时期西南近代工业的内敛化，陈征平，思想战线，2011年第4期。

抗日烽火中的白衣天使，永元，当代护士（综合版），2011年第10期。

抗日民主运动中的张申府，谌玉梅，黄河科技大学学报，2011年第1期。

抗日战争时期陈云指导青年工作的思想及实践，刘启芳，上海党史与党建，2011年第6期。

抗日战争时期大后方报刊诗歌和诗歌报刊在抗日宣传中的作用探析，黄子建，新闻研究导刊，2011年第7期。

抗日战争时期国民政府对敌宣传斗争述论，易振龙，民国研究（总第20辑），2011年。

抗日战争时期童子军社会服务活动述论，孙玉芹，抗日战争研究，2011年第3期。

抗日战争时期西北地区金融业的发展与金融体系的形成，杨旭东，宁夏师范学院学报，2011年第2期。

抗日战争时期中国基督教青年会军人服务部研究，赵晓阳，抗日战争研究，2011年第2期。

抗日战争与西部内陆省份公共卫生事业的现代化——以四川省为中心的考察，张玲，抗日战争研究，2011年第2期。

抗战·离乱与学术选择——陈瘦竹江安国立剧专的戏剧研究，胡希东，四川戏剧，2011年第5期。

抗战烽火中重庆美术的嬗变,邓德祥,文艺争鸣,2011年第13期。

抗战烽火中的桂林美术展览研究,冯艳,艺术探索,2011年第4期。

抗战烽火中的桂林书法艺术综述,牟朋朋,艺术探索,2011年第4期。

抗战后期外交研究的新进展——读《太平洋战争爆发后国民政府外交战略与对外政策》,侯中军,抗日战争研究,2011年第3期。

抗战话剧对大后方故事片及"战后新电影"的影响,安燕,新闻界,2011年第3期。

抗战结束前后关于战后国都的大讨论,刘海军,钟山风雨,2011年第2期。

抗战内迁中云南社会风尚的变化及转向,盛美真,贵州大学学报(社科版),2011年第2期。

抗战期间"文协"作家的重庆集聚地,吴福辉,汉语言文学研究,2011年第1期。

抗战期间的一种非理性民族主义——论"战国策"派的政治观,周若清,贵州民族研究,2011年第4期。

抗战期间西南联大"民主堡垒"形成因素分析——以西北联大为参照,李巧宁,四川文理学院学报,2011年第4期。

抗战前期国民政府征调民工机制研究——以构筑四川国防工程为视角,张莉,求索,2011年第3期。

抗战时关于青年学生从军呼声的两次结果,张仲,重庆与世界,2011年第6期。

抗战时期《大公报》(桂林版)彭子冈的"重庆航讯"特色,靖鸣,新闻与写作,2011年第8期。

抗战时期《大公报》(桂林版)杨刚的"战地通讯"特色,靖鸣,新闻与写作,2011年第9期。

抗战时期艾芜在桂林的小说创作,卢晓霞,桂林师范高等专科学校学报,2011年第4期。

抗战时期报纸的舆论宣传作用——以《新华日报》、《中央日报》、《大公报》为例,杨曦,文史博览(理论),2011年第3期。

抗战时期重庆的公共卫生法规研究,黄虹,江西社会科学,2011年第3期。

抗战时期重庆地区图书馆的读者服务,杜俊慧,科技情报开发与经济,2011年第8期。

抗战时期重庆建筑发展研究初探,龙彬,南方建筑,2011年第2期。

抗战时期大后方粮食增产措施及其成效分析——以四川为例,李俊,求索,2011年第5期。

抗战时期大后方民营工业兴衰及其与政府关系述论,吴仁明,江汉论坛,2011年第5期。

抗战时期大后方能源问题研究综述,王安中,企业家天地,2011年第12期。

抗战时期的《新华日报》:"一个了解真理的窗口",张进,传媒观察,2011年第3期。

抗战时期的广西民团周刊社及其出版活动,廖晓云,广西地方志,2011年第4期。

抗战时期的贵州文学景象,谢廷秋,文艺争鸣,2011年第15期。

抗战时期的桂林侨务,贺继孟,八桂侨刊,2011年第1期。

抗战时期的进步文艺论析——以战地画家沈逸千为例,黄建军,艺术评论,2011年第11期。

抗战时期的企业公司评价,杜恂诚,福建师范大学学报(哲社版),2011年第1期。

抗战时期的三民主义论战与马克思主义中国化,黄志高,党史研究与教学,2011年第5期。

抗战时期冯玉祥与蒋介石关系研究,马旭辉,河北北方学院学报(社科版),2011年第5期。

抗战时期广西文化政策略论,刘小林,玉林师范学院学报,2011年第1期。

抗战时期贵州医疗卫生事业发展及其历史影响,李仕波,辽宁医学院学报(社科版),2011年第2期。

抗战时期贵州医疗卫生政策探析,李仕波,重庆教育学院学报,2011年第2期。

抗战时期桂林文化统战工作述评,覃卫国,广西社会主义学院学报,2011年第4期。

抗战时期国民党《中央日报》的宣传特点,孟娜,东南传播,2011年第1期。

抗战时期国民党政权公务员选拔与政治限度,韩潇筠,传承,2011年第3期。

抗战时期国民政府军事法制机构述略,李晓社,军事历史研究,2011年第2期。

抗战时期国民政府与西部少数民族,马烈,江苏教育学院学报(社会科学),2011年第2期。

抗战时期国民政府征兵过程中农民的抵制心态,龚喜林,求索,2011年第7期。

抗战时期国统区警察逃亡问题研究——以四川省会警察局为中心,曹发军,中州大学学报,2011年第1期。

抗战时期国统区军粮的征购,陈善本,乐山师范学院学报,2011年第4期。

抗战时期国统区农村金融研究综述,冯航空,黑龙江史志,2011年第1期。

抗战时期国统区职业教育方针政策研究,吴文华,职教通讯,2011年第3期。

抗战时期国族视野下的新疆族群问题与开发,储竞争,文山学院学报,2011年第1期。

抗战时期后方银行业在战时经济建设中的贡献,孙建华,学理论,2011年第3期。

抗战时期胡愈之在桂林的新闻出版活动,徐健,新闻与写作,2011年第6期。

抗战时期黄炎培国民参政会民生问题提案评析,王凤青,聊城大学学报(社科版),2011年第3期。

抗战时期民主党派历史研究概述,肖红,重庆社会主义学院学报,2011年第3期。

抗战时期南京国民政府的救助侨教活动,王宁宁,中国抗战研究动态,

2011年第1期。

抗战时期陪都重庆书画展览的推介现象,龙红,文艺争鸣,2011年第2期。

抗战时期人民防空抚恤工作概述,陈松,阿坝师专学报,2011年第1期。

抗战时期陕西国统区高等教育与高校校刊,严琳,今传媒,2011年第9期。

抗战时期社会部职业介绍活动初探,王延强,职业技术教育,2011年第1期。

抗战时期四川民营工业兴衰及其与政府关系研究,吴仁明,成都理工大学学报(社科版),2011年第2期。

抗战时期四川人寿保险业研究,吴静,前沿,2011年第6期。

抗战时期四川实践征属助耕述评,杜乐秀,衡阳师范学院学报,2011年第1期。

抗战时期图书馆学人的救亡思想——以沈祖荣、杜定友、李小缘、刘国钧为例,刘亮,图书馆,2011年第5期。

抗战时期西康省的民众教育馆,车莉,西南民族大学学报(社科版),2011年第11期。

抗战时期西南联大的教授群体的和而不同,吴锦旗,南通大学学报(社科版),2011年第3期。

抗战时期西南少数民族教育发展探析——以贵州遵义为例,闵廷均,黑龙江民族丛刊,2011年第1期。

抗战时期延安与重庆漫画题材内容比较研究,庞先超,河西学院学报,2011年第1期。

抗战时期移民入陕的社会学透析,李丽霞,兰台世界,2011年第3期。

抗战时期云南军邮述论,伍佩佩,安庆师范学院学报(社科版),2011年第5期。

抗战时期职业教育及对我国职教工作的启示,孙玉芹,河北工程大学学报(社科版),2011年第3期。

抗战时期中国红十字会组织的整建与救护工作述评,董根明,抗日战争研究,2011年第3期。

抗战时期中国通商银行的内迁和战后的复员,陈礼茂,上海商学院学报,2011年第1期。

抗战时期中越文化工作同志会在桂林的活动及其影响,覃卫国,广西师范大学学报(哲社版),2011年第5期。

抗战文献的保护与利用研究——重庆图书馆馆藏抗战文献民歌民谣的主题意蕴,王宁远,四川图书馆学报,2011年第4期。

抗战新诗中的重庆叙事,刘晓琴,西南大学学报(社科版),2011年第4期。

抗战语境下的国共之争:"《野玫瑰》风波"释疑,熊飞宇,重庆师范大学学报(哲社版),2011年第4期。

抗战语境下西南少数民族知性化运动,徐德莉,贵州民族研究,2011年第1期。

老舍在重庆时期的抗战戏剧,李卉,四川戏剧,2011年第1期。

李公朴在北碚,卢国模,卢作孚研究,2011年第3期。

李庄抗战文化研究纵论,常智敏,西南民族大学学报(社科版),2011年第10期。

理想与实际:抗战时期国民党基层干部的素质培育,化贯军,民国档案,2011年第2期。

历史的记忆:抗战时期的新华日报,朱同留,内蒙古农业大学学报(社科版),2011年第3期。

龙陵热的冷思考:抗战文化价值和历史文物场馆,吴皓,民族文化与文化创意产业研究论丛(第二辑),2011年。

卢作孚:从来就不只是一个商人,七七,新经济杂志,2011年第8期。

卢作孚与近代乡村现代化建设的"北碚现象",潘洵,重庆师范大学学报(社科版),2011年第5期。

论"七月诗派"旅桂诗人的创作,卓光平,东方论坛,2011年第2期。

论大后方抗战电影的纪实美学特征,冯清贵,湖北函授大学学报,2011年第2期。

论第二次国共合作的历史地位与现实价值,潘洵,西南大学学报(社科版),2011年第6期。

论抗日战争时期中国工合运动中的技术改造,高海萍,兰州学刊,2011年第7期。

论抗战时期成都的防疫行政与地方实践,郭京湖,抗日战争研究,2011年第2期。

论抗战时期重庆的卫生教育,黄虹,求索,2011年第1期。

论抗战时期内迁学校对湘西教育的影响,王昌,沧桑,2011年第5期。

论抗战时期陕西黎坪垦区的开发,罗冰冰,传承,2011年第23期。

论抗战时期宋美龄的妇女工作主张,张玲,求索,2011年第7期。

论张澜在抗日战争中的贡献,谭锐,黑龙江史志,2011年第9期。

论制度变迁视野中的国民参政会,吴锦旗,金陵科技学院学报(社科版),2011年第1期。

旅蓉回忆记(1938年9月),卢子英,卢作孚研究,2011年第2期。

略论重庆抗战文献的收藏与抢救,万华英,内蒙古科技与经济,2011年第17期。

略述抗战时期国民政府迁都重庆对重庆发展的影响,黄妍,长江师范学院学报,2011年第4期。

民国时期甘肃农田水利研究,黄正林,宁夏大学学报(社科版),2011年第2期。

民国时期贵州省政府主席吴鼎昌的经济思想,蔡志新,贵州财经学院学报,2011年第3期。

民国时期苏联电影在新疆的传播,左红卫,电影评介,2011年第16期。

民国时期资源委员会推行公司制度概论,薛毅,常州大学学报(社科版),2011年第1期。

民国舆论界论"知识分子"——以中间派刊物为主要研究对象,谭凯,湖南大学学报(社科版),2011年第5期。

民生公司历届董事会董事长、董事简介(1925年—1949年),卢作孚研究,2011年第1期。

民生公司历届股东会摘要(1925年—1949年),卢作孚研究,2011年第1期。

陪都重庆抗战文学的文学史阅读与考察——对七部《中国现代文学史》书写病象的思考,冯肖华,陕西师范大学学报(哲社版),2011年第2期。

陪都文化与文学的主流化体现——解读萧红的小说《山下》,赵文静,重庆电子工程职业学院学报,2011年第2期。

陪都小说的史诗双重建构,郝明工,重庆师范大学学报(哲社版),2011年第1期。

浅谈重庆民国报纸副刊,许彤,辽宁师专学报(社科版),2011年第3期。

浅析抗日时期国民政府的西北农业贷款之作用,张颖,唐都学刊,2011年第1期。

浅析抗战初期国统区农业政策的调整及影响,苏新有,农业考古,2011年第1期。

浅析抗战时期《新华日报》副刊特色,肖涵,湖南大众传媒职业技术学院学报,2011年第2期。

浅议重庆陪都老建筑的保护与开发问题,樊娜,剑南文学(经典教苑),2011年第5期。

抢救历史——以四川抗战口述史为例,张晓霞,档案学研究,2011年第3期。

全面抗战时期文人论兵的群体分析,赵欣,军事历史研究,2011年第2期。

全面抗战时期中国红十字会的"内务"与"外交",池子华,民国研究(总第18辑),2011年。

深化抗战美术研究——《抗战时期陪都重庆书画艺术年谱》序,陈池瑜,南京艺术学院学报(美术与设计版),2011年第4期。

诗歌与抗战——以西南大后方诗歌为中心,史桂芳,首都师范大学学报(社科版),2011年第1期。

史迪威公路在"二战"中的战略地位与历史作用,韩继伟,兴义民族师范学院学报,2011年第3期。

试论抗战时期的国共关系与民盟改组的政治发展路径,阿牛曲哈莫,鸡西大学学报,2011年第6期。

试论全面抗战时期民主党派对中国国民党政府的认识,罗艳梅,福建省社会主义学院学报,2011年第5期。

试论夏衍对西部抗战文化的贡献,王婧,重庆社会主义学院学报,2011年第5期。

试述抗战时期桂林的科学技术研究及其影响,覃静,桂海论丛,2011年第1期。

试述中共在国统区新闻界的工作实践——以抗战胜利后杭州新闻界中共地下党的活动为例,何扬鸣,浙江传媒学院学报,2011年第1期。

试析抗战时期广西商业经济的战时繁荣及其作用,蒋霞,学术论坛,2011年第4期。

宋子文、中国银行与战时美国租借援助的接洽,曹嘉涵,史学月刊,2011年第10期。

谈知识青年从军运动在四川,邬贵明,剑南文学(经典教苑),2011年第8期。

铜仁到底为抗战奉献了多少子弟——谨以此文献给敬爱的父亲和他的战友们,刘新华,铜仁学院学报,2011年第1期。

妥协·情欲·真实——张爱玲抗战末期文学行为再思考,周云青,安徽文学(下半月),2011年第9期。

外来知识分子与本土民众的文化冲突与融合——以抗战时期迁滇高校为中心的考察,毛立红,曲靖师范学院学报,2011年第4期。

外侮与内患——论张恨水的小说《巴山夜雨》,牛丽,时代文学(下半月),2011年第3期。

文化工作委员会组织大纲拟议,郭沫若,郭沫若学刊,2011年第2期。

文章报国——《大公报》抗日战争时期带有政治倾向性的背景及原因,杜茜,新闻天地(下半月刊),2011年第7期。

夏季大轰炸与大后方文学转型——从抗战文学史的分期说起,段从学,中国现代文学研究丛刊,2011年第7期。

新的文学社会空间之开拓——文协与抗战时期的战地文艺工作,段从学,井冈山大学学报(社科版),2011年第4期。

新视角:国民政府田赋征实制度之再探讨,郝银侠,民国档案,2011年第2期。

寻找"空军坟",陶正礼,重庆与世界,2011年第8期。

以皮毛、水烟运销为中心看抗战前后甘肃区域市场,裴庚辛,史学月刊,2011年第4期。

用好"陪都"档案 服务渝台交流,潘樱,重庆行政(公共论坛),2011年第4期。

用世界眼光重新看待和认识滇西抗战,傅仕敏,云南社会科学,2011年第5期。

由救恤到保障:抗战时期国民政府伤残军人的服务型抚恤探析——以国统区荣军教养院为中心,姜迎春,民国档案,2011年第1期。

在时代规范与艺术诉求之间——论老舍与曹禺抗战时期的创作转型,傅晓燕,民族文学研究,2011年第3期。

臧克家与正面战场,秦弓,山东社会科学,2011年第8期。

战时企业与政府:从民营厂矿内迁看对民族国家目标的认同,萧小红,民国研究(总第19辑),2011年。

展现中共南方局斗争历史 弘扬重庆市千秋红岩精神——重庆卫视《千秋红岩》节目创作特点刍析,周勇、赵忠颉,新闻研究导刊,2011年第12期。

张申府与抗战时期民主宪政运动,谌玉梅,重庆社会主义学院学报,2011年第1期。

中共中央南方局与大后方抗战美术运动,凌承纬,美术,2011年第8期。

中国革命精神中的红岩精神,周勇,当代党员,2011年。

中国革命精神的本质与红岩精神的特征,周勇,社科界,2011年第6期。

中国共产党与桂林抗战文化运动,赵国宝,中共桂林市委党校学报,2011年第2期。

中国留美学生与国立西南联合大学,周棉,清华大学教育研究,2011年第

3期。

中国民主建国会在重庆,邓凌,重庆社会主义学院学报,2011年第1期。

中国远征军第十一集团军在滇西抗战中的重要作用和贡献,李枝彩,保山学院学报,2011年第3期。

中华基督教会边疆服务的成效考量及其原因分析,汪洪亮,四川师范大学学报(社科版),2011年第2期。

中央研究院在李庄的岁月,赵永桂,文史天地,2011年第7期。

资源委员会与战时中国工业结构的转型,王卫星,江海学刊,2011年第1期。

二、著作、文献索引

1979年

重庆谈判,郑德荣等,吉林人民出版社,1979年。

1980年

国共谈判文献资料选辑,中共代表团梅园新村纪念馆编,江苏人民出版社,1980年。

云南冶金史,云南大学历史系、云南省历史研究所云南地方史研究室编著,云南人民出版社,1980年。

中国农民银行,中国人民银行金融研究所编,中国财政经济出版社,1980年。

1981年

中国的酒类专卖,商业部商业经济研究所中国的酒类专卖编写组编,中国商业出版社,1981年。

1982年

茅盾在香港和桂林的文学成就,林焕平,浙江人民出版社,1982年。

桂林文化城忆旧,桂林日报编,1982年。

1983年

重庆谈判纪实,中共重庆市委党史工作委员会等编,重庆出版社,1983年。

革命文献(96—101辑)·抗战建设史料:社会建设(一)(二)(三)(四)(五)(六),秦孝仪主编,中国国民党党史委员会编印,1983年。

回忆南方局,重庆现代革命史资料丛书编委会编,重庆出版社,1983年。

中国民主同盟历史文献(1941—1949),中国民主同盟中央文史资料委员会编,文史资料出版社,1983年。

中华合作事业发展史,陈岩松编著,台湾商务印书馆,1983年。

中华全国文艺界抗敌协会资料汇编,文天行编,四川省社会科学院出版社,1983年。

作家在重庆,重庆出版社编,重庆出版社,1983年。

1984年

北碚文史资料(第1辑)·陶行知在北碚专辑,中国人民政治协商会议北碚区委员会文史资料委员会编,1984年。

重庆社会大学大后方青年运动参考资料,重庆社会大学育才学校校史研究会编,重庆出版社,1984年。

大后方的青年运动(新华日报文选),重庆出版社编,重庆出版社,1984年。

第二次国共合作,童小鹏,文物出版社,1984年。

桂林文化城纪事(抗战时期桂林文化运动资料丛书之二),潘其旭等编,漓江出版社,1984年。

国民参政会资料,四川大学马列教研室编,四川人民出版社,1984年。

国统区抗战文艺研究论文集,重庆地区中国抗战文艺研究会、四川省社会科学院文学研究所编,重庆出版社,1984年。

纪念"西南剧展"四十周年纪念集,广西文化厅编,1984年。

抗战期间重庆版文艺期刊篇名索引(重庆市图书馆馆藏部分),重庆图书馆编印,1984年。

抗战时期桂林文艺期刊简介和目录汇编,万一知、苏关鑫编,广西师范大学出版社,1984年。

抗战文艺报刊篇目汇编,王大明编,四川省社会科学院出版社,1984年。

林继镛先生访问录,"中研院"近代史所编印,1984年。

四川现代作家研究集,四川省社会科学院文学研究所编,四川省社会科学院出版社,1984年。

我的父亲卢作孚,卢国纪,重庆出版社,1984年。

西南第一届戏剧展览会文物史料选辑,桂林市博物馆编,1984年。

西南剧展(上)(下)(抗战时期桂林文化运动资料丛书之一),丘振声等编,漓江出版社,1984年。

西南剧展四十周年纪念座谈会资料集,座谈会办公室编,1984年。

中国农工民主党历史研究民主革命时期(中国各民主党派历史研究丛书),彦奇等编,中国人民大学出版社,1984年。

1985年

安顺文史资料选辑(第4辑)·纪念抗日战争胜利四十周年专辑,中国人民政治协商会议贵州省安顺市委员会文史资料委员会编,1985年。

成都抗日战争时期回忆录选编——纪念抗日战争胜利四十周年,中共成都市委党史工委编,1985年。

成都文史资料选辑(第9—13辑)·纪念抗日战争胜利四十周年专辑之一、二、三、四,中国人民政治协商会议四川成都市委员会文史资料研究委员会编,1985年。

重庆抗战纪事(1937—1945),中国人民政治协商会议四川省重庆市委员会文史资料研究委员会编,重庆出版社,1985年。

重庆抗战剧坛,重庆戏剧家协会《重庆剧讯》主编,1985年。

重庆文史资料丛刊·重庆抗战纪事,中国人民政治协商会议四川省重庆市委员会文史资料研究委员会编,重庆出版社,1985年。

川军抗战亲历记,四川省政协文史资料研究委员会、四川省人民政府参事室编,四川人民出版社,1985年。

第二次国共合作,刘云久,黑龙江人民出版社,1985年。

第二次世界大战军事论文选——纪念中国抗日战争和世界反法西斯战争胜利四十周年,军事学术杂志社编,军事科学出版社,1985年。

独山文史资料选辑(第3—4辑)·抗日战争胜利四十周年纪念特刊,独山县政协文史资料研究委员会编,1985年。

富顺人民抗日救亡概况——纪念抗日战争胜利四十周年专辑,中国人民政治协商会议四川省富顺县委员会文史资料组编,1985年。

革命文献(102—105辑)·抗战建设史料:农林建设(一)(二)(三)(四),秦孝仪主编,1985年。

个旧市文史资料选辑(第5辑)·抗日史料专辑,政协云南省个旧市委员会文史资料研究委员会编,1985年。

贵阳文史资料选辑(第16辑),纪念抗日战争胜利四十周年,贵阳市委编,1985年。

国民参政会纪实(上)(下),孟广涵主编,重庆出版社,1985年。

国统区抗战文艺运动大事记,文天行编,四川省社会科学院出版社,1985年。

衡阳文史资料(第4辑)·纪念抗日战争胜利四十周年专辑,中国人民政治协商会议湖南省衡阳市委员会文史资料研究委员会编,1985年。

红河州文史资料选辑(第5辑)·纪念抗日战争胜利四十周年专辑,中国人民政协会议红河哈尼族彝族自治州委员会文史资料委员会编,1985年。

纪念抗日战争胜利四十周年论文集,上海市中共党史学会编,1985年。

纪念抗日战争四十周年专刊,中国人民政治协商会议四川省梁平县委员会编,1985年。

江北县党史资料汇编(第1辑)·抗日战争时期,中共江北县委党史工作委员会编,1985年。

抗日战争时期音乐资料汇集·重庆新华日报专辑,李滨荪等编,西南师范大学出版社,1985年。

抗日战争史,何理,上海人民出版社,1985年。

抗日战争史参考资料目录,周元正编,四川大学出版社,1985年。

抗日战争史论丛,四川大学历史系、成都市社会科学研究所编,四川大学出版社,1985年。

抗日战争史论著目录索引(1949.10—1984.10),上海市历史学会编,1985年。

抗日战争优秀歌曲选,申保山编,安徽文艺出版社,1985年。

抗战烽火录《新华日报》通讯选,新闻研究所中国报刊史研究室编,新华出版社,1985年。

抗战胜利四十周年贵阳党史资料专辑,中共贵阳市委党史研究委员会编,1985年。

抗战时期的郭沫若,谭洛非主编,四川省社会科学院出版社,1985年。

抗战时期国统区的粮食价格,王洪峻编著,四川省社会科学院出版社,1985年。

抗战文学概观,苏光文,西南师范大学出版社,1985年。

昆明文史资料选辑(第6—7辑)·抗日战争时期史料专辑(上)(下),中国人民政治协商会议云南省昆明市委员会文史资料研究委员会编,1985年。

乐至文史资料选辑(第8辑)·纪念抗日战争胜利四十周年专辑,中国人民政治协商会议四川省乐至县委员会文史资料研究组编,1985年。

荔波县文史资料(第1辑)·抗日专辑　纪念抗日战争胜利四十周年,荔波县政协文史资料研究委员会编,1985年。

论华侨在抗日战争中的历史地位和作用,舒启超,上海戏剧学院,1985年。

纳溪县文史资料选辑(第5辑)·纪念抗日战争和世界反法西斯战争胜利

四十周年,四川省纳溪县委员会纳溪县文史资料研究委员会编,1985年。

难忘的八年——纪念抗日战争胜利四十周年,云南省军区党史资料征集办公室编,1985年。

黔南文史资料选辑(第4辑)·纪念抗日战争胜利四十周年,黔南州政协文史资料研究委员会都匀市政协文史资料研究委员会编,1985年。

陕西文史资料选辑(第18辑)·纪念抗日战争胜利四十周年,中国人民政治协商会议陕西省委员会文史资料研究委员会编,三秦出版社,1985年。

双流县文史资料选辑(第4辑)·纪念抗日战争胜利四十周年专辑,中国人民政治协商会议四川省双流县委员会文史资料研究委员会编,1985年。

四川省纪念抗日战争胜利四十周年学术讨论会论文暨史料选(1)(2),四川省纪念抗日战争胜利四十周年学术讨论会论文暨史料选编辑组编,1985年。

文史资料选编(第3辑)·纪念抗日战争胜利四十周年专辑,湖南省人民政府参事室、湖南省文史研究馆编,1985年。

西宁文史资料(第3辑)·纪念抗日战争胜利四十周年,西宁市政协文史资料研究委员会编,1985年。

新都文史(第2辑)·纪念抗日战争胜利四十周年专辑,中国人民政治协商会议四川省新都县委员会文史资料研究委员会编,1985年。

中共中央抗日民族统一战线文件选编(上)(中)(下),中央统战部、中央档案馆编,档案出版社,1985年。

中国民主建国会历史研究·民主革命时期(中国各民主党派历史研究丛书),陈竹筠编,中国人民大学出版社,1985年。

周恩来与国统区抗战文艺,文天行,四川省社会科学院出版社,1985年。

宗教界在抗日救亡运动中——纪念抗日战争胜利四十周年,上海市宗教学会编,上海市宗教学会,1985年。

遵义文史资料(第7辑)·关于抗日战争时期的遵义(上)(下),中国人民政治协商会议遵义市委员会文史资料研究委员会编,1985年。

1986年

重庆工商史料(第五辑),抗战时期重庆民营工业掠影,中国民主建筑国会重庆市委员会、重庆市工商业联合会编,重庆出版社,1986年。

重庆工商史料(第四辑)·民营工商企业经营管理之道,中国民主建国会重庆市委员会编,重庆出版社,1986年。

川军出川抗战纪事,马宣伟、温贤美编,四川省社会科学院出版社,1986年。

贵州抗日救亡运动史,范同寿、熊宗仁,贵州人民出版社,1986年。

桂林文化城概况(抗战时期桂林文化运动资料丛书之三),杨益群等编,广西人民出版社,1986年。

国民党统治区的民主运动(中国现代革命史丛书),刘云久,黑龙江人民出版社,1986年。

黄沙碧血战新疆,郭岐著,圣文书局股份有限公司,1986年。

坚持团结抗战的号角(1938—1947年代论集),新华日报群众周刊史学会编,重庆出版社,1986年。

近代中国人物——《近代史研究》专刊,夏良才、曾景忠编,重庆出版社,1986年。

抗日战争时期中国工人运动史稿,齐武,人民出版社,1986年。

抗日战争史新论,江苏省中共党史学会、中国现代史学会编,南京工学院出版社,1986年。

抗日战争中的重庆,黄友凡、彭承福主编,西南师范大学出版社,1986年。

抗倭集,陈禅心,海峡文艺出版社,1986年。

抗战胜利的代价——抗战胜利四十周年学术论文集,许倬云主编,联经出版事业公司,1986年。

抗战胜利四十周年论文集(二册),军史研究委员会编,黎明文化事业公司,1986年。

抗战时期的郭沫若论文集,郭沫若研究学会等编,四川省社会科学院出版社,1986年。

抗战时期的政治建设,马起华,近代中国出版社,1986年。

抗战时期周恩来统战思想和实践论文选,中共重庆市委统一战线工作部、重庆市统一战线理论研究会编,重庆大学出版社,1986年。

抗战文学纪程,苏光文编著,西南师范大学出版社,1986年。

抗战文艺报刊篇目汇编,四川省社会科学院文学研究所抗战文艺研究室编,四川省社会科学院出版社,1986年。

历史·中国现代史抗日战争部分,孟广恒主编,高等教育出版社,1986年。

民主革命时期的民主党派,邱钱牧等编著,湖南人民出版社,1986年。

南方局党史资料大事记,南方局党史资料征集小组编,重庆出版社,1986年。

南明文史资料选辑(第4辑)·抗日战争资料专辑,中国人民政治协商会议贵阳市南明区委员会文史资料委员会编,1986年。

欧阳予倩与桂剧改革(抗战时期桂林文化运动资料丛书),丘振声、杨荫亭编,广西人民出版社,1986年。

宋庆龄与抗日救亡运动,郑灿辉等,福建人民出版社,1986年。

文艺期刊索引(抗战时期桂林文化运动资料丛书),杨益群等编,广西人民出版社,1986年。

新华报童,《新华日报》暨《群众》周刊史学会成都分会编,四川少年儿童出版社,1986年。

在抗战的日子里,宁夏区政协文史资料研究委员会等编,宁夏人民出版社,1986年。

在中国的天空:苏联志愿者飞行员回忆录(1937—1940),〔苏〕丘多杰耶夫,1986年。

赵尧生重庆诗抄,曾进编,重庆出版社,1986年。

中国的新生,〔英〕贝特兰著,林淡秋译,新华出版社,1986年。

中国近代史研究述评,宫明编,中国人民大学出版社,1986年。

中国现代史,孟广恒主编,上海翻译出版公司,1986年。

中国现代史稿(1919—1949)(上)(下),魏宏运主编,黑龙江人民出版社,1986年。

中华民国史档案资料汇编(第四辑)(上)(下),中国第二历史档案馆编,江苏古籍出版社,1986年。

追求之歌——四川青年运动,李柏云主编,成都科技大学出版社,1986年。

1987年

白色恐怖下的《新华日报》——国民党当局控制新华日报的档案材料汇编,重庆市档案馆、中国第二历史档案馆编,重庆出版社,1987年。

保山市文史资料选辑(第4—5辑)·纪念"七·七事变"五十周年专辑(上)(下),中国人民政治协商会议云南省保山市委员会文史资料研究委员会编,1987年。

北碚文史资料 第2辑 张自忠将军陵园资料,中国人民政治协商会议北碚区委员会文史资料委员会编,1987年。

成都文史资料选辑(第16—17辑)·纪念七·七抗战五十周年史料专辑之一、二,中国人民政治协商会议四川省成都市委员会文史资料研究委员会编,1987年。

大西南的抗日救亡运动,孟广涵主编,1987年。

当代文学史料研究丛刊(第2辑)·抗战文学专辑(上),当代文学史料研究社著,大吕出版社,1987年。

杜重远,张宝裕等主编,新疆大学出版社,1987年。

革命文献(110—113辑)·抗战建国史料:粮政方面(一)(二)(三)(四),秦孝仪主编,1987年。

贵阳文史资料选辑(第21辑)·抗战中的贵州将士,中国人民政治协商会议贵州省贵阳市委员会文史资料研究委员会编,1987年。

贵阳文史资料选辑(第23辑)·抗战中贵阳文化活动,中国人民政治协商会议贵州省贵阳市委员会文史资料研究委员会编,1987年。

贵州近代经济史资料选辑(上)(第2卷),李德芳、蒋德学编,四川省社会科学院出版社,1987年。

贵州文史资料选辑(第26辑)·抗日战争时期的贵州院校,中国人民政治协商会议贵州省委员会文史资料研究委员会编,1987年。

桂林文化大事记(1937—1949),桂林市文化研究中心、桂林图书馆编,漓江出版社,1987年。

国共合作简史,李淑媖、肖学信编,江西人民出版社,1987年。

国共合作史,林家有等编著,重庆出版社,1987年。

国民参政会纪实(续编)(1938—1948),孟广涵主编,重庆出版社,1987年。

近代重庆经济与社会发展(1876—1949),周勇、刘景修译编,四川大学出版社,1987年。

救亡日报的风雨岁月,广西日报新闻研究室编,新华出版社,1987年。

抗敌剧社实录,刘佳等,军事译文出版社,1987年。

抗日民族统一战线与第二次国共合作,全国中共党史研究会编,中国文史出版社,1987年。

抗日战史论集——纪念抗战五十周年,刘凤翰主编,东大图书公司,1987年。

抗日战争回忆录专辑,星火燎原编辑部编,解放军出版社,1987年。

抗日战争时期的中国新闻界,中国社科院新闻研究所编,重庆出版社,1987年。

抗日战争时期的中国知识分子——顾颉刚与日本,〔日〕小仓芳彦,筑摩书房,1987年。

抗日战争时期四川大事记,四川省人民政府参事室、四川省文史研究馆编,华夏出版社,1987年。

抗战大后方冶金工业史料,重庆市档案馆、四川省《冶金志》编委会合编,重庆出版社,1987年。

抗日战争与中国民众——中国的民族主义与民主主义,〔日〕池田诚,法律文化社,1987年。

抗战时期外国对华军事援助,王正华,环球书局,1987年。

抗战时期文学回忆录,苏雪林,文讯月刊杂志社,1987年。

抗战时期文学史料,秦贤次,文讯月刊杂志社,1987年。

抗战文学概说,李瑞腾,文讯月刊杂志社,1987年。

历史回顾——纪念抗日战争五十周年专辑,重庆市人民政府参事室编,1987年。

卢作孚与民生公司,凌耀伦,四川大学出版社,1987年。

茅盾在新疆,陆维天编,新疆人民出版社,1987年。

内江文史资料(第2辑)·纪念"七·七"抗战五十周年专辑,中国人民政治协商会议四川省内江市委员会文史资料研究委员会编,1987年。

欧阳予倩与桂剧改革(抗战时期桂林文化运动资料丛书),丘振声、杨荫亭编,广西人民出版社,1987年。

黔北风云——活跃在抗战大后方的浙大学生运动,中共贵州省遵义地委党史工作委员会办公室《黔北风云》编辑组编,浙江大学出版社,1987年。

渠县抗日战争时期资料选辑,中共渠县县委党史工作委员会编,1987年。

探索历史——白修德笔下的中国抗日战争,〔美〕白修德著,马清槐、方生译,生活·读书·新知三联书店,1987年。

腾冲文史资料选集(第1辑)·抗日战争专辑,腾冲县政协文史资料编辑委员会编,1987年。

现代名人作家与贵州,宋洪宪编,贵州人民出版社,1987年。

湘西苗民革屯抗日辑略,雷安平主编,中南工业大学出版社,1987年。

新民主主义革命时期影印革命期刊索引——抗日战争时期,中共中央党校图书馆编,中共中央党校出版社,1987年。

叙永县文史资料选辑(第9辑)·抗日救亡运动在叙永专辑,中国人民政治协商会议四川省叙永县委员会文史资料研究委员会编,1987年。

溆浦文史(第1辑)·抗日战争专辑,中国人民政治协商会议,湖南省溆浦县委员会文史资料研究委员会编,1987年。

云南现代史料丛刊(第8辑),云南省社会科学院历史研究所编,1987年。

中国民主党派史,姜平编,武汉大学出版社,1987年。

中国民主党派史,邱钱牧编,浙江教育出版社,1987年。

中国未完成的革命(外国人看中国抗战),伊斯雷尔·爱波斯坦著,陈瑶华等译,新华出版社,1987年。

中华民族的抗日战争,罗焕章、支绍曾著,军事科学出版社,1987年。

1988年

北碚文史资料(第3辑)·北碚开拓者卢作孚,中国人民政治协商会议重庆市北碚区委员会文史资料委员会编,1988年。

大后方戏剧论稿(国统区抗战文学研究丛书),廖全京,四川教育出版社,1988年。

革命文献(114—117辑)·抗战建国史料:田赋征实(一)(二)(三)(四),秦孝仪主编,中国国民党党史委员会编印,1988—1990年。

贵阳文史资料选辑(第25辑)·工商专辑,中国人民政治协商会议贵州省贵阳市委员会文史资料研究委员会编,1988年。

国共两党关系史,王功安、毛磊主编,武汉出版社,1988年。

国统区抗战文学运动史稿,文天行,四川教育出版社,1988年。

华侨与抗日战争,曾瑞炎,四川大学出版社,1988年。

锦屏文史资料选辑(第2辑)·抗日救国军专辑,中国人民政治协商会议贵州省锦屏县委员会文史资料研究委员会,1988年。

抗日民族统一战线大事记,李勇、张仲田编著,中国经济出版社,1988年。

抗日战争时期的"和平"运动,黄友岚,解放军出版社,1988年。

抗日战争时期国民政府财政经济战略措施研究,本课题组编著,西南财经大学出版社,1988年。

抗日战争时期青年运动专题论文集,共青团中央青运史研究室等编,延边大学出版社,1988年。

抗日战争时期西南经济发展概述,周天豹、凌承学主编,西南师范大学出版社,1988年。

抗战后方冶金工业史料,重庆市档案馆编,重庆出版社,1988年。

抗战时期内迁西南的高等院校,惠世如主编,贵州民族出版社,1988年。

兰州文史资料选辑(第8辑)·抗日战争史料专辑,中国人民政治协商会议兰州市委员会文史资料委员会编,1988年。

四川工人运动史料选编,四川档案馆、四川省总工会编,1988年。

四川现代史,王斌编著,西南师范大学出版社,1988年。

台湾出版抗日战争史著作论文索引(1950—1987),周元正编,四川大学出版社,1988年。

我们在抗日烽火中成长——中国战时儿童保育会成立五十周年纪念文集,任真主编,1988年。

文学理论史料选(国统区抗战文学研究丛书),苏光文编选,四川教育出版社,1988年。

小说研究史料选(国统区抗战文学研究丛书),黄俊英编选,四川教育出版社,1988年。

宜宾县文史资料选辑(第9辑)·抗日战争解放战争专辑,中国人民政治协商会议四川省宜宾县委员会文史资料研究委员会,1988年。

中国的政党,宋春主编,人民出版社,1988年。

中国国民党简史(1894—1949),李友仁、郭传玺主编,档案出版社,1988年。

中国抗日战争与世界反法西斯战争,全国中共党史研究会编,中共党史资料出版社,1988年。

中国抗战时期税制概要,匡球,中国财政经济出版社,1988年。

中国民主党派史:新民主主义革命时期,杨育光、伊胜利主编,黑龙江人民出版社,1988年。

中国民主党派史稿,李起民,四川人民出版社,1988年。

中国民主党史纲,王天文、王继春主编,河南大学出版社,1988年。

中国现代经济史,董长芝、李帆,东北师范大学出版社,1988年。

1989年

甘肃近现代史,丁焕章等编,兰州大学出版社,1989年。
桂林抗战文艺辞典,广西社会科学院主编,广西人民出版社,1989年。
国共关系:过去、现在与未来,李成山、马力主编,陕西人民出版社,1989年。
国共关系史略,张广信主编,陕西人民教育出版社,1989年。
近代中国的金融市场,中国人民银行总行金融研究所金融历史研究室编,中国金融出版社,1989年。
抗日战争时期的四川话剧运动,孙晓芬编著,四川大学出版社,1989年。
抗日战争史论文集——中国现代史学会第四、五次学术讨论会论文选,中国现代史学会编,春秋出版社,1989年。
抗日战争与中国民众——中国的民族主义与民主主义,〔日〕池田诚编著,中国人民抗日战争纪念馆编研部译,求实出版社,1989年。
抗战时期的大后方经济,四川省中国经济史学会《中国经济史研究论丛》编辑委员会,四川大学出版社,1989年。
抗战时期的陪都沙磁文化区,重庆市沙坪坝区地方志办公室编,科学技术文献出版社重庆分社,1989年。
抗战时期内迁西南的工商企业,政协西南地区文史资料协作会议编,云南人民出版社,1989年。
抗战时期陪都体育史料,重庆市体育运动委员会、重庆市志总室编,重庆出版社,1989年。
两次国共合作史稿,唐培吉,浙江人民出版社,1989年。
卢作孚文选,唐文光、李萱华等编,西南师范大学出版社,1989年。
旅桂作家(上)(下)(抗战时期桂林文化运动资料丛书),苏关鑫、雷锐等编,广西人民出版社,1989年。

南方局领导下的重庆抗战文艺运动,中共重庆市委党史工作委员会编,重庆出版社,1989年。

南侨机工回国抗日史,秦钦峙、汤家麟,云南人民出版社,1989年。

诗歌研究史料选(国统区抗战文学研究丛书),龙泉明编,四川教育出版社,1989年。

中国国民党党史,肖效钦,安徽人民出版社,1989年。

中国抗日战争时期大后方文学书系(第1编)·文学运动,楼适夷主编,重庆出版社,1989年。

中国抗日战争时期大后方文学书系(第2编)·理论 论争(第1—2集),蔡仪主编,重庆出版社,1989年。

中国抗日战争时期大后方文学书系(第3编)·小说(第1—4集),艾芜主编,重庆出版社,1989年。

中国抗日战争时期大后方文学书系(第4编)·报告文学(第1—3集),碧野主编,重庆出版社,1989年。

中国抗日战争时期大后方文学书系(第5编)·散文·杂文(第1—2集),秦牧主编,重庆出版社,1989年。

中国抗日战争时期大后方文学书系(第6编)·诗歌(第1—2集),臧克家主编,重庆出版社,1989年。

中国抗日战争时期大后方文学书系(第7编)·戏剧(第1—3集),曹禺主编,重庆出版社,1989年。

中国抗日战争时期大后方文学书系(第8编)·电影,张俊祥主编,重庆出版社,1989年。

中国抗日战争时期大后方文学书系(第9编)·通俗文学,钟敬文主编,重庆出版社,1989年。

中国抗日战争时期大后方文学书系(第10编)·外国人士作品,戈宝权主编,重庆出版社,1989年。

中国民主党派史:新民主主义时期,张军民,华夏出版社,1989年。

中国民主党派史纲:民主革命时期,刘秉扬编著,西北大学出版社,1989年。

中国民主党派史述略,俞云波编,上海人民出版社,1989年。

1990年

大后方的通俗文艺(国统区抗战文学研究丛书),杨中,四川教育出版社,1990年。

大后方散文论稿(国统区抗战文学研究丛书),尹鸿禄,四川教育出版社,1990年。

党组织恢复重建和抗日救亡运动,中共云南省委党史研究室主编,云南民族出版社,1990年。

国共关系研究,张广信、周炜,陕西人民出版社,1990年。

国共合作历史与展望,李良志、王顺生,福建人民出版社,1990年。

国共两党关系史,苏仲波、杨振亚,江苏人民出版社,1990年。

国共政争与抗战八年,李于心,圣英书业出版公司,1990年。

蒋介石和西南地方实力派,谢本书、牛鸿宾,河南人民出版社,1990年。

抗日民族统一战线在西南,中国人民政治协商会议西南地区文史资料协作会议编,四川人民出版社,1990年。

抗日战争的战略反攻(1944—1945.9),张宏志,国防大学出版社,1990年。

抗日战争的战略相持,张宏志,国防大学出版社,1990年。

抗日战争纪事(1937—1945),陈之中、谭剑锋编,解放军出版社,1990年。

抗日战争时期宣传画,中国革命博物馆编,文物出版社,1990年。

抗战时期西南的文化事业,钟树梁,中国人民政治协商会议西南地区文史资料协作会议编,成都出版社,1990年。

南方局党史资料,南方局党史资料征集小组编,重庆出版社,1990年。

四川近代工业史,张学君、张莉红,四川人民出版社,1990年。

云南文史资料选辑(第39辑)·滇西抗战,中国人民政治协商会议云南省委员会文史资料委员会,云南人民出版社,1990年。

战火中的文学沉思(国统区抗战文学研究丛书),吴野,四川教育出版社,1990年。

浙江大学在遵义,贵州省遵义地区地方志编纂委员会编,浙江大学出版社,1990年。

政治协商会议纪实(上)(下),孟广涵主编,重庆出版社,1990年。

中国国民党党史,宋春生编著,吉林文史出版社,1990年。

中国国民党党史(1894—1988),苗建寅主编,西南交通大学出版社,1990年。

中国抗日战争史,〔日〕石岛纪之著,郑玉纯、纪宏译,吉林教育出版社,1990年。

中国民主党派历史:政纲、人物,秦国生、胡治安主编,山东人民大学出版社,1990年。

中国统一战线大事记本末,张铁男等主编,吉林大学出版社,1990年。

中国远征军入缅抗战纪实(1941—1945),戴孝庆、罗洪彰编,西南师范大学出版社,1990年。

中华民国建国史(第四篇)·抗战建国,"教育部"主编,"国立"编译馆,1990年。

1991年

重庆抗战纪事(续),中国人民政治协商会议、四川省重庆市委员会文史资料研究委员会编,重庆出版社,1991年。

德宏史志资料(第14集)·滇西抗日战争史料(续编),德宏州史志编委办公室编,德宏民族出版社,1991年。

德宏州文史资料选辑(第8辑)·滇西抗日战争专辑,中国人民政治协商会议德宏傣族景颇族自治州委员会文史资料研究委员会编,德宏民族出版社,1991年。

风雨春秋:抗日战争回忆录,孙云英,湖南出版社,1991年。

干戈化玉帛——第二次国共合作的形成,张梅玲,中国广播电视出版社,1991年。

桂林抗战文艺概观,李建平,漓江出版社,1991年。

桂林文化城大全(文学卷,1—4卷),雷锐等编著,广西师大出版社,1991年。

国共关系七十年(1921.7—1991.7),刘建武主编,中国国际广播出版社,1991年。

国共关系史论,唐纯良、徐首军主编,黑龙江教育出版社,1991年。

国共两党关系通史,王功安、毛磊主编,武汉大学出版社,1991年。

华侨对祖国抗战的贡献,黄慰慈、许肖生,广东人民出版社,1991年。

剑扫风烟——腾冲抗战纪实,段培英,云南人民出版社,1991年。

将中止先生与抗日战争,将水敬,黎明义化事业股份有限公司,1991年。

抗日烽火中的摇篮——纪念中国战时儿童保育会文选,全国妇联编,中国妇女出版社,1991年。

抗日战争时期的重庆电影(1937—1945),重庆市文化局电影处编,重庆出版社,1991年。

抗日战争时期中共咸阳地区组织及其活动,中共陕西省委党史研究室、中共咸阳市委党史研究室编,陕西人民出版社,1991年。

抗战诗歌史稿(国统区抗战文学研究丛书),苏光文,四川教育出版社,1991年。

抗战实录——纪念抗日战争胜利四十五周年,李影等编著,海洋出版社,1991年。

抗战之都——重庆,重庆市对外文化交流协会编,四川人民出版社,1991年。

撩开神秘的纱幕——党在陪都的地下斗争,杨顺仁,重庆出版社,1991年。

卢作孚集,凌耀伦、熊甫编,华中师范大学出版社,1991年。

民国军事史略稿(第三卷)·日本侵华和全民抗战,姜克夫编著,中华书局,1991年。

民族工业大迁徙——抗日战争时期民营工厂的内迁,孙果达,中国文史出版社,1991年。

驼铃声声——新中国剧社战斗历程,杜宣主编,漓江出版社,1991年。

新疆文史资料(第23辑)·东北抗日义勇军在新疆,中国人民政治协商会议新疆维吾尔自治区文史资料研究委员会编,新疆人民出版社,1991年。

中国国民党史纲,彦奇、张同新主编,黑龙江人民出版社,1991年。

中国抗日战争史(上卷)(下卷),解放军军事科学院军事历史研究部编著,解放军出版社,1991年。

中国民主党派史,李田贵主编,河北人民出版社,1991年。

中国盐业史国际学术讨论会论文集,彭泽益、王仁远主编,四川人民出版社,1991年。

中国银行总行大事记(1912—1949年),中国银行总行档案处编,1991年。

中国政党史(1894—1949),邱钱牧主编,山西人民出版社,1991年。

中华民国货币资料(1924—1949年)(第二辑),中国人民银行总行参事室,上海人民出版社,1991年。

1992年

1938—1943:重庆大轰炸,西南师范大学历史系、重庆市档案馆编,重庆出版社,1992年。

八路军驻新疆办事处,中共新疆维吾尔自治区委员会党史工作委员会、中共乌鲁木齐市委员会党史工作委员会编,新疆人民出版社,1992年。

北碚文史资料(第四辑)·抗日战争时期的北碚,政协重庆市北碚区委员会文史资料委员会编,1992年。

从秘密谈判到共赴国难——国共两党第二次合作形成探微,郝晏华,北京燕山出版社,1992年。

桂林抗战文化研究文集,魏华龄主编,漓江出版社,1992年。

国共关系论纲,田克勤,东北师范大学出版社,1992年。

火热的小说世界(国统区抗战文学研究丛书),文天行,四川教育出版社,1992年。

黑雾红尘——国共重庆谈判的前前后后,陈景彪、彭锦华,中国人民大学出版社,1992年。

抗日烽火中的中国报业,穆欣,重庆出版社,1992年。

抗日战争时期出版图书联合目录,四川省中心图书馆委员会编,四川大学出版社,1992年。

抗日战争时期的柳州日报,中共柳州市委党史办编,漓江出版社,1992年。

抗日战争实录(上)(下),解力夫,河北人民出版社,1992年。

抗日战争史丛书,王桧林主编,广西师范大学出版社,1992年。

抗日战争文化史(1937—1945),肖效钦、钟兴锦主编,中共党史出版社,1992年。

抗战时期的西南交通,杨实主编,云南人民出版社,1992年。

抗战时期国共合作纪实(上)(下),孟广涵主编,重庆出版社,1992年。

抗战时期专卖史料,何思编,正中书局,1992年。

三十年代广西师专,魏华龄、何砺锋主编,漓江出版社,1992年。

失去的机会?——抗战前后国共谈判实录,杨奎松,广西师范大学出版社,1992年。

四川文史资料选辑(第40辑),中国人民政治协商会议四川省委员会文史资料研究委员会编,四川人民出版社,1992年。

四川新兴版画发展史,凌承纬、凌彦,四川美术出版社,1992年。

我国抗日战争时期市镇工人生活,陈达,中国劳动出版社,1992年。

西南民众对抗战的贡献,中国人民政治协商会议西南地区文史资料协作会议编,贵州人民出版社,1992年。

戏剧运动(上)(下)(抗战时期桂林文化运动资料丛书),吴辰海等编,广西人民出版社,1992年。

新疆公路交通史(第1册)·近代公路·近代公路运输,新疆维吾尔自治区交通史志编纂委员会编,人民交通出版社,1992年。

新疆文史资料(第24辑)·盟国军援与新疆,中国人民政治协商会议新疆维吾尔自治区委员会文史资料委员会编,新疆人民出版社,1992年。

中国对日抗战史,蒋永敬,正中书局,1992年。

中国国民党史,刘健清等主编,江苏古籍出版社,1992年。

中国国民党史纲,马尚斌等,辽宁大学出版社,1992年。

中国抗日战争国志(上)(中)(下),杨克林、曹红主编,天地国书有限公司 新大陆出版社有限公司,1992年。

中国抗日战争史纲,李振民、赵保真主编,西北大学出版社,1992年。

中国民主党派史,窦爱芝编著,南开大学出版社,1992年。

中国民主党派史纲:1927—1989年,张癸,华东师范大学出版社,1992年。

1993年

大后方文学史(国统区抗战文学研究丛书),吴野、文天行主编,四川教育出版社,1993年。

党在广西地方建设干部学校,高榕主编,漓江出版社,1993年。

度尽劫波兄弟在——战时国共关系,李良志,广西师范大学出版社,1993年。

风范长存——重庆市北碚区各界隆重纪念卢作孚先生诞辰一百周年,政协重庆市北碚区委员会编,1993年。

贵州航运史(古、近代部分),夏鹤鸣、廖国平主编,人民交通出版社,1993年。

国民党抗战纪实,赵丰主编,中国戏剧出版社,1993年。

国民政府重庆陪都史,张弓等主编,西南师范大学出版社,1993年。

纪念卢作孚先生诞辰一百周年专辑,政协合川市委员会、中共合川市委统战部编,1993年。

抗日战争时期在新疆财经战线上的中国共产党人,中共新疆维吾尔自治区委员会党史工作委员会、新疆维吾尔自治区财政厅编,新疆人民出版社,

1993年。

抗日战争时期中国共产党人在新疆日报社的活动,刘先贽主编,新疆人民出版社,1993年。

美国飞虎队AVG援华抗战纪实,鱼佩舟主编,西南师范大学出版社,1993年。

民国贵阳经济,贵阳市志办金筑丛书编辑室编,贵州教育出版社,1993年。

南方局党史研究论文集,中共四川省委党史研究室编,重庆出版社,1993年。

陪都风雨——重庆时期的国民政府,张同新,黑龙江人民出版社,1993年。

四川省植物油购销,张帮庆、陈云钊主编,四川大学出版社,1993年。

我国抗日战争时期市镇工人生活,陈达,中国劳动出版社,1993年。

西南联合大学叙永分校建校五十周年纪念集(1940—1990),张闻博、何宇主编,1993年。

新华之光——《新华日报》《群众》周刊史学术研讨论文集,重庆出版社,1993年。

中国民主党派史纲:1928—1988年,陈志远主编,天津大学出版社,1993年。

中国西北近代开发史,魏永理主编,甘肃人民出版社,1993年。

壮丽的史诗——中华全民族抗战,胡玉坤著,福建人民出版社,1993年。

1994年

"空军诗人"陈禅心参加重庆国共合作抗日文史资料汇编,政协福建省莆田市城厢区委员会文史资料研究委员会编,1994年。

八年抗战在蓉城,中共成都市委党史研究室编,成都出版社,1994年。

大后方文学论稿,苏光文,西南师范大学出版社,1994年。

大理市文史资料(第5辑)·抗战专辑,中国人民政治协商会议云南省大理市委员会文史资料委员会,1994年。

第二次世界大战中美军援华内幕,刘翀宵,四川人民出版社,1994年。

桂林抗战文化研究文集(二),魏华龄、丘振声主编,广西师范大学出版社,1994年。

桂林抗战文学史,蔡定国等,广西教育出版社,1994年。

国共关系70年纪实,黄修荣,重庆出版社,1994年。

巨人的对峙——抗日战争回忆录,〔美〕怀特著,王弘宝译编,陕西人民教育出版社,1994年。

抗日战争滇西战事篇,方国瑜,云南大学出版社,1994年。

抗战时期的汉中,汉中市政协文史资料委员会编,1994年。

抗战时期西南的教育事业,冯楠主编,1994年。

抗战时期西南的金融,徐朝鉴主编,西南师范大学出版社,1994年。

陪都文化论,郝明工,新疆大学出版社,1994年。

陪都星云录,重庆市文史研究馆编,上海书店出版社,1994年。

起来!一个医生于1939—1945在中国的经历,〔奥〕富华德著,张至善译,北京师范大学出版社,1994年。

清华大学史料选编(第3卷)(上册)·抗日战争时期的清华大学(1937—1946),清华大学校史研究室编,清华大学出版社,1994年。

四川国民党史志,四川省文史研究馆、四川省人民政府参事室编,四川人民出版社,1994年。

四川通史(第7册),陈世松、贾大泉主编,四川人民出版社,1994年。

铁血远征:中国远征军印缅抗战,田玄,广西师范大学出版社,1994年。

中国国民党革命委员会历史研究·民主革命时期(中国各民主党派历史研究丛书),王德夫等编写,中国人民大学出版社,1994年。

中国民主同盟历史研究·民主革命时期(中国各民主党派历史研究丛书),曹健民等编,中国人民大学出版社,1994年。

中国抗日战争史(上)(中)(下),军事科学院军事历史研究部,解放军出版社,1994年。

中国远征军:1943—1945,张承钧、卫道然主编,中国经济出版社,1994年。

中国远征军史,时广东、冀伯祥,重庆出版社,1994年。

1995年

"贵州与抗日战争"学术讨论会论文集,贵州省史学学会近现代史研究会、中国近现代史史料学学会贵阳市会编,1995年。

苍溪文史资料(第11辑)·纪念抗日战争胜利五十周年,中国人民政治协商会议四川省苍溪县委员会文史资料委员会编,1995年。

长沙文化城——抗战初期长沙抗日救亡文化运动实录,黎维新、周德辉主编,湖南出版社,1995年。

陈嘉庚与抗日战争,黄顺通、刘正英,福建人民出版社,1995年。

重庆国民政府,杨光彦等主编,重庆抗战丛书编纂委员会编,重庆出版社,1995年。

重庆抗战大事记,罗传勋编,重庆出版社,1995年。

重庆抗战剧坛纪事(1937.7—1946.6),石曼编,中国戏剧出版社,1995年。

重庆人民对抗战的贡献,彭承福主编,重庆出版社,1995年。

船王卢作孚,胡风亭,解放军出版社,1995年。

从函电史料观抗战时期的蒋汪关系,陈木杉,学生书局,1995年。

烽火年代——仪陇抗战时期史略,四川省仪陇县政协学习文史委员会编,1995年。

烽火映方舟——抗战时期大后方经济,李平生,广西师范大学出版社,1995年。

福州文史资料选辑(第14辑)·纪念抗日战争胜利五十周年专辑,中国人民政治协商会议福建省福州市委员会文史资料委员会编,1995年。

富顺人在抗日战争中——纪念抗日战争暨世界反法西斯战争胜利五十周年,梁官恒主编,1995年。

告别耻辱——纪念中国抗日战争胜利五十周年,李刚主编,广西民族出版社,1995年。

广汉文史资料选辑(第14辑)·抗日战争胜利五十周年纪念专辑,政协广汉市文史资料委员会编,1995年。

广西儿女抗日亲历记,中国人民政治协商会议广西壮族自治区委员会文史资料委员会编,广西人民出版社,1995年。

广西抗日战争史稿,沈奕巨,广西人民出版社,1995年。

广西抗战纪实,郎敏路、唐景积主编,广西人民出版社,1995年。

贵州省黔西南州文史资料(第12辑)·黔西南州抗日史料专辑,中国人民政治协商会议黔西南州委员会文史资料委员会编,1995年。

贵州与抗日战争学术讨论会论文集,贵州省史学学会近现代史研究会、中国近现代史史料学学会贵阳市会编,1995年。

桂林抗战纪实,中共桂林市委员会党史研究室编,漓江出版社,1995年。

桂林抗战文化研究文集(三),魏华龄、曾有云主编,广西师范大学出版社,1995年。

桂林文史资料(第28辑)·桂林抗战文化史料,桂林市政协文史资料委员会编,漓江出版社,1995年。

桂林文史资料(第30辑)·抗战时期桂林美术运动,杨益群,漓江出版社,1995年。

国共关系30年概论,薛生平,长征出版社,1995年。

国共两党关系史,马齐彬主编,中共中央党校出版社,1995年。

国魂,在国难中挣扎——抗日时期的中国文化(抗日战争史丛书续编),冯崇义,广西师范大学出版社,1995年。

国魂——中国抗日战争纪实,李禹,中共中央党校出版社,1995年。

国民参政会,周勇,重庆出版社,1995年。

海外侨胞与抗日战争,黄小坚等,北京出版社,1995年。

合江县文史资料选辑(第14辑)·纪念抗日战争胜利五十周年专辑,中国人民政治协商会议四川省合江县委员会文史资料委员会编,1995年。

湖南抗日战争史,萧栋梁、余应彬,湖南教育出版社,1995年。

记者笔下的抗日战争,宋世琦、颜景政主编,人民日报出版社,1995年。

纪念抗日战争胜利五十周年文史资料专辑,章德华主编,1995年。

抗日民族统一战线的号角——战斗在国统区的新华日报,黄淑君等编著,重庆出版社,1995年。

抗日烽火中的宋氏三姐妹,唐曼珍主编,中国社会科学出版社,1995年。

抗日战争胜利五十周年纪念集(1945—1995),抗日战争研究编辑部编,1995年。

抗日战争时期的西安八办,中共陕西省委党史研究室、八路军西安办事处纪念馆编,陕西人民出版社,1995年。

抗日战争时期国共关系纪事(1931.9—1945.9),黄修荣编著,中共党史出版社,1995年。

抗日战争时期国民政府财政金融政策,崔国华主编,西南财经大学出版社,1995年。

抗日战争时期中共党人在和田,中共和田地委党史办公室编,新疆人民出版社,1995年。

抗日战争时期中国对外关系,陶文钊等,中共党史出版社,1995年。

抗日战争史研究述评,郭德宏主编,中共党史出版社,1995年。

抗日战争与民族振兴,李秉刚、戴茂林主编,东北大学出版社,1995年。

抗战歌曲大演唱——纪念抗日战争胜利五十周年,四川省仪陇县政协文史委员会、四川省仪陇县文化局编,1995年。

抗战后方重镇汉中,汉中市史志办公室编,西北大学出版社,1995年。

抗战时的自贡——纪念抗日战争胜利五十周年专辑,政协四川省自贡市委员会文史委自贡文史资料选辑编委会编,1995年。

抗战时期重庆的兵器工业,陆大钺、唐润明主编,重庆出版社,1995年。

抗战时期重庆的对外交往,苏光文主编,重庆出版社,1995年。

抗战时期重庆的防空,唐守荣主编,重庆出版社,1995年。

抗战时期重庆的教育,李定开主编,重庆出版社,1995年。

抗战时期重庆的经济,韩渝辉主编,重庆出版社,1995年。

抗战时期重庆的军事,唐润明主编,重庆出版社,1995年。

抗战时期重庆的科学技术,程雨辰主编,重庆出版社,1995年。

抗战时期重庆的文化,苏光文主编,重庆出版社,1995年。

抗战时期重庆的新闻界,重庆抗战丛书编纂委员会,重庆出版社,1995年。

抗战时期的经济(中国抗日战争史丛书),中国抗日战争史学会、中国人民抗日战争纪念馆编,北京出版社,1995年。

抗战时期的文化教育,戴知贤、李良志主编,北京出版社,1995年。

抗战时期西南的科技,中国人民政治协商会议西南地区文史资料协作会议编,四川科学技术出版社,1995年。

抗战中的新疆,中共新疆维吾尔自治区委员会党史研究室编,新疆人民出版社,1995年。

昆明文史资料选辑(第25辑)·抗日战争胜利五十周年专辑,中国人民政治协商会议云南省昆明市委员会文史资料委员会编,1995年。

蓝眼睛,黑眼睛——国际友人援华抗日纪实,马祥林,解放军文艺出版社,1995年。

历史漩涡中的蒋介石与周恩来,尹家民,中共中央党校出版社,1995年。

历史的丰碑——四川省高校纪念抗日战争和世界反法西斯战争胜利五十周年理论成果荟萃,四川省教育委员会编,西南财经大学出版社,1995年。

龙胜文史资料(第8辑)·纪念抗日战争胜利五十周年,政协广西龙胜各族自治县委员会学习文史资料委员会编,1995年。

泸县文史资料选辑抗日专辑(第7辑)·泸县抗战纪事,政协泸县委员会文史资料工作委员会等编,1995年。

泸州文史资料选(第26辑)·纪念抗日战争胜利五十周年专辑,中国人民政治协商会议四川省泸州市委员文史资料委员会编,1995年。

绵阳市文史资料选刊(第13辑)·纪念抗日战争胜利五十周年专辑,中国人民政治协商会议四川省绵阳市委员会文史资料委员会编,1995年。

民族的苦难 民族的骄傲——抗日战争史新论,杨树标、梁敬明主编,杭州大学出版社,1995年。

南部文史资料选辑(第6辑)·抗战专辑,政协四川省南部县委员会文史资料委员会编,1995年。

南宁文史资料总(第18辑)·南宁抗战——纪念抗日战争胜利五十周年编,中国人民政治协商会议南宁市委员会文史学习委员会编,1995年。

内江文史资料选辑(第12辑)·纪念抗日战争胜利五十周年专辑,中国人民政治协商会议四川省内江市委员会文史和学习委员会编,1995年。

宁乡抗日纪实,谢胜林主编、中共宁乡县委办公室等编,1995年。

陪都进步文化人,张鲁、刘蜀仪编著,重庆大学出版社,1995年。

陪都人物纪事,重庆抗战丛书编纂委员会编,重庆出版社,1995年。

陪都遗址寻踪,冯开文主编,重庆出版社,1995年。

钦州文史(第1辑)·钦州军民抗日斗争史料专辑,中国人民政治协商会议广西壮族自治区钦州市委员会文史资料委员会编,1995年。

青白江文史资料(第11辑)·纪念世界反法西斯胜利五十周年专辑 纪念抗日战争胜利五十周年专辑,青白江区政协学习文史委员会编,1995年。

三湘抗日纪实,中共湖南省委党史委编著,湖南师范大学出版社,1995年。

沙坪文史资料总(第11辑)·烽火集——纪念抗日战争胜利五十周年,沙坪坝区政协文史资料委员会编,1995年。

陕西军民抗战纪事,中共陕西省委党史研究室编,陕西人民出版社,1995年。

胜利进行曲——纪念抗日战争及世界反法西斯战争胜利五十周年歌曲集,中国音乐家协会编,人民音乐出版社,1995年。

胜利之歌——抗日战争时期合唱歌曲选,萧白编,上海音乐出版社,1995年。

双流县文史资料选辑(第13辑)·纪念抗日战争胜利五十周年特辑,中国人民政治协商会议四川省双流县委员会文史资料研究委员会,1995年。

谁为中国声辩——八年抗日外交风云录,尹家民,解放军文艺出版社,1995年。

四川轿夫与我——抗日内战纪实,熊芝山,1995年。

四联总处与抗战时期的中国金融,杨菁,南京大学出版社,1995年。

遂宁文史资料(第9辑)·纪念抗日战争胜利五十周年专辑,中国人民政治协商会议遂宁市委员会文史资料委员会编,1995年。

遂宁文史资料选辑(第12辑)·纪念抗日战争胜利五十周年专辑,政协遂宁市市中区委员会文史资料委员会编,1995年。

天门抗战风云录——纪念抗日战争胜利五十周年,曹以明主编,1995年。

团结抗战——抗日战争中的云南,孙代兴、吴宝璋编著,云南人民出版社,1995年。

伟大的胜利——纪念中国人民抗日战争胜利五十周年,北京市社会科学界联合会主编,同心出版社,1995年。

西南少数民族爱国斗争史,李全中,四川大学出版社,1995年。

永远不能忘记的历史:纪念抗日战争胜利五十周年文章选编,四川省文史研究馆、四川省人民政府参事室编,1995年。

鱼峰文史(第13辑)·纪念抗日战争胜利五十周年特刊,沈孙明主编,1995年。

粤桂黔滇抗战,全国政协《粤桂黔滇抗战》编写组,中国文史出版社,1995年。

云南公路运输史(第1册)·古代道路运输　近代公路运输,黄恒蛟主编,人民交通出版社,1995年。

云南近代经济史,李珪主编,云南民族出版社,1995年。

云南抗日战争史(1937—1945),孙代兴、吴宝璋主编,云南大学出版社,1995年。

云南全民抗战,中共云南省委党史研究室编,云南大学出版社,1995年。

云南文史资料选辑(第47辑)·滇军出滇抗战记,中国人民政治协商会议云南省委员会文史资料委员会编,云南人民出版社,1995年。

在首都各界纪念抗日战争暨世界反法西斯战争胜利五十周年大会上的讲话(1995年9月3日),江泽民,人民出版社,1995年。

战争奇观　民族壮举——纪念抗日战争胜利五十周年论文集,军事科学院编,军事科学出版社,1995年。

争吵不休的伙伴——美援与中美抗日同盟,任东来著,广西师范大学出版社,1995年。

中共中央南方局和八路军驻重庆办事处,王明湘等编著,重庆出版社,1995年。

中国重庆抗战陪都史国际学术研讨会论文集,顾乐观主编,华文出版社,1995年。

中国抗日战争大典,刘志强主编,湖南出版社,1995年。

中国抗日战争全书,王桧林主编,山西人民出版社,1995年。

中国抗日战争时期(1937—1945),杨克林编著,三联书店(香港)有限公司,1995年。

中国新民主主义革命史长编(1938—1941)·坚持抗战　苦撑待变,李隆基等主编,上海人民出版社,1995年。

中国新民主主义革命史长编(1941—1945)·同盟抗战　赢得胜利,李良志等主编,上海人民出版社,1995年。

1996年

"一二·一"运动与西南联大纪念"一二·一"运动五十周年暨西南联大建校五十七周年理论讨论会论文集,"一二·一"运动与西南联大编委会编,云南大学出版社,1996年。

超载——抗战与交通,李占才、张劲,广西师范大学出版社,1996年。

从中立到结盟——抗战时期美国对华政策,王琪主编,广西师范大学出版社,1996年。

贵州抗战时期经济史,熊大宽,贵州人民出版社,1996年。

桂林文史资料(第33辑)·抗战时期桂林文学活动,李建平编著,漓江出版社,1996年。

国耻家仇岂能忘——纪念抗日战争胜利五十周年征文选辑,中共湘潭市委党史办公室编,1996年。

国共两党关系概论,王功安主编,武汉出版社,1996年。

国共两党谈判通史,毛磊、范小方主编,兰州大学出版社,1996年。

国共谈判史纲,范小方、毛磊,武汉出版社,1996年。

纪念抗日战争胜利五十周年,胡春惠主编,珠海书院亚洲研究中心,1996年。

纪念抗日战争胜利五十周年学术讨论会文集:全民御侮·砥柱中流·抗战外交(全三册),中共中央党史研究室科研部编,中共党史出版社,1996年。

抗日战争时代,刘大年,中央文献出版社,1996年。

抗日战争史及史料研究,刘建业等主编、中国近现代史史料学学会编,南开大学出版社,1996年。

抗战期间日本飞机轰炸陕西实录,肖银章、刘春兰编著,陕西师范大学出版社,1996年。

论抗日战争,中共中央党校科研部编著,中国人事出版社,1996年。

人民的胜利——湖南纪念抗日战争胜利五十周年学术讨论会论文集,文选德、龚固忠主编,湖南出版社,1996年。

四川文史资料集粹(第5卷)·民族宗教华侨编,四川省政协文史资料委员会编,四川人民出版社,1996年。

宋庆龄与中国抗日战争,张世福主编,上海社会科学院出版社,1996年。

五十年祭——纪念中国人民抗日战争胜利五十周年,北京大学历史系编,中国工人出版社,1996年。

新编中国现代史(1919.5—1949.10),郭绪印主编,上海人民出版社,1996年。

叙永县文史资料选辑(第19辑)·抗战春秋,叙永县政协文史资料委员会编,1996年。

在历史的漩涡中——抗日时期的国民政府,张明楚、张同新等著,广西师范大学出版社,1996年。

中国战区的"最高统帅"——抗战时期的蒋介石,杨树标、杨菁著,广西师范大学出版社,1996年。

中国党派百年风云录,朱建华等主编,华文出版社,1996年。

中国民主促进会　中国致公党　九三学社　台湾民主自治同盟历史研究(中国各民主党派历史研究丛书),周淑真等,中国人民大学出版社,1996年。

中国抗战文学概览,文天行,四川大学出版社,1996年。

中国社会史·民国卷,龚书铎、朱汉国,山西教育出版社,1996年。

中国西北社会经济史研究(下),王致中、魏丽英,三秦出版社,1996年。

1997年

八年抗战众志成城,王立宪等,黄河出版社,1997年。

从繁盛到衰败:大陆时期的中国国民党,郭贵儒,华文出版社,1997年。

贵州近现代科技回顾(贵州近现代史研究文集之四),贵州省史学学会近现代史研究会编,1997年。

桂林抗战文化研究文集(四),魏华龄、丘振声主编,广西师范大学出版社,1997年。

桂林抗战文化研究文集(五),刘寿保、魏华龄主编,广西师范大学出版社,1997年。

桂系报业史,广西政协文史资料委员会等合编,1997年。

国魂闪光:中国远征军入缅抗战纪实,徐波平、陈文云主编,天津人民出版社,1997年。

国际友人与抗日战争,张注洪主编,北京燕山出版社,1997年。

国立桂林师范学院实录,张谷、魏华龄主编,漓江出版社,1997年。

回望流年:李新忆救亡与抗战,李新著,中共党史出版社,1997年。

抗日战争,章伯锋、庄建平主编,四川大学出版社,1997年。

抗日战争时期重要资料统计集,中国抗日战争史学会、中国人民抗日战争纪念馆编,北京出版社,1997年。

抗日战争与中国社会,魏宏运主编,辽宁人民出版社,1997年。

抗日战争重要问题研究,程舒伟、常家树,东北大学出版社,1997年。

抗战歌曲选集(1—3),"行政院"文化建设委员会、"行政院"文化建设委员会编,1997年。

抗战胜利五十周年国际研讨会论文集,抗战胜利五十周年国际研讨会论文集编辑组编,"国史馆"编印,1997年。

抗战时期大后方的民主运动,李蓉、叶成林编著,华文出版社,1997年。

抗战时期的国共关系,温贤美主编,北京出版社,1997年。

抗战时期的西南大后方,谢本书、温贤美主编,北京出版社,1997年。

抗战时期的专卖事业(1941—1945),何思眯,"国史馆"编印,1997年。

抗战时期我国留学教育史料(第四册)·1937—1945各省考选留学生,林清芬编,"国史馆"编印,1997年。

历史与希望——西北经济开发的过去、现在与未来,何炼成主编,陕西人民出版社,1997年。

日中战争时期中国知识分子研究——另一次长征:通往国立西南联大之路,〔日〕楠原俊代,研文出版社,1997年。

陕西通史(8)·民国卷,李振民主编,陕西师范大学出版社,1997年。

少数民族与抗日战争,杨策主编,北京出版社,1997年。

史学研究新视野——中国近现代史分册,徐士昭等编,山东大学出版社,1997年。

阋墙御寇——国共共赴国难纪实,吴子勇编,作家出版社,1997年。

云南对外交通史,陆韧,云南民族出版社,1997年。

云南文史资料选辑(第50辑)·抗战中的云南,中国人民政治协商会议云南省委员会文史资料委员会编,云南人民出版社,1997年。

云南文史资料选辑(第51辑)·情系红土,中国人民政治协商会议云南省委员会文史资料委员会编,云南人民出版社,1997年。

中国复兴枢纽:抗日战争的八年,刘大年、白介夫主编,北京出版社,

1997年。

中国近代史通鉴(1840—1949)·抗日战争,戴逸、孙景峰主编,红旗出版社,1997年。

中国抗日战争大辞典,刘建业主编,北京燕山出版社,1997年。

中国抗日战争大事记,齐福霖编,北京出版社,1997年。

中国抗日战争诗词曲选,重庆文史研究馆编,重庆出版社,1997年。

中国抗战诗词精选,杨金亭编,北京燕山出版社,1997年。

中国民主党派与抗日战争,袁旭、党德信,北京燕山出版社,1997年。

走向深渊:抗战时期的汪精卫,蔡德金、刘松茂,广西师范大学出版社,1997年。

1998年

八路军桂林办事处纪念馆研究文集,左超英编,广西师范大学出版社,1998年。

半个世纪前的硝烟　广西抗战纪实,伍德安编,漓江出版社,1998年。

重庆大轰炸纪实,罗泰琪,内蒙古人民出版社,1998年。

重庆与中国抗战电影学术论文集,第七届中国金鸡百花电影节执委会学术研讨部编,重庆出版社,1998年。

东西合璧——美国援华抗战纪实,于枭等,海峡文艺出版社,1998年。

发生在1940年震惊大后方的市长之死,徐伯荣编,四川人民出版社,1998年。

飞虎将军陈纳德回忆录,〔美〕陈纳德著,王湄等译,浙江文艺出版社,1998年。

顾维钧与抗日外交,岳谦厚,河北人民出版社,1998年。

国共关系七十年(上)(下),黄修荣,广东教育出版社,1998年。

国立西南联合大学史料(1—6卷),王学珍等编,云南教育出版社,1998年。

国民党政府政治制度史,孔庆泰,安徽教育出版社,1998年。

国民政府与民国经济,虞宝棠,华东师范大学出版社,1998年。

国统区抗日知识分子研究,魏继昆著,天津人民出版社,1998年。

居正先生全集(上),陈三井、居蜜编,"中研院"近史所编印,1998年。

抗战时期大后方经济史研究(1937—1945),黄立人,中国档案出版社,1998年。

历史的高峰——桂林文化城的鲁迅研究精华探索,刘泰隆著,广西师大出版社,1998年。

卢作孚和民生公司,周凝华、田海蓝,河南人民出版社,1998年。

民国史论集,李国祁编,南天书局,1998年。

綦江文史资料专辑·西迁重庆綦江的韩国临时政府,政协重庆市綦江委员会、重庆大韩民国临时政府旧址陈列馆编,1998年。

盛世才在新疆,蔡锦松,河南人民出版社,1998年。

我的编年故事——1935—1939抗战前后在国民党统治区,于光远著,大象出版社,1998年。

新疆公路史(2),新疆交通史志编纂委员会编,人民交通出版社,1998年。

云南抗战时期文学史,蒙树宏,云南教育出版社,1998年。

云南文史资料选辑(第52辑)·血肉筑成抗战路,中国人民政治协商会议云南省委员会文史资料委员会编,云南人民出版社,1998年。

云南文史资料选辑(第53辑)·内迁院校在云南,中国人民政治协商会议云南省委员会文史资料委员会编,云南人民出版社,1998年。

云南鸦片问题与禁烟运动(1840—1940),秦和平,四川民族出版社,1998年。

折冲樽俎　周恩来与国共谈判,王静,重庆出版社,1998年。

中国革命与第三党,周伟嘉,(日本)庆应义塾大学出版会,1998年。

中国工人运动史(第5卷)·抗日战争时期的工人运动(1937年7月至1945年8月),齐武著,广东人民出版社,1998年。

中国共产党与民主党派关系史,耿丽华,辽宁大学出版社,1998年。

中国抗日战争时期物价史,周春主编,四川大学出版社,1998年。

中国抗日战争时期物价史料汇编,四川联合大学经济研究所、中国第二历史档案馆编,四川大学出版社,1998年。

中国空军抗战,《历史不能忘记》编委会,中国民主法制出版社,1998年。

中国中央银行研究(1928—1949),刘慧宇,中国经济出版社,1998年。

中华民国实录 抗日烽火(1937—1941)(3卷),沈致金、李占领主编,吉林人民出版社,1998年。

中华民国史档案资料汇编(第五辑第二编)·军事(1—5),中国第二历史档案馆编,江苏古籍出版社,1998年。

中华民国史档案资料汇编(第五辑第二编)·文化(1—2),中国第二历史档案馆编,江苏古籍出版社,1998年。

中华民国史档案资料汇编(第五辑第二编)·政治(1—5),中国第二历史档案馆编,江苏古籍出版社,1998年。

中华民国史稿,张玉法,联经出版公司,1998年。

中华民国史社会志(初稿),"国史馆"编印,1998年。

中苏外交关系:1931—1945,罗志刚,武汉大学出版社,1998年。

周恩来传,金冲及,中央文献出版社,1998年。

周恩来与统一战线——周恩来统一战线思想与实践研讨会论文集,姜汝真主编,专利文献出版社,1998年。

1999年

重庆谈判研究,孙小满等,中原农民出版社,1999年。

从繁荣到衰败:大陆时期的中国国民党,郭贵儒,华文出版社,1999年。

德宏州文史资料选辑(第11辑)·滇西抗战论文集,中国人民政治协商会议德宏傣族景颇族自治州委员会文史资料委员会编,德宏民族出版社,1999年。

滇缅抗战论文集,傅宗明等主编,云南大学出版社,1999年。

桂林文史资料(第38辑)·抗战时期桂林出版史料,龙谦、胡庆嘉主编,漓江出版社,1999年。

桂林文史资料(第41辑)·湘桂大撤退　抗战时期中国文化人大流亡,杨益群主编,漓江出版社,1999年。

国际友人与抗日战争,李宗远、张丽丹主编,中国民主法制出版社,1999年。

国民政府军政组织史料(第四册)·军政部,"国史馆"编印,1999年。

华侨与抗日战争论文集(上)(下),华侨协会总会主编,海宁文化事业有限公司,1999年。

抗日战史论集,刘凤翰编,东大图书股份有限公司,1999年。

跨世纪的大西南——近现代西南经济开发与社会发展历史考察,杨光彦、秦志仁主编,重庆出版社,1999年。

龙陵县文史资料选辑(第1辑)·龙陵抗日战争专辑,番玉福,1999年。

卢作孚文集,凌耀伦、熊甫编,北京大学出版社,1999年。

民国新疆史,陈慧生、陈超,新疆人民出版社,1999年。

南方局领导的大后方抗战文化运动,唐正芒,湖南师范大学出版社,1999年。

土家族近百年史(1840—1949),陈国安,贵州民族出版社,1999年。

西南联大:战时和革命时期的一所中国大学,〔美〕伊斯雷尔斯·J.著,斯坦福大学出版社,1999年。

浴血抗日,张国华编著,中国和平出版社,1999年。

云南经济史研究,杨寿川,云南民族出版社,1999年。

中国妇女抗战史研究(1937—1945),丁卫平著,吉林人民出版社,1999年。

中国教育史上的一次创举:西南联合大学湘黔滇旅行团记实,张寄谦编,北京大学出版社,1999年。

中国近代民族关系史(1840—1949),杨策、彭武麟主编,中央民族大学出版社,1999年。

中国经济发展史(第4卷)·近代卷,宁可主编,中国经济出版社,1999年。

中国抗日漫画史——中国漫画家十五年的抗日斗争历程,〔日〕森哲郎编著,于钦德、鲍文雄译,山东画报出版社,1999年。

中国抗日战争人物大词典,刘景泉主编,天津大学出版社,1999年。

中国抗日战争时期大后方出版史,熊复主编,重庆出版社,1999年。

中国抗日战争中的两位美国将军,云章、刘亚东编著,吉林人民出版社,1999年。

中国历史大事年表·近代卷,沈渭滨主编,上海辞书出版社,1999年。

中国民主党派史,孙晓华主编,辽宁人民出版社,1999年。

中国通史:近代后编(1919—1949)(第12卷)(上)(下),王桧林等主编,上海人民出版社,1999年。

中国政治——以历史观点来看近代与现代,〔日〕小岛朋之著,劲草书房,1999年。

中华民国史档案资料汇编(第五辑第三编)·军事分册(1—2),中国第二历史档案馆编,江苏古籍出版社,1999年。

中华民国史档案资料汇编(第五辑第三编)·文化分册(1—2),中国第二历史档案馆编,江苏古籍出版社,1999年。

中华民国史档案资料汇编(第五辑第三编)·政治分册(1—5),中国第二历史档案馆编,江苏古籍出版社,1999年。

中日战争中在中国的日本人的反战活动,〔日〕藤原彰,青木书店,1999年。

2000年

从国内战争到共同抗日,全国政协文史资料委员会编,安徽人民出版社,2000年。

大忧患时代的抉择——抗战时期大后方美术研究,黄宗贤著,重庆出版社,2000年。

贵州妇女运动史(新民主主义革命时期),梁桂宝主编,贵州人民出版社,2000年。

海峡两岸"华侨与抗日战争"学术研讨会文集,黄小坚主编,中国档案出版社,2000年。

抗战时期滇印缅作战(3)·总检讨,向华超编,"国防部"史政编译局编印,2000年。

抗战时期文化名人在桂林,魏华龄、李建平,桂林市政协文史资料委员会编,漓江出版社,2000年。

抗战时期文化名人在昆明(1),陈永年主编,云南美术出版社,2000年。

卢作孚研究文集,凌耀伦、周永林编,北京大学出版社,2000年。

七月派作家评传,李怡,重庆出版社,2000年。

我亲历的抗日战争与研究,刘大年,中央文献出版社,2000年。

一个人的抗战,樊建川,中国对外翻译出版公司,2000年。

印缅抗日战争书刊评论集——纪念缅北反法西斯战争胜利五十五周年,薛庆煜编著,2000年。

中共南方局研究文集,王明湘主编,重庆出版社,2000年。

2001年

1937—1945中国文学爱国主义母题研究,苏光文,重庆出版社,2001年。

20世纪上半叶的中国石油工业,张叔岩编著,石油工业出版社,2001年。

重庆大轰炸图集(中英文本),重庆市文化局编,重庆出版社,2001年。

丰碑——中国共产党八十年奋斗与辉煌·四川卷,郭德宏等编,中央文献出版社,2001年。

桂林抗战文化研究文集(六),魏华龄、左超英主编,广西师范大学出版社,2001年。

抗日战争时期中国高校内迁史略,侯德础,四川教育出版社,2001年。

抗日战争中的回族,李伟等,甘肃人民出版社,2001年。

抗战烽火中的高校内迁,刘丽、李仲明,中国友谊出版公司,2001年。

抗战时代生活史,陈存仁,上海人民出版社,2001年。

卢作孚追思录,周永林、凌耀伦主编,重庆出版社,2001年。

热血铸辉煌——抗日战争中中国国际地位的提高,何仲山,中国友谊出版公司,2001年。

苏联志愿航空队抗日援华记,张廉熙,中国友谊出版公司,2001年。

文物大迁徙——抗日战争故宫国宝辗转纪实,窦应泰,河南文艺出版社,2001年。

中国20世纪全史(第5卷)·全民抗战(1937—1945),王秀鑫、李荣,中国青年出版社,2001年。

中国抗日战争史(1931—1945)(上)(下),郑浪平,麦田出版社,2001年。

中国抗日战争史(1931—1945),张宪文主编,南京大学出版社,2001年。

中国新民主革命通史(第9卷)(1941—1945)·同盟抗战　赢得胜利,丁三青等编著,上海人民出版社,2001年。

2002年

重庆大轰炸,徐朝鉴、王孝询主编,西南师范大学出版社,2002年。

重庆大轰炸图集,重庆市文化局等编,重庆出版社,2002年。

重庆通史(上)(中)(下),周勇主编,重庆出版社,2002年。

国共关系史(上)(中)(下),黄修荣,广东教育出版社,2002年。

国民政府1927—1949年的国内公债研究,潘国琪,经济科学出版社,2002年。

抗日与战争与民众运动,〔日〕内田知行,创土社,2002年。

抗日战争(上)(中)(下),张笑天,吉林人民出版社,2002年。

抗日战争时期的陕西经济,田霞,中国矿业大学出版社,2002年。

抗日战争时期中国外交制度研究,陈雁,复旦大学出版社,2002年。

抗日战争文史资料存稿选编,全国政协文史资料委员会编,中国文史出版社,2002年。

抗战时期桂林社会科学资料目录索引,毛毓松、周德荣主编,2002年。

抗战时期文化名人在昆明(2),昆明市政协文史学习委员会编,云南人民出版社,2002年。

卢作孚的梦想与实践,赵晓铃,四川人民出版社,2002年。

卢作孚年谱,张守广编,江苏古籍出版社,2002年。

民国时期云南田赋史料,云南省档案馆编,云南人民出版社,2002年。

中国经济战中的走私活动:1937—1945,齐春风,人民出版社,2002年。

2003年

20世纪中国文学思潮及流派,郝明工,西南师范大学出版社,2003年。

重庆抗战文学论稿,靳明全,重庆出版社,2003年。

贵州通史(第4卷),何仁仲编,当代中国出版社,2003年。

桂林抗战文化研究文集(七),苏关鑫、李建平主编,广西师范大学出版社,2003年。

极边第一城的血色记忆——腾冲抗战见证录(下),许秋芳主编,武汉大学出版社,2003年。

蒋介石宋美龄在重庆的日子,江涛、刘芳编,文化出版社,2003年。

蒋总统档案:事略稿本(1—61册),周美华等编,"国史馆"编印,2003—2011年。

抗日战争时期的基督教大学,刘家峰、刘天路,福建教育出版社,2003年。

抗战前后中英关于西藏问题交涉之研究(1935—1947),陈谦平,三联书店,2003年。

联合政府与一党训政:1944—1946年间国共政争,邓野,社会科学文献出版社,2003年。

卢作孚书信集,黄立人主编,四川人民出版社,2003年。

权力、冲突与变革:1926—1937年重庆城市现代化研究,张谨,重庆出版社,2003年。

四联总处会议录(3、4、5、6、7、8、9),喻春生编,广西师范大学出版社,2003年。

文学的现代化传统 20世纪中国文学思潮与流派,王本朝,重庆出版社,2003年。

我的父亲卢作孚,卢国纪,四川人民出版社,2003年。

西南联大昆明记忆,余斌,云南民族出版社,2003年。

一个独特的历史现象:桂林文化城(上)(下),魏华龄,漓江出版社,2003年。

云大早期的历史文化 插图珍藏本,木芹、木霁弘编著,云南大学出版社,2003年。

战时美国大战略与中国抗日战场(1941—1945),韩永利,武汉大学出版社,2003年。

2004年

从巴都到陪都,管维良,中国文史出版社,2004年。

第三种力量与抗战时期的中国政治,闻黎明,上海书店出版社,2004年。

红岩精神读本,周勇主编,重庆出版社,2004年。

见证红岩:回忆南方局(上)(下),中共中央党史研究室科研管理部、中共重庆市委党史研究室编,重庆出版社,2004年。

见证历史——滇西抗战见闻实录,和金星、马力生主编,德宏民族出版社,2004年。

近代人物与区域研究,西南师范大学中国近现代史学科组编,重庆出版社,2004年。

抗战时期贵州企业股份有限公司,何长凤,贵州民族出版社,2004年。

抗战时期国民政府盐务政策研究,董振平,齐鲁书社,2004年。

抗战时期文化名人在桂林(续集),魏华龄主编,漓江出版社,2004年。

抗战时期中国西部经济开发文献资料选,唐润明编,重庆出版社,2004年。

抗战中内迁西南的知识分子,张红,江西人民出版社,2004年。

龙陵县文史资料选辑(3)·龙陵抗战续辑:松山作证,中国人民政治协商会议云南省龙陵县委员会编,2004年。

龙陵县文史资料选辑(4)·龙陵抗战续辑:抗日战争龙陵纪事,中国人民政治协商会议云南省龙陵县委员会编,2004年。

卢作孚社会改革实践与中国现代化研究,刘重来主编,香港天马国书有限公司,2004年。

民族之魂:中国战时儿童保育会抢救抗日战争三万难童纪实,翟明战等主编,珠海出版社,2004年。

在历史的天平(上)——周恩来与抗日民族统一战线,袁本文,甘肃人民出版社,2004年。

中共中央南方局大事记,中共重庆市委党史研究室编,重庆出版社,2004年。

中国西部抗战文化史,唐正芒等,中共党史出版社,2004年。

中日学者"重庆大轰炸"论文集,王群生主编,中国三峡出版社,2004年。

2005年

1938—1941重庆大轰炸,易丹、钱滨,四川文艺出版社,2005年。

1938—1943:重庆大轰炸,曾小勇等主编,湖北人民出版社,2005年。

遍地盐井的都市——抗战时期一座城市的诞生,孙明经等主编,广西师范大学出版社,2005年。

赤子丰碑——华侨与抗日战争,云南省归国华侨联合会、云南华侨历史学会编,2005年。

重睹大后方文坛芳华,孙善齐,重庆出版社,2005年。

重庆歌乐山陪都遗址(中英文本),廖庆渝主编,四川大学出版社,2005年。

重庆抗战史(1931—1945),周勇主编,重庆出版社,2005年。

重庆抗战文化史,谢儒弟主编,团结出版社,2005年。

重庆抗战文学理论,靳明全、宋嘉扬主编,重庆出版社,2005年。

川魂——四川抗战档案史料选,四川省档案馆编,西南交通大学出版社,2005年。

川人大抗战,郑光路,四川人民出版社,2005年。

川渝大轰炸:抗战时期日机轰炸四川史实研究,谢世廉主编,西南交通大学出版社,2005年。

滇西抗日战争史,和金星主编,云南民族出版社,2005年。

滇西抗战第一枪——纪念滇西抗战胜利六十周年文史集,朱光亮主编,云南民族出版社,2005年。

对联中的抗日战争,董志新、董志先编,中共中央党校出版社,2005年。

烽火岁月——重庆大轰炸,李金荣、杨筱,重庆出版社,2005年。

贵州企业公司研究(1939—1949),莫子刚,贵州人民出版社,2005年。

桂林抗战文化研究文集(八),魏华龄、苏关鑫主编,广西师范大学出版社,2005年。

桂林抗战音乐文化研究,王小昆,大众文艺出版社,2005年。

桂林文史资料(第49辑)·纪念中国人民抗日战争胜利六十周年,桂林市政协文史资料委员会编,广西区新闻出版局,2005年。

红岩·丰碑——中共中央南方局成立六十五周年纪念集,周勇主编,重庆出版社,2005年。

回味陪都市井生活,李学政,重庆出版社,2005年。

坚固大后方 抗战最前线,云南省委宣传部编,云南美术出版社,2005年。

近十年来抗日战争史研究述评选编(1995—2004),杨青、王昉编,中共党史出版社,2005年。

抗日歌魂——1931—1945救亡图存流行歌曲,湖北人民出版社编,湖北人民出版社,2005年。

抗日歌曲一百首——纪念抗战胜利六十周年(1945—2005),李恒林编选,山西教育出版社,2005年。

抗日——国共第二次合作秘闻录,柳建伟,中国社会出版社,2005年。

抗日及国内战争时期旧纸币图录,许光、梁直主编,黑龙江人民出版社,2005年。

抗日侨领蚁光炎,张第高主编,南方日报出版社,2005年。

抗日战歌——纪念中国人民反法西斯战争胜利六十周年,人民音乐出版社编,人民音乐出版社,2005年。

抗日战争美术图史,黄宗贤编著,湖南美术出版社,2005年。

抗日战争时期四川及周边地区的经济与文教,侯德础主编,四川人民出版社,2005年。

抗日战争研究述评,刘德军主编,齐鲁书社,2005年。

抗日战争与民族精神,本书编写组编,山东人民出版社,2005年。

抗日战争与民族精神的弘扬——北京师范大学纪念抗日战争胜利六十周年文集,陈文博、郑师渠主编,中央文献出版社,2005年。

抗日战争中的国际友人,黎军、王辛编,中央文献出版社,2005年。

抗日战争中的民主人士,张慧英、蒋泓编,中央文献出版社,2005年。

抗战的遵义,遵义市历史文化研究会编,中国文联出版社,2005年。

抗战风云录——成都八年抗战史料简编,张鹤鸣主编,成都时代出版社,2005年。

抗战烽火中的柳州,中共广西柳州市委员会宣传部、广西壮族自治区柳州市文化局编,广西人民出版社,2005年。

抗战后方重镇晴隆,罗垂斌编,中国文史出版社,2005年。

抗战纪事,龙陵县政协编,云南美术出版社,2005年。

抗战时评,李良志等编,河南大学出版社,2005年。

抗战时期大后方经济开发文献资料选编,重庆市档案馆编,2005年。

抗战时期大后方戏剧主潮论,李江,中国文史出版社,2005年。

抗战时期的蒋介石,江涛,华文出版社,2005年。

抗战时期的四川,段渝,巴蜀书社,2005年。

抗战时期的云南社会,云南省档案馆编,云南人民出版社,2005年。

抗战遗踪——广西抗战文化遗产图集,李建平主编,广西人民出版社,2005年。

抗战音乐史,陈志昂,黄河出版社,2005年。

抗战中的柳州,柳州市委宣传部、柳州市文化局编,广西人民出版社,2005年。

抗战中的文化责任——"西北艺术文物考察团"六十周年纪念图集(全六册),王璜生主编,岭南美术出版社,2005年。

抗战中的云南·历史画卷,汤汉清等编,晨光出版社,2005年。

牢记历史　开创未来——湖南省纪念抗日战争胜利六十周年学术研讨会论文集,胡锦昌、陈清林主编,湖南人民出版社,2005年。

李庄往事——抗战时期中国文化中心纪实,岳南编,浙江人民出版社,2005年。

历史的壮丽回响——纪念中国人民抗日战争暨世界反法西斯战争胜利六十周年论文集,上海市科学社会主义学会等编,华东师范大学出版社,2005年。

卢作孚年谱,张守广编,重庆出版社,2005年。

民族之魂——中国抗日战争歌曲精选,阚培桐编,中国青年出版社,2005年。

怒吼的黄河——抗日战争中的中国美术,李树声主编,江西美术出版社,2005年。

陪都金融大亨康心如之子康国雄传奇人生,康国雄口述,何蜀整理,中共党史出版社,2005年。

前进!冒着敌人的炮火:中国抗日战争(图文版)(上)(下),本书编辑组编,中央文献出版社,2005年。

侵华日军重庆大轰炸,王孝询编著,湖北人民出版社,2005年。

去大后方——中国抗战内迁实录,苏智良等编著,上海人民出版社,2005年。

全民抗战与宁夏——宁夏抗战史料辑录,张锋主编,宁夏人民出版社,

2005年。

黔人抗战史话,贵阳市政协文史和学习委员会、贵阳市历史学会筹备组编,汕头大学出版社,2005年。

陕西近代工业经济发展研究,李全武、曹敏,陕西人民出版社,2005年。

四川抗战档案研究,李仕根,西南交通大学出版社,2005年。

岁月尘封的记忆——重庆抗战遗址(中英文版),龙俊才等编著,西南师范大学出版社,2005年。

探寻陪都名人旧居,杨筱,重庆出版社,2005年。

铁血铸长城　川军耀中华——四川纪念抗日战争六十周年专辑,李仕根等编著,西南交通大学出版社,2005年。

图说柳州抗战,李厚全主编,云南民族出版社,2005年。

图说中国抗日战争史(1931—1945),张宪文、曹大臣著,学林出版社,2005年。

五华文史资料(第17辑)·纪念中国人民抗日战争暨世界反法西斯战争胜利60周年,昆明市五华区政协文史委员会编,2005年。

西北通史(第5卷),宋仲福卷主编,兰州大学出版社,2005年。

携手援义战——抗战时期国统区民众经济动员概述,金功辉,天津社会科学院出版社,2005年。

新疆纪念抗日战争胜利六十周年学术研究论文集,陈国裕主编,中共新疆维吾尔自治区委员会党史研究室编,新疆人民出版社,2005年。

雪洗百年耻辱的伟大转折——全军纪念中国人民抗日战争暨世界反法西斯战争胜利六十周年学术研讨会论文集,赵一平主编,解放军出版社,2005年。

血肉筑成抗战路,云南省政协文史委员会编,云南人民出版社,2005年。

血与火的年代——中国人民五十年抗日救国斗争,马玉卿等主编,人民出版社,2005年。

永志毋谖——纪念抗日战争胜利六十周年文集,周勋初主编,南京大学出版社,2005年。

又见大后方影剧明星,石曼、余叙昌,重庆出版社,2005年。

援华抗日将领陈纳德——鲨鱼头·飞虎队,王启明,军事谊文出版社,2005年。

云南省纪念中国人民抗日战争暨世界反法西斯战争胜利六十周年学术研讨会论文选编(1945—2005),钟世禄主编,云南民族出版社,2005年。

云南文史资料选辑(第61辑)·滇缅抗战亲历记,云南省政协文史委员会编,云南人民出版社,2005年。

在纪念中国人民抗日战争暨世界反法西斯战争胜利六十周年大会上的讲话(2005年9月3日),胡锦涛,人民出版社,2005年。

中共中央南方局与新四军,郑洪泉、王明湘,重庆出版社,2005年。

中国共产党与桂林抗战文化,邓群,广西人民出版社,2005年。

中国抗日战争地位与作用研究,胡德坤、韩永利,社会科学文献出版社,2005年。

中国抗日战争歌曲集(简谱),向延生主编,群众出版社,2005年。

中国抗日战争论纲(1931—1945),刘庭华编著,军事科学出版社,2005年。

中国抗日战争全史(上)(中)(下),萧一平、郭德宏主编,四川人民出版社,2005年。

中国抗日战争史(上)(中)(下)(2005年修订版),军事科学院军事历史研究部著,解放军出版社,2005年。

中国抗战重庆陪都史专题研究,张国镛,四川人民出版社,2005年。

中国李庄——抗战流亡学者的人文档案,刘振宇、维微,四川人民出版社,2005年。

中国人民抗日战争史,何理,上海人民出版社,2005年。

中华民族抗日战争史1931—1945,王秀鑫、郭德宏主编,中共党史出版社,2005年。

中华民族抗日战争史,李蓉,中央文献出版社,2005年。

中流砥柱——中国共产党与全民族抗日战争(上)(中)(下),中共中央党史研究室组织编写,中共党史出版社,2005年。

走进南方局,孙志慧,重庆出版社,2005年。

2006年

重庆抗战文化史,民革中央孙中山研究学会重庆分会编著,团结出版社,2006年。

重庆抗战文学与外国文化,靳明全主编,重庆出版社,2006年。

滇缅公路:第二次世界大战"中国—缅甸—印度战场"的壮丽史诗,朱靖江著,作家出版社,2006年。

国民党组织机构运行机制研究·抗日战争时期,李强,四川人民出版社,2006年。

红岩·丰碑——中共中央南方局成立65周年纪念集,周勇主编,重庆出版社,2006年。

华侨与抗日战争,中国人民抗日战争纪念馆等编,中国华侨出版社,2006年。

纪念中国人民抗日战争暨世界反法西斯战争胜利六十周年学术研讨会论文集(上)(下),中共中央党史研究室科研管理部编,中共党史出版社,2006年。

肩负民族的希望——西北抗日救亡史,秦生、马雅伦,中共党史出版社,2006年。

教育开发西南——卢作孚的事业与思想,吴洪成,重庆出版社,2006年。

近代以来中国西北边疆安全问题研究,丁建伟、赵波,民族出版社,2006年。

抗日烽火中的歌(中英文本),李双江主编,解放军文艺出版社,2006年。

抗日战争时期国共青年运动风云录——中国共产党抗日青年统一战线方针与三民主义青年团,王连弟,中国言实出版社,2006年。

抗日战争与中国社会史论,梁家贵,社会科学文献出版社,2006年。

抗战旌旗汇桂林,马玉成,中央文献出版社,2006年。

抗战期间的贵阳艺术活动,贵阳市档案馆编,贵州人民出版社,2006年。

抗战时期国民政府缉私研究(1931—1945),孙宝根,中国档案出版社,2006年。

抗战中的宋美龄,佟静,华文出版社,2006年。

困境中的突围——重大突发事件与国民政府的对策,左双文,社会科学文献出版社,2006年。

南侨魂——陈嘉庚与南洋华侨机工回国抗日服务纪实,陈共存主编,云南美术出版社,2006年。

你不知道的抗战:新民晚报纪念抗日战争胜利60周年报道合辑,胡劲军,文汇出版社,2006年。

派系斗争与国民政府运转关系研究,张皓,商务印书馆,2006年。

商人与近代中国西南边疆社会:以滇西为中心,周智生,中国社会科学出版社,2006年。

驼峰航线上的祥云,薛国荣主编,云南民族出版社,2006年。

为了忘却的纪念——中国抗战重庆历史地位研究,张国镛、陈一容,西南师范大学出版社,2006年。

翁文灏的石油业绩,张叔岩,石油工业出版社,2006年。

西南抗战史,周勇主编,重庆出版社,2006年。

西南联大的文化选择与文化精神,封海清,云南人民出版社,2006年。

新闻春秋(第5辑)·抗日战争与新闻传播学术研讨会、抗战广播史研讨会论文集,段京肃主编,首都师范大学出版社,2006年。

叶圣陶抗战时期文集,商金林编,人民教育出版社,2006年。

永恒纪念——纪念抗日战争胜利六十周年,玄明子编,大众文艺出版社,2006年。

永远的大学精神——浙大西迁办学纪实,喻朝碧、曹裕强,贵州人民出版社,2006年。

浴血长空——中国空军抗日战史,陈应明等编著,航空工业出版社,2006年。

中国共产党重庆地方简史,周勇主编,重庆出版社,2006年。

中国共产党与广西抗战——政治交往理性的实践,刘绍卫,广西人民出版社,2006年。

中国回族抗日救亡史稿,周瑞海,社会科学文献出版社,2006年。

中国抗日战争大参考:1937—1945,蔡仁照,京华出版社,2006年。

中国人民奋起抗战,关捷,社会科学文献出版社,2006年。

中华民国史,张宪文等,南京大学出版社,2006年。

中华民国史,朱汉国、杨群,四川人民出版社,2006年。

中华民族伟大复兴的历史转折——纪念中国人民抗日战争胜利六十周年理论研讨会论文集,昆明市社会科学界联合会、云南省中国近代史研究会编,云南大学出版社,2006年。

中流砥柱——纪念中国人民抗日战争暨世界反法西斯战争胜利60周年文集,郑峰主编,中国文史出版社,2006年。

中日关系五十年大事记(1932—1945),张蓬舟编,文化艺术出版社,2006年。

2007年

《永远的纪念——抗战在山西》大型书画诗文展作品集,王东满、王如何,北岳文艺出版社,2007年。

巴渝丰碑——重庆地方党组织成立80周年画册,周勇主编,重庆出版社,2007年。

成都文史资料选编·抗日战争卷(上)(中)(下),成都市政协文史学习委员会编,四川人民出版社,2007年。

重庆人文精神研究,周勇著,重庆出版社,2007年。

滇西抗战史论,何光文,云南大学出版社,2007年。

桂林文化城文学研究·人文生态研究,黄伟林、高蔚,中国社会科学出版社,2007年。

桂林文化城文学研究·散文研究,刘铁群,中国社会科学出版社,2007年。

桂林文化城文学研究·诗歌研究,黄绍清,中国社会科学出版社,2007年。

桂林文化城文学研究·戏剧研究,李江,中国社会科学出版社,2007年。

桂林文化城文学研究·小说研究,雷锐,中国社会科学出版社,2007年。

国际友人与中国抗日战争纪事,张文琳,中国文史出版社,2007年。

国民党政治与社会结构之演变(1905—1949)(上)(中)(下),崔之清编著,社会科学文献出版社,2007年。

和谈·合作·和平:张治中在重庆,牟之先、李波,重庆大学出版社,2007年。

红岩精神,黄宏、何事忠、周勇、苟欣文主编,人民出版社,2007年。

记忆之城:重庆大轰炸与八年抗战中的中国人,徐萌,中国青年出版社,2007年。

讲述历史　抗日难童的真实人生,李湞编著,汕头大学出版社,2007年。

近代中国西南历史探索,孙代兴,云南民族出版社,2007年。

抗日战争时期的中美军事合作,马建国,解放军出版社,2007年。

抗日战争史,黄华文,湖北人民出版社,2007年。

抗战家书,中国人民抗日战争纪念馆、抢救民间家书项目组委会编,中国画报出版社,2007年。

抗战女性档案,张西,中国青年出版社,2007年。

抗战时期的人口迁移——兼论对西部开发的影响,张根福,光明日报出版社,2007年。

抗战时期穆斯林期刊广西资料辑录,马博忠、李建工编,香港天马出版有限公司,2007年。

抗战时期彭湖经营贵州企业公司实录,何长凤,贵州民族出版社,2007年。

抗战与华侨,谢作民,独立出版社,2007年。

抗战与美术,朱应鹏,中央编译出版社,2007年。

抗战与战后中国,杨天石,中国人民大学出版社,2007年。

抗战中民主自由问题,谷旸,求是出版社,2007年。

卢作孚画传,刘重来,重庆出版社,2007年。

卢作孚与民国乡村建设研究,刘重来,人民出版社,2007年。

民族学和社会学本土化的探索,聂蒲生,贵州民族出版社,2007年。

时代与艺术,凌承纬,文化艺术出版社,2007年。

四川教育史上,涂文涛主编,四川出版集团·四川教育出版社,2007年。

现实主义之路——中国本土艺术学建构丛书,凌承纬主编,文化艺术出版社,2007年。

中国共产党在桂林抗战文化形成和发展中的作用,王福琨,广西人民出版社,2007年。

中国近代通史(第9卷)·抗日战争(1937—1945),王建朗、曾景忠,江苏人民出版社,2007年。

中国民主党派与抗日战争(上)(下),袁旭、党德信,北京燕山出版社,2007年。

中缅印战场抗日战争史,徐康明,解放军出版社,2007年。

2008年

20世纪中国文学发展史(上),苏光文、胡国强,西南师范大学出版社,2008年。

从沉沦到荣光 抗日战争全记录(1931—1945),李继锋,远方出版社,2008年。

大变局——抗战时期的后方企业,张守广,凤凰出版传媒集团、江苏人民出版社,2008年。

滇缅抗战纪实,何卓新等主编,中国文史出版社,2008年。

丰碑——桂林抗战纪实文物史料图集,八路军桂林办事处纪念馆编著,广西师范大学出版社,2008年。

给世界以和平——重庆大轰炸暨日军侵华暴行国际学术讨论会论文集,周勇、陈国平主编,重庆出版社,2008年。

桂林抗战文化城的社团,刘文俊,黄山书社,2008年。

国民参政会与抗日民族统一战线,王丰,华文出版社,2008年。

经济与战争:抗日战争时期的统制经济,陈雷,合肥工业大学出版社,2008年。

抗日战争时期新疆各民族民众抗日募捐档案史料,厉声主编,新疆人民出版社,2008年。

抗战期间贵阳文学作品选,刘磊主编,贵州人民出版社,2008年。

抗战期间黔境印象,刘磊主编,贵州人民出版社,2008年。

抗战时期国民政府经济动员研究,张燕萍,福建人民出版社,2008年。

逃亡流浪 流浪逃亡——抗日战争时期大后方生活纪实,霍本田,太白文艺出版社,2008年。

我心中的西南联大——西南联大建校七十周年纪念文集,西南联大北京校友会编,清华大学出版社,2008年。

新时期的中国现代史研究,陈廷湘主编,四川大学出版社,2008年。

一个独特的历史现象——桂林抗战文化,魏华龄主编,漓江出版社,2008年。

中国电影史纲要,虞吉,西南师范大学出版社,2008年。

中国近代机场建设史(1910—1949),欧阳杰著,航空工业出版社,2008年。

中国近代西部教育开发史——以抗日战争时期为重点,余子侠、冉春,人民教育出版社,2008年。

周恩来与抗战戏剧,石曼,重庆大学出版社,2008年。

2009年

沧桑百年——中国国民党史(上)(下),茅家琦等,鹭江出版社,2009年。

陈诚回忆录——抗日战争,陈诚,东方出版社,2009年。

重庆抗战诗歌研究,吕进等,西南师范大学出版社,2009年。

大理文史资料选(第2辑)·滇西抗战,苏松林主编,云南民族出版社,2009年。

贵州话剧光辉历程,贵州省文化厅、贵州省老艺术家委员会编,贵州民族出版社,2009年。

桂林抗战文化城诗词选,何开粹编著,华夏出版社,2009年。

红岩精神研究,周勇主编,中共党史出版社,2009年。

极边第一城的血色记忆——腾冲抗战见证录(上)(下),许秋芳,中国文联出版公司,2009年。

抗日救亡运动中的陈铨,徐志福,巴蜀书社,2009年。

抗日战争时期中国对外关系,陶文钊等,中国社会科学出版社,2009年。

抗日战争与中国现代化进程研究,袁成毅、荣维木等,北京图书馆出版社,2009年。

抗日战争与中国知识分子——西南联合大学的抗战轨迹,闻黎明著,社会科学文献出版社,2009年。

抗战救亡的壮丽史诗——桂林抗战文化城,王福琨、邓群等,广西人民出版社,2009年。

抗战时期期刊介绍,丁守和等,社会科学文献出版社,2009年。

抗战时期四川的新闻界研究,黄九清,四川大学出版社,2009年。

抗战时期西北开发档案史料选编,中国社会科学院近代史研究所《近代史资料》编辑部、中国第二历史档案馆合编,中国社会科学出版社,2009年。

陪都电影专史研究,严彦、熊学莉,中国传媒大学出版社,2009年。

戏剧的力量——重庆抗战戏剧评论选集,申列荣、石曼编,西南师范大学出版社,2009年。

一九四〇年代的中国(上)(下),中国社会科学院近代史研究所民国史研究室、四川师范大学历史文化学院编,社会科学文献出版社,2009年。

战时桂林损失调查研究报告,唐凌、付广华,社会科学文献出版社,2009年。

中共中央南方局的党建工作,陈清林主编,中共党史出版社,2009年。

中共中央南方局的军事工作,叶文益主编,中共党史出版社,2009年。

中共中央南方局的群众工作,卓人政主编,中共党史出版社,2009年。

中共中央南方局的统一战线工作,王福琨、邓群主编,中共党史出版社,2009年。

中共中央南方局的文化工作,彭亚新主编,中共党史出版社,2009年。

中共中央南方局史,中共重庆市委党史研究室编,中共党史出版社,2009年。

中国的天空——中国空中抗日实录,周斌、邹新奇编著,凤凰出版社,2009年。

中国共产党黔西南州历史(第1卷)(1930—1978),夏开益主编,贵州人民出版社,2009年。

中国抗战与世界反法西斯战争——纪念中国人民抗日战争暨世界反法西斯战争胜利60周年学术研讨会文集(上)(中)(下),中国社会科学院近代研究所编,社会科学文献出版社,2009年。

中国西北少数民族通史·民国卷,闫丽娟,民族出版社,2009年。

资源委员会经济管理研究——以抗战时期为核心的考察,郭红娟,中国社会科学出版社,2009年。

2010年

大后方——抗战八年流亡曲,正一,中国民主法制出版社,2010年。

第二次世界大战与中国抗战地位研究,韩永利,商务印书馆,2010年。

国家恒至上——老舍在重庆,李波,重庆大学出版社,2010年。

国家与经济——抗战时期知识界关于中国经济发展道路的论争 以《新经济》半月刊为中心,阎书钦,中国社会科学出版社,2010年。

蒋介石的陪都岁月(1937—1946),谢儒弟,文汇出版社,2010年。

抗战风云中的国立西南联合大学,闻黎明,秀威信息科技股份有限公司,

2010年。

抗战视野下中共南方局文化工作研究,庞虎,厦门大学出版社,2010年。

抗战文化研究(第3、4辑),李建平、张中良主编,广西师范大学出版社,2010年。

卢作孚的选择,赵晓铃,广东人民出版社,2010年。

民国时期四川保甲制度与基层政治,冉绵惠,社会科学文献出版社,2010年。

山路上的繁星——冰心在重庆,康清莲等主编,重庆大学出版社,2010年。

驼峰航线——抗战中国的一条生命通道插图版,刘小童主编,广西师范大学出版社,2010年。

吴鼎昌与贵州,何长凤编著,贵州人民出版社,2010年。

雾都星火——忆中共南方局领导下的樵坪革命据点,屈大扬,中央文献出版社,2010年。

西南联大与抗战时期的宪政运动,谢慧,社会科学文献出版社,2010年。

知识分子的救亡努力《今日评论》与抗战时期中国政策的抉择,谢慧,社会科学文献出版社,2010年。

中国高校校报史略,魏国英等编著,北京大学出版社,2010年。

中国人能做到:民国实业家卢作孚,清秋子,凤凰出版社,2010年。

中华民族抗日战争全史,步平,中国青年出版社,2010年。

中华民族的抗争与复兴——第一、二届海峡两岸抗日战争史学术研讨会论文集,中国抗日战争史学会、中国人民抗日战争纪念馆编,团结出版社,2010年。

2011年

八年抗战中的蒋介石(1937—1945),何虎生,台海出版社,2011年。

重庆大轰炸档案文献·证人证言,周勇主编,重庆出版社,2011年。

重庆大轰炸档案文献·财产损失,唐润明编,重庆出版社,2011年。

重庆大轰炸档案文献·轰炸经过与人员伤亡(上),唐润明编,重庆出版社,2011年。

重庆陪都文学研究,苏光文,中国戏剧出版社,2011年。

重庆图书馆藏珍贵抗战图片集,周勇主编,重庆出版社,2011年。

重庆市抗战时期人口财产损失,重庆抗战调研课题组编,中共党史出版社,2011年。

佛教、暴力与民族主义——抗日战争时期的中国佛教,学愚,香港中文大学出版社,2011年。

古来征战几人回——亲历滇缅抗战,杜聿明、郑洞国,团结出版社,2011年。

桂林抗战文化史,魏华龄主编,漓江出版社,2011年。

国民政府地籍整理——以抗战时期四川为中心的研究,刘一民,上海三联书店,2011年。

抗战大后方歌谣汇编,周勇、任竞主编,重庆出版社,2011年。

抗战飞行日记,龚业悌,长江文艺出版社,2011年。

抗战时期的广西经济,谭肇毅,广西师范大学出版社,2011年。

抗战时期陪都重庆书画艺术年谱,龙红、廖科编著,重庆大学出版社,2011年。

抗战时期西南后方社会变迁研究,潘洵主编,重庆出版社,2011年。

抗战时期重庆大轰炸日志,潘洵、周勇主编,重庆出版社,2011年。

抗战文化,《重庆历史文化丛书》编写委员会编,四川大学出版社,2011年。

抗战遗址遗迹图文集,李波编,重庆大学出版社,2011年。

卢作孚集(辛亥革命百年纪念文库),凌耀伦、熊甫编,华中师范大学出版社,2011年。

卢作孚箴言录,张维华编,青岛出版社,2011年。

民族学和社会学中国化的探索——抗战时期专家对西南地区的调查研究,聂蒲生,中国社会科学出版社,2011年。

四联总处与战时西南地区经济,王红曼,复旦大学出版社,2011年。

我们这样去抗日,陈启明,人民日报出版社,2011年。

英雄之城:大轰炸下的重庆,王川平主编,重庆出版社,2011年。

云南文史资料选辑(第65辑)·云南抗战记忆,云南省政协文史委员会编,云南人民出版社,2011年。

战争·党争与"宪争"抗战时期宪政运动研究,祝天智,中国社会科学出版社,2011年。

中国电影史,虞吉主编,重庆大学出版社,2011年。

中国共产党重庆历史(第一卷),中共重庆市委党史研究室编,重庆出版社,2011年。

中国抗日军事史(1937—1945),〔日〕菊池一隆,社会科学文献出版社,2011年。

中国抗战大后方历史文献联合目录(上)(中)(下),周勇、王志昆主编,重庆出版社,2011年。

中华民国史(第八、九、十卷),李新主编,中华书局,2011年。

三、硕士、博士学位论文索引

1984年

论抗战时期国统区诗歌,郭小聪,北京大学硕士论文,1984年。

1986年

华侨对祖国抗战经济的贡献,任贵祥,吉林大学硕士论文,1986年。
试论1939—1941年间的中英关系,廖宜力,北京大学硕士论文,1986年。
试论抗战时期国统区民族工业的发展与衰落,熊永荣,吉林大学硕士论文,1986年。

1987年

抗日战争后期中国共产党对美外交政策,张少华,中共中央党校硕士论文,1987年。
试论豫湘桂战役的失败对抗战后期国民党政权之影响,书勤,北京大学硕士论文,1987年。

1988年

抗日战争时期党对国统区民族资产阶级的统战工作,李玉荣,中共中央党校硕士论文,1988年。
论国统区抗战戏剧的倾向性,李江,中山大学硕士论文,1988年。
论抗战时期国民党的农民政策,王传夫,中国农业大学硕士论文,1988年。

论抗战时期中国共产党与美国的关系,伊胜利,哈尔滨工业大学硕士论文,1988年。

1989年

蒋介石与战后初期的国共政治斗争,陈瑞峰,北京大学硕士论文,1989年。

论抗日战争胜利前后的国共谈判和政治协商组织形式的出现,谢雪华,北京大学硕士论文,1989年。

1991年

抗日战争时期的中美关系,师晓霞,中共中央党校硕士论文,1991年。

抗日战争时期国共两党关于三民主义的论争,邹庆忠,中共中央党校硕士论文,1991年。

抗日战争时期西南农业布局研究,彭珏,西南农业大学硕士论文,1991年。

论党对桂林抗战文化运动的领导及经验,詹永媛,广西师范大学硕士论文,1991年。

论抗日战争前期的中英关系,吴海龙,北京大学硕士论文,1991年。

1992年

从史迪威事件看太平洋战争爆发后的中美关系——兼论抗战后期的国共关系与美国的扶蒋反共政策,李跃新,西安交通大学硕士论文,1992年。

太平洋战争时期美国对华政策的连续性和波动性,周万亮,北京大学硕士论文,1992年。

1993年

抗战时期的重庆金融市场,吴晓东,西南财经大学硕士论文,1993年。

中国共产党在抗战时期争取民主的斗争,王双梅,中共中央党校博士论文,1993年。

1994年

工合运动与抗战经济,马玉萍,北京大学硕士论文,1994年。

张治中参加国共两党谈判和处理新疆问题述论,王泽余,北京大学硕士论文,1994年。

1995年

抗日战争时期大后方的国家银行业,刘传初,西南财经大学硕士论文,1995年。

抗日战争时期的图书事业,黄颖,南开大学硕士论文,1995年。

抗日战争中冯玉祥与中国共产党的关系述论,尹洁,西北大学硕士论文,1995年。

抗战时期内迁西南的高等院校,张勤,四川师范大学硕士论文,1995年。

四联总处与抗战时期的中国金融,杨菁,南京大学博士论文,1995年。

1996年

从《新华日报》的报道看抗战中宋美龄的外交活动,陈清清,杭州大学硕士论文,1996年。

国民党、中共及民盟在抗战建国问题上的异同及其实践中的相互关系,李广明,华中师范大学硕士论文,1996年。

国民党抗日持久战略研究,曹云生,江西师范大学硕士论文,1996年。

抗日战争时期国民政府对外经济活动述译,王永恒,华中师范大学硕士论文,1996年。

抗战前期国民政府的印支通道1937—1940,刘卫东,北京大学硕士论文,1996年。

抗战时期国民政府田赋政策述评,吕清民,杭州大学硕士论文,1996年。

抗战时期中国电影史论,李道新,中国艺术研究院博士论文,1996年。

论爱国主义与抗日战争的胜利,张青山,华中师范大学硕士论文,1996年。

论抗战时期的通俗小说,孔庆东,北京大学博士论文,1996年。

试析抗战时期美国对华政策的演变,刘道纬,华中师范大学硕士论文,1996年。

1997年

抗日战争时期的桂林报业,蒋婕虹,广西师范大学硕士论文,1997年。

抗日战争时期国民政府金融政策,王钟伟,山东师范大学硕士论文,1997年。

抗战时期国民政府战时政体研究,李祖全,云南大学硕士论文,1997年。

论抗战时期的中国工业合作社运动,刘宁,中山大学硕士论文,1997年。

论抗战时期战国策派的民族文化重建主张,孙刚,北京大学硕士论文,1997年。

试论抗日战争前期中美五次经济借款,刘吕红,四川师范大学硕士论文,1997年。

1998年

抗战时期丽江的工业合作运动,和颖,云南大学硕士论文,1998年。

抗战时期民族资本主义的境况与中共对民族资产阶级的政策,廖运龙,北京大学硕士论文,1998年。

抗战时期国民政府盐政变革研究,董振平,杭州大学博士论文,1998年。

论抗日战争时期的资源委员会,董良保,山东师范大学硕士论文,1998年。

论抗战时期中法在越南的关系,李建国,广西师范大学硕士论文,1998年。

论南方局领导的大后方抗战文化运动,唐正芒,中共中央党校博士论文,1998年。

浅析抗日战争时期新疆的政局演变,严洁,北京大学硕士论文,1998年。

文化视野中的抗战文学,高文波,曲阜师范大学硕士论文,1998年。

1999年

抗日战争时期西南区域经济变迁,袁韵,西南师范大学硕士论文,1999年。

抗日战争时期国统区大后方职业教育的发展,邬蓉华,四川师范大学硕士论文,1999年。

抗战胜利前后国共两党建国纲领之比较研究,游博,湖北大学硕士论文,1999年。

抗战时期国民政府的兵役政策,朱书清,四川师范大学硕士论文,1999年。

论《新华日报》在抗日战争中的宣传作用,张丽文,首都师范大学硕士论文,1999年。

论抗战时期的甘肃自治财政,张奇,兰州大学硕士论文,1999年。

论抗战时期家庭小说,马彧,南京师范大学硕士论文,1999年。

论抗战时期蒋介石的民族主义思想,张丰清,华中师范大学硕士论文,1999年。

中共与抗战后期大后方的民主运动,贾益,北京大学硕士论文,1999年。

2000年

抗日战争时期的诗歌朗诵运动研究,杨小锋,西南师范大学硕士论文,2000年。

抗日战争时期中国政府外交制度研究,陈雁,复旦大学博士论文,2000年。

抗战初期的人口迁移,程朝云,中国社会科学院研究生院硕士论文,2000年。

抗战时期西南地区和关内沦陷区工矿业发展的比较研究,闫亚平,广西师范大学硕士论文,2000年。

抗战时期西南人口移动及其影响,肖向龙,西南师范大学硕士论文,2000年。

抗战时期中国高等院校内迁研究,李挺,西北大学硕士论文,2000年。

论抗日战争时期的文化思潮,王同起,南开大学博士论文,2000年。

论抗日战争时期的中美关系,董岩,山东大学硕士论文,2000年。

论抗战时期的朝鲜独立同盟,郑龙发,复旦大学硕士论文,2000年。

论抗战时期的西南运输总处,夏兆营,北京大学硕士论文,2000年。

略论美国与抗战胜利前后的国共关系,向海英,湘潭大学硕士论文,2000年。

试论民主革命时期的张治中,张斌,河北大学硕士论文,2000年。

2001年

重庆复旦大学作家群的文学活动考略,李本东,西南师范大学硕士论文,2001年。

国共两党对韩国独立运动的看法比较研究:以抗战时期的《中央日报》与《新华日报》为中心,曹恩惠,复旦大学硕士论文,2001年。

国共两党抗日战争时期政治动员效果比较分析,姚铁男,北京大学硕士论文,2001年。

抗日战争时期的四川交通,刘世茂,四川师范大学硕士论文,2001年。

抗日战争时期国民政府外交战略研究,刘会军,吉林大学博士论文,2001年。

抗日战争中西北地方实力派研究,苏秀锋,西北大学硕士论文,2001年。

抗战时期成都报业的发展,高焰,四川师范大学硕士论文,2001年。

抗战时期大后方农业科技发展分析,陈艳涛,西北大学硕士论文,2001年。

历史的艺术反思——抗战时期大后方太平天国历史剧综论,李万荣,广西师范大学硕士论文,2001年。

论老舍悲剧思想的内蕴,闫芳,西北大学硕士论文,2001年。

2002年

二十世纪三四十年代国共两党报纸广告研究,黄月琴,湖北大学硕士论文,2002年。

国民党地方实力派与第二次国共合作,高晓林,中国人民大学博士论文,2002年。

国民党政府官营电影发展考略,杨燕,西南师范大学硕士论文,2002年。

国民政府战时教育方针研究,陈钊,西北大学硕士论文,2002年。

近代滇港贸易问题研究,袁国友,云南大学博士论文,2002年。

抗战前后中英关于西藏问题交涉之研究,陈谦平,南京大学博士论文,2002年。

抗日战争期间的朝鲜民族革命党研究——以《朝鲜义勇队通讯》为中心,王蓉,复旦大学硕士论文,2002年。

抗日战争时期高校内迁探析,覃红霞,西南师范大学硕士论文,2002年。

抗日战争时期美国对华政策与国共关系,董秀兰,东北师范大学硕士论文,2002年。

抗日战争时期云南金融研究,周恩桓,云南大学硕士论文,2002年。

抗日战争时期中国共产党与民主党派的团结合作关系,董朝霞,西南交通大学硕士论文,2002年。

抗日战争时期中国教门、帮会研究,梁家贵,南京大学博士论文,2002年。

抗战漫画运动研究,陶少艺,广西师范大学硕士论文,2002年。

抗战时期的四川粮食储运,谭刚,四川师范大学硕士论文,2002年。

抗战时期的医学高校迁川问题研究,黄茂,四川大学硕士论文,2002年。

抗战时期广西与中央金融业的关系,李琴,广西师范大学硕士论文,2002年。

抗战时期国共两党持久战略之比较,祝滨滨,东北师范大学硕士论文,2002年。

抗战时期国民教育研究,杨纯,华中师范大学硕士论文,2002年。

抗战时期四川矿业述论,匡济才,四川大学硕士论文,2002年。

抗战时期中共中央打退国民党顽固派三次反共高潮的斗争及其策略,江志宇,西南师范大学硕士论文,2002年。

孔祥熙与战时财政,吕志茹,河北大学硕士论文,2002年。

论抗战时期国民政府高等教育的方针与措施,王峻,首都师范大学硕士论文,2002年。

略论妇女运动在抗日战争时期的地位和特点,莫庆红,湘潭大学硕士论文,2002年。

民国四川教育经费探析,李双龙,四川大学硕士论文,2002年。

试论国共双方对重庆谈判的认识和态度的变化及其影响,苟学珍,西南师范大学硕士论文,2002年。

田汉的戏曲观与戏曲创作,孙旻,中国艺术研究院硕士论文,2002年。

新县制下县各级民意机关研究,周玉玲,苏州大学硕士论文,2002年。

尹明德与民国时期的滇西边区,董晓京,云南大学硕士论文,2002年。

战国策派:抗战语境里的文化反思,魏小奋,北京大学博士论文,2002年。

中国民族资产阶级与国民政府的关系述评,陆立新,湘潭大学硕士论文,2002年。

周恩来抗战时期思想政治工作理论研究,翟新明,首都师范大学硕士论文,2002年。

2003年

"战时儿童保育会"的保育事业及历史意义,张纯,华中师范大学硕士论文,2003年。

1944年民盟改组原因探析,罗登华,四川师范大学硕士论文,2003年。

川西B-29"特种工程"研究,胡越英,四川大学硕士论文,2003年。

多面的现代性诉求:20世纪上半期中国话剧的一种考察方式,吴武洲,浙江大学博士论文,2003年。

二十世纪三、四十年代的云南民族研究,曹明煌,云南大学硕士论文,2003年。

简论抗战时期国民政府的粮食统制,生春鸿,吉林大学硕士论文,2003年。

抗日时期西北城市发展研究,王永飞,西北大学硕士论文,2003年。

抗日战争时期的大后方平民教育运动:以新都县实验区为中心,杜俊华,四川师范大学硕士论文,2003年。

抗日战争时期国共两党关于"三民主义"的论战,潘宏波,东北师范大学硕士论文,2003年。

抗日战争时期日军对重庆大轰炸述论,王建建,西北大学硕士论文,2003年。

抗日战争时期中共与国民党地方实力派的统战关系,韩永涛,东北师范大学硕士论文,2003年。

抗日战争时期中国"工合"运动述论,张静,河南大学硕士论文,2003年。

抗日战争时期中国国民政府的对越外交(1937—1945年),罗雪雁,中山大学硕士论文,2003年。

抗日战争与中国民族主义的发展,李颖,北京大学博士论文,2003年。

抗战时期国共两党的粮政研究,连永新,哈尔滨工业大学硕士论文,2003年。

抗战时期国民政府财政危机研究,莫建明,西南财经大学硕士论文,2003年。

抗战时期国民政府推进中等师范教育述论,吴会蓉,四川大学硕士论文,2003年。

抗战时期湖北国统区经济研究,周建树,武汉大学硕士论文,2003年。

抗战时期民营报纸政治态度评析,陶喜红,湖北大学硕士论文,2003年。

抗战时期思想文化背景中的历史剧写作,王家康,北京大学博士论文,2003年。

抗战语境下的丰村小说研究,袁桂娥,西南师范大学硕士论文,2003年。

论"文协"在重庆的活动,彭玉斌,重庆师范大学硕士论文,2003年。

论抗战前期艾青的诗歌创作与活动,桂万保,重庆师范大学硕士论文,2003年。

论抗战时期"文协"分会的活动,潘成菊,重庆师范大学硕士论文,2003年。

论抗战时期新疆抗战文化,朱瑛,华东师范大学硕士论文,2003年。

论老舍"文协"时期的创作活动,李卉,重庆师范大学硕士论文,2003年。

论梁实秋及其《雅舍小品》,薛进,内蒙古师范大学硕士论文,2003年。

论四十年代抗战中国难小说,夏岚,上海师范大学硕士论文,2003年。

民主革命时期国共两党政纲之比较研究,陈方南,东北师范大学博士论文,2003年。

全面抗战时期国统区难童救济教养工作述评,许雪莲,东北师范大学硕士论文,2003年。

试论抗战时期国统区的走私贸易:国际贸易与经济活动寻租浅析,谢姚刚,西南财经大学硕士论文,2003年。

四川盐载保险研究,石丽敏,四川大学硕士论文,2003年。

四十年代"渝派文学"论,张武军,西南师范大学硕士论文,2003年。

西北近代石油资源开发研究,杨丽萍,西北师范大学硕士论文,2003年。

现代性视野中的张恨水小说,温奉桥,山东师范大学博士论文,2003年。

真诚的追求:论抗战时期的胡风,马福群,重庆师范大学硕士论文,2003年。

中共在抗战时期的民间外交及其当代意义,朱蓉蓉,苏州大学硕士论文,2003年。

中国纺织建设公司研究,金志焕,复旦大学博士论文,2003年。

2004年

重庆谈判期间国共两党关于地方政权问题的论争,高月,吉林大学硕士论文,2004年。

国民参政会与抗战时期第一次宪政运动(1939—1940),韩松,上海大学硕士论文,2004年。

抗日战争时期的中美军事合作(1937—1945),马建国,华中师范大学博士论文,2004年。

抗日战争时期国共报业的联合与斗争,周敏,湖北大学硕士论文,2004年。

抗日战争时期宪政运动述评,刘彦芬,西南交通大学硕士论文,2004年。

抗战时期重庆对外美术交流研究,彭进,四川大学硕士论文,2004年。

抗战时期川省农村合作运动研究,成功伟,四川大学硕士论文,2004年。

抗战时期大学导师制研究：以国立中山大学为个案，张丽红，中山大学硕士论文，2004年。

抗战时期的四川话剧运动，高志华，四川大学硕士论文，2004年。

抗战时期的四川酒精工业，刘春，四川师范大学硕士论文，2004年。

抗战时期高校内迁与陕西高等教育的发展，党彦虹，西北大学硕士论文，2004年。

抗战时期国立师范学院的设立及其历史评析，冉春，华中师范大学硕士论文，2004年。

抗战时期国民政府缉私研究（1931—1945），孙宝根，苏州大学博士论文，2004年。

抗战时期国民政府西北经济开发述评，王广义，西北师范大学硕士论文，2004年。

抗战时期人口内迁与广西社会变迁，艾萍，广西师范大学硕士论文，2004年。

抗战时期四川拥军优抚政策述评，沈阳，四川师范大学硕士论文，2004年。

抗战时期田园抒情小说论，杨劲平，南京师范大学硕士论文，2004年。

抗战时期在昆明专家对云南和大凉山的调查研究，聂蒲生，华中师范大学博士论文，2004年。

抗战时期直接税的实施与影响，栾世文，华中师范大学硕士论文，2004年。

老舍抗战戏剧新论，姬立强，山东师范大学硕士论文，2004年。

论抗战时期国民政府的难民救助，刘建国，河南大学硕士论文，2004年。

论陪都电影的美学特征与传播机制，冯清贵，重庆师范大学硕士论文，2004年。

罗斯福总统"国共联合政府"构想的出台及其实施评析，陈梅，山东师范大学硕士论文，2004年。

媒体的力量：抗战时期的《新华日报》及其影响，王永恒，华中师范大学博士论文，2004年。

美国与中国战时生产局，王勇，西南师范大学硕士论文，2004年。

钱穆与抗战时期的文化民族主义思潮,顾春梅,上海大学硕士论文,2004年。

沈钧儒政治思想浅析:以抗战时期为中心,王晓晖,湖南师范大学硕士论文,2004年。

试论抗战时期西康宁属屯垦委员会的夷务治理,阿牛曲哈莫,四川师范大学硕士论文,2004年。

试论中国共产党对马歇尔使华的认识及其对美政策演变,钟政,华中师范大学硕士论文,2004年。

西南联大知识分子心态研究,臧明华,华东师范大学硕士论文,2004年。

援助与回赠:抗战时期中美经济关系的互动探析,饶接华,江西师范大学硕士论文,2004年。

中华基督教会全国总会边疆服务运动研究,汪洪亮,四川师范大学硕士论文,2004年。

2005年

《文聚》研究,黄菊,西南师范大学硕士论文,2005年。

《现代》之后:施蛰存1935—1949年创作与思想初探,王宇平,华东师范大学硕士论文,2005年。

《新华日报》与抗日民族统一战线,姜宁,吉林大学硕士论文,2005年。

《野玫瑰》及其风波,柴怡赟,中国社会科学院研究生院硕士论文,2005年。

从1944年《商务日报》社论看:抗战胜利前夕中国民族资产阶级的自觉,钟颖,西南师范大学硕士论文,2005年。

妇女指导委员会与抗日战争,夏蓉,中山大学博士论文,2005年。

贵州企业公司研究(1939—1949),莫子刚,四川大学博士论文,2005年。

桂林抗战文化对外交流研究,兰献,广西师范大学硕士论文,2005年。

抗日统一战线话语下的文学空间——重庆《新蜀报》副刊《蜀道》研究,孙倩,北京大学硕士论文,2005年。

抗日战争时期《新华日报》对中国近代体育发展的影响,刘涛,苏州大学硕士论文,2005年。

抗日战争时期的教育救助问题研究,刘婷婷,华中师范大学硕士论文,2005年。

抗日战争时期鄂西后方国统区经济建设述论,汤慧珍,华中师范大学硕士论文,2005年。

抗日战争时期国共两党抗日持久战略思想论析,尹艳辉,东北师范大学硕士论文,2005年。

抗日战争时期国民参政会提案研究,黄利新,首都师范大学硕士论文,2005年。

抗日战争时期国民政府难民安置政策研究,李爽,东北师范大学硕士论文,2005年。

抗日战争时期国民政府农业经济问题研究,樊瑛华,西北农林科技大学博士论文,2005年。

抗日战争时期美国对华借款研究,程宝元,中国人民大学硕士论文,2005年。

抗日战争时期陕西地方自治问题研究,陶波,西北大学硕士论文,2005年。

抗日战争中内迁重庆的中国电影制片厂图考,严彦,西南师范大学硕士论文,2005年。

抗战后期国统区小说创作中的启蒙思想,黄潜,南京师范大学硕士论文,2005年。

抗战年代的女性书写:论苏青三、四十年代的文学创作,王晓芳,上海师范大学硕士论文,2005年。

抗战时期重庆难民的救济,彭红碧,四川师范大学硕士论文,2005年。

抗战时期的陕西移民问题研究,李丽霞,西北大学硕士论文,2005年。

抗战时期妇女新生活运动研究,温莹,中国人民大学硕士论文,2005年。

抗战时期国共两党外交政策,单晓辉,东北师范大学硕士论文,2005年。

抗战时期国民政府惩治腐败问题研究,范连生,河北师范大学硕士论文,2005年。

抗战时期国民政府的边疆民族政策:以蒙古、西藏、新疆为中心,周琼,中央民族大学硕士论文,2005年。

抗战时期国民政府货币政策与国际关系,吕严斌,武汉大学硕士论文,2005年。

抗战时期国民政府救济与安置难民活动述论,吴捷,首都师范大学硕士论文,2005年。

抗战时期老舍的文学观及但丁之影响,李冬媛,重庆师范大学硕士论文,2005年。

抗战时期民主党派与国共合作论析,宋春华,东北师范大学硕士论文,2005年。

抗战时期四川省中等职业教育发展述论,刘运豹,四川大学硕士论文,2005年。

抗战时期王平陵的文艺观,黄智,重庆师范大学硕士论文,2005年。

抗战时期文学观念中的"大众意识"考辨,许江,北京师范大学硕士论文,2005年。

抗战时期现实主义美术研究,李颖,四川大学硕士论文,2005年。

抗战时期中国"工合"教育初探,郭微香,武汉大学硕士论文,2005年。

论抗战时期国共两党的中间势力政策,崔创,陕西师范大学硕士论文,2005年。

论抗战时期国共两党外交政策,单晓辉,东北师范大学硕士论文,2005年。

论抗战时期中国大国地位的形成,吕建刚,首都师范大学硕士论文,2005年。

民国时期成都盲聋哑特殊教育,谢新农,四川师范大学硕士论文,2005年。

民族主义视野中的宋美龄,张晋,山东师范大学硕士论文,2005年。

试论国共两党第二次合作时期的谈判,聂晓静,陕西师范大学硕士论文,2005年。

试论抗战时期国民政府兵役政策在四川的实施情况,伍福莲,四川大学硕士论文,2005年。

探究朱光潜多元整合的思维模式及其在抗战时期中国的实践途径,张闯,重庆师范大学硕士论文,2005年。

新生活运动与民国社会生活,班忠玉,苏州大学硕士论文,2005年。

再叙述:抗战地形图一隅——大后方电影及其景观转换,安燕,西南师范大学硕士论文,2005年。

在"国家"意识的召唤下:抗战中的老舍,苑纯洁,上海师范大学硕士论文,2005年。

中共南方局的文艺策略,张明平,重庆师范大学硕士论文,2005年。

中国共产党在国民参政会的工作与斗争,杨五星,中共中央党校硕士论文,2005年。

中国中央银行的现代化(1928—1945),魏浩然,广西师范大学硕士论文,2005年。

2006年

《大公报》与抗战宣传,陈建新,浙江大学博士论文,2006年。

《独立评论》的"独立精神"与抗战时期学人时评,卢军,安徽大学硕士论文,2006年。

《时与潮文艺》与抗战时期的文学翻译,陈菊,西南大学硕士论文,2006年。

1921—1949:国共两党人权思想与实践比较研究,吴琼,华中师范大学硕士论文,2006年。

1931—1945年间中国汉传佛教界状况研究,梁爽,西北大学硕士论文,2006年。

20世纪40—70年代新英雄传奇研究,戴莉,北京师范大学博士论文,2006年。

不曾屈辱过一次,唐明星,广西师范大学硕士论文,2006年。

重庆抗战戏剧与美国反法西斯戏剧比较研究,刘艳坤,重庆师范大学硕士论文,2006年。

传承与接受——从抗战时期路翎小说看民族文学的传承和苏俄文学的影响,阚功安,重庆师范大学硕士论文,2006年。

二战时期的重庆抗战小说与日本反战小说的比较研究,李丹丹,重庆师范大学硕士论文,2006年。

国民参政会与国共两党关系论析,杨立志,东北师范大学硕士论文,2006年。

国民政府时期科技政策探讨,徐颖,南京航空航天大学硕士论文,2006年。

纪录与想像之间——论三四十年代抗战小说叙事的流变,马彧,南京师范大学博士论文,2006年。

抗日战争期间我国高校内迁研究,刘韦,安徽师范大学硕士论文,2006年。

抗日战争时期的广东民族文化研究会,李作芳,中山大学硕士论文,2006年。

抗日战争时期的于右任研究,蒋成彬,西南大学硕士论文,2006年。

抗日战争时期恩施州的新闻传媒:以民族主义为中心的历史考察,黄玉萍,中南民族大学硕士论文,2006年。

抗日战争时期国际友人视野中的国共两党,王颖,东北师范大学硕士论文,2006年。

抗日战争时期国民党的民族主义研究,邹丽慧,上海师范大学硕士论文,2006年。

抗日战争时期湖南工矿业述评,王安中,湖南师范大学硕士论文,2006年。

抗日战争时期美国对华政策及特点研究,赵姝婕,大连理工大学硕士论文,2006年。

抗日战争时期西南大后方的职业教育,吴文华,广西师范大学硕士论文,2006年。

抗日战争时期中共湖南地方组织的活动与发展,姚晓菲,湘潭大学硕士论文,2006年。

抗战时期《新华日报》反法西斯宣传研究,奚冬梅,哈尔滨工业大学硕士论文,2006年。

抗战时期重庆的中外文学交流,陈秋红,重庆师范大学硕士论文,2006年。

抗战时期重庆经济"外引""内联"研究,张成明,西南大学硕士论文,2006年。

抗战时期大后方社会变革中的西南实业协会——以《西南实业通讯》为主要史料的考察,耿密,西南大学硕士论文,2006年。

抗战时期的"伤兵之友"运动,苟兴朝,四川大学硕士论文,2006年。

抗战时期的女性与国家——以《妇女生活》杂志为分析实例,于明静,华东师范大学硕士论文,2006年。

抗战时期的中国高校教育管理:以西南联大为中心,廖林子,华中师范大学硕士论文,2006年。

抗战时期冯玉祥民族复兴思想之剖析,唐政虎,北京师范大学硕士论文,2006年。

抗战时期贵州的县政建设,黄鑫,贵州师范大学硕士论文,2006年。

抗战时期桂林文化城的《救亡日报》及报人研究,刘晓慧,广西大学硕士论文,2006年。

抗战时期国共两党教育政策论析,陈永莲,东北师范大学硕士论文,2006年。

抗战时期国民政府的福利事业研究,李瑞,四川大学硕士论文,2006年。

抗战时期国民政府的农业行政,秦松,西南大学硕士论文,2006年。

抗战时期国民政府对成都民众献金运动的指导工作,付文武,四川大学硕士论文,2006年。

抗战时期国民政府经济动员研究,张燕萍,南京大学博士论文,2006年。

抗战时期四川兵员动员研究,汤梓军,四川大学博士论文,2006年。

抗战时期四川路政研究,赖伟,四川大学硕士论文,2006年。

抗战时期文化名人群体与桂林文化城关系研究,徐健,湖南师范大学硕士论文,2006年。

抗战时期西北工业合作运动,张金龙,宁夏大学硕士论文,2006年。

抗战时期中国共产党应对突发事件的经验——以皖南事变为例,何华东,中共中央党校,2006年。

抗战文学中的重庆主题,李蕾,西南大学硕士论文,2006年。

抗战以来四川内江的蔗糖纠纷(1937年—1949年),胡丽美,四川师范大学硕士论文,2006年。

孔祥熙与战时税制,严云强,西南大学硕士论文,2006年。

控制与消解——国民政府时期甘肃保甲制度研究,卢毅彬,兰州大学硕士论文,2006年。

路翎小说与抗战时期的重庆文学,陈广根,重庆师范大学硕士论文,2006年。

论郭沫若抗战史剧中的日本文化因素,曹丹丹,重庆师范大学硕士论文,2006年。

论抗战时期工业内迁及其作用,张斌,大连理工大学硕士论文,2006年。

论老舍的演讲活动和演讲辞创作,刘虎,山东师范大学硕士论文,2006年。

美国人中国观与美国对华政策(1937—1945),慕颖,上海大学硕士论文,2006年。

全面抗战时期国民政府的对美宣传策略及其效应,余亮,江西师范大学硕士论文,2006年。

邵力子与第二次国共合作,王建云,陕西师范大学硕士论文,2006年。

试论抗战胜利前后国共两党政治合法性的转换,王亚嘉,西北大学硕士论文,2006年。

试论翁文灏经济发展战略思想的几个问题,池林刚,湖南师范大学硕士论文,2006年。

试论章乃器的经济思想,李强,安徽师范大学硕士论文,2006年。

同盟抗战与中国国际地位的提高,杨丽,吉林大学硕士论文,2006年。

童子军在中国:中国近现代童子军兴衰史的初步考察,王晋丽,华中师范大学硕士论文,2006年。

魏德迈与抗战胜利前后的中美关系,邹一峥,北京大学硕士论文,2006年。

文协与抗战时期的文艺运动,段从学,北京大学博士论文,2006年。

西南联大的诗歌创作及其外来影响,杨绍军,云南大学硕士论文,2006年。

战火硝烟中的文学生态,彭玉斌,中国社会科学院研究生院博士论文,2006年。

战争烽火中的学生文艺——论抗战时期的重庆校园文艺社团,吴阳红,重庆师范大学硕士论文,2006年。

中国近代民族企业应变时局的策略研究:以抗战胜利前的裕大华纺织企业集团为例,宋红伟,华中师范大学硕士论文,2006年。

中国抗战时期"时评"研究(1941—1945),苑银和,首都师范大学硕士论文,2006年。

2007年

"打通一条血路":国立四川大学农学院的建设与发展(1935—1945),张永汀,四川大学硕士论文,2007年。

"党国"中的高等教育:抗战时期中央大学的学术与政治文化(1937—1945),蒋宝麟,南京大学硕士论文,2007年。

"妇指会"与中国抗战,焦建新,南京农业大学硕士论文,2007年。

《文艺先锋》(1942—1948)与国统区文艺运动,张志云,四川大学博士论文,2007年。

《中国电影》(1941/1-3)研究,苏韶红,西南大学硕士论文,2007年。

《中苏文化》电影文献研究,张海燕,西南大学硕士论文,2007年。

1939—1942年四川省粮食囤积居奇及国民政府的处理措施,张鹤,吉林大学硕士论文,2007年。

1941—1945年中国战时大国地位得而复失的历史演变,李振林,国防科学技术大学硕士论文,2007年。

20世纪40年代四川省"新县制"研究,王双见,西南大学硕士论文,2007年。

重庆花鸟画中的"海派"因素分析,王乾榕,西南大学硕士论文,2007年。

重庆抗战文学中传播外国文化的主要报刊,李志明,重庆师范大学硕士论文,2007年。

重庆抗战戏剧研究,张好洁,北京语言大学硕士论文,2007年。

重庆抗战演剧理论与斯坦尼体系,王晓燕,重庆师范大学硕士论文,2007年。

重庆谈判之初步研究,罗玉兰,西南大学硕士论文,2007年。

从术语到创作方法,高超,中央美术学院硕士论文,2007年。

从五四到抗战:中国女性小说中的男性形象,张毅,山东大学博士论文,2007年。

孤寂的持灯人——赵清阁的编辑与创作(1932—1949),毋二宾,华东师范大学硕士论文,2007年。

桂林抗战时期文学翻译活动研究,韦幼青,贵州大学硕士论文,2007年。

国共两党的宪法思想与中国宪政发展研究,宋海春,东北师范大学博士论文,2007年。

国共两党对中华文化的态度及两岸关系的传统文化底蕴,孔祥文,东北师范大学博士论文,2007年。

国立剧专的历史演进与活动述评,段绪懿,四川大学硕士论文,2007年。

贺绿汀及其抗战救亡歌曲研究,杨乐平,福建师范大学硕士论文,2007年。

胡风抗战诗歌论,雍茜,重庆师范大学硕士论文,2007年。

华西坝与抗战文化,邬萌,四川大学硕士论文,2007年。

既是地域的,更是全国的——论抗战时期重庆《新蜀报》文艺副刊《蜀道》的两面性,陈东,重庆师范大学硕士论文,2007年。

蒋介石与1945年中苏谈判,李彬彬,安徽大学硕士论文,2007年。

近代重庆城市经济近代化研究(1876—1949),李东芝,西南大学硕士论文,2007年。

九叶诗派抗战时期的"新诗现代化"构想与艾略特影响,尹燕,重庆师范大学硕士论文,2007年。

抗日战争时期重庆卫生管理初探,杨韵菲,重庆医科大学硕士论文,2007年。

抗日战争时期的中法经贸关系(1931—1940),胡伟伟,西南交通大学硕士论文,2007年。

抗日战争时期后方的节约建国储蓄运动,方霞,四川师范大学硕士论文,2007年。

抗日战争时期民族主义思潮研究,李治国,湖南科技大学硕士论文,2007年。

抗日战争时期四川省办驿运研究,肖雄,四川大学博士论文,2007年。

抗日战争时期四川省的社会教育,张研,四川大学博士论文,2007年。

抗日战争时期中国共产党对中间势力的争取与合作述评,周长文,云南师范大学硕士论文,2007年。

抗日战争中的云南机场,杨世英,云南师范大学硕士论文,2007年。

抗战后期巴金小说与俄国文化,王薇,重庆师范大学硕士论文,2007年。

抗战后期中国文学发展的"时与潮",刘燕苹,重庆师范大学硕士论文,2007年。

抗战年画研究,尹毅,南京艺术学院硕士论文,2007年。

抗战前后西北畜牧业开发研究,毛光远,西北师范大学硕士论文,2007年。

抗战胜利前后中间势力建国方案研究,张盈盈,四川大学硕士论文,2007年。

抗战时期成都市防空建设述略,吴毅强,四川大学硕士论文,2007年。

抗战时期重庆的劳军募捐运动,李桂芳,西南大学硕士论文,2007年。

抗战时期大后方的征兵工作,廉健,四川大学硕士论文,2007年。

抗战时期大后方国民政府"党化教育"述评——以国立师范学校为中心,闵强,南京师范大学硕士论文,2007年。

抗战时期大后方木刻艺术研究,谢春,四川大学博士论文,2007年。
抗战时期大学课程调整,陶莎,辽宁师范大学硕士论文,2007年。
抗战时期的儿童保育研究,范蕾蕾,四川大学硕士论文,2007年。
抗战时期的高校学生救济,王朝辉,四川大学硕士论文,2007年。
抗战时期的历史教育简论,杭乡,华东师范大学硕士论文,2007年。
抗战时期的四川电力工业,孙志爽,四川大学硕士论文,2007年。
抗战时期的四川社会教育,后开亮,四川大学硕士论文,2007年。
抗战时期的西南边疆教育研究,张永民,贵州师范大学硕士论文,2007年。
抗战时期的中越交通运输研究,李宝德,郑州大学硕士论文,2007年。
抗战时期东北大学内迁三台研究,程丕来,四川大学硕士论文,2007年。
抗战时期高校内迁对抗战影响探究(1931—1945),吴晓娜,东北师范大学硕士论文,2007年。
抗战时期工厂内迁与西部工业近代化研究,刁颖,云南大学硕士论文,2007年。
抗战时期桂林教育发展研究,覃卫国,湖南师范大学硕士论文,2007年。
抗战时期国民党政府对外新闻宣传活动研究,孙发永,苏州大学硕士论文,2007年。
抗战时期国民政府的电力工业建设,刘文丰,广西师范大学硕士论文,2007年。
抗战时期国民政府的对敌宣传,易振龙,南京大学硕士论文,2007年。
抗战时期国民政府田赋征实政策探讨——以运行机制及绩效为中心,冯敏,郑州大学硕士论文,2007年。
抗战时期国民政府推行国民教育制度述论(1940年—1945年),万勇,四川师范大学硕士论文,2007年。
抗战时期国民政府直接税征收述论,高峰,四川大学硕士论文,2007年。
抗战时期国统区的农会与社会动员——以浙、陕两省为中心的历史考察,王国梁,华中师范大学硕士论文,2007年。
抗战时期过境越南运输问题述论,傅振龙,西南交通大学硕士论文,

2007年。

抗战时期难民群体透析,韩维,吉林大学硕士论文,2007年。

抗战时期上海文化人在新疆,赵彦恒,新疆大学硕士论文,2007年。

抗战时期四川报业研究,李鹏涛,四川大学硕士论文,2007年。

抗战时期四川地籍整理研究,刘一民,四川大学博士论文,2007年。

抗战时期四川垦殖运动初探,周云容,四川大学硕士论文,2007年。

抗战时期四川煤矿业研究,庄廷江,四川大学硕士论文,2007年。

抗战时期四川省农业改进所研究,李俊,四川大学硕士论文,2007年。

抗战时期四川征用民工探析,张莉,四川师范大学硕士论文,2007年。

抗战时期外国记者在华新闻活动研究,赵玉岗,山西大学硕士论文,2007年。

抗战时期我国兵险业研究,刘风才,四川大学硕士论文,2007年。

抗战时期西川邮政研究,李致远,四川大学硕士论文,2007年。

抗战时期中国共产党在"新生活运动"总会妇女指导委员会的工作,郭晓娜,中共中央党校,2007年。

抗战与民众动员——以四川省战时乡村服务团为中心考察,彭绍辉,四川师范大学硕士论文,2007年。

抗战至八十年代重庆山水画地域特色研究,毕小君,西南大学硕士论文,2007年。

抗战中后期及战后初期中美关系的国内公众舆论,孙波,华南师范大学硕士论文,2007年。

老舍抗战话剧论,李媛,重庆师范大学硕士论文,2007年。

林同济史学思想述评,王晓晶,首都师范大学硕士论文,2007年。

论"抗日民族统一战线的经济政策",肖寒,湘潭大学硕士论文,2007年。

论重庆大轰炸中重庆报界的反轰炸斗争,彭兴华,西南大学硕士论文,2007年。

论抗战歌曲的艺术特色及其价值,尹晨曦,河北大学硕士论文,2007年。

论抗战时期大后方小说发展的阶段性特征,何瑶,重庆师范大学硕士论文,2007年。

论抗战时期国民政府的国防教育,吴建平,云南大学硕士论文,2007年。

论抗战时期历史剧中的"英雄美人"模式,牛琪,北京师范大学硕士论文,2007年。

论抗战时期西安警察行政与城市社会控制,张庆,西北大学硕士论文,2007年。

论抗战时期中国共产党对中间势力的政策,马大鹏,新疆师范大学硕士论文,2007年。

论抗战时期中国散文创作中的自由精神(1937—1945),范卫东,南京师范大学博士论文,2007年。

论中国现当代小说中抗战历史图景的时代变迁,邵国义,山东大学博士论文,2007年。

民国时期扶植自耕农运动探究,石攀峰,四川大学硕士论文,2007年。

民国时期国共两党的女子学校教育之比较研究,施志丹,华中师范大学硕士论文,2007年。

民主革命时期国共两党合作社经济政策比较研究,李玉敏,东北师范大学博士论文,2007年。

南京国民政府留学教育管理研究,冉春,华中师范大学博士论文,2007年。

南京国民政府时期盐运销制度的变迁研究,蒲春华,厦门大学硕士论文,2007年。

欧阳予倩与桂林文化城,陈继华,广西师范大学硕士论文,2007年。

潘光旦优生思想研究,王新,郑州大学硕士论文,2007年。

浅论国民政府抗战时期的对日妥协,赵颖,陕西师范大学硕士论文,2007年。

三届三次国民参政会前后的国内政治走向,李原昭,兰州大学硕士论文,2007年。

伤兵身体与战争动员:以抗战时期的战地救护和伤兵抚恤为中心,戴黛,南京大学硕士论文,2007年。

社会意识形态对艺术设计的影响,曲慧敏,吉林大学硕士论文,2007年。

史语所"明清史"研究述评,马晓雪,云南师范大学硕士论文,2007年。

宋美龄1942—1943年访美述评,璩静,外交学院硕士论文,2007年。

统制与计划:以中国钢铁业为个案(1930'S—1950'S),陈袁,厦门大学硕士论文,2007年。

西北地区近代城乡合作事业发展研究,曾兴,兰州大学硕士论文,2007年。

新民主主义革命时期国共两党国家统一思想研究,吕斌,东北师范大学博士论文,2007年。

臧克家诗歌与抗战后期的重庆文学,黄俊,重庆师范大学硕士论文,2007年。

战时国民党文艺政策的晴雨表,汪翠华,西南大学硕士论文,2007年。

战时四川省小学教师生存境况的考察,杨学功,南京师范大学硕士论文,2007年。

张治中主湘与国共合作在湖南的发展,朱玉宝,湘潭大学硕士论文,2007年。

知识分子的救亡努力——《今日评论》与抗战时期中国政策的抉择,谢慧,北京大学博士论文,2007年。

中国青年党的抗战建国思想研究,李献礼,湖南师范大学硕士论文,2007年。

自由主义作家在抗战时期分化的比较分析,徐培培,南京师范大学硕士论文,2007年。

2008年

1937—1945:"抗战建国"与国统区戏剧运动,傅学敏,四川大学博士论文,2008年。

1940年代"诗人节"研究,杨琼,北京大学硕士论文,2008年。

1942—1943年宋美龄出访美国争取对华援助的过程及意义述评,高蕾,上海师范大学硕士论文,2008年。

重庆市抗战时期公共医疗卫生事业管理研究,谢晶,重庆大学硕士论文,2008年。

重庆中华全国文艺界抗敌协会文学翻译活动研究(1943—1945),盛毓秀,贵州大学硕士论文,2008年。

从报刊广告宣传看中国抗战的全民性,李晓娟,首都师范大学硕士论文,2008年。

贷金制度与抗战时期的高等教育:以西南联大为例,丁保华,河北大学硕士论文,2008年。

第二次国共合作时期爱国华侨的重大贡献,董平,东北师范大学硕士论文,2008年。

第二次国共合作组织形式问题研究,辛志军,陕西师范大学硕士论文,2008年。

二十世纪三四十年代女作家抗战小说论,李彩,扬州大学硕士论文,2008年。

反法西斯战争时期苏联与中国新疆关系研究,洪丽萍,兰州大学硕士论文,2008年。

烽火中的怒吼——围绕《新华日报》窥见重庆抗战音乐,丁晓燕,中国音乐学院硕士论文,2008年。

甘与吾民共死生:桂林文化城戏剧家群生存状态研究,朱大喜,广西师范大学硕士论文,2008年。

高等学校与社会变迁,彭星霖,西南大学硕士论文,2008年。

贵州企业股份有限公司企业文化建设探析,陈雅洁,贵州师范大学硕士论文,2008年。

桂林红色旅游发展策略研究,吴笛霜,西南财经大学硕士论文,2008年。

郭沫若、阳翰笙历史剧创作比较论,李红娟,湖南师范大学硕士论文,2008年。

国民性视角下的《野草》研究,任志国,中南大学硕士论文,2008年。

国民政府战时统制经济研究,陈雷,河北师范大学博士论文,2008年。

国统区作家群体述评,韩立红,东北师范大学硕士论文,2008年。

黄炎培与国民参政会,王凤青,山东大学博士论文,2008年。

江浙企业家与国民政府关系研究(1927—1949),乔丽,西南大学硕士论文,2008年。

抗日战争时期《广西日报》副刊研究,周钰,广西大学硕士论文,2008年。

抗日战争时期的归国华侨学生,尹正驰,华中师范大学硕士论文,2008年。

抗日战争时期的新疆新闻事业,李昀,新疆大学硕士论文,2008年。

抗日战争时期国共两党社会动员研究,张丽梅,东北师范大学博士论文,2008年。

抗日战争时期国统区防护团研究,黄辛建,四川师范大学硕士论文,2008年。

抗日战争时期后方粮食品种的改良与推广,李圣菊,湘潭大学硕士论文,2008年。

抗日战争时期军政部第二俘虏收容所研究,龚翔莹,广西师范大学硕士论文,2008年。

抗日战争时期美国对华政策演变探析,罗利华,新疆师范大学硕士论文,2008年。

抗日战争时期美国援华分析,祁长春,华东师范大学硕士论文,2008年。

抗日战争时期南洋华侨对祖国的经济支援,臧宏宇,东北师范大学硕士论文,2008年。

抗日战争时期陕西社会结构变迁研究,程家文,西北大学硕士论文,2008年。

抗日战争时期张君劢民族主义思想研究(1931—1945),封华,辽宁大学硕士论文,2008年。

抗日战争与中华民族凝聚力的提升,陈震峰,华中师范大学硕士论文,2008年。

抗战初期四川救国公债发行述论,汪小琴,四川师范大学硕士论文,2008年。

抗战期间美国对华经济援助及其影响,杨雨青,北京大学博士论文,2008年。

抗战前后中国共产党对龙云统战工作研究,甘小花,云南师范大学硕士论文,2008年。

抗战前后中国新闻组织嬗变的一种路径:从"记者座谈"到中国青年记者学会,胡凤,安徽大学硕士论文,2008年。

抗战时期北京诗人研究,陈芝国,首都师范大学博士论文,2008年。

抗战时期成都地区空袭救济研究,王洪力,四川师范大学硕士论文,2008年。

抗战时期重庆的韩侨研究,甘露,西南大学硕士论文,2008年。

抗战时期重庆市市政建设与管理研究,郑涛,重庆大学硕士论文,2008年。

抗战时期筹建西京陪都问题研究,杨蕾,西北民族大学硕士论文,2008年。

抗战时期川江的木船运输,迟香花,西南大学硕士论文,2008年。

抗战时期大后方劳工问题初探,胡彦旭,西南大学硕士论文,2008年。

抗战时期大后方文艺救亡的校园抒写,周致远,重庆师范大学硕士论文,2008年。

抗战时期党政关系问题的历史考察,王辉,中国人民大学硕士论文,2008年。

抗战时期的贵州慈善事业探析,余太兴,贵州师范大学硕士论文,2008年。

抗战时期的记者群体研究(1931—1945),张在兴,北京师范大学博士论文,2008年。

抗战时期的师范学院研究,苗李华,南京师范大学硕士论文,2008年。

抗战时期的中国对外交通生命线,和冬梅,云南师范大学硕士论文,2008年。

抗战时期的中国工合运动,张玉锋,南京大学硕士论文,2008年。

抗战时期的中美关系,张晓卫,山东大学硕士论文,2008年。

抗战时期贵州经济的跨越式发展,韦华培,贵州师范大学硕士论文,2008年。

抗战时期国共两党的妇女政策论析,齐浩彤,东北师范大学硕士论文,2008年。

抗战时期国共两党中间势力政策比较研究,赵文铎,东北师范大学博士论文,2008年。

抗战时期国解两区日俘政策比较研究,车国民,广西师范大学硕士论文,2008年。

抗战时期国民政府田赋征实制度之研究,郝银侠,华中师范大学博士论文,2008年。

抗战时期国民政府的社会教育考察,徐建忠,河南大学硕士论文,2008年。

抗战时期国民政府开发西北的政策与实践述评,马竹书,兰州大学硕士论文,2008年。

抗战时期湖南粮食储运之研究,潘红石,湘潭大学硕士论文,2008年。

抗战时期湖南特矿业研究,李颖,湘潭大学硕士论文,2008年。

抗战时期湖南铁路建设研究,李声满,湘潭大学硕士论文,2008年。

抗战时期湖南邮政研究,廖发棠,湘潭大学硕士论文,2008年。

抗战时期老舍文学创作的得与失,陈明明,河北大学硕士论文,2008年。

抗战时期美国对华政策中的日苏因素,郑志刚,曲阜师范大学硕士论文,2008年。

抗战时期迁湘工业研究,金阿勇,湘潭大学硕士论文,2008年。

抗战时期陕西国统区农业开发研究,杨宁,西南大学硕士论文,2008年。

抗战时期四川成都的防空建设述论,刘俊,四川师范大学硕士论文,2008年。

抗战时期四川的乞丐问题研究,胡红娟,四川师范大学硕士论文,2008年。

抗战时期新县制下的基层组织和乡村社会控制研究:以湖北省恩施地区为例,张兆学,中南民族大学硕士论文,2008年。

抗战时期中共中央南方局党的组织建设及其经验,杨红艳,湘潭大学硕士论文,2008年。

抗战时期中国报告文学中的日本人形象解读,高艳鸽,北京师范大学硕士论文,2008年。

抗战时期中国共产党在桂林的统战工作研究,王泉基,广西师范大学硕士论文,2008年。

昆明"一二·一"学潮中的国共斗争,陈海儒,云南师范大学硕士论文,2008年。

历史学视野下的中国知识界外交思想研究(1931—1945),罗珍,华东师范大学博士论文,2008年。

卢作孚与中国企业管理的近代化,孙昭锋,山东大学硕士论文,2008年。

鲁迅与中国抗日战争时期文学,赵一航,辽宁师范大学硕士论文,2008年。

论抗日战争时期中国油画中的女性形象:以唐一禾在战时的油画作品为例,刘婷,西南大学硕士论文,2008年。

论抗战时期的民营电影,李佳,吉林大学硕士论文,2008年。

论抗战时期太平天国历史剧的创作,陈璐,华中师范大学硕士论文,2008年。

论抗战时期中共对国民党高级将领的统战政策,张小罗,西北大学硕士论文,2008年。

论抗战文学功能论争中的审美话语诉求,李新,重庆师范大学硕士论文,2008年。

论皖南事变与国民参政会内政治格局的变化,宿凌,吉林大学硕士论文,2008年。

民主革命时期国共两党农业政策研究,薛金艳,东北师范大学博士论文,2008年。

南京国民政府的西藏政策研究,徐中林,兰州大学博士论文,2008年。

陪都重庆抗战中期放映业研究,刘畅,西南大学硕士论文,2008年。

浅析国民政府抗战期间的对外经济举措,崔瑞涛,吉林大学硕士论文,2008年。

试论抗战时期国统区司法改革,梁敏捷,重庆大学硕士论文,2008年。

宋美龄战时妇女工作研究,沈丽娅,华中师范大学硕士论文,2008年。

新民主主义时期苏联因素在国共两党政治角力中的影响,李延龄,东北师范大学博士论文,2008年。

以音符为枪杆——论音乐在抗战中的作用,米磊,山东大学硕士论文,2008年。

杂文与散文小品并重的《野草》期刊,张建,广西师范大学硕士论文,2008年。

在文学与抗战之间:《七月》《希望》研究,张玲丽,吉林大学博士论文,2008年。

战火中的文学呐喊与沉思:论作为文学流派的战国策派,姜永玲,云南大学硕士论文,2008年。

战时蒋介石对美外交思想研究(1937—1945),余本兰,苏州大学硕士论文,2008年。

政治权力与话剧活动——论战时重庆"雾季公演",周津菁,西南大学硕士论文,2008年。

中共南方局群众工作研究,刘美丽,西南大学硕士论文,2008年。

中共中央南方局文艺界统战工作初步研究,邓静,重庆师范大学硕士论文,2008年。

中国抗战歌曲的历史作用论析,郑玮,河北师范大学硕士论文,2008年。

中国西部抗战诗歌研究,余春荣,首都师范大学硕士论文,2008年。

周恩来抗战时期对外宣传工作思想研究,卢伟明,湖南师范大学硕士论文,2008年。

走过中原——重庆抗战文艺刊物《中原》研究,范祖坤,重庆师范大学硕士论文,2008年。

2009 年

"史迪威事件"研究,韩许,首都师范大学硕士论文,2009年。

《力报》研究——以长沙《力报》为中心,戴玉龙,湖南师范大学硕士论文,2009年。

《文学月报》研究,陈尧尧,重庆师范大学硕士论文,2009年。

《新华日报》视野下的战时难民问题,郭保君,西南大学硕士论文,2009年。

《新华日报·文艺之页》研究,柴琳,重庆师范大学硕士论文,2009年。

1936—1945年的湖南锑业——以锡矿山为中心的考察,王乐平,四川师范大学硕士论文,2009年。

艾青与抗战时期的《广西日报·南方》,史忠治,广西大学硕士论文,2009年。

报人张季鸾与抗战前后的中日关系1905—1941,刘宪阁,北京大学博士论文,2009年。

筚路蓝缕 以启山林——论田仲济文学史著述对中国现代文学史的学术贡献,刘若凌,湖南师范大学硕士论文,2009年。

冰心《关于女人》在女性主义视域下的解读,廖浩月,重庆师范大学硕士论文,2009年。

陈独秀抗战救国思想研究,夏晓鸣,武汉大学硕士论文,2009年。

成都抗战时期的文学,王兰,四川师范大学硕士论文,2009年。

大后方抗战文学的奇葩——《文艺杂志》研究,苏霞,重庆师范大学硕士论文,2009年。

大众文化视野下张恨水小说的战时抒写,任俊,重庆师范大学硕士论文,2009年。

邓颖超抗战时期开展妇女援战工作研究,陈霖,武汉大学硕士论文,2009年。

地点:一个符号斗争的场域——以北碚与《惶惑》、《偷生》的关联为例,蓝菊,西南大学硕士论文,2009年。

第二次世界大战与战后世界和平的奠基,卞秀瑜,武汉大学博士论文,2009年。

第二次国共磨擦及其善后谈判研究,李建江,东北师范大学硕士论文,2009年。

二十世纪三四十年代中苏新疆合营公司研究,张峥荣,新疆大学硕士论文,2009年。

桂林抗战戏剧大众化特质的历史考察,冯卫博,广西师范大学硕士论文,2009年。

桂林抗战音乐和谐性特征解析,周振宇,广西师范大学硕士论文,2009年。

国家危机与中华民族凝聚力——以抗日战争为中心的表述,刘振华,武汉理工大学硕士论文,2009年。

国家主义之梦——中国青年党建国理论研究,彭叶飞,四川师范大学硕士论文,2009年。

国民参政会川康建设视察团研究,刘春艳,吉林大学硕士论文,2009年。

国民政府军事工业研究,王安中,上海大学博士论文,2009年。

近代重庆教会学校教育之初步研究(1886—1952),唐伯友,西南大学硕士论文,2009年。

抗日时期宋美龄在中美关系中的作用,戴雯婷,湖南科技大学硕士论文,2009年。

抗日战争时期重庆邮政发展初步研究,连城,西南大学硕士论文,2009年。

抗日战争时期的中华全国基督教协进会,程新,华中师范大学硕士论文,2009年。

抗日战争时期新启蒙运动论析,李金娥,南京师范大学硕士论文,2009年。

抗日战争时期中国共产党的宗教政策研究,卢达,吉林大学硕士论文,2009年。

抗战初期重庆育才学校音乐组办学理念与实践,郭登杰,上海音乐学院硕士论文,2009年。

抗战期间大后方的职业教育,刘作芹,辽宁师范大学硕士论文,2009年。

抗战期间国民政府侨务政策及其实施,陈国威,南京大学博士论文,2009年。

抗战前后陕、甘、宁三省农田水利建设探析,杜军辉,西北师范大学硕士论文,2009年。

抗战时期"驼峰"航线与美国援华物资的营运,范瑞婷,广州大学硕士论文,2009年。

抗战时期《中央日报》的新闻宣传研究,黎宁,湖南师范大学硕士论文,2009年。

抗战时期成都警政研究,曹发军,四川大学博士论文,2009年。

抗战时期重庆抗日军人家属优待政策与实施研究,王颖,西南大学硕士论文,2009年。

抗战时期大后方的难童教养研究,李再强,西南大学硕士论文,2009年。

抗战时期大学教授的政治参与研究,吴锦旗,南京大学博士论文,2009年。

抗战时期的民主追求——近现代民主思想和实践的整合,王淑芳,华东师范大学硕士论文,2009年。

抗战时期的全国寒衣总会,苏金梅,四川师范大学硕士论文,2009年。

抗战时期冯至对生命的思考,兰玉凤,华东师范大学硕士论文,2009年。

抗战时期甘肃农家经济探析,胡云好,兰州大学硕士论文,2009年。

抗战时期广西广播业研究,高超,广西大学硕士论文,2009年。

抗战时期广西难民问题研究,万东升,广西师范大学硕士论文,2009年。

抗战时期贵阳文通书局研究,朱更勇,贵州师范大学硕士论文,2009年。

抗战时期贵州的灾荒赈济——以积谷为中心的考察,翟巍巍,贵州师范大学硕士论文,2009年。

抗战时期桂林版《扫荡报》副刊研究,杨令羡,广西大学硕士论文,2009年。

抗战时期国共两党军事制度变革比较研究,周鑫,山东大学硕士论文,2009年。

抗战时期国共两党外交政策比较研究,王玉全,东北师范大学博士论文,2009年。

抗战时期国民政府兵工企业内迁历史考察,李清江,国防科学技术大学硕士论文,2009年。

抗战时期国民政府粮食管理体制探析,陈学祥,湘潭大学硕士论文,2009年。

抗战时期国民政府粮食征收述论,陈丹丹,湘潭大学硕士论文,2009年。

抗战时期国民政府征兵制推行情况的历史考察:以湖北为中心,刘道伟,武汉大学博士论文,2009年。

抗战时期国统区高校中的国共校园斗争,王锋,南京大学硕士论文,2009年。

抗战时期国统区粮食供给研究,陈新征,湘潭大学硕士论文,2009年。

抗战时期湖南盐务管理述论,唐振民,湘潭大学硕士论文,2009年。

抗战时期湖南医疗卫生政策研究,朱云翔,湖南师范大学硕士论文,2009年。

抗战时期人口内迁与四川社会发展,沈刚,吉林大学硕士论文,2009年。

抗战时期陕西农村社会变迁研究,赵喜军,西北大学硕士论文,2009年。

抗战时期四川难民问题研究,赵红娟,四川师范大学硕士论文,2009年。

抗战时期四川女子师范教育:以成都女子师范学校为中心的研究,任春艳,四川大学博士论文,2009年。

抗战时期四川所得税的征收及影响,韩昌盛,四川师范大学硕士论文,2009年。

抗战时期四川医药福利事业研究,张玲,四川大学博士论文,2009年。

抗战时期外地、外籍文化人士在桂林的新闻活动,刘志杰,湖南师范大学硕士论文,2009年。

抗战时期湘西现代化进程研究,刘鹤,湖南师范大学博士论文,2009年。

抗战时期中共、蒋介石政权、汪伪政权对"民生主义"的认识及后果,刘彻,吉林大学硕士论文,2009年。

抗战时期中国三大区域的体育发展探析,李浩波,湖南师范大学硕士论文,2009年。

抗战时期中美国际交通运输合作,杨德民,中国人民大学硕士论文,2009年。

论陈寅恪史学之民族精神——以《隋唐制度渊源略论稿》和《唐代政治史述论稿》为例,栗辉,东北师范大学硕士论文,2009年。

论抗战漫画宣传的作用与特点,仝玉生,中国人民大学硕士论文,2009年。

论抗战前后许德珩的政治思想,张文丽,河北师范大学硕士论文,2009年。

民国贵州新生活运动研究,高艳妮,贵州师范大学硕士论文,2009年。

民国社会部研究(1938—1949)——以人民团体管理为中心,杨云,山东师范大学硕士论文,2009年。

民国时期(1931—1945)陕西公路建设及其经济作用探析,姚军,西北大学硕士论文,2009年。

民国时期郭沫若演讲及演讲辞创作研究,王兴盛,山东师范大学硕士论文,2009年。

民国时期四川烟草业发展研究,刘冬青,南京农业大学硕士论文,2009年。

南京国民政府的战时训育制度研究,赵娜,吉林大学硕士论文,2009年。

全面抗战初期国民政府战时经济建设述论,王士广,东北师范大学硕士论文,2009年。

全面抗战时期的妇女运动研究,刘凤芝,东北师范大学硕士论文,2009年。

握着文化的火炬反抗侵略:抗战视野下中共南方局文化工作研究,庞虎,厦门大学博士论文,2009年。

小说中的重庆:国统区小说研究的一个视角,尹莹,华中师范大学博士论文,2009年。

在统制与自由之间:抗战时期国民政府的新闻政策与国统区报纸的新闻实践,曹立新,中国人民大学博士论文,2009年。

战时陪都重庆防空论述,王宁飞,华中师范大学硕士论文,2009年。

战争政治与中国抗战话剧,韩传喜,北京师范大学博士论文,2009年。

张恨水小说:在传统与现代之间,孙莉,山东大学硕士论文,2009年。

之江大学办学形态研究:以抗战时期为中心,杨聪玲,复旦大学硕士论文,2009年。

2010年

"战国策派"思想研究,李雪松,黑龙江大学博士论文,2010年。

"中国战时儿童保育会"保育事业研究,张丽萍,西南大学硕士论文,2010年。

《抗战文艺》中的诗歌研究,林虹霓,重庆师范大学硕士论文,2010年。

《青年文艺》研究,周金香,重庆师范大学硕士论文,2010年。

《全民抗战》期刊研究,林建喜,南昌大学硕士论文,2010年。

《时代》周刊对抗战时期中国首都重庆的形象塑造,陈微,重庆大学硕士论文,2010年。

《文学创作》研究,王俊,重庆师范大学硕士论文,2010年。

《文艺先锋》研究,尚博,重庆师范大学硕士论文,2010年。

《文艺月刊·战时特刊》研究,王美花,重庆师范大学硕士论文,2010年。

《文艺阵地》的编辑立场和办刊特色,张丹,河北大学硕士论文,2010年。

《文艺阵地》研究,李应霞,重庆师范大学硕士论文,2010年。

《新华日报》对国统区舆论的建构和消解,马娟,安徽大学硕士论文,2010年。

《新华日报》视野下的后方工业,马要伟,西南大学硕士论文,2010年。

《学习生活》之文学研究,张学福,重庆师范大学硕士论文,2010年。

20世纪三四十年代甘肃省银行业业务经营研究,张书童,宁夏大学硕士论文,2010年。

川盐银行业务变迁研究(1937—1945),杨朋辉,西南大学硕士论文,2010年。

重庆大轰炸期间的人口疏散研究,关孜言,重庆师范大学硕士论文,2010年。

重庆谈判期间中国共产党的思想政治工作研究,孙超,海南大学硕士论文,2010年。

从第三厅、文工会看国统区抗战文艺(1937—1945),李扬,中国社会科学院研究生院博士论文,2010年。

从傅斯年攻倒孔祥熙看国民参政会的民主监督作用,田巍,中国政法大学硕士论文,2010年。

从新生活运动看蒋介石的社会教育思想,张议学,曲阜师范大学硕士论文,2010年。

大后方现实主义文学的倡导和实践:抗战时期的《文艺生活》研究,常延红,重庆师范大学硕士论文,2010年。

翻译的意识形态研究(以抗战时期海明威西班牙内战作品在中国的译入为例),刘林阳,武汉大学硕士论文,2010年。

国共两党抗战纲领比较研究,高晶巍,东北师范大学硕士论文,2010年。

国民政府时期重庆私立中学发展探析,端木凡义,西南大学硕士论文,2010年。

国民政府战时贸易统制政策研究,杨福林,江西财经大学博士论文,2010年。

海纳百川:桂林抗战美术开放性特征的历史考察,刘俊,广西师范大学硕士论文,2010年。

韩国青年战地工作队研究,王建宏,广西师范大学硕士论文,2010年。

厚德载物:桂林抗战文学传承型特质的历史考察,马卫红,广西师范大学硕士论文,2010年。

华西坝教会五大学硕士论文联合办学研究,李娟,西南大学硕士论文,2010年。

回归历史原貌:梁实秋主编的《平明》研究,程丽君,四川师范大学硕士论文,2010年。

蒋廷黻与善后救济,王春龙,复旦大学博士论文,2010年。

军法审判与抗战时期国民党的军事派系斗争,许泽丰,上海大学硕士论文,2010年。

抗日战争前后国民政府对甘肃农业的开发与扶持,李晶晶,西北师范大学硕士论文,2010年。

抗日战争前期英美对华政策研究,罗立东,四川大学博士论文,2010年。

抗日战争前期苏联对华军事援助(1937—1941年),金娇杨,辽宁师范大学硕士论文,2010年。

抗日战争时期白修德在华的新闻报道研究(1939年—1945年),郑琴琴,安徽大学硕士论文,2010年。

抗日战争时期重庆地区现代化研究,王永发,哈尔滨工业大学硕士论文,2010年。

抗日战争时期的民间外交研究,朱蓉蓉,苏州大学博士论文,2010年。

抗日战争时期国统区的物价管制,姚文格,河南大学硕士论文,2010年。

抗日战争时期湖南报纸研究,刘丁东,湖南师范大学硕士论文,2010年。

抗日战争时期史沫特莱在华通讯报道研究,韩杨,黑龙江大学硕士论文,2010年。

抗日战争时期中国民族主义研究(1931—1945年),张利平,北京师范大学硕士论文,2010年。

抗日战争时期资源委员会钨矿统制研究,张辉,北京大学硕士论文,2010年。

抗日战争在中国现代化进程中的影响研究,吴国军,中国石油大学(华东)硕士论文,2010年。

抗战后自由主义者的教育主张研究,杨国军,辽宁师范大学硕士论文,2010年。

抗战期间国民党组织特性问题研究,王兆宇,山东大学硕士论文,2010年。

抗战期间西方记者在华活动研究,李晓华,江西师范大学硕士论文,2010年。

抗战期间中国物理学家的工作及贡献(1937—1945),陈诗中,国防科学技术大学硕士论文,2010年。

抗战前后四川消费合作社研究(1935—1949),熊斌,四川大学博士论文,2010年。

抗战胜利前后后方地区中小工业危机研究,李强,西南大学硕士论文,2010年。

抗战时期"学院硕士论文派"和"救亡派"合唱艺术风格的比较,鲜一鸣,武汉大学硕士论文,2010年。

抗战时期《大公报》(桂林版)言论研究,张雷,广西师范学院硕士论文,2010年。

抗战时期《广西日报》新闻报道研究,贺明,广西师范学院硕士论文,2010年。

抗战时期《扫荡报》(桂林版)战争动员议题研究,茅维亦,广西师范学院硕士论文,2010年。

抗战时期《新华日报》宣传策略研究,肖达夫,湖南师范大学硕士论文,2010年。

抗战时期八路军驻兰州办事处研究,徐晶晶,西北民族大学硕士论文,2010年。

抗战时期重庆大隧道惨案研究,刘凤凌,重庆师范大学硕士论文,2010年。

抗战时期重庆钢铁产业的曲折发展研究,赵勇,北京工商大学硕士论文,2010年。

抗战时期重庆人寿保险业研究(1937—1945年),吴静,四川大学博士论文,2010年。

抗战时期大后方科学团体的嬗变研究,戴现华,西南大学硕士论文,2010年。

抗战时期大众文化的重要特征——悲壮美,蒋广峰,上海师范大学硕士论文,2010年。

抗战时期的华侨教育研究,王宁宁,山东师范大学硕士论文,2010年。

抗战时期第一次民主宪政运动探析,王海荣,东北师范大学硕士论文,2010年。

抗战时期复旦大学办学研究,李能芳,西南大学硕士论文,2010年。

抗战时期桂林媒介的"把关"行为研究,龙远,广西民族大学硕士论文,2010年。

抗战时期桂林小报研究:以《工商新闻》、《国防周报》、《正谊》为例,李颖,广西师范学院硕士论文,2010年。

抗战时期国民参政会财政经济提案研究,陈国勇,西南大学硕士论文,2010年。

抗战时期国民党职业团体政策研究——以重庆市党部为例,朱海嘉,重庆师范大学硕士论文,2010年。

抗战时期国民政府土地陈报述评,徐在斌,湘潭大学硕士论文,2010年。

抗战时期国统区农贷研究,李勇,湘潭大学硕士论文,2010年。

抗战时期湖南煤矿业研究,段贤敏,湘潭大学硕士论文,2010年。

抗战时期美方人士对中国共产党的报道和宣传,张钰,重庆大学硕士论文,2010年。

抗战时期美国《时代》周刊涉华报道研究,孔任远,北京大学硕士论文,2010年。

抗战时期日军轰炸重庆研究,潘洵,四川大学博士论文,2010年。

抗战时期徐悲鸿绘画写实主义美学研究,王海珍,西南大学硕士论文,2010年。

抗战时期中央通讯社研究,许晔,南京师范大学硕士论文,2010年。

抗战时期中央与地方财政关系研究(1937—1945),王彩松,广西师范大学硕士论文,2010年。

抗战时期周恩来对大资产阶级的统战思想研究,彭灿,武汉大学硕士论文,2010年。

抗战文学的区域性差异与民族性整合,王晓伟,陕西师范大学硕士论文,2010年。

抗战新闻漫画研究,向静,湘潭大学硕士论文,2010年。

梁实秋抗战期间的散文创作论,郭燕,重庆师范大学硕士论文,2010年。

论曹禺与大后方抗战戏剧运动,路彬彬,重庆师范大学硕士论文,2010年。

论大后方电影与话剧的深度化交切,王媛,西南大学硕士论文,2010年。

论抗战时期的美中经济关系(1937.7—1945),杨淑洁,郑州大学硕士论文,2010年。

论抗战时期陕西国统区的粮食管理政策,王茜,四川师范大学硕士论文,2010年。

论抗战时期四川田赋"三征",肖鸿今,四川师范大学硕士论文,2010年。

论抗战时期中国寻求美国租借援华的外交努力,郭倩,安徽大学硕士论文,2010年。

论七月派小说的死亡叙事,刘小容,西南大学硕士论文,2010年。

盟国通过西北地区的对华军事援助,牛丽瑞,新疆师范大学硕士论文,2010年。

民国时期慈善救济法律制度设计刍议:以抗战时期为中心考察,卢艺,西南政法大学硕士论文,2010年。

民国时期四川盐业的近代化及影响,付荣国,四川社会科学院硕士论文,2010年。

民国体育法规研究,黄正岚,苏州大学硕士论文,2010年。

民族大义话语下的世俗生存,殷雅茹,西南大学硕士论文,2010年。

南京国民政府时期学校教育政策研究,苏国安,河北大学博士论文,2010年。

南京国民政府书刊审查法律制度研究,赵佳,南开大学硕士论文,2010年。

陪都《国民公报》电影副刊研究,梅琳,西南大学硕士论文,2010年。

全面抗战时期募捐研究:以国统区为中心,周俊利,武汉大学博士论文,2010年。

全面抗战时期三大政治力量对抗战领导的认识研究,罗艳梅,西南大学硕士论文,2010年。

人口流动与重庆经济增长极的形成和发展研究,李东,西南财经大学博士论文,2010年。

时局变换与民生公司的兴衰(1925—1949年),杨梦恬,重庆师范大学硕士论文,2010年。

试论抗日战争时期国民政府兵役制度下的"拉壮丁":以四川为中心的考察,彭垚垚,四川师范大学硕士论文,2010年。

试论抗战胜利前后国共两党的几次论战:以《中央日报》和《解放日报》为中心,刘维生,湖南师范大学硕士论文,2010年。

试论三民主义青年团,王晓峰,郑州大学硕士论文,2010年。

探析国民政府时期老人的社会保障问题,陈英,重庆师范大学硕士论文,2010年。

文化内转思潮与抗战文学热点透视,杨士斌,四川大学博士论文,2010年。

我国近代高等教育的传承:抗日战争时期的燕京大学研究,赵海飞,河北师范大学硕士论文,2010年。

现代进程中的"余数":抗战至五十年代小说中的喜剧性人物研究,祁黎,苏州大学硕士论文,2010年。

湘西苗疆土著民族与国民政府(1935—1946),李月华,武汉大学硕士论文,2010年。

新亚细亚学会与抗战时期的边疆研究,李海健,河北大学硕士论文,2010年。

影像与民族主义:以抗战时期中国摄影为中心的考察,董天艺,南京师范大学硕士论文,2010年。

于右任监察思想及其实践研究(1931—1945),郝建云,西南大学硕士论文,2010年。

俞大维与国民政府的兵工建设(1933—1945),吴斯伟,国防科学技术大学硕士论文,2010年。

战时国统区的鲁迅话语,周淑,西南大学硕士论文,2010年。

制度经济学视角下抗日战争后期中国"工合"运动衰落的原因研究,古迎辉,兰州大学硕士论文,2010年。

中共南方局军事工作研究,吕洁,西南大学硕士论文,2010年。

中国共产党在桂林文化城的抗战动员工作研究,梁超,广西师范大学硕士论文,2010年。

中国国民政府与大韩民国临时政府关系研究,张玉红,延边大学博士论文,2010年。

中国自由主义知识分子的政治态度研究,宁文晓,东北师范大学博士论文,2010年。

中华剧艺社研究,胡红,重庆师范大学硕士论文,2010年。

中华自然科学社研究,韩建娇,河北大学硕士论文,2010年。

2011年

"国家中心论"的坚守与困惑:张季鸾抗日战争时期社评研究(1936—1941),张昊,暨南大学硕士论文,2011年。

"诗的史"与"史的诗":《七月》抗战诗歌研究,迟彦,西南大学硕士论文,2011年。

《边政公论》研究,刘晓光,云南大学硕士论文,2011年。

《大公报》与知识青年从军运动,杨伟娣,吉林大学硕士论文,2011年。

《国民公报》副刊《文群》研究,陈东海,重庆师范大学硕士论文,2011年。

《民宪》的民主思想,刘音,首都师范大学硕士论文,2011年。

《中央日报·平明》研究,杨德亮,重庆师范大学硕士论文,2011年。

1937—1949年重庆城市建设与规划研究,谢璇,华南理工大学博士论文,2011年。

5W模式下的重庆本土媒介研究:1921—1950年的重庆《新蜀报》,徐文静,重庆大学硕士论文,2011年。

北碚抗战文化资源的开发与保护研究,何裕,西南大学硕士论文,2011年。

陈立夫科技思想研究,郑二红,南京农业大学博士论文,2011年。

陈铨戏剧论,石曼琳,中央民族大学硕士论文,2011年。

陈田鹤的歌曲创作,杨苑,华东师范大学硕士论文,2011年。

重庆版《大公报》文艺副刊的抗战诗歌研究,程艳芬,西南大学硕士论文,2011年。

重庆版《新华日报》文艺副刊叙事诗研究,孙美娜,西南大学硕士论文,2011年。

重庆抗战时期建筑研究,屈仰,重庆大学硕士论文,2011年。

重庆抗战时期名人旧居研究,何媛,重庆大学硕士论文,2011年。

从"自由市场"到"统制市场":四川沱江流域蔗糖经济研究(1911—1949),赵国壮,华中师范大学博士论文,2011年。

从梁实秋的道德实践和文学实践中探析其文化理想,钟绍清,广西民族大学硕士论文,2011年。

从文化产业角度论王旦东与抗战时期云南的艺术教育,廖志红,云南艺术学院硕士论文,2011年。

地理学视角下的国家与西南边疆,刘圆,云南大学硕士论文,2011年。

第二次国共合作视阈下的中苏文化协会,蒋娜,西南大学硕士论文,2011年。

第二十一兵工厂与抗日战争研究,牛凤霞,重庆师范大学硕士论文,2011年。

二十世纪三四十年代甘肃地方政治的重构,苟景华,兰州大学硕士论文,2011年。

二战期间美国在华军事投入研究,全振华,河北师范大学硕士论文,2011年。

钢铁工业内迁对抗战大后方经济的影响:以汉阳铁厂为个案,王利霞,重庆师范大学硕士论文,2011年。

郭南浦在抗日战争时期的贡献,喻醒玲,兰州大学硕士论文,2011年。

国共两党对1943年新约的反应及应对,殷娟娟,湖南师范大学硕士论文,2011年。

国际地位与领土主权:抗战时期国民政府在东北领土主权问题上政策的演变,华翔,复旦大学博士论文,2011年。

国立女子师范学院与重庆经济社会发展研究(1940—1950),陈娜,重庆师范大学硕士论文,2011年。

国民党五届五中全会研究,铁欢欢,东北师范大学硕士论文,2011年。

国民党左派与第二次国共合作研究,罗春梅,西南大学硕士论文,2011年。

国民政府时期的县银行研究(1940—1949),王冬梅,西南大学硕士论文,2011年。

国难与国庆:抗战时期国民政府、边区政府、汪伪政府对"双十节"的纪念与争夺,周游,华中师范大学硕士论文,2011年。

合法性争夺与民国时期青年节的演变,杨涛,南京大学硕士论文,2011年。

赫尔利使华时期蒋介石与美国在国共谈判中的合作与分歧,周媛,安徽大学硕士论文,2011年。

蒋介石军官训练团模式研究(1933—1945),郭利珠,首都师范大学硕士论文,2011年。

蒋介石与知识青年从军运动,周倩倩,浙江大学硕士论文,2011年。

聚兴诚银行的经营理念与特色(1937—1945),黄艳,西南大学硕士论文,2011年。

抗日战争时期国统区与敌后抗日根据地妇女运动的比较,黄桥,华中师范大学硕士论文,2011年。

抗战初期长沙文化繁荣对长沙城市文化的影响研究,王飞飞,湖南师范大学硕士论文,2011年。

抗战初期湖南省政府民众动员研究(1937—1938),李亮,湖南师范大学硕士论文,2011年。

抗战初期救国公债研究,谢敏荣,华中师范大学硕士论文,2011年。

抗战烽火中的桂林美术展览研究,冯艳,广西艺术学院硕士论文,2011年。

抗战烽火中的文艺轻骑兵:《抗战文艺》中的散文研究,冯奕,重庆师范大学硕士论文,2011年。

抗战后期中共与美国关系研究,杨丹,辽宁师范大学硕士论文,2011年。

抗战浪潮中的"玫瑰红":陈铨抗战戏剧创作中的女性人物形象研究,马俊杰,重庆师范大学硕士论文,2011年。

抗战内迁对西南地区书法的影响:以重庆、贵州为例,谢安辉,重庆大学硕士论文,2011年。

抗战时期《新华日报》、《中央日报》、《大公报》舆论宣传研究,曹炎,湖南师范大学硕士论文,2011年。

抗战时期《中央日报》社论的舆论引导研究,曹雪颖,重庆大学硕士论文,2011年。

抗战时期重庆保险业述论,袁媛,西南政法大学硕士论文,2011年。

抗战时期重庆地区图书馆读者服务研究,杜俊慧,西南大学硕士论文,2011年。

抗战时期重庆电影文学叙事研究,李悦,重庆师范大学硕士论文,2011年。

抗战时期重庆翻译诗歌研究:以主要期刊为中心,郭灵巧,西南大学硕士论文,2011年。

抗战时期重庆工人收入与生活状况研究,张晶,重庆师范大学硕士论文,2011年。

抗战时期重庆马克思主义史学研究,于文善,华东师范大学博士论文,2011年。

抗战时期重庆银行业法制监管研究,李玲玲,西南政法大学硕士论文,2011年。

抗战时期大后方"拉壮丁"现象研究,龚喜林,华中师范大学博士论文,2011年。

抗战时期大后方话剧研究,王琴琳,山东大学硕士论文,2011年。

抗战时期大后方基础教育发展研究:以川、滇、黔三省为中心,刘晶,西南大学硕士论文,2011年。

抗战时期大后方木刻版画审美价值研究,王进,西南大学硕士论文,2011年。

抗战时期大后方职业教育发展研究:以川、滇、黔三省为中心,奉莉,西南大学硕士论文,2011年。

抗战时期的桂林《大公报》研究,梁萍,广西大学硕士论文,2011年。

抗战时期的马尾海校内迁问题研究,余锴,四川师范大学硕士论文,2011年。

抗战时期的南明史研究,韩燕飞,华东师范大学硕士论文,2011年。

抗战时期的中国城市婚姻简析:以1938年—1943年《大公报》中的婚姻启事为例,王锦霞,山西大学硕士论文,2011年。

抗战时期的中间势力及其历史贡献研究,徐冬冬,西南大学硕士论文,2011年。

抗战时期滇南垦殖事业之研究,朱韫,云南大学硕士论文,2011年。

抗战时期国共合作中的美国因素之初步研究,王振华,西南大学硕士论文,2011年。

抗战时期国家高等教育与云南地方互动研究,毛立红,云南大学博士论文,2011年。

抗战时期国民政府政治体制研究,赵红,吉林大学博士论文,2011年。

抗战时期国人西北书写与国族意识建构,储竞争,兰州大学硕士论文,2011年。

抗战时期国统区高等教育的发展及其对策研究,冯成杰,兰州大学硕士论文,2011年。

抗战时期湖北地区伤病军人救助、慰劳研究,苏旸,华中师范大学硕士论文,2011年。

抗战时期湖北省国统区粮食管理述评,谢路明,华中师范大学硕士论文,2011年。

抗战时期湖南各界抗敌后援会研究,廖芳芳,湘潭大学硕士论文,2011年。

抗战时期湖南机械工业,杨亚伟,湘潭大学硕士论文,2011年。

抗战时期湖南银行研究,董丽霞,湘潭大学硕士论文,2011年。

抗战时期军事工业内迁云南的社会研究,非茶娟,昆明理工大学硕士论文,2011年。

抗战时期来华的三位美国左翼女记者研究,王赟,山东大学硕士论文,2011年。

抗战时期老舍小说研究,魏梓轩,河北大学硕士论文,2011年。

抗战时期陪都重庆的媒介生态学研究:以《新华日报》为例,赵婷,重庆大学硕士论文,2011年。

抗战时期陕西棉花统制研究,姜秀峰,陕西师范大学硕士论文,2011年。

抗战时期四川查禁日货研究,周健,四川师范大学硕士论文,2011年。

抗战时期四川农业贷款探析:以农村合作金融为中心的考察,张彬,四川师范大学硕士论文,2011年。

抗战时期四川省学生救助探析,魏民,四川师范大学硕士论文,2011年。

抗战时期外国剧作译介是以现实主义理论的生成,陈传芝,四川大学博士论文,2011年。

抗战时期文艺政策研究,周毅,四川大学博士论文,2011年。

抗战时期西安防空建设论述,李宗海,西北大学硕士论文,2011年。

抗战时期西方在华记者新闻活动研究,陈颖群,中国人民大学硕士论文,2011年。

抗战时期西南地区社会生活研究:以《旅行杂志》为中心,贾林东,西南大学硕士论文,2011年。

抗战时期张申府的民主政治思想及实践探微,谌玉梅,湘潭大学硕士论文,2011年。

抗战时期知识青年从军运动研究,王永强,西北师范大学硕士论文,2011年。

抗战时期中国共产党领导下的战时文化宣传工作研究:以《新华日报》为例,李全记,河南师范大学硕士论文,2011年。

抗战时期中国作家笔下的德国人形象,郭盈伶,重庆师范大学硕士论文,

2011年。

抗战时期中美租借关系研究(1941—1945年)：以中国国防供应公司为中心,曹嘉涵,复旦大学博士论文,2011年。

抗战体育文化及其特征解析,夏源江,广西师范大学硕士论文,2011年。

可能与限度：抗战时期国统区小说中的抒情问题研究,赵双花,华东师范大学博士论文,2011年。

跨语际文学实践中的多元文化认同——以《中国评论周报》《天下月刊》为中心的考察,黄芳,华东师范大学博士论文,2011年。

老舍抗战文学中的英国形象,舒子芩,重庆师范大学硕士论文,2011年。

雷海宗与民国时期的民族主义史学,宗石丁,山东大学硕士论文,2011年。

论大后方小说创作中的启蒙意识,梅秀,重庆师范大学硕士论文,2011年。

论抗战歌曲的创作、传播与流行及其与抗日救亡歌咏运动的关系,李莎,青岛大学硕士论文,2011年。

论抗战时期国民政府社会部的社会救济,王超,华中师范大学硕士论文,2011年。

论抗战时期美国对国民政府的租借援助,高伟,安徽大学硕士论文,2011年。

论抗战时期张澜的民主宪政思想,郝熙美,东北师范大学硕士论文,2011年。

论抗战时期中国共产党与中间势力的关系,谭永清,湖南师范大学硕士论文,2011年。

论台静农小说的流变和传承,贾涛,河南大学硕士论文,2011年。

论中国青年党和中国共产党的关系：1923—1949年,高福秋,湘潭大学硕士论文,2011年。

罗斯福对华经济政策(1931—1945),侯鲁男,山东师范大学硕士论文,2011年。

媒体视角下的大国意识(1943—1945),印超,复旦大学硕士论文,2011年。

民国国耻日与国家认同,刘兴中,山东大学硕士论文,2011年。

民国后期陕西黄龙山垦区研究,化世太,西北大学硕士论文,2011年。

民国时期的专家参政,马宁,辽宁师范大学硕士论文,2011年。

民国时期甘肃田赋研究,李守礼,西北师范大学硕士论文,2011年。

民国时期四川军人监狱研究(1939—1949),李娜,四川师范大学硕士论文,2011年。

民元至抗战间的西北私人社会考察现象初探,孙君,华东师范大学硕士论文,2011年。

南京国民政府时期遗族学校研究,汪瑶,南京大学硕士论文,2011年。

南京国民政府新闻出版立法研究,张莉,华东政法大学博士论文,2011年。

女性主义视角下抗战时期文学中的女性形象研究,刘晓琴,四川大学博士论文,2011年。

任乃强的西南图景,徐振燕,中央民族大学博士论文,2011年。

倪贻德美术教育思想研究,王霞,河南大学硕士论文,2011年。

浅析抗日战争时期民国遗产税法律制度,朱元晓,西南政法大学硕士论文,2011年。

全面抗战时期国际红十字组织对华援助研究,阎智海,苏州大学硕士论文,2011年。

日本侵华策略与中国抗日民族统一战线,邵唯慧,华中师范大学硕士论文,2011年。

陕西省农业改进所研究(1938—1945),吴瑞娟,陕西师范大学硕士论文,2011年。

师范教育、社会教育与乡村建设一体化模式的探索与实践:以抗战时期四川省立教育学院为中心的分析,胡小京,西南大学硕士论文,2011年。

时局与边政——《边政公论》研究(1941—1948),耿宪文,华中师范大学硕士论文,2011年。

士绅文化视域下抗战时期《解放日报》与《中央日报》的比较研究,陈巍,武汉大学硕士论文,2011年。

新疆在抗日战争中的贡献——以新疆各族民众抗日募捐活动为例,郑惠婷,新疆师范大学硕士论文,2011年。

新诗遮蔽下的现代旧体诗词:兼论抗战时期旧体诗词的复兴,姜洪欧,广西民族大学硕士论文,2011年。

熊佛西与抗战戏剧,代明勇,重庆师范大学硕士论文,2011年。

浴火而生的壮歌:全面抗战时期重庆报告文学叙事研究,刘姝伶,重庆师范大学硕士论文,2011年。

战国策派的美学思想初探,高阿蕊,西南大学博士论文,2011年。

战时大后方知识分子的日常生活,徐珊,华东师范大学硕士论文,2011年。

战时儿童保育会与中国女性(1938—1946),〔日〕吉田咲纪,华中师范大学硕士论文,2011年。

战时工业内迁与重庆城市化进程研究,李艳,郑州大学硕士论文,2011年。

战争、国家与女性:抗战时期宋美龄的妇女动员,张玲,浙江大学博士论文,2011年。

张恨水抗战小说中的陪都重庆因素,周芳,重庆师范大学硕士论文,2011年。

张申府宪政思想研究,钱江,山东大学硕士论文,2011年。

政党、动员与青年,崔应忠,湖南师范大学硕士论文,2011年。

知识界眼中的苏联(1937—1945),刘新庆,湖南师范大学硕士论文,2011年。

中共中央南方局对中间党派的统战工作研究,吴映梅,重庆师范大学硕士论文,2011年。

中共中央南方局与重庆抗战文学,熊飞宇,四川大学博士论文,2011年。

中国电影批评中的话语权威与身份建构(1937—1949),张波,上海大学博士论文,2011年。

中国国防物资供应公司研究,李佰娜,辽宁师范大学硕士论文,2011年。

中国国民党干部培养体制变革研究(1924—1945),黄燕,重庆师范大学硕士论文,2011年。

中国抗日战争时期大后方文学中的美国人形象,李凌婧,重庆师范大学硕士论文,2011年。

中国抗战文学中的法国形象,黄俊,重庆师范大学硕士论文,2011年。

中国抗战文学中的苏联形象研究,赵婧,重庆师范大学硕士论文,2011年。

中国青年新闻记者学会历史研究,陈娟,华中科技大学硕士论文,2011年。

中国中间党派研究:1937—1949,丁威,西南大学博士论文,2011年。

资源委员会与战时电力工业建设,苏保丰,南京师范大学硕士论文,2011年。

后　记

　　《中国抗战大后方研究论著目录索引(1979—2011)》是重庆市哲学社会科学重大委托项目"中国抗战大后方历史研究现状调查研究"的阶段性成果，由中国抗战大后方研究协同创新中心、西南大学中国抗战大后方研究中心、重庆市中国抗战大后方历史文化研究会、重庆市地方史研究会共同承担。周勇、潘洵主编并提出编辑原则和编辑方案，西南大学抗战大后方研究中心的硕士研究生和博士研究生完成初步收集与整理。刘震、郝建云、胡小平、向春风、牛天玉、马要伟、陈国勇、王冬梅、王振华、洪秋冰、戴现华、贾林东、吕洁、杨鹏辉、胡小京、黄艳、蒋娜、唐伯友、宋杰、张鑫桓、彭健、丁锡才、周淑、李金凤、周斌、杨勇、姚秀锋、周婷婷、杨向昆、周昌文等参与了目录的收集工作，王本朝教授、刘志英教授、陈一容教授、张守广教授、谭刚副教授等参与了收集指导工作，耿密、洪富忠在前期收集目录的基础上根据主题要求作了进一步的整理和补充，最后由周勇、潘洵定稿。

　　编者以《全国报刊索引》、《中国现代史》索引、《近代史研究》索引、《抗日战争研究》索引和《中国近代论著目录》为基础，收集相关论著目录万余条，经过四次精心推敲，从中选择了专门研究抗战大后方及其相关论著，并按照年别，编辑完成此书。

　　索引共分三个部分：第一部分是公开或内部发行的文章类目录索引，包括学术论文、回忆文章、档案文献等；第二部分是公开或内部发行的著作类目录索引，包括学术专著、档案文献集、论文集等；第三部分是硕士研究生和博士研究生的毕业论文索引。

由于有关抗战大后方研究论著众多,收集、分类难免疏漏,深望海内外学者批评指正,以助编者以后进行补充完善。

周勇　潘洵

2015年8月15日